CURRÍCULO, TERRITÓRIO EM DISPUTA

Dados Internacionais de Catalogação na Publicação (CIP)
(Câmara Brasileira do Livro, SP, Brasil)

Arroyo, Miguel G.
  Currículo, território em disputa / Miguel G. Arroyo. – 5. ed. – Petrópolis, RJ : Vozes, 2013.

  Bibliografia.

  13ª reimpressão, 2025.

  ISBN 978-85-326-4083-3

  1. Currículos 2. Educação – Currículos 3. Educação – Finalidades e objetivos 4. Pedagogia 5. Professores – Formação 6. Sociologia educacional I. Título.

11-01193   CDD-375

Índices para catálogo sistemático:
1. Currículo e trabalho docente : Educação   375

Miguel G. Arroyo

CURRÍCULO, TERRITÓRIO EM DISPUTA

Petrópolis

© 2011, Editora Vozes Ltda.
Rua Frei Luís, 100
25689-900 Petrópolis, RJ
www.vozes.com.br
Brasil

Todos os direitos reservados. Nenhuma parte desta obra poderá ser reproduzida ou transmitida por qualquer forma e/ou quaisquer meios (eletrônico ou mecânico, incluindo fotocópia e gravação) ou arquivada em qualquer sistema ou banco de dados sem permissão escrita da editora.

CONSELHO EDITORIAL

Diretor
Volney J. Berkenbrock

Editores
Aline dos Santos Carneiro
Edrian Josué Pasini
Marilac Loraine Oleniki
Welder Lancieri Marchini

Conselheiros
Elói Dionísio Piva
Francisco Morás
Teobaldo Heidemann
Thiago Alexandre Hayakawa

Secretário executivo
Leonardo A.R.T. dos Santos

PRODUÇÃO EDITORIAL

Anna Catharina Miranda
Bianca Gribel
Eric Parrot
Jailson Scota
Marcelo Telles
Mirela de Oliveira
Natália França
Priscilla A.F. Alves
Rafael de Oliveira
Samuel Rezende
Verônica M. Guedes
Vitória Firmino

Editoração: Sheila Ferreira Neiva
Diagramação: Victor Mauricio Bello
Seleção de imagens para capa: Claudio Arroyo
Imagens: 1ª capa: Mapa coletivo confeccionado pelos alunos da Rede Municipal de Ensino de Belo Horizonte para o projeto: "Paisagem de BH: uma descoberta". Fundação Municipal de Cultura/SMED/Projeto Guernica/PBH. Acervo: DIPC – Diretoria de Patrimônio Cultural.
4ª capa: Foto de muro pintado pelos alunos da Escola Municipal Senador Levindo Coelho no projeto "Arte, Cidade e Patrimônio Cultural". Fundação Municipal de Cultura/SMED/Projeto Guernica/PBH. Acervo: DIPC – Diretoria de Patrimônio Cultural.
Arte-finalização: WM design

ISBN 978-85-326-4083-3

Este livro foi composto e impresso pela Editora Vozes Ltda.

À minha mãe de quem com noventa e sete anos de trabalho no campo ainda aprendo valores e verdades de resistências por um digno viver.

A quem inspira meus compromissos.

Sumário

Por novas fronteiras de reconhecimento – A modo de apresentação, 9

Parte I. Os professores e seus direitos a ter vez nos currículos – Autorias, identidades profissionais, 21
    Conformando autoidentidades profissionais, 23
    Disputas pela autoria e criatividade docente, 34
    Os limites às autorias docentes, 44
    Autorias negadas, sujeitos ocultados, 53

Parte II. Os saberes do trabalho docente disputam lugar nos currículos, 69
    Os saberes da docência disputam o currículo, 71
    O trabalho humano disputa centralidade nos currículos, 82
    O direito aos saberes aprendidos no trabalho desde a infância, 91
    Quando os educandos são reduzidos a empregáveis a docência transforma-se em treinamento, 102

Parte III. Os sujeitos sociais e suas experiências se afirmam no território do conhecimento, 113
    As experiências sociais disputam a vez no conhecimento, 115
    O direito a conhecer as experiências sociais e seus significados, 124
    As ausências dos sujeitos sociais do território do conhecimento, 137
    A emergência dos sujeitos na sociedade e na escola, 147
    Os coletivos populares pressionam por reconhecimento, mas que reconhecimento?, 156
    Como avançar para reconhecimentos mais radicais, 165

Parte IV. As crianças, os adolescentes e os jovens abrem espaços nos currículos, 177
    O direito da infância a territórios públicos, 179
    Representações sociais da infância, 192
    Propostas pedagógicas e educação na infância, 207
    Adolescentes e jovens: seu lugar nos currículos, 223

Histórias de não esquecimentos, de reconhecimentos dos adolescentes e jovens, 231

Reconhecer os educandos como sujeitos ativos-afirmativos, 245

Parte V. O direito a conhecimentos emergentes nos currículos, 259

O direito a saber-se, 261

O saber de si como direito ao conhecimento, 279

Sujeitos de direito à memória, 288

Os sujeitos do direito aos saberes das vivências do tempo, 306

Abrir tempos nos currículos para as vivências do tempo, 318

Sujeitos do direito aos espaços do viver digno e justo, 329

Disputas pelo direito à cultura, 344

Reconfigurações da cultura dos mestres e dos educandos, 354

Cidadania condicionada? Conquistada, 362

Por novas fronteiras de reconhecimento

A modo de apresentação

> *Sim, sou eu, eu mesmo, tal qual resultei*
> *de tudo [...].*
>
> Fernando Pessoa

Às perguntas sobre quem somos? quem são os alunos? nos perseguem. Sim, somos nós, nós mesmos, tal qual resultamos de tantas marcas que nos formam. Mas somos os mesmos? Os alunos-educandos são os mesmos? Há uma disputa de identidades.

Somos forçados ou optamos por mudar por sermos outros como profissionais do magistério, submetidos a políticas e diretrizes, a condições de trabalho, carreira e salários, a avaliações, relações sociais e interesses políticos. Somos nós mesmos resultado das tensas relações em que a educação e nosso trabalho estão inseridos. Resultado das novas fronteiras onde disputamos reconhecimento como sujeitos de tantos direitos ainda negados.

Comecemos pelo título dado a este livro: *Currículo, território em disputa*. O foco de nosso olhar é a sala de aula, espaço central do trabalho docente, das tensas relações entre mestres e alunos, sobre o que ensinar-aprender, sobre o currículo, redefinido na prática em tantas ações e tantos projetos que nossa criatividade coletiva inventa.

Somos o resultado de tantas disputas sociais e profissionais.

Em cada tempo nossas lutas se deslocam para novas ou velhas fronteiras e territórios. Em que territórios e em que disputas conformamos quem somos? Focalizo o currículo território de disputas por reconhecimentos nossos e dos estudantes.

Por que privilegiar o currículo?

No livro *Ofício de mestre* o foco é a tensa e persistente conformação de nossas identidades profissionais e a superação de imagens sociais pesadas e ultrapassadas com que ainda somos vistos pela mídia e pelo conservadorismo gestor. O movimento docente abrindo fronteiras de lutas por direitos tem sido nas últimas décadas o conformador de novas identidades e autoimagens profissionais. Uma história que merece ser narrada com orgulho a nós mesmos e às gerações de mestres e educandos que vão chegando.

Essa história continua sem reposta nas escolas com novas tensões diante de tantos controles que vêm do neoconservadorismo político e gestor e diante de nossas respostas políticas. Nosso ofício de mestre se concretiza aí no espaço da sala de aula e no território do currículo onde inventamos resistências. Novas fronteiras por novos direitos.

No livro *Imagens quebradas – Trajetórias e tempos de alunos e mestres* o foco é na persistente precarização das vidas da infância, adolescência e juventude popular que chegam às escolas. Percursos humanos, por vezes inumanos, que se entrelaçam com os percursos escolares e que desestabilizam e precarizam o trabalho nas salas de aula, no ensinar-aprender os conhecimentos dos currículos. Trajetórias humanas de tempos de alunos e mestres que se entrelaçam ora tornando a docência um mal-estar ora instigando-a para reinventar-se, alargar-se para dar conta de que ao menos nos tempos de escola vivam e vivamos experiências mais dignas e mais humanas. A escola esperança de espaços do direito a um digno e justo viver de mestres e educandos(as).

Persegue-nos a ideia de que esses dois movimentos, de um lado reencontrar nossas identidades profissionais e, de outro, tentar dar conta das artes de conviver, educar, ensinar infâncias-adolescências tão quebradas pela desordem social, tem sido os dois movimentos que mais têm tencionado nosso trabalho nas salas de aula e nossa lutas como professor(a) e como coletivo docente. Inclusive que vêm tencionando as políticas públicas e as ações do Estado.

A sala de aula, o que trabalhar, o currículo na prática são os espaços onde se vivenciam nossas realizações, mal-estares e até as crises da docência. No trabalho nesse espaço, tanto mestres quanto alunos experimentam frustrações, desânimo, incertezas, cansaço... mas também vivenciam realizações, compromissos ético-políticos que vão configurando outros profissionais e outros educandos.

Outra cultura profissional

Voltemos a Fernando Pessoa. Sim, somos nós, nós mesmos, tal qual resultamos de tudo. Mas é pouco ver-nos como resultado das tensões intraescola e intracurriculares.

Esse tem sido um reducionismo que empobrece as políticas e as diretrizes curriculares e suas análises: pensar que as tensões vêm de dentro, sobretudo dos agentes internos à sala de aula, educadores(as) e educandos(as). Se fossem outros, com outra formação, outros compromissos, a escola pública seria também outra na qualidade sonhada. Sem conflitos.

Teríamos escolas pacificadas. Quando perdemos a complexa relação escola-sociedade simplificamos os problemas e as tensões nas escolas e na formação profissional.

Olhemos para a rica dinâmica social que toca de frente na conformação da cultura e das identidades profissionais.

Nas duas últimas décadas fatos novos postos em nossa dinâmica social vêm reconfigurando as identidades e a cultura docente: a presença dos movimentos sociais em nossas sociedades: O movimento feminista e LGBT avançam nas lutas por igualdade de direitos na diversidade de territórios sociais, políticos e culturais. O movimento negro luta por espaços negados nos padrões históricos de poder, de justiça, de conhecimento e cultura, assim como os movimentos indígena, quilombola, do campo afirmam direitos à terra, territórios, à igualdade, às diferenças, às suas memórias, culturas e identidades e introduzem novas dimensões nas identidades e na cultura docente.

Movimentos que pressionam por currículos de formação e de educação básica mais afirmativos dessas identidades coletivas. Que pressionam, ainda, para que entrem no território do conhecimento legítimo as experiências e os saberes dessas ações coletivas, para que sejam reconhecidos sujeitos coletivos de memórias, história e culturas. Os movimentos sociais trazem indagações e disputas para o campo dos currículos e da docência.

Essa diversidade de lutas postas na sociedade em tantas fronteiras e territórios por direitos, por ações afirmativas terminam afetando e reconfigurando a cultura e as identidades docentes. Novos e diversos perfis de docência enriquecem e diversificam os currículos de formação. Para formar essa diversidade profissional foram criados cursos de Pedagogia da Terra, Formação de Professores do Campo, Indígenas, Quilombolas, de Implementação das Leis 10.639/03 e 11.645/08. O perfil do profissional e a docência ficaram mais ricos, uma vez que se tornaram mais diversos.

Essa rica diversidade de currículos de formação leva as disputas pelo direito à diversidade a todos os currículos de formação e de educação básica. As diretrizes curriculares têm enfatizado o reconhecimento da diversidade em todo currículo desde a Educação Infantil. Disputa posta a todos os profissionais da educação em todos os níveis.

De outro lado, a participação de tantos professores e de tantas professoras nessa diversidade de movimentos vai conformando outro(a) profissional com outra consciência de seus direitos, outra consciência de cultura profissional. A marca configurante de trabalhador na educação foi adquirindo novas dimensões na medida em que no movimento docente se entrecruzam outros movimentos e na medida em que a identidade docente é radicalizada pelas identidades indígena, negra(o), do campo, quilombola, de gênero e diversidade sexual; tensões velhas na identidade docente repolitizadas pela participação dos profissionais nessa rica pluralidade de movimentos e ações coletivas.

Essas ricas e tensas reconfigurações da cultura e das identidades profissionais trazidas pela diversidade de movimentos e de ações coletivas terminam por reconfigurar o território dos currículos de formação e de educação básica. Os conhecimentos, os valores aprendidos nessa diversidade de lutas por identidades coletivas pressionam para obter vez nos currículos. Como incorporar essa ecologia de saberes, culturas, valores, leituras de mundo ao currículo?

Não apenas os docentes e suas culturas e identidades são afetados pela dinâmica social, as identidades dos(das) alunos(as) se veem igualmente afetadas. Como crianças, adolescentes ou jovens não ficaram passivos a esses processos, mas se fazem presentes nas lutas por direitos em tantas fronteiras. Nelas participam reconfigurando outras identidades e outras culturas infanto-juvenis, outras presenças e protagonismos na mídia, na cultura, nas ruas, na sociedade e também nas salas de aula. Todos esses protagonismos exigem vez, presença, reconhecimento nos conhecimentos curriculares.

Disputas no território da escola

Nem as escolas, nem seus mestres e educandos têm ficado à margem dessa rica e tensa dinâmica social. Tornaram-se mais uma fronteira-território de disputa. Ignorá-la ou resistir a ela é ingenuidade. Podemos constatar que muitas escolas e redes e tantos mestres e educandos têm acompanhado e respondido a essa rica dinâmica através de propostas, projetos e reorientações curriculares. O fato da escola, sobretudo pública, de seus profissionais serem tão criticados é sinal de que incomodam, estão vivos.

Se há muita vida lá fora, também há muita vida disputada nas salas de aula. Há muitas disputas lá dentro e muitas disputas fora sobre a função da escola e sobre o trabalho de seus profissionais. Sinal de que o território da escola ainda é importante para a sociedade e, sobretudo, para as crianças, os adolescentes, os jovens e adultos populares e para seus professores(as).

A escola é disputada na correlação de forças sociais, políticas e culturais. Nós mesmos, como profissionais da escola, somos o foco de tensas disputas. Bom sinal. Quando os controles gestores se voltam contra os profissionais é sinal de que estes estão se afirmando mais autônomos nas salas de aula e no ensinar-educar. Estão construindo seus currículos.

Diante desse quadro social e político em que a escola, nós, os educandos e os currículos estamos imersos, somos obrigados(as) a avançar nas consequências dessas disputas para o território da escola, da sala de aula e dos currículos. São os espaços concretos onde nosso trabalho se materializa e particulariza. A sala de aula é o território onde a relação pedagógica mestre-educador-aluno-educando encontra seu lugar, adquire ou perde seus significados, seja de realização ou de mal-estar.

Depois de termos focado no livro *Ofício de mestre* o nosso ofício, a história da construção de nossas identidades e imagens e depois de ter focado no livro *Imagens quebradas – Trajetórias e tempos de alunos e mestres* os educandos, as trajetórias tão quebradas e precarizadas do seu viver, neste livro *Currículo, território em disputa* focalizamos a escola, a sala de aula, o currículo como territórios onde essas tensões se particularizam e radicalizam. Quem não tem vez nesses territórios e quem disputa pelo reconhecimento?

O currículo território em disputa

O foco mais próximo é no currículo. Por quê? Na construção espacial do sistema escolar, o currículo é o núcleo e o espaço central mais estruturante da função da escola. Por causa disso, é o território mais cercado, mais normatizado. Mas também o mais politizado, inovado, ressignificado. Um indicador é a quantidade de diretrizes curriculares para a Educação Básica, Educação Infantil, Ensino Fundamental de 9 (nove) anos, Ensino Médio, EJA, educação do campo, indígena, étnico-racial, formação de professores etc. Quando se pensa em toda essa diversidade de currículos sempre se pensa em suas diretrizes, grades, estruturas, núcleos, carga horária; uma configuração política do poder.

Outro indicador de centralidade política do currículo está na ênfase nas políticas de avaliação do que ensinamos. Nunca como agora tivemos políticas oficiais, nacionais e internacionais que avaliam com extremo cuidado como o currículo é tratado nas salas de aula, em cada turma, em cada escola, em cada cidade, campo, município, estado ou região. Caminhamos para a configuração de um currículo não só nacional, mas internacional, único, avaliado em parâmetros únicos. Por que esse interesse em avaliar de maneira tão minuciosa o que cada educando aprende e cada docente ensina em todos os países?

O currículo passou a ser um território de disputa externa não só de cada mestre ou coletivo escolar.

Somos obrigados a dar toda a centralidade à pergunta: por que o currículo se converteu em um território tão normatizado e avaliado? E por que fomos forçados como profissionais do conhecimento a entrar nessa disputa e politizá-la?

Ao longo dos textos estas questões estão presentes mostrando os campos e ações onde se particularizam. Nesta apresentação adianto alguns indicadores que ajudam a entender a centralidade do currículo como território em disputa.

Primeiro: O campo do conhecimento se tornou mais dinâmico, mais complexo e mais disputado. Não estamos apenas em uma cultuada sociedade do conhecimento, mas em uma acirrada disputa pelo conhecimento, pela ciência e tecnologia. Estamos ainda em uma contenda por interpretações e epistemologias capazes de entender as contradições do social e de fundamentar outros projetos de sociedade, de cidades, de campo, de um viver mais digno e mais humano. O campo do conhecimento e da ciência repolitizado.

Quando o próprio campo do conhecimento está perpassado dessas tensões, ter saudades da paz no currículo escolar, na docência e nas salas de aula é ingenuidade. Defrontarmo-nos com essas tensões será uma postura mais consequente. Como profissionais do conhecimento não conseguimos ficar de fora, estamos no redemoinho dessas tensões. Este é um dos motivos que nos obrigam a refletir sobre o currículo como território em disputa.

Segundo: A produção e apropriação do conhecimento sempre entrou nas disputas das relações sociais e políticas de dominação-subordinação. Em nossa formação histórica a apropriação-negação do conhecimento agiu e age como demarcação-reconhecimento ou segregação da diversidade de coletivos sociais, étnicos, raciais, de gênero, campo, periferias. Não apenas foi negado e dificultado seu acesso ao conhecimento produzido, mas foram despojados de seus conhecimentos, culturas, modos de pensar-se e de pensar o mundo e a história. Foram decretados inexistentes, à margem da história intelectual e cultural da humanidade. Logo, seus saberes, culturas, modos de pensar não foram incorporados no dito conhecimento socialmente produzido e acumulado que as diretrizes curriculares legitimam como núcleo comum.

Na medida em que esses coletivos se organizam em ações e lutas por direitos e conhecimento e aumentam seu acesso às escolas, explicita-se essa tensa história no próprio campo do conhecimento e da escola. Os educandos e, sobretudo, seus profissionais-docentes são os mais afetados pela chegada dessas lutas históricas pelo conhecimento e pelo reconhecimento. Chegam às escolas, aos currículos, longas histórias de produção, apropriação, expropriação, negação de conhecimentos.

Como profissionais que lidam com esses coletivos segregados que chegam, somos levados a entrar nessa disputa histórica por negação ou reconhecimentos de outros saberes, outras histórias e outros modos de pensar e de ler o mundo. De entender-se. Haverá lugar para esses direitos no território de nossos currículos? Tensões trabalhadas nestes textos.

Terceiro: Há ainda um motivo mais particular e que nos toca de perto para a escolha do currículo como território de disputa: a estreita relação entre currículo e trabalho docente. Controlar o trabalho e resistir a esses controles sempre foi o centro de todo processo de produção.

Podemos levantar a hipótese de que tantos cuidados e tanto peso normatizante sobre os currículos podem ser vistos como normas, diretrizes do trabalho docente. Aí adquire todo sentido político a disputa dos profissionais no território do currículo.

Esses cuidados todos mostram que em nossa tradição o currículo é o núcleo duro, sagrado, intocável do sistema escolar. Gradeado como todo território sagrado, porque estruturante do trabalho docente.

A formação pedagógica e docente gira toda para conformar o protótipo de profissional fiel ao currículo, tradutor e transmissor dedicado e competente de como ensinar-aprender os conteúdos definidos nas diretrizes do currículo e avaliados nas provas oficiais. Não apenas o sistema escolar, mas a escola, a sala de aula, a organização do trabalho docente giram nesse território. Estão amarradas ao ordenamento curricular.

Nossas identidades têm como referente recortes do currículo. Somos licenciados para uma disciplina-recorte do currículo. Mestres e educandos seremos avaliados, aprovados ou reprovados, receberemos bônus ou castigos por resultados no ensinar-aprender as competências previstas no currículo. A sorte dos alunos está igualmente atrelada ao currículo para seus êxitos ou fracassos e para seus percursos normais ou truncados. Mas também seu direito à educação recebe garantias no currículo.

Podemos nos perguntar por que o currículo tem sido o espaço de mais constantes diretrizes e políticas, normas e controles. Não apenas pela sua condição de núcleo-síntese da função social e política que se espera ou deseja da escola, mas também porque é o referente de identidade dos profissionais do conhecimento. Não fomos formados-licenciados para o ensino de todo o conhecimento, mas daqueles sistematizados e disciplinados nos currículos. Nos identificamos profissionais desse conhecimento, dos conteúdos, de nossa disciplina que os currículos e seus ordenamentos e diretrizes sintetizam como o conhecimento legítimo.

Podemos dizer que essa pluralidade de normas, políticas e diretrizes curriculares vão dirigidas aos profissionais dos currículos, são ordenamentos disciplinados que estruturam nosso trabalho. São políticas, diretrizes e corpos normatizantes do trabalho dos profissionais do conhecimento básico.

Esses vínculos tão estreitos entre currículo, trabalho e condição docente têm feito do currículo um dos territórios mais disputados seja pelas políticas, diretrizes e normas, seja pelos próprios profissionais do conhecimento. Quanto mais vêm crescendo a consciência profissional, a responsabilidade ético-política, a criatividade e autoria docente maiores as disputas sobre o que ensinar, o que trabalhar, inventar, criar no nosso campo de trabalho. Tem sido criativa a categoria docente no espaço das salas de aula, das escolas e até das redes na sua capacidade de inventar projetos, propostas, oficinas, temas geradores de estudo, redefinindo e ampliando o currículo na prática. Mecanismos em que está em jogo a redefinição da organização do seu trabalho.

Nos encontros de professores chegam toda essa riqueza e criatividade socializadas em oficinas, grupos de trabalho e de estudo. É fácil constatar que essas disputas adquiriram tais dimensões que nas escolas temos o currículo oficial, com seu núcleo comum, disciplinado e em paralelo temos o currículo na prática incorporando temáticas, experiências sociais, indagações, procuras de explicações e de sentidos a tantas vivências e indagações desestruturantes que chegam dos próprios mestres, dos educandos e da dinâmica social, política e cultural.

Aí está acontecendo o movimento curricular mais radical e mais promissor. Movimento que quando captado e valorizado pelas diretrizes oficiais ou pelas propostas de reorientação oficiais termina repolitizando essas diretrizes e essas propostas. Todas viram campo de disputa, de reorientação. São outras diretrizes. Este movimento está se dando no CNE, no MEC e em tantas secretarias estaduais e municipais de educação. Passaram a ser fronteiras avançadas das disputas e contradições políticas no território dos currículos e na reorganização do trabalho docente.

Quarto: Essas centralidades históricas do currículo vêm tornando-o um território que concentra as disputas políticas: da sociedade, do Estado e de suas instituições, como também de suas políticas e diretrizes.

Podemos observar que as políticas e as diretrizes curriculares também estão transpassadas por essas disputas entre manter estilos normatizantes ou optar por orientações mais políticas, por incorporar novos saberes e novas culturas produzidas nos movimentos sociais, por flexibilizar grades, estruturas e ordenamentos. Por outra organização do trabalho.

A politização dessas disputas vem de maneira particular dos coletivos de pesquisadores e, sobretudo, dos movimentos sociais, do movimento docente e do movimento de reorientação pedagógica que acontece nas salas de aula, que vem dos educadores-docentes e dos educandos. Estamos avançando para novas aproximações entre essa dinâmica social e escolar e a dinâmica das políticas e diretrizes curriculares, na tentativa de abrir os currículos à riqueza de experiências sociais e de conhecimentos e à diversidade de sujeitos políticos e culturais.

Todo território cercado está exposto a ocupações, a disputas, como todo território sacralizado está exposto a profanações. As lutas históricas no campo do conhecimento foram e continuam sendo lutas por dessacralizar verdades, dogmas, rituais, catedráticos e cátedras. A dúvida fez avançar as ciências e converteu o conhecimento em um território de disputas.

Estes são os pressupostos que costuram estes textos. O currículo até de educação básica vai sendo submetido à dúvida, virando um campo político de disputas quanto as suas estruturas e seus ordenamentos mais do que objeto de indagações e mais do que veículo em movimento. Difícil avançar em indagações e em movimentos e corridas quando as pistas, os percursos, os ritmos, os tempos estão preestabelecidos. Mais ainda quando está predefinido quem entra e participa da corrida, do movimento dos currículos.

Em estruturas fechadas, nem todo conhecimento tem lugar, nem todos os sujeitos e suas experiências e leituras de mundo têm vez em territórios tão cercados. Há grades que têm por função proteger o que guardam e há grades que têm por função não permitir a entrada em recintos fechados. As grades curriculares têm cumprido essa dupla função: proteger os conhecimentos definidos como comuns, únicos, legítimos e não permitir a entrada de outros conhecimentos considerados ilegítimos, do senso comum.

Contestando essa dupla função avançam e se tornam cada vez mais tensas as disputas no território dos currículos. Este livro – *Currículo, território em disputa* – gira em torno dessa questão central: quem tem lugar e quem não teve e disputa um lugar de legítimo reconhecimento no território dos currículos desde a educação da infância, fundamental, média, da EJA e até da formação em pedagogia ou em licenciatura?

Para equacionar esta questão nuclear buscamos elementos nas políticas e diretrizes curriculares, nas propostas de reorientação curricular de tantas redes estaduais e municipais, nos projetos pedagógicos das escolas. Optamos por privilegiar os sujeitos diretos da ação educativa e o espaço mais próximo, as salas de aula. Vemo-nos como autores, sujeitos das disputas mais radicais.

Eixos estruturantes do livro

Destacamos alguns eixos de maiores tensões e disputas e privilegiamos os docentes-educadores e os educandos como os atores, sujeitos das disputas. Por aí somos levados ao cotidiano da sala de aula como o espaço dessas disputas. Privilegiamos como atores os educadores e educandos, a pluralidade de ações, propostas, temas geradores, oficinas, projetos de estudo etc. que estão acontecendo na maioria das escolas e salas de aula. Vemos essa pluralidade de ações e iniciativas profissionais como tentativas de outros currículos na prática.

Trazemos uma diversidade de práticas e projetos profissionais para o centro de cada texto e buscamos seus ricos e instigantes significados. Não esquecemos as reações que essas autorias docentes provocam seja de estímulo seja de maior controle. Toda tentativa de ocupação de territórios cercados provoca reações, novas cercas e controles. Transforma-se em uma disputa política, de poder. Este o sentido do reconhecimento de estarmos em disputa política no território do currículo.

Organizamos os textos em cinco eixos ou partes.

Na Parte I trazemos os professores e as professoras como os sujeitos centrais das disputas. Percebem que sua história, a própria história da docência e do movimento docente, suas autorias e identidades profissionais estão ausentes nos conhecimentos dos currículos de formação e de educação básica. Por onde passam suas disputas pelo direito ao reconhecimento? Em que ações disputam esse reconhecimento?

Na Parte II focamos um aspecto nuclear das lutas e identidades docentes: O trabalho. Seu trabalho e o dos educandos e todo o trabalho humano entram nos currículos? Importa quem trabalha e importam os sujeitos do trabalho e seus saberes? E quando os educandos são reduzidos a mercadoria, a empregáveis, o que vira a docência?

Na Parte III refletimos sobre uma questão: Por que os docentes-educadores, sua história, seu trabalho estão ausentes nos currículos? Levantamos uma hipótese: Por que os sujeitos e suas experiências sociais estão ausentes. Porque os currículos de educação básica e até de formação são pobres em sujeitos e em experiências sociais. Destacamos a diversidade de práticas que acontecem nas salas de aula por trazer os sujeitos e suas experiências sociais para os processos de educar-ensinar-aprender. As disputas no território dos currículos dão centralidade à emergência dos sujeitos na sociedade e na escola e a suas pressões por reconhecimento.

Na Parte IV levamos o foco para os educandos, para seu protagonismo infantojuvenil posto na sociedade e nas escolas. As disputas pelo reconhecimento das crianças, dos adolescentes e jovens a entrar no território dos currículos com suas vidas precarizadas, suas lutas pela sobrevivência. Por entrar com suas vivências, saberes, valores, culturas, leituras de si e do mundo. As pressões e resistências por serem reconhecidos sujeitos ativos-afirmativos... A riqueza de práticas e projetos das escolas por seu reconhecimento.

Na Parte V destacamos aspectos específicos dessas disputas: superar as ausências de direitos de mestres e educandos a seus direitos ao conhecimento, a saber-se, ou o saber de si como direito ao conhecimento; o direito à memória e às vivências do tempo; o direito às vivências do espaço, a entender suas lutas por um digno e justo viver; o direito à cultura e a sua conformação como sujeitos de cultura, de diversidade cultural. Fechamos com um texto repensando os vínculos entre educação-cidadania: cidadania condicionada? Conquistada na pluralidade de fronteiras de lutas por direitos, por reconhecimentos.

Capítulos de uma longa história de autoconformação como profissionais de um campo tão tenso: o conhecimento. Contar-nos essa história, aprofundar em seus significados poderá contribuir para melhor saber-nos. Saber quem somos tal qual vamos resultando de tantas lutas em tantas fronteiras.

PARTE 1

Os professores e seus direitos a ter vez nos currículos

Autorias, identidades profissionais

Conformando autoidentidades profissionais

[...] pois não é de todo infeliz aquele que
pode contar a si mesmo a sua história.

Maria Zambrono

Com essa epígrafe iniciava a apresentação do livro *Ofício de mestre – Imagens e autoimagens* faz dez anos. Passara-se uma década de tensas histórias de tentativas de conformar o nosso ofício, o nosso trabalho e as nossas identidades profissionais. Não seremos de todo infelizes se pudermos contar a nós mesmos a nossa história. Se nos for garantido o direito ao conhecimento de nós mesmos como profissionais.

Nos currículos de formação e de educação básica nos tem sido garantido esse direito a conhecer a nossa própria história? Não será essa uma disputa no território do currículo? Que histórias e quantos aprendizados nessas histórias temos a nos contar? Avançamos em autoimagens positivas profissionais? Em que momento estamos?

Fala-se em crise da docência. Será mais acertado pensar que estamos em um processo promissor de repensarmos como profissionais. Nosso trabalho é mais complexo. O ser professor tornou-se mais tenso. Parto do reconhecimento do nosso direito a conhecer-nos, aos saberes dessa tensa história infelizmente secundarizados e até ausentes nos currículos. Como disputar esse direito?

Recolho neste texto alguns pontos dos esforços que coletivos docentes fazem por contar a si mesmos a sua, nossa história. Destaco aspectos que observo em oficinas, dias de estudo e até no material de lutas do movimento docente. Dos sujeitos dessa história.

Um novo referente identitário?

Partir de nós mesmos, de nossa história na história social pode ser um bom começo. Estamos em crise de identidade profissional ou de conformação de novas identidades? Nestes tempos somos obrigados a mudar nossas práticas e nosso trabalho, somos levados a repensar-nos em nossas identidades profissionais.

O lugar onde marcamos nossa formação é no trabalho. Nós aprendemos e vamos conformando nossas identidades docentes na própria docência, no cotidiano das salas de aula, na prática de preparar, ensinar nossa matéria. A disciplina que lecionamos e em que nos licenciamos é o referente de nossa identidade profissional: sou professor(a) de matemática, história, biologia... Mudou o peso desse referente?

Nos convívios e diálogos com professores(as) de educação básica é fácil notar que uma mudança de referente identitário vem do convívio com os alunos com que trabalhamos. "Com os alunos com que trabalho tive de aprender a ser educador"; "eu acho que o que eu mudei foi minha relação com o aluno. Hoje, eu vejo que o meu foco é o aluno. O meu foco não é mais a matemática, antes era a matemática. Estou na sala com o foco na matemática e na educação [...]. O que eu vejo de mudança significativa na minha prática é que meu foco saiu da matemática e foi para o aluno [...]. Hoje eu tenho uma preocupação maior em perceber a turma, em perceber os alunos e orientar minhas ações pelo que eu percebo que eles me trazem diariamente do que na lista de matemática. Eu acho que essa é a grande mudança ou diferença [...]".

Depoimentos de professores(as) que mostram que as tensões de identidade profissional estão acontecendo em tantas salas de aula. Esta é a grande mudança ou diferença em como nos vemos e nos identificamos como profissionais. Toda mudança de identidade profissional afeta nossas identidades pessoais e termina afetando a função da docência, da escola, das didáticas e dos currículos. Se nosso foco é a disciplina, o que ensinamos e como este será o referente de nossa identidade. Mas se os alunos nos exigem pensar, dar conta de sua educação, somos obrigados a aprender o que nem sempre aprendemos nos cursos de formação, de licenciatura ou de pedagogia – a sermos educadores(as).

A identidade educadora desterrada

Parece estranho, mas as artes de educar nem sempre estiveram presentes em nossa formação. O ser educador(a), a identidade educadora nem sempre fez parte de nossa identidade profissional. Quando no cotidiano das salas de aula, no convívio e nas relações com os alunos precisamos recorrer às artes de educar nos sentimos carentes de seus domínios. Despreparados.

Por que a preparação para sermos educadores(as) não faz parte de nossa formação? Não entenderemos nossa história sem responder a essa pergunta em nossa história social, política e pedagógica.

A secundarização da função educadora na docência e nos currículos tem uma longa história. Lembremos um dos capítulos mais lamentáveis, a ditadura no Brasil e na América Latina desterrou os nossos educadores: Paulo Freire, Florestan Fernandes, Darcy Ribeiro e tantos outros, e tentaram desterrar também o pensamento pedagógico, a própria função educadora da docência, dos currículos e das escolas.

Uma das tarefas do movimento docente e do movimento cívico-democrático foi tentar trazer de volta a educação: "Educação direito de todo cidadão". Escolas, redes e coletivos docentes retomando a função da docência e dos currículos como territórios da garantia do direito à educação.

Mais recentemente houve nova reação conservadora por secundarizar e expatriar a educação dos currículos e da docência. As políticas neoliberais, sua ênfase no treinamento e no domínio de competências e nas avaliações e classificações de alunos e mestres por domínios de resultados voltam a expatriar a educação dos seus territórios, as escolas, os currículos e a docência. Nossa bandeira de luta desde os anos de 1980, educação como direito sai do discurso. Os termos direito, educação (quando ainda se usam) são reduzidos a termos como domínio de competências ou mostram quantificação dos resultados. Docência é reduzida a treinar nesses domínios.

Nesse quadro, nos debatemos na história tensa de conformação de autoidentidades docentes. Se pouco importa educar a que ficam reduzidas nossa identidade e a função dos currículos, das escolas e do conhecimento? Estamos em tempos em que essa indefinição e essa lacuna identitária ficam mais expostas diante dos educandos.

Reaprendendo a identidade educadora

A lacuna identitária fica exposta na urgência de olhar para os alunos, para o que a turma traz. Seu viver ou mal-viver passou a ser um parâmetro obrigatório para repensar quem somos como profissionais nas salas de aula. Estamos passando por uma ampliação de identidades antes referidas ao que ensinamos e em que treinamos.

Os currículos, o que ensinar, têm marcado nossas identidades profissionais como referente único. Os cursos de licenciatura formam o professor que as escolas exigem: a tempo completo, a vida completa. O termo aulista é a síntese: passar matéria, a tempo completo, sem outras atividades que nos desvirtuem dessa função nos tempos de aula. Uma exigência totalitária dirigida aos professores, que vinha de uma concepção conteudista do currículo. O resultado tem sido conflitivo: atender ou renunciar a atender os alunos, seus problemas, suas inseguranças, seus processos tensos de formação moral, cultural, identitária? Renunciar a atendê-los até em seus percursos tensos de aprendizagem?

Se ser aulistas, passar a matéria que cairá nas avaliações é nossa profissão em tempo completo, as consequências estão expostas: entrar em crise de identidade profissional diante de alunos que exigem atenção ao seu direito à educação ameaçado em formas tão precarizadas do seu sobreviver.

A própria mística da docência como ideal profissional entra em crise quando nosso foco na sala de aula está entre o passar a matéria ou a educação. Como atender a essa função cada vez mais demandada da infância, adolescência, juventude com que trabalhamos nas salas de aula? A identidade educadora disputa com a identidade docente em tempo completo. Disputa com a condição reducionista de aulistas.

Melhor somos pressionados a aprender a articular em um único profissional a identidade docente e educadora: "estou na sala como foco na matemática e na educação".

Domina nas escolas a sensação de libertação desse reducionismo aulista, colado ao reducionismo da condição docente a passar, transmitir a matéria. Professores(as) sentem o dever de reagir a essa subordinação diante das exigências que vêm dos educandos de que lhes seja garantido seu direito à educação, à formação, socialização, aprendizado dos saberes, dos valores, da cultura, das identidades. Reagindo a essa subordinação, os(as) professores(as) vão construindo em coletivo outra identidade profissional mais aberta, mais rica e enriquecedora, mais plural. Um dever profissional e existencial da condição docente-educadora.

Uma realização profissional e humana mais plena

Sermos obrigados a ver as crianças e os adolescentes, os jovens e adultos com que se convive nas salas de aula como humanos plenos, em processos de formação na totalidade de potencialidades humanas e em formas de viver tão precarizadas, assumir essa complexa tarefa como um trabalho profissional terminará por alargar o projeto de realização profissional e humana a que todo docente tem direito como ser humano pleno que é.

Em outros termos: aprender com os educandos a sermos educadores amplia e enriquece nosso projeto de realização profissional e humana. O professor é um ser humano, sua docência é humana docência com tudo o que implica escolha, de realização humana.

Os depoimentos dos professores e das professoras sobre as tensões identitárias vividas nas salas de aula mostram que as conquistas do movimento docente por reconfigurar a profissão não escapam ao princípio da ação-reação. As lutas coletivas nas praças desde o final dos anos de 1970 por conformar outras identidades profissionais continuam no chão das escolas. Lutas que mudam de foco e de frentes, mas coincidem nos tensos processos de construir um projeto de profissional de educação básica mais plena.

As fronteiras se ampliaram de lutas por condições da docência para lutas por reconfigurar a função docente. Nos anos 1970/1980, lutas por condições, salários, carreira, estabilidade para uma função docente digna, supostamente estável com um fazer-trabalho estável: ensinar, transmitir o conhecimento acumulado às novas gerações.

Essas fronteiras se ampliaram desde 1990, lutas para encontrar nossas identidades em uma função instável, um conhecimento instável e, sobretudo, uma infância-adolescência – juventude nova, insegura, instável, vitimada por processos brutais de precarização de seu viver. As lutas por condições de trabalho para bem ensinar se ampliaram para lutas por outros papéis, outras funções exigidas nas salas de aula e de que a formação nos deixou carentes.

Na medida em que essas fronteiras de afirmação profissional se diversificaram as fronteiras de resistência por autonomia profissional também se ampliaram e sofisticaram. Que lugar merecem ocupar nos currículos essas mudanças que vêm acontecendo em nossa história? É provável que a maioria dos docentes saia dos cursos de licenciatura, de pedagogia sem a garantia de seu direito à memória de sua história. Terão de aprender esses outros referentes identitários, tão tensos no chão da sala de aula, aprendê-los solitários ou em coletivos docentes.

Novas tensões identitárias

Nesse novo contexto as tensões identitárias aumentaram. As condições de trabalho não melhoraram e as tentativas de ampliar a função docente incorporando papéis que os educandos demandam nas salas de aula são limitadas e estão sendo freadas pela retomada da condição de aulistas, treinadores de alunos para bons resultados em avaliações nacionais. Avaliações que agem como imperativos categóricos para retomar a função de aulistas, repassadores de conteúdos, treinadores de competências que garantam bons resultados dos alunos. O repensar e alargar nossas identidades profissionais passa por resistências, freios. Podemos entender tais resistências como disputas de conformação de identidades profissionais no território dos currículos.

Na medida em que avançávamos para articular o ensinar e educar no novo tecnicismo das políticas de ensino por competências e de avaliação por resultados, somos pressionados a retomar o foco apenas nos conteúdos que cairão nas provinhas e provões oficiais. Seremos julgados não como docentes-educadores por termos o foco nos e conteúdos e nos educandos, mas apenas pelo conteúdo, pelos resultados dos alunos nas provas. Essa tensão está posta na categoria profissional: tiremos o foco dos educandos, de suas vivências humanas e desumanas e os enxerguemos apenas como exitosos acertantes nas avaliações oficiais. Mais do que a tensões assistimos à quebra das identidades profissionais e humanas que vínhamos construindo.

O problema vivido nas salas de aula passa pela tensão entre retomar o foco apenas no conteúdo que cairá nas provas oficiais e abandonar o foco nos educandos se estes nos pressionam para enxergá-los nas condições de seu viver precarizado. A realidade social tão desumanizante e tão condicionante dos processos de ensinar-aprender continua entrando nas salas de aula, como fingir não vê-la?

Ensinamos a gente que puxa nosso olhar

"Não há como não ver as marcas do seu indigno viver", comentava um professor.

As tensões de conformação das identidades profissionais que acontecem nas salas de aula não são tanto entre o ser ensinante e o ser educador, mas a tomada de consciência de que ensinamos como gente a alunos que são gente. Que em todo processo de ensinar-aprender entramos mestres e alunos com nossa condição humana, com nossas culturas, valores, medos, traumas, vivências, esperanças, emoções. Este é um dos avanços mais radicais em nossas identidades profissionais. Mas nos são dadas condições de trabalho para assumir essas identidades profissionais?

Quando as infâncias-adolescências com que trabalhamos põem de manifesto sua condição humana tão precarizada não dá mais para preparar a aula, ou passar a matéria sem nos indagar acerca de suas vivências, traumas, medos, incertezas que levam como gente, não só como escolares. O que a turma traz para a sala de aula, como vivem e se socializam, pensam o mundo, se pensam, condiciona o como pensam e aprendem, aceitam ou rejeitam nossas lições. Chegar à escola, às salas de aula, aos processos de ensino-aprendizagem atolados no caos social, marca inevitavelmente o aprender ou rejeitar as interpretações do real que como ensinantes lhes passamos. Marca nossa docência. Diante da precarização do viver dos educandos fica mais exposta a precarização do nosso trabalho.

As tensões identitárias não são apenas entre ensinar ou educar, mas entre as tensas indagações ao nosso ensinar que vem dessas vivências, da infância-adolescência. Ou a percepção de que é inseparável ensinar a seres humanos e levar em conta suas formas de viver, mal-viver como humanos. Trazer a função educativa para nossa identidade profissional é uma exigência do olhar sobre os educandos.

Cada dia percebemos com maior clareza que nossa história docente é inseparável da história humana e social dos(das) educandos(as) com que trabalhamos. Nossas sortes estão atreladas. Só nos entenderemos na medida que tentemos enxergá-los e entendê-los. "Eu acho que o que eu mudei foi minha relação com o aluno".

São suas formas tão injustas de viver que puxam nossa sensibilidade profissional de educadores(as). Somos suficientemente profissionais para percebermos que os alunos chegam às salas de aula, aos processos de ensino-aprendizagem carregando vidas precarizadas. São ecos de vivências de outros lugares que chegam às salas de aula e nos obrigam a escutá-los, a não abafá-los com nossas lições e nossas didáticas e ameaças de avaliações-reprovações. Novas exigências profissionais que alargam as lutas por direitos. Quando as identidades se alargam, os direitos profissionais têm de ser ampliados.

Tensões entre as verdades que vivemos e as verdades que ensinamos

Poderíamos ver as mesmas tensões identitárias quando mudamos o foco de nossa matéria para nossas formas de viver. Lembro de um professor: "Entro em crise quando tenho de ensinar conhecimentos, visões do real que não coincidem com minha vida real, com a história, as lutas pela vida que acontecem no meu entorno e em minha vida". Por aí passam as tensões entre nossas identidades docentes atreladas às verdades que ensinamos e nossas identidades pessoais e coletivas unidas às verdades que vivenciamos. A negação de direitos de que padecemos.

Quando as verdades científicas das disciplinas, do currículo não coincidem com as verdades do real social, vivido por nós ou pelos alunos, nossas identidades profissionais entram em crise. Como as verdades dos cursos de formação e de educação básica estão distantes das verdades que mestres e educandos vivenciam!

Estamos não tanto em crise de identidade docente, mas de crescimento de dimensões da nossa profissão soterradas sob tantos cientificismos, pragmatismos que nos endureceram. As infâncias-adolescências que carregam às salas de aula vidas tão nos limites estão reeducando essas dimensões soterradas. Estão nos libertando como profissionais para assumir a dimensão de educar, que sempre acompanhou a função de ensinar. Esses alunos nos fazem aflorar funções desterradas.

As salas de aula passaram a ser o espaço privilegiado dessa libertação. Lá se abrem caminhos por explorar outras funções e outras verdades para o enriquecimento da profissão docente.

Esse leque de indagações e de práticas corajosas espera reconhecimento das pesquisas e das políticas, mas sobretudo espera o reconhecimento dos currículos tanto de educação básica como de formação. Até quando os currículos de licenciatura continuarão ignorando essas tensões na configuração das novas identidades profissionais que acontecem nas salas de aula? É lamentável que os gestores de políticas educativas e curriculares ignorem essas tensões que se dão nas salas de aula. A pergunta é inquietante para tantos docentes. Qual é nosso ofício?

Se o trabalho docente se amplia não dá para continuar reduzindo o professor e a professora a aulistas todo o tempo. Não dá para manter o mesmo número de alunos que exigem atenções redobradas de educação, formação, aprendizagem. Não dá para exigir a mesma carga horária de trabalho, em dois, três turnos, em várias escolas e redes de ensino. A ampliação da função profissional ensinar-educar exige uma revisão radical das políticas de trabalho e de formação.

A retomada conservadora por reduzir as identidades docentes-educadoras

Em que momento estamos? Não em tempos de reconhecimento dessas identidades profissionais ampliadas, nem de repensar políticas de trabalho, mas em tempos de retomada conservadora de tentativas de reduzir a identidade docente à condição de aulistas, de meros transmissores de conteúdos, dos conteúdos do currículo, da disciplina. Nossa identidade profissional sempre foi manipulada por totalitarismos conservadores, sejam políticos e de políticas, sejam do mercado. As políticas curriculares do que ensinar e como ensinar, do que avaliar, exigir dos professores e dos alunos nas provas escolares e nacionais ou estaduais têm agido como um marco conformador e controlador do trabalho e das identidades profissionais. Carregam um significado político tenso; na medida em que os docentes são obrigados a olhar para os alunos, para as marcas de um indigno viver que levam às escolas e têm de olhar para o ensinar e o educar, as políticas conservadoras até de reorientações curriculares os obriguem a fechar seu olhar apenas para o que ensinar para obter bons resultados nas avaliações. Submetem a que seu trabalho profissional seja avaliado em função apenas desses resultados, que sua carreira, até seus salários sejam condicionados a resultados matemáticos, estatísticos.

Uma forma perversa de dizer-lhes: tire o seu foco dos alunos, de suas experiências tão precarizadas de viver, esqueça de educá-los e de ser educador. Seja apenas um eficiente transmissor de competências para eficientes resultados nas avaliações. Não se importe com quem chega à sala de aula com seu viver, injusto sobreviver, mas apenas com os resultados das avaliações.

Não será fácil aos professores não reconhecer os educandos e suas vidas tão precarizadas que entram nos processos de ensinar-aprender e até nos resultados das suas avaliações. Se submeterão passivos a essas estreitas concepções de currículo e de identidade profissional? Nos currículos por competências ou por avaliações de resultados não encontrará apoio a sua criatividade e a suas práticas e projetos de educar, nem no material didático cada vez mais conteudista e praticista encontrarão apoio para trabalhar as vivências dos educandos com que convivem nas salas de aula.

Pôr o foco nos educandos e na matéria são vistos como opostos. Logo, os educadores serão obrigados a ir construindo sua identidade educadora na contramão, num clima de transgressão, de solidão sem o apoio das políticas educativas, curriculares e do material didático.

Resistir socializando a conformação de novas identidades

É extremamente rico ver na diversidade de programações de encontros, seminários, semanas e dias de educação continuada como os(as) docentes-educadores(as) levam suas práticas, sua criatividade para trabalhar, educar os educandos. Como que à procura de apoio em uma rede de práticas e transgressões dos outros colegas que experimentam as mesmas tensões de reconfiguração de suas identidades profissionais. Formas de resistência mútua socializando a conformação de novas identidades.

A maioria das oficinas em que trabalham nesses encontros trazem experiências de como aprendem a ser educadores(as) nos convívios com os alunos. O foco no aluno, nas formas de viver, de ser, de aprender, seus valores, culturas, saberes, identidades, suas vivências de espaços tão precarizados, suas opções nos limites passam a ser dimensões de formação que dão sentidos pedagógicos, profissionais à diversidade de temas e de oficinas. Por aí passam movimentos ignorados de reorientação curricular.

Por que os currículos ignoram essa riqueza pedagógica, curricular construída por tantos docentes-educadores nas salas de aula e onde se vão conformando em suas identidades profissionais? Quando essas práticas são deixadas de fora, ignoradas, está se ignorando e deixando de fora a conformação tensa de outras identidades profissionais, de outros currículos.

As tensões estão postas entre um trabalho de conhecimentos disciplinares, frequentemente conceituais, abstratos, distantes do viver cotidiano dos alunos e dos professores e um trabalho que é forçado a olhar para crianças e adolescentes, jovens e adultos concretos e a incorporar os significados e indagações de suas vidas nos conhecimentos curriculares; que os saberes das disciplinas se voltem para essas vivências, captem suas indagações e busquem seus determinantes e explicitem seus significados; uma forma mais enriquecedora de ser docentes-educadores, de ir construindo conhecimentos, aprendizagens, fazeres e autorias profissionais enriquecidas, alargadas.

As salas de aula: espaço de disputa de novas identidades profissionais

As práticas, indagações, saberes, procuras de significados e explicações do viver dos alunos e dos próprios mestres incomodam e tencionam visões épicas, futuristas das ciências, das tecnologias e dos conhecimentos legítimos e legitimados nos currículos. Com essas visões disputam os docentes e suas práticas no cotidiano das salas de aula que alargam o direito dos educandos ao conhecimento, a interpretar os complexos significados e determinações do real vivenciado em seus percursos humanos e de seus coletivos.

Práticas docentes que alargam concepções de conhecimento e de direito ao conhecimento na medida em que põem o foco nos educandos e suas vivências, que alargam fronteiras restritivas que não fogem de ensinar os conhecimentos curriculares, mas se sentem forçados a transcendê-los. O avanço da identidade educadora enriquece a identidade docente. Põe outros currículos em disputa.

A chegada de outras crianças e adolescentes às salas de aula obriga os professores que têm sensibilidade para vê-los, a criarem novas autoimagens de sua condição docente. Criam outros sentidos para as salas de aula. Dessas infâncias e adolescências vêm demandas de outros significados para as escolas, para a docência e para o próprio currículo e seus ordenamentos e conhecimentos.

Aumenta o número de coletivos docentes que percebem esses outros significados que vêm dos educandos, outros que chegam às escolas públicas. Aumentam as tentativas de criar outras práticas e outras identidades profissionais.

Criar práticas e significados novos para o novo contexto social e cultural que os educandos populares levam para as salas de aula. Contexto que impele a romper barreiras à realização profissional e pessoal; um outro contexto que estimula a abrir novas paisagens pedagógicas, educacionais e curriculares.

Um dos significados mais positivos é que no chão das salas de aula crescem autorias profissionais e autocontroles sobre o que se faz e sobre o trabalho docente. Porém autorias ocultas, silenciadas cientes de que nunca controlarão por completo o que fazem. Os controles do sistema, das diretrizes, dos ordenamentos curriculares e disciplinares, das avaliações continuaram rígidos, cada vez mais sofisticados, reagindo a esse crescimento das autorias docentes.

Os ordenamentos curriculares que tentamos conquistar, as salas de aula que tentamos dinamizar passam a ser territórios de disputa de concepções conservadoras, burocratizantes, controladoras das inovações.

Dado o novo contexto das salas de aula, contexto de novas tensões e indagações trazidas pelas novas infâncias e adolescências e contextos de novas respostas, inovações, autorias docentes, podemos dizer que as salas de aula passaram a ser os espaços mais disputados seja pela instabilidade, pela criatividade e também pelas tentativas de controle externo através de medidas limitadoras das autorias profissionais.

Entender o novo contexto vivido nas salas de aula e as reações conservadoras é fundamental para tomar posições políticas de conformação de novas identidades profissionais.

Esses são retalhos de nossa história. Não seremos de todo infelizes se lutarmos para que esta história seja contada.

Disputas pela autoria e criatividade docente

> *Invento saídas, tempos, práticas, motivações... mas sou cobrada de seguir os currículos.*
>
> Professora de escola básica

Continuemos contando-nos nossa história para nós mesmos, profissionais do conhecimento e da educação. Há lugar para nossas autorias no território dos currículos de formação e de educação básica?

Lembro de uma professora admirada pelos colegas como criativa. Dava conta dos alunos classificados como lentos, sem atenção, desmotivados. Em um depoimento, ponderou: "invento saídas, tempos, práticas, motivações, mas sou cobrada de seguir o currículo". Todos concordaram.

Nas reuniões de professores(as) paira um consenso: há tensões entre os avanços da autonomia e criatividade docentes e os controles e as cobranças limitando a conquista da autoria e criatividade profissional. Este é o foco deste texto: trazer elementos para reconstruir um dos capítulos mais ricos na história de conformação de outras identidades docentes-educadoras. Uma história que merece ser destacada, carregada de saberes aos quais todo profissional da educação tem direito. Uma história de lutas por autorias, por afirmações e por reconhecimentos que tem entre outros espaços e fronteiras o território dos currículos na prática das escolas.

As lutas pela autonomia profissional

Como essa professora, tantos(as) profissionais do conhecimento vêm conquistando o direito a suas autorias, a sua criatividade para garantir o direito dos educandos à educação e à formação, ao conhecimento, à cultura, a saber-se. As lutas pela autonomia profissional avançaram nas últimas décadas junto com o crescimento do movimento docente. Autonomia e autorias que se chocam não apenas com os controles gestores, mas com a rigidez do ordenamento curricular.

O currículo está aí com sua rigidez, se impondo sobre nossa criatividade. Os conteúdos, as avaliações, o ordenamento dos conhecimentos em disciplinas, níveis, sequências caem sobre os docentes e gestões como um peso. Como algo inevitável, indiscutível. Como algo sagrado. Como está posta a relação entre os docentes e os currículos? Uma relação tensa.

As relações entre os docentes e os ordenamentos curriculares passaram a ser um dos campos de debates, de estudos, de encontros nas escolas e nos cursos de formação. Defrontamo nos com duas tendências que se contrapõem. De um lado os docentes da educação básica se tornaram mais autônomos como coletivos sociais, acumularam níveis de formação, conquistaram tempos de estudo, de planejamento, de atividades lutam por serem menos aulistas, menos transmissores mecânicos de conteúdos, de apostilas, do livro didático; mais criativos, mais autores e senhores de seu trabalho individual e, sobretudo, coletivo. De outro lado, as diretrizes e normas, os ordenamentos e as lógicas curriculares continuam fiéis a sua tradicional rigidez, normatização, segmentação, sequenciação e avaliação[1]. As recentes políticas de avaliação centralizada quantitativa se dão por desempenhos, por etapas, para quantificar progressos, sequências de ensino-aprendizagem reforçarem lógicas progressivas, sequenciais rígidas, aprovadoras, reprovadoras de alunos e mestres.

As avaliações e o que avaliam e privilegiam passaram a ser o currículo oficial imposto às escolas. Por sua vez o caráter centralizado das avaliações tira dos docentes o direito a serem autores, sujeitos da avaliação do seu trabalho. A priorização imposta de apenas determinados conteúdos para avaliação reforça hierarquias de conhecimentos e consequentemente de coletivos docentes.

O desencontro dessas tendências leva a tensões entre maiores controles, de um lado, e maior consciência do direito à autoria docente, de outro. Os embates estão postos nas escolas, nos encontros e no próprio movimento docente. Tentemos levantar e explicitar alguns elementos e avançar em posturas críticas diante desses embates entre autorias docentes e controles curriculares, de gestão e avaliação.

Estamos sugerindo a necessidade de avançar em duas direções que se complementam: de um lado abrir novos tempos-espaços e práticas coletivas de autonomia e criatividade profissional; de outro, aprofundar no entendimento das estruturas, das concepções, dos mecanismos que limitam essa autonomia e criatividade; entendê-los para se contrapor e poder avançar.

---

1. É esperançador observar que as novas diretrizes curriculares manifestam as tensões entre a defesa da autonomia docente e a preservação dos ordenamentos curriculares e a organização estruturante do sistema e do trabalho docente.

A conformação de um coletivo profissional mais autônomo

Ao longo da história do nosso sistema de instrução-educação-ensino se manteve uma marca: o controle dos seus profissionais. É um dos sistemas mais regulados e normatizados. No regime autoritário aumentaram os controles, e na experiência democrática das últimas décadas eles não foram superados.

Diante desses persistentes controles impostos ao sistema, à educação básica de maneira particular e aos seus profissionais, estes não ficaram passivos.

Durante as últimas décadas pudemos perceber manifestações múltiplas de resistência aos controles e de libertação desses rituais. As resistências têm contribuído para a conformação de um coletivo profissional mais autônomo, mais criativo e mais autor-senhor de seu trabalho.

Pensemos no movimento em defesa da gestão democrática das escolas, na criação de colegiados, na defesa de diretas para diretor, na elaboração dos projetos político-pedagógicos das Escolas e das redes[2].

No próprio território dos currículos, da pesquisa e da produção teórica podemos destacar a sociologia crítica do currículo e a pedagogia crítico-social dos conteúdos que apontaram na direção de desvendar os vínculos entre currículo, poder, acumulação.

Os estudos críticos sobre o currículo coincidentes com o fortalecimento da autonomia docente, com a criatividade e a profissionalização levaram redes, escolas e coletivos a conformarem projetos político-pedagógicos mais autônomos, reorientações curriculares mais adaptadas à diversidade de infâncias e adolescências, de jovens e adultos. Mais criativos para repensar os currículos e a docência para inventar formas diversificadas de garantir o direito dos educandos e dos próprios educadores ao conhecimento.

Décadas de fecunda criatividade e de politização dos currículos e dos projetos pedagógicos. Da politização das lutas por autorias e criatividades docentes. Uma história que merece fazer parte dos conhecimentos a que todo educador-docente tem direito.

As tentativas de autonomia, de criatividade nas salas de aula, nos projetos político-pedagógicos das escolas, a pluralidade de projetos que os docentes inventam merecem destaque em oficinas e em dias de estudo. É importante destacar em que pontos os docentes reagem à rigidez e ao caráter impositivo

---

2. Para a compreensão das dimensões político-pedagógicas desse movimento, cf. ARROYO, M.G. Gestão democrática – Recuperar sua radicalidade política? In: CORREA, B. & GARCIA, T. (orgs.). *Políticas educacionais e organização do trabalho na escola*. São Paulo: Xamã, 2008.

dos ordenamentos curriculares e das avaliações e como fortalecem sua autoria e criatividade; como vão conformando outro profissional.

O movimento docente tem contribuído para a autonomia política da categoria. O movimento pedagógico nas salas de aula, nas escolas e redes vem contribuindo para conformar os docentes como sujeitos mais criativos, mais autores e senhores de seu trabalho como profissionais do conhecimento.

Pesquisas e estudos têm mostrado a seriedade desse movimento nas últimas décadas. Um acúmulo de análises a que os docentes-educadores(as) têm direito nos cursos de pedagogia, de licenciatura e de formação continuada. Direito a conhecer o acúmulo de iniciativas, projetos, propostas nascidas nas salas de aula e nas escolas e assumidas por muitas redes. Uma história de criativas autorias docentes e escolares.

Uma forma de garantir esse direito será mapear a pluralidade de iniciativas que acontecem nas salas de aula e nas diversas áreas do conhecimento. Mapeá-las e avaliar seus significados inovadores e reveladores de opções político-pedagógicas profissionais. Apresentamos e comentamos algumas dessas iniciativas e de seus ricos significados.

Alguns dos significados dessas iniciativas são levar as disputas para a visão fechada do conhecimento curricular. Dentre as iniciativas cabe destacar a abertura dos currículos de educação básica para concepções de conhecimento menos fechadas, mais abertas à dúvida e às indagações que vêm do real, das vivências que os próprios educandos e educadores carregam, além de fazer das salas de aula laboratórios de diálogos entre conhecimentos.

O campo do conhecimento sempre foi tenso, dinâmico, aberto à dúvida, à revisão e superação de concepções e teorias contestadas por novos conhecimentos. Os currículos escolares mantêm conhecimentos superados, fora da validade e resistem à incorporação de indagações e conhecimentos vivos, que vêm da dinâmica social e da própria dinâmica do conhecimento.

É dever dos docentes abrir os currículos para enriquecê-los com novos conhecimentos e garantir o seu próprio direito e o dos alunos à rica, atualizada e diversa produção de conhecimentos e de leituras e significados.

Por outras políticas de currículo e de avaliação

Alguns dos significados das iniciativas docentes têm sido levar as disputas para a visão fechada do conhecimento curricular; abrir os currículos de educação básica para concepções de conhecimento menos fechadas, mais abertas à dúvida e às indagações que vêm da própria dinâmica que está posta no campo do conhecimento. Mais ainda, abrir o conhecimento às indagações instigantes que vêm do real vivido pelos próprios professores e alunos e suas comunidades; fazer das salas de aula um laboratório de diálogos entre conhecimentos. Por aí caminham os embates no campo do conhecimento e que essas iniciativas pedagógicas trazem para o território dos currículos.

Como vimos, o campo do conhecimento sempre foi tenso, dinâmico, aberto à dúvida, à revisão e superação de concepções e teorias contestadas por novas indagações que vêm do real. Quando os currículos se fecham a essa dinâmica do próprio conhecimento terminam presos a conhecimentos superados, passados de data, de validade. Quando se abrem às indagações, vivências postas na dinâmica social, se enriquecem, revitalizam. Há tantos conhecimentos vivos pressionando, disputando o território dos currículos.

Os coletivos docentes têm se mantido atentos a essa dinâmica social e do próprio campo do conhecimento para garantir aos educandos conhecimentos vivos. Entretanto, seus esforços se veem limitados pela rigidez consagrada na velha estrutura entre base comum nacional e parte diversificada, componentes curriculares obrigatórios e disciplinas a serem preservados.

As diversas resoluções que fixam diretrizes curriculares têm avançado muito na incorporação de princípios, valores e concepções avançadas de educação, de percursos formativos e de aprendizagem, mas têm dificuldade de inovar nas formas de organização dos conhecimentos e da organização dos tempos e do trabalho. É o núcleo duro, resistente.

Essas iniciativas e aberturas exigem resistência, contestando o caráter sagrado, hegemônico, inevitável que se impõe sobre os educandos e as escolas sobre o currículo e as avaliações e, sobretudo, sobre a criatividade e autoria docente.

Que conhecimento em que projetos de sociedade

É preciso manter com profissionalismo e ética os embates nesses territórios do conhecimento por novas políticas de currículo, de avaliação, de valorização, atreladas a outros projetos de sociedade, de ser humano, de vida, de justiça e dignidade humana.

Em toda disputa por conhecimentos estão em jogo disputas por projetos de sociedade. Deve-se questionar os conhecimentos tidos como necessários, inevitáveis, sagrados, confrontando-os com outras opções por outros mundos mais justos e igualitários, mais humanos, menos segregadores dos coletivos que chegam às escolas públicas, sobretudo. Também é preciso repor nos currículos o embate político no campo do conhecimento assumido não como um campo fechado, mas aberto à disputa de saberes, de modos de pensar diferentes.

É necessário e urgente um movimento de reação ao caráter controlador, padronizador que as políticas de avaliação impõem sobre os docentes e educandos, sobre o que ensinar-aprender. As diretrizes curriculares perderam sentido inovador soterradas no caráter impositivo das políticas nacionais e estaduais de avaliação.

Hoje grupos técnicos desconhecidos impõem a todas as escolas e a seus profissionais o que decidem como prioritário ou descartável na garantia do direito ao conhecimento.

Ousadia em nome do direito à vida digna

Sobre as escolas e sobre os seus coletivos de mestres e educandos onde vinham acontecendo as ousadias mais criativas pela garantia do direito ao conhecimento recaem os controles maiores nos currículos e nas avaliações. Porque nessas escolas chegam vidas precarizadas que contrastam e contestam o culto à missão salvadora que as ciências e tecnologias dos currículos prometem superar e extinguir.

É significativo que nas escolas e salas de aula onde chegam os(as) filhos(as) dos coletivos sociais, étnicos, raciais, das periferias e dos campos tenham lugar especial as inovações criativas dos docentes-educadores traduzidas em práticas e projetos; das formas indignas de viver que os educandos carregam venham indagações ao campo do conhecimento que obriguem seus profissionais a serem criativos para descartar conhecimento morto e incorporar indagações e conhecimento e significados vivos, instigantes para a docência.

Os docentes dessas escolas, em convívio com os alunos populares, são levados a duvidar da visão sagrada, messiânica das ciências e tecnologias que são obrigados a ensinar. A vida, a justiça e a dignidade negadas com que convivem lhes obrigam a duvidar do caráter redentor das competências e da racionalidade científico-técnica de que são profissionais e que os currículos impõem de forma acrítica.

Muitos profissionais desses educandos aí encontraram as virtualidades e incentivos para duvidar e inventar ousadias criativas no próprio campo da docência e do currículo, para inventar outros conhecimentos que ajudem os educandos a entender-se e entender os determinantes de seu viver.

Enquanto continuarem chegando crianças e adolescentes, jovens ou adultos populares com vidas precarizadas teremos coletivos de profissionais e de educandos contestando a visão sagrada, miraculosa dos conteúdos dos currículos e das avaliações. Teremos disputas por outros conhecimentos, outras racionalidades, outro material didático e literário; por outros projetos de sociedade, de cidade ou de campo; por projetos de emancipação; por explorar as potencialidades libertadoras do conhecimento. Mas que conhecimento liberta?

Ousadias em nome do compromisso ético

Uma constatação chocante é que os gestores e a mídia condenam os docentes de antiéticos, descomprometidos, irresponsáveis. Entretanto, nas últimas décadas, se observa um crescimento docente das lutas por inovação em nome da ética, do compromisso ético com os educandos, com seus direitos e com outro projeto de sociedade. A ética como luta pela dignidade dos educandos. A ética como luta por autoria e liberdade e criatividade responsável dos profissionais do conhecimento.

Em realidade, quando se apela à irresponsabilidade de mestres e alunos, estamos diante de um confronto de éticas. Da ética da liberdade, criatividade, verdade, dignidade que vinha crescendo em confronto com a "ética" do cumprimento fiel da norma, das diretrizes, dos tempos, dos núcleos duros, das exigências de reprovação e de segregação na escola dos sempre segregados do crescimento econômico. As disputas no território do currículo e da docência são disputas éticas.

É ético que os profissionais e educandos lutem por devolver-lhes o que vem sendo subtraído, o direito a pensar, criar, escolher o que ensinar e como, o que aprender, que conhecimentos garantem o direito a entender suas vivências, a entender-se. Nessa luta ética pela liberdade e a autoria, pelo direito a um conhecimento que liberte, o currículo aparece como o território de disputa. É ético questionar por que o currículo passou a ser o território onde o conhecimento acumulado se afirma como único, legítimo, onde a racionalidade científica se legitima como a única racionalidade. É ético garantir o direito à diversidade de conhecimentos e de formas de pensar o real.

É ético resistir a rituais e processos que julgam, condenam e segregam milhões de crianças, adolescentes, jovens ou adultos populares por não apreenderem a única racionalidade e o único saber legítimos, no tempo e nos rituais legítimos.

Aprendemos como profissionais do conhecimento que quando um conhecimento, uma racionalidade se impõe como únicos, hegemônicos, outros conhecimentos e outros modos de pensar são sacrificados, segregados, como irracionais, do senso comum, do povo comum. Já ouvimos que o conhecimento curricular não é o conhecimento nem a racionalidade do senso comum, do povo comum, da vida comum. Mas é o território do conhecimento e da ciência, da racionalidade e da cultura nobres; da normal culta.

Resistir a esses cânones únicos segregadores tem feito parte da ética docente, e assim formar os educandos para valorizar suas linguagens e seus saberes e colocá-los em diálogo com a diversidade de saberes e linguagens.

Reconhecimento da diversidade

A disputa foi se instalando ao chegarem os coletivos tidos como povo comum sem racionalidade, dominados por saberes do senso comum. Os coletivos docentes cada vez mais identificados com esses educandos em saberes, cultura, classe, raça, campo ou periferia passaram a ter de articular direitos tensos: o direito à "herança" intelectual, cultural, estética, ética com o direito a suas heranças de saberes, valores, estéticas, conhecimentos, linguagens, formas de pensar o real e de pensar-se.

O direito a autoimagens positivas tem levado os(as) docentes-educadores(as) a adotar uma postura crítica, vigilante diante do material didático, até da literatura que chega às escolas e reproduz estereótipos sexistas, racistas, inferiorizantes dos povos indígenas, quilombolas, do campo, negros, pobres.

Os coletivos vistos e tratados como inferiores em nossa história intelectual e cultural vêm afirmando suas memórias e culturas, seus saberes, valores, afirmando sua presença positiva na produção intelectual, cultural, artística e literária.

Essa riqueza afirmativa vem entrando nas salas de aula através, sobretudo, da criatividade e das ousadias dos(das) educadores(as) docentes que têm avançado em reconhecer a diversidade. Assim, são contrapostos e expostos os sexismos, racismos, inferiorizações ainda presentes em alguns dos materiais didáticos e literários que chegam às escolas. O campo do material didático e literário passou a ser um território de disputa nas salas de aula. Disputa política que extrapola até a mídia e a outras instituições da sociedade e do Estado.

Os embates políticos sobre o que se ensina, se lê e aprende sobre os valores e contravalores que as escolas reproduzem viraram objeto de tensas disputas em todos os níveis da sociedade; um indicador de que os profissionais da

41

educação básica cresceram em autonomia ameaçando o papel de reprodutores fiéis dos valores e das representações inferiorizantes que pesam sobre eles e sobre os setores populares com os quais trabalham.

As tensões vividas nas últimas décadas no território do currículo e da docência vêm dessa diversidade de culturas, saberes, racionalidades, concepções de sociedade, de identidades que explodem nas escolas públicas e vão chegando às escolas privadas.

Não se trata de negar o direito à produção intelectual, cultural, ética, estética, mas de incorporar outras leituras de mundo, outros saberes de si mesmos. Reconhecer outras produções positivas de autoimagens cultuadas, acumuladas nos coletivos segregados que as carregam para as escolas e disputam seu reconhecimento nos currículos, no material didático e literário. Essa tensão posta nas escolas populares nas últimas décadas pressiona contra a imposição de um conhecimento único, de uma racionalidade única, de uma leitura e cultura únicas, de uns processos-tempos de apreender únicos. Pressiona por representações sociais mais positivas dos diferentes. Pressiona por uma dessacralização dos currículos e das diretrizes e desenhos curriculares; dessacralização que vinha sendo feita nas escolas, nas redes e, sobretudo, nos coletivos de educadores e educandos, em responsáveis e ousados projetos coletivos de respeito e de reconhecimento da diversidade.

Repolitizar as disputas no território dos currículos

Nesses intentos tínhamos aprendido que as disputas no terreno controlado e gradeado dos currículos e das disciplinas seriam tensas. Profanar templos, quebrar grades sempre mereceu castigos. A reação conservadora está aí, endurecendo diretrizes, normas, oferecendo reorientações curriculares prontas, controlando avaliações, privilegiando competências em áreas já privilegiadas, retomando a reprovação-retenção. Legitimando material didático apesar de sexista e racista. Sobretudo, controlando os agentes desses rituais sagrados, os mestres.

É sintomático que todo esse acúmulo de normas, diretrizes, reorientações prontas de material e apostilas bem diretivas chegam às escolas para ajudar os docentes sempre vistos como incapazes de criar, perdidos à procura de auxiliares.

Tensas histórias de embates por autonomias profissionais. Nunca como agora nessa década caíram sobre mestres e alunos tantos "auxílios" e tantos controles e tantas avaliações, punições e ameaças. Toda profanação será castigada. Toda ousadia de democratizar o conhecimento, a ciência, a racionalidade, de reconhecer conhecimento, racionalidade no senso comum, no povo comum será castigada, controlada. Era de se esperar essa reação conservadora, freando as ousadias criativas das redes e escolas e dos docentes e de seus movimentos.

Agora nos obrigam a debater-nos contra a asfixia controladora que vem da mídia, de gestores e das avaliações, dos currículos por competências, do controle repressor dos docentes e de suas organizações profissionais, da imposição do currículo único, do material didático único, do padrão mínimo, único de qualidade.

As autorias docentes repolitizadas

Na realidade, não é tanto o currículo que está em disputa, mas a docência, o trabalho, a liberdade criativa dos trabalhadores na educação. Está em disputa o conhecimento, a cultura e sua rica diversidade.

O movimento docente reaquece suas resistências e suas lutas. É significativo que as reações e até greves mais recentes sejam contra essa pluralidade de controles sobre suas autorias, sobre seu trabalho. Reações dos trabalhadores na educação a serem julgados, condenados e classificados em avaliações pelos resultados dos alunos e a serem submetidos a provações, a perder direitos conquistados em décadas de lutas. É significativa a percepção do movimento docente sobre as estreitas relações entre as avaliações e políticas curriculares conservadoras e a perda de seus direitos, de autoria e autonomia profissional.

Currículo, ordenamento, avaliação se mostram determinantes da organização do trabalho, da valorização-desvalorização do magistério, da manutenção ou perda dos direitos conquistados. Diante das autorias negadas a reação do movimento docente repolitiza a disputa no território do currículo. Reafirmando o direito à autoria e à criatividade docente.

As reações vêm também dos movimentos sociais em sua diversidade. Reações a currículos que os ignoram, ao material didático e literário que continua reproduzindo representações sociais, sexistas, racistas, inferiorizantes que ainda chegam com o aval oficial às escolas públicas, do campo, das periferias, dos povos indígenas e quilombolas.

Era de se esperar que em tempos em que o movimento docente e o conjunto dos movimentos sociais dinamizam e repolitizam a sociedade, o território das escolas, dos currículos e do material didático e literário seja repolitizado. Como reação, a criatividade profissional passa também a ser reafirmada e repolitizada. Ou como profissionais do conhecimento controlamos os currículos ou seremos controlados em nossas autorias.

Os limites às autorias docentes

As crenças nas ciências são tão fortes
ou mais do que nas religiões.

Pablo Casanova

Nas reflexões sobre disputas pela autoria e criatividade docente apontávamos a necessidade de mostrar o avanço de tantos espaços de autonomia e criatividade nas escolas. A proposta deste capítulo é aprofundar que mecanismos, que estruturas e que concepções limitam as autonomias e a criatividade docentes, aprofundar as justificativas dos controles sobre os profissionais da educação básica. Por onde passam?

Estamos sugerindo que enquanto essas justificativas não forem desconstruídas a autonomia profissional continuará controlada e cerceada. Torna-se urgente aprofundar e desconstruir concepções e representações sociais que limitam as autorias docentes.

Destacar e aprofundar por onde passam esses limites e entraves às tentativas de avançar nas autorias e criatividades tem sido objeto de dias de estudo, debates e oficinas nas escolas e nos encontros de professores(as). Destaquemos alguns destes limites como fundamental para entender a história do magistério vivida nas últimas décadas. O direito ao conhecimento dessa tensa história deveria fazer parte dos currículos de formação.

Não reconhecidos autores porque inferiorizados

Comecemos por uma constatação: entre as representações sociais, persiste arraigada uma visão inferiorizada dos profissionais e do próprio campo da educação básica, que são vistos como inferiores no conjunto dos corpos docentes porque são desqualificados, ou mal qualificados. Essa justificativa persiste ao longo de décadas. Os repetitivos apelos à necessidade de aumentar os seus níveis de qualificação revelam e reforçam a visão inferiorizada dos docentes, porque são supostamente desqualificados.

Nessa visão inferiorizante se pretende justificar o controle de suas autonomias e a necessidade de mecanismos de tutorias por parte dos órgãos centrais, ou por parte de coletivos técnico-gestores refugiados em delegacias, coordenadorias, secretarias e conselhos. Como é humilhante e segregador ver e tratar os profissionais de educação básica como eternos infantes demandando o cuidado atento e a tutoria cuidadosa do auxílio e proteção técnico-gestora e normatizadora.

Frente a essas inferiorizantes formas de tratá-los vêm reagindo esses profissionais nas últimas décadas, seja no movimento docente ou na pluralidade de ações afirmativas de autorias. Por que tantas resistências gestoras a esse reconhecimento de suas responsáveis autorias? Por que não se reconhece que a visão de tutelados ficou na saudade e cresceram como profissionais que dispensam ser tutelados?

A essa visão inferiorizada, carregada de sexismo e machismo se soma a visão inferiorizada do campo ou nível em que trabalham a educação básica. A visão hierárquica do sistema educacional confere *status* diferente ao nível superior do que ao médio, fundamental, elementar, primário. Os próprios nomes refletem hierarquias inferiorizantes para a educação básica, o que legitima as visões inferiorizantes dos profissionais que trabalham nesses níveis tidos como primários, elementares.

A rigidez e controle na educação básica contrastam com a liberdade da pesquisa, da produção e do ensino defendida para a educação superior e para seus pesquisadores-docentes. Há uma tradição histórica que reconhece a autonomia universitária como uma exigência da dinâmica do campo da produção do conhecimento. Campo aberto, livre a debates de ideias e concepções, o que exige autonomia docente.

Nos cursos de licenciatura, os licenciados acompanharam o dinamismo intelectual de suas áreas e aprenderam a prestigiá-las. Entretanto, como professores de ensino fundamental ou médio, tiveram de aprender que os conteúdos sistematizados nos currículos e nas disciplinas perdem esse caráter dinâmico inerente a sua produção e passam a ser sistematizados, ordenados e sequenciados em uma transposição que exige uma ordem estática, rígida a ser seguida, respeitada com uma fidelidade sagrada, ritualizada.

A função dos conselhos, dos inspetores e dos regimentos, ou das diretrizes e normas será obrigar os docentes a respeitarem cargas horárias, hierarquias, sequenciações, linearidades. A autonomia reconhecida do pesquisador-docente da educação superior contrasta com a rigidez e os controles que negam qualquer autonomia e autoria aos pesquisadores-docentes da educação básica. Destes professores se espera que cultuem o conhecimento curricular como sagrado e indiscutível. Podemos ver nesse culto um mecanismo de controle das autorias docentes?

Culto fiel aos conteúdos sequenciados

Chegamos a outro mecanismo, a outra crença que limita as autorias e criatividades docentes.

Como não ser fiel a conteúdos que aprendemos a cultuar como sagrados? Nada fácil aos docentes das escolas ter uma postura crítica e tentar desconstruir, desordenar os conteúdos de sua matéria nem em função das aprendizagens dos educandos. Os ordenamentos curriculares carregam um caráter de necessidade e inevitabilidade que nem se cogita desconstruir e recriar esse conhecimento sacralizado. Dos docentes se exige que preparem suas aulas com esmero, seguindo o ordenamento e a sequenciação de cada conhecimento, a ponto de reprovar, reter o aluno que deixar aprendizados para trás.

A sequenciação do conhecimento é tão intocável que se um número até significativo de crianças, de adolescentes ou jovens não aprender na sequenciação prevista e deixarem aprendizados para trás, esses alunos obrigatoriamente terão de repetir o ano. O docente não tem autonomia para decidir sobre outras soluções mais éticas.

O ordenamento curricular se rodeou da condição de um ritual sagrado. Tornar-se necessária uma visão crítica dessa ritualização se pretendemos avançar no direito à autonomia profissional. Como operam e se impõem os rituais sagrados?

Os rituais sagrados não podem ser quebrados. Será uma profanação que alunos passem sem dominar os conteúdos previstos no tempo previsto, na lógica e na sequência previstas. Não é o professor que reprova e retém, é essa lógica que o obriga. Quanta criatividade para acompanhar para frente aprendizados ainda não dominados tem sido condenada.

Quando o currículo, os conteúdos, a sua transmissão e aprendizagem viram um território e um ritual sagrado, tudo fica intocável e inevitável. Até para os docentes. Não é possível a crítica, a desconstrução, o reordenamento. Os docentes são levados a incorporar uma postura de defensores intransigentes dos conteúdos e dos rituais de sua transmissão-apreensão, ainda que sua criatividade seja cerceada e ainda que milhões de percursos escolares sejam truncados.

Para os gestores, ser docente competente é ser fiel a essa visão sagrada dos conteúdos, de sua disciplina, levá-los a sério, ser exigente, cumprir com fidelidade todos os processos e rituais. Inclusive o ritual de avaliação-aprovação-reprovação, sacrificando a diversidade de culturas, de vivências, de processos de aprendizagem, quebrando identidades em uma fase tão delicada de sua formação, a infância-adolescência.

Esse caráter sagrado de cada disciplina é introjetado nos cursos de formação. Em debates com os professores é frequente ouvir: "sou exigente, reprovo porque sou sério, trato os conteúdos de minha matéria com toda seriedade".

A cultura do intocável pesa sobre a cultura docente como um mecanismo de controle dos próprios docentes.

Sempre que a mídia ou gestores acusam os professores de irresponsáveis, de não levarem a sério a docência, provoca-me uma reação: há muita seriedade e profissionalismo nos docentes, tanto que são extremamente fiéis aos rituais da docência, viraram escravos de uma fidelidade e de tratos sagrados, ritualizados dos conteúdos curriculares e de seus ordenamentos.

É esperançador que tantas escolas e coletivos se soltem dessas amarras, tentem ser criativos para dar conta dos complexos e irreguláveis processos de ensinar-aprender, de ser profissionais do campo tão dinâmicos do conhecimento e da formação humana.

Perpetuar as crenças redentoras da ciência

Continuemos indagando o que justifica a rigidez dos ordenamentos curriculares e dos controles sobre os docentes para melhor reagir. A cultura ritualizada, sagrada dos conteúdos e da docência não foi incorporada apenas nos cursos de formação. Faz parte do ideal de progresso e de cientificidade que cultua o conhecimento e a ciência como propulsores do progresso das sociedades e da ascensão dos indivíduos; o conhecimento e a ciência são cultuados até como sendo a força transformadora dos povos e, sobretudo, libertadora do atraso, do tradicionalismo, da irracionalidade primitiva dos coletivos tidos como os mais atrasados de nossa e de todas as sociedades.

O culto e a crença na ciência, na tecnologia, na racionalidade científica como salvadora e libertadora, sobretudo dos pobres são aprendidas nos centros de formação, das ciências naturais, de maneira especial quando se pensam como garantia do progresso e do bem-estar universal. Um licenciado bem formado não é apenas aquele que domina os conhecimentos de sua disciplina, mas aquele que introjetou essa cultura, esse culto a essas crenças redentoras, messiânicas, sagradas da ciência e do conhecimento.

Os controles das autorias e a criatividade docentes têm raízes profundas em crenças e cultos arraigados. Aí tem de centrar-se os embates docentes, em desconstruir essas crenças redentoras e as funções de controle social a que se prestam.

Na cultura social, política, econômica, assim como na mídia, no trabalho e na administração, essas crenças são hegemônicas. Elas se fortalecem quanto mais avança a chamada revolução científica. Desses campos sociais vêm pressões para que as escolas e seus profissionais sejam guardiões fiéis e competentes desses tratos sagrados de conteúdos sacralizados.

O destaque que a mídia dá aos resultados do ritual sagrado de avaliação nacional é uma comprovação do arraigado dessas crenças. Os sistemas, as escolas e os professores são classificados em bem-sucedidos ou malsucedidos. De um lado, os merecedores de destaque, louvor, pelos êxitos na transmissão e nas aprendizagens de competências que trarão o progresso e o futuro da nação. De outro lado, os merecedores de reprovação, vergonha por não terem tratado com profissionalismo conteúdos e rituais sagrados do bem ensinar e bem aprender competências necessárias ao progresso.

Lutar contra essas avaliações, reprovações docentes sem desmistificar o caráter sacralizado dos ordenamentos curriculares será inútil. O avanço da miséria, da fome, das doenças, da concentração da renda... desmente essas repetidas crenças no avanço das ciências e do conhecimento. Difícil para os(as) filhos(as) dos setores populares, alunos ou professores, vítimas de séculos de segregações serem convertidos a crenças que sua história longa desmente. Por aí passam tensões nos processos de ensinar-aprender.

Cultuar o ritual seletivo de passagem

Esse caráter necessário, inevitável, inquestionável das competências curriculares, escolares para o bem-estar da nação e de cada um é uma crença que limita autorias e criatividades porque pesa sobe as escolas, sobre os professores e gestores e sobre os alunos e as famílias. Sobretudo, pesa sobre os coletivos pobres, seus jovens, adolescentes e até crianças. Se fizer um percurso exitoso de aprendizagem dos conteúdos na sequência prevista, passando nas avaliações oficiais seu futuro estará garantido. "Se fracassares nesse percurso teu destino está marcado a continuar no atraso, na pobreza, no desemprego, no trabalho informal de teus coletivos de origem". Promessas que ouvimos quando alunos, e que ainda são repetidas às crianças-adolescentes pobres das escolas públicas e aos jovens e adultos da EJA.

Há alguma crença, algum mandamento ou algum ritual de passagem mais sagrado do que essa visão de salvação ou condenação do ritual do percurso escolar? O curioso é que a visão sagrada, messiânica, salvadora persiste na visão do sistema escolar e do currículo defendidos em nome da visão republicana e democrática, secularizada, laica, da educação. Reconheçamos que pouco avançamos nessa empreitada de conformar um sistema de educação laico, secularizado, republicano e democrático.

Estamos em um jogo político, econômico em que o conhecimento, a ciência e a tecnologia hegemônicos foram apropriados e colocados a serviço da acumulação e da manutenção das relações de dominação/subordinação. A essa relação política é submetida a produção, acumulação e apropriação, transmissão e aprendizado desse conhecimento.

A sacralização dos rituais de passagem tão seletivos e segregadores são impostos à escola e à docência pela persistência de rituais e relações segregadoras na sociedade. O campo do conhecimento foi submetido aos padrões segregadores. Perdeu autonomia. Conhecimento sacralizado vira elitizado, segregador e controlador.

Quanto maior a perda da autonomia do próprio campo do conhecimento maior a perda da autonomia dos seus profissionais, os docentes. Lutar pelas nossas autorias sem criticar a submissão do conhecimento ao mercado ou sem lutar pela autonomia do conhecimento será uma luta perdida.

Sem avançarmos nessa maior autonomia do conhecimento fica difícil aos mestres, seus profissionais, garantir o direito dos educandos ao conhecimento.

A ressacralização conservadora dos conteúdos

Em que quadro atual nos movemos? Em um quadro de refinados controles. A política nacional de avaliação faz parte de uma ressacralização conservadora dos conteúdos, sobretudo daqueles reduzíveis a competências e habilidades mensuráveis, condicionantes do progresso da nação. Uma ressacralização controladora dos docentes, de suas competências e de suas condutas como profissionais.

Agora, não apenas os discentes, mas também os docentes avaliados, provados e reprovados como incompetentes ou irresponsáveis nos seus deveres sagrados de tratar com qualidade conteúdos tão necessários para o progresso, para saída do atraso.

O clima de nação grande entre as economias está elevando as competências no domínio das ciências e tecnologias a um patamar novo, de necessidade inevitável, de precondição; visão e pressão um tanto relaxadas em nossa tradição de país subdesenvolvido, carregando uma herança de coletivos tradicionais, irracionais, pré-modernos, desescolarizados.

A retomada conservadora dos controles do trabalho e da autonomia docente exige uma reação crítica dos próprios docentes. Exige tentar entender por onde passam esses controles a sua função de profissionais do conhecimento e a que estreitezas vai sendo reduzido o tão proclamado direito de todo cidadão ao conhecimento.

A visão tardia da necessidade sagrada de investir com urgência em capital humano invade a mídia e as análises e aumenta as pressões sobre o sistema escolar, sobre a educação de qualidade. Embate posto na escola pública, seus currículos e sua docência. A política nacional de avaliação passou a ser o ritual sagrado de medida dessa passagem da nação para o Primeiro Mundo. Onde incide com maior pressão essa necessidade de capacitação para o novo país, a nova economia competitiva é sobre os currículos. Currículos baseados em competências. Incide sobre os docentes, sua qualificação e seus compromissos. Até sua remuneração pelos resultados dos seus alunos nas provas, ou por frequência, assiduidade, organização, relatórios.

Os enfrentamentos se concentram na avaliação dos conteúdos e da docência, formas sofisticadas de controle da criatividade e autoria docentes. O aumento dos controles docentes não é um capricho de um gestor de plantão, tem raízes políticas mais profundas. É um ritual de controle dos próprios conhecimentos. Nem todo conhecimento merece ser avaliado.

O novo tempo marcado por uma opção de crescimento econômico sacralizando a ciência, a tecnologia e o domínio de competências termina pressionando por um novo currículo, nova docência e novos rituais de controle, de qualidade, de avaliação-aprovação-reprovação de alunos e mestres. Os governos mais afinados com essa opção como necessária, inevitável tendem a controles mais refinados dos currículos, da docência, da qualidade, do trabalho profissional e das avaliações. Nessa necessidade e inevitabilidade se nivelam as diferenças partidárias dos gestores. Impressiona a rapidez com que se conseguem consensos onde havia diferenças ideológicas sobre as opções.

Os controles dos docentes repolitizados

As políticas, diretrizes e normas coincidem na priorização de currículos baseados em competências, nas avaliações de resultados, na pressão sobre os docentes, seus compromissos e responsabilidades. Coincidem na sua exposição ao massacre na mídia das escolas, dos mestres, coletivos e alunos com baixos desempenhos. Os currículos, as avaliações e a criatividade docente que se tornaram nas últimas décadas espaços de disputa, de renovação e criatividade de coletivos foram fechados e cercados para serem tratados como territórios de controle, não mais de disputa. Territórios sagrados a serem cultuados. Logo, controlados com novos rituais. O próprio campo do conhecimento objeto de disputa político-libertadora passa a ser objeto de controle.

Ter consciência desses embates é fundamental. Os trabalhadores em educação estão no meio, são alvo do fogo cruzado que tenta desconstruir não apenas o progressismo político-pedagógico das últimas décadas, mas também tenta destruir, controlar o crescimento político dos coletivos e do movimento docente. Tenta desconstruir o conhecimento como espaço político.

Nada se torna mais impositivo do que aquilo cultuado como necessário, intocável, sagrado. Benjamim via o capitalismo como religião; aí não cabem mais ousadias criativas. Elas devem ser cortadas, deslegitimadas. Estamos em tempos de recuo nas ousadias criativas na docência, nas reorientações curriculares, na proliferação de projetos, propostas e didáticas.

Um currículo onde apenas o necessário está previsto, sistematizado, inquestionável, a ser ensinado e aprendido como um ritual-percurso-passagem sagrados para uma economia-nação fortes será um currículo e uma docência sem liberdade, sem possibilidade de ousadias criativas.

As vítimas em foco são os coletivos docentes e gestores que, nas últimas décadas, ousaram a liberdade de criação no campo do currículo, do conhecimento e do seu trabalho. As tentativas de frear essa criatividade passam por convencer os docentes de que quanto mais cultuados os conteúdos maior sua valorização como profissionais dos conteúdos. O que observamos é aumento do controle.

Novas disputas políticas no território da docência

Nas últimas décadas os coletivos docentes de educação básica vêm se defrontando com estudos e debates em torno de questões como as expostas a seguir:

Só resta controlar a criatividade docente e se submeter ao ritualizado? Ou cabem ainda disputas no território do conhecimento, dos currículos e na profissão docente? Esses profissionais se conformarão em ser meros executores dos rituais previstos, das competências legitimadas, das avaliações impostas? Renunciarão a seu direito profissional de criar, selecionar, incluir outros conhecimentos não hegemônicos, outras didáticas, outro material pedagógico? Renunciarão ao seu direito a avaliar-se e avaliar os processos de ensino-aprendizagem? Deixarão o trabalho de sua autoria por conta de agências e "especialistas" em avaliação, sentenciação? Seguirão fiéis às apostilas que a indústria do ensino vende e que gestores públicos compram e impõem para elevar a média no Ideb?

As respostas têm reorientado novas éticas profissionais.

Ser docente-educador não é ser fiel a rituais preestabelecidos, mas se guiar pela sensibilidade para o real, a vida real, sua e dos educandos e criar, inventar, transgredir em função de opções políticas, éticas. Aprender a dizer não também exige seriedade e profissionalismo, tanto mais do que para dizer um sim incondicionado. Resistir a toda forma de anular a capacidade de autoria profissional é um direito a ser mantido e disputado. Um direito que foi cultivado com seriedade profissional por muitos coletivos e muitas escolas e redes. Direito perseguido pelo movimento docente nas últimas décadas.

As disputas no território dos currículos e da docência estão postas com nova radicalidade. Passam pelas disputas das últimas décadas do direito à autoria, à criatividade, à própria capacidade de criticar o que contradiz opções políticas, éticas.

Se esse direito profissional a intervir e criar no próprio campo da docência e do currículo cultivado com tanto esmero nas últimas décadas está ameaçado pela repolitização conservadora que tenta impor aos docentes o que é sagrado ensinar para avaliar esse quadro repõe novas resistências e novas disputas políticas no território da docência e dos currículos.

Autorias negadas, sujeitos ocultados

Que importa quem fala, disse alguém,
que importa quem fala.

Samuel Beckett

Beckett parece dirigir-se aos docentes, aqueles que têm como profissão proferir, falar, ensinar, transmitir lições e conhecimentos. O que importa quem fala? O que importamos perante a mídia e os gestores, a cultura social e política? Predomina uma sensação nas escolas de que pouco importam nossas lições aos alunos, às famílias e à sociedade. Por aí apontam tantas análises sobre as crises de identidades docentes, quem sou eu se aos alunos não importa o que falo?

Beckett nos convida a ir mais fundo. A pergunta é que importa *quem fala*, não tanto o que falamos. A desvalorização não é tanto dos conhecimentos e das lições, estamos na sociedade do conhecimento. A desvalorização é de quem fala; dos mestres. Sobretudo dos mestres da infância, da adolescência, dos jovens e adultos populares. Dos mestres das escolas públicas de maneira especial.

"O que importa quem fala" está merecendo dias de estudo, análises, debates entre os profissionais das artes de ensinar. De falar. Tentemos levantar alguns pontos para reflexão e reação. Podemos começar focando a escola e o sistema, os currículos e as políticas, se importam com quem fala? Com os sujeitos dos processos de ensinar-aprender? Esse não se importar será uma forma de negar suas autorias? De ocultar-nos como sujeitos?

Muitos(as) professores(as) organizam oficinas e dias de estudo para aprofundar essas questões. Para melhor entender-se e fortalecer-se. Como esperar que nossas autorias sejam reconhecidas se não importamos como autores?

Na Parte I do texto aprofundamos essas questões. Na Parte II destacamos a pluralidade de gestos coletivos de presenças afirmativas, mostrando quanto importa quem fala; quem falamos.

Não importa quem fala

A indiferença com o autor, com os sujeitos é uma característica dos currículos. Os sujeitos desaparecem, não têm espaço como sujeitos de experiências, de conhecimentos, de pensares, valores e culturas. Não se reconhece sua voz, nem sequer estão expostas as marcas de suas ausências. O que importa quem fala? Quem são os mestres que ensinarão os conhecimentos? Menos, ainda, o que importam aqueles que escutam, que aprenderão suas lições?

Não apenas nos desenhos curriculares e no material didático de educação básica estão ausentes, também nos desenhos dos currículos de licenciatura e de pedagogia, os mestres e os alunos estarão ausentes como sujeitos. Onde ambos aparecem mostrando sua inegável existência são nas avaliações. Nesse ritual aparecem presentes não como sujeitos de histórias, identidades, mas como respondentes de questões, como aprovados e, sobretudo, reprovados, dominando ou não os resultados esperados. Um dos rostos mais destacados dos alunos em índices e pesquisas é dos milhões de reprovados.

Os mestres também aparecem presentes nos rituais de avaliação, responsabilizados pelos resultados dos seus alunos, merecedores ou não de prêmios, bônus, julgados como qualificados ou desqualificados, responsáveis, assíduos ou irresponsáveis. Somente nesse ritual de avaliação-aprovação-reprovação importa quem falou nas aulas e quem escutou, quem ensinou e quem aprendeu. Sobretudo, aparecem pichados de brincarem de ensinar e de aprender como escutamos da mídia e de gestores.

Nos resultados das avaliações importa quem não fala, quem não acerta e quem falou mal, não ensinou. Os sujeitos importam para condená-los.

Essas ausências-presenças dos autores da ação educativa mostram que os professores reais, com suas trajetórias humanas, seu gênero, classe, raça, pertencimento, identidades e culturas ficam de fora. O mesmo acontece com os alunos reais, crianças ou adolescentes, jovens ou adultos; ficam de fora. Apenas interessam como alunos ou como professores do ritual único de ensinar-aprender-aprovar-reprovar. Eles e elas com seu nome próprio, sua identidade e trajetória humana próprias não interessam à pedagogia e aos currículos? Na escola e nos estudos, no livro didático, atendem pelo nome genérico de professor, aluno, nem sequer professora, aluna. Todos viram "genéricos" na mesma função: o professor, o aluno.

Nas reuniões cabe discutir e reagir às consequências dessas ausências. São sérias. O que cada um é, vive, experimenta, crê, valora, ou sabe pouco importa, nem sequer como membro de coletivos sociais. O currículo, os conhecimentos não partem desse real, não o valoram, nem se preocupam com as questões, indagações e significados que essas vivências concretas põem e repõem à produção e sistematização e ao repensar dos conhecimentos e das teorias pedagógicas e didáticas. Nem sequer os conhecimentos curriculares, disciplinares se julgam no dever de captar, iluminar, explicar as experiências e indagações que os sujeitos põem e repõem na sociedade, nos movimentos sociais, nas vivências da infância e adolescência.

Essa ausência dos sujeitos, seja como ponto de partida ou de chegada dos conhecimentos curriculares, condiciona radicalmente o formato deste ou daquele desenho curricular, do material didático, do preparo e formato da aula e até das didáticas e metodologias. Empobrece os currículos de formação, nas licenciaturas e na pedagogia.

Prejulgados como não autores

Entretanto, a ausência total dos autores se torna impossível. Não há como não se importar com quem fala. O que diferenciará um texto, uma narrativa, um depoimento ou uma prova será seu autor. Serão classificados e hierarquizados como científicos ou do senso comum, cultos, expressão da norma culta ou inculta dependendo de quem fala, dos autores ou dos coletivos sociais, raciais, sexuais, do campo ou da periferia.

Em realidade, a visão dos sujeitos autores marca a classificação dos textos, das provas, dos ensinamentos e das aprendizagens com as mesmas hierarquias com que a sociedade e a cultura política classificam e segregam os coletivos. Difícil ignorá-los até como sujeitos em nossa cultura política que hierarquiza cada autoria em função da classificação feita em nossa história de cada coletivo social, de gênero, de raça, de orientação sexual, do campo, do centro ou das periferias. Difícil ignorá-los, sobretudo quando marcados e inferiorizados por preconceitos sociorraciais, sexuais, coletivos. "Que redação linda! Quem diria ser de uma menina, negra, da favela, do campo!" "Que alunos violentos, indisciplinados. Só podiam ser eles". Nosso esquecimento do autor se vê traído. A partir dele julgamos e nos estranhamos ou não de suas condutas, de sua obra.

Nada fácil esquecer e não contrapor ao autor, o sujeito real, concreto, com seu gênero, raça, classe, lugar social no cotidiano dos processos de ensino-aprendizagem, de produção e avaliação. Visões do autor, sobretudo preconceituosas, precedem, prejulgam seus textos, redações, aprendizados, avaliações, resultados. Até suas condutas e suas lutas políticas.

Julgamentos semelhantes pesam sobre os professores da escola pública como coletivo profissional. São eles(as) responsabilizados(das) da proclamada e denunciada baixa qualidade da escola pública. Até seu lugar social, racial, de gênero, campo ou periferia é lembrado para responsabilizá-los pela baixa qualidade do ensino-aprendizagem e pelo lugar da escola municipal, estadual, nacional no *ranking* das provas de competências e resultados.

As identidades dos educandos e também dos educadores, professores passam a ser o ponto de partida de todo julgamento, exclusão, reprovação e segregação. Os julgamentos tão negativos da mídia e de gestores sobre os professores de educação básica, infantil, fundamental e até média, sobretudo de escola pública popular, não da escola privada, carregam os preconceitos de origem, de lugar, de trabalho, de gênero (a maioria mulheres) de classe social (pobres), de raça e de território, dos mestres e dos educandos, dos coletivos populares. Carregam os preconceitos com que se veem os espaços públicos, porque a eles acodem os coletivos marcados por preconceitos históricos. Carregam todos os preconceitos da educação pública *versus* privada, do ensino básico, fundamental *versus* superior, da escola urbana *versus* rural.

Preconceitos arraigados em nossa cultura social, política e pedagógica que por princípio segrega, condena o trabalho, a autoria, os resultados de mestres e alunos das escolas públicas populares. Difícil ignorar, silenciar os sujeitos reais com seu gênero, raça, origem e sua função de mestres ou de aprendizes.

Coletivos docentes tentam libertar-se dessa cultura social, política preconceituosa que pesa sobre eles e sobre a cultura escolar.

Prejulgados como coletivos

Outro ponto a destacar diz respeito aos sujeitos que desaparecem nos coletivos ou são julgados como membros de coletivos. Os preconceitos históricos que classificam e inferiorizam seus coletivos passam a ter um peso determinante na hora de julgar, condenar, classificar, segregar ou avaliar suas autorias e sua produção. Se os processos escolares parecem esquecer, não se importar com os sujeitos individuais, é porque não conseguem ignorá-los como membros de coletivos sociais, sexuais, raciais, espaciais.

Esse é um dos traços mais perversos de nossa cultura política e pedagógica, pois identificados como membros de coletivos inferiorizados serão vistos como incapazes de autoria. Como esperar de uma menina pensada mais como sentimento do que como raciocínio, que seja boa em ciências e matemática? Como esperar um percurso exitoso de alunos(as) do campo, das periferias, negros? A escola não consegue superar essa perversa cultura que vê cada criança, adolescente, mestre, homem, mulher pelos preconceitos acumulados sobre os coletivos de origem à qual pertence.

O indivíduo fica soterrado sob tantos escombros de preconceitos históricos que pesam sobre seu coletivo. Se reconhece a autoria, porém não própria, mas como membro de seu coletivo, consequentemente se nega a autoria ao negar a possibilidade de que como membro desse coletivo inferiorizado seja capaz de pensar, raciocinar cientificamente, aprender a construir um texto, ter êxito em uma prova, ser disciplinado, esforçado, exitoso. Ainda dependendo da origem ou do fato de trabalhar ou estar estudando em escola pública tanto mestres como alunos serão prejulgados com problemas de aprendizagem, desqualificados fingindo ensinar e aprender.

Como são brutais os prejulgamentos da sociedade, da mídia e dos gestores contra as escolas públicas e contra seus profissionais, e como esses prejulgamentos reproduzem seus preconceitos contra os coletivos de origem! Como o sistema escolar e suas políticas oferecem combustível para manter aceso o fogo de tantos preconceitos históricos!

A divulgação dos resultados das provas do Ideb ou do Enen é um dos momentos em que a mídia externa toda essa carga de preconceitos. "Ensino público está três anos atrás do privado". "Aluno que termina o Ensino Fundamental na escola privada sabe mais do que o aluno que termina o Ensino Médio na escola pública". "As escolas do Norte e Nordeste estão entre as últimas, enquanto as escolas do Sul-Sudeste estão nas posições de topo".

Nesses prejulgamentos importa quem fala, quem ensina e quem aprende-não-aprende, não responde às avaliações. Importa manter os preconceitos históricos e o sistema escolar oferecer material para reproduzir a carga de preconceitos regionais, sociais, raciais que pesam em nossa história sobre esses coletivos populares e sobre seus(suas) filhos(as).

Preconceitos que são estendidos às escolas e aos profissionais que trabalham com esses sujeitos prejulgados de maneira tão cruel.

Gestos coletivos de presenças afirmativas

Estaríamos em novos tempos? Os sujeitos prejulgados como coletivos inferiores estão reagindo, afirmando-se na arena social, política e até pedagógica. Os profissionais que com eles trabalham estão reagindo, afirmando-se. Estamos em tempos de desocultamento, de divergências, de autorias reafirmadas.

A categoria docente vem falando nas últimas décadas nas praças, nas marchas e nas lutas por direitos. Importa quem fala e o que falam. Conhecer essa pluralidade de prejulgamentos contra os docentes, contra quem fala é um direito a ser garantido nos currículos de formação nas licenciaturas e nas pedagogias. Mas será necessário ir além para garantirmos o direito de conhecer nossa história: conhecer tantos gestos, falas afirmativas de nossa condição docente. Saber da história de reações a tantos silenciamentos impostos aos coletivos docentes e aos coletivos populares com que trabalham. Tanto nós quanto eles e seus filhos e suas filhas educandos(as) temos todos direito a conhecer nossas histórias.

Essa ilegitimidade autoral dos coletivos inferiorizados e segregados e de seus membros para serem reconhecidos sujeitos-autores de produção de aprendizados, de trabalhos sérios, de percursos curriculares exitosos tem deixado marcas profundas em nossa história social, política, cultural e até escolar e pedagógica. Exatamente daí, de noites de silêncio e inferiorização, arrancam tantas ações afirmativas de presença social, política e cultural de mestres e alunos, mostrando suas existências humanas, seus valores, saberes, culturas, identidades, suas lutas por terra, teto, território, saúde, educação, direitos. Coletivos que exigem seu reconhecimento como sujeitos de história, memórias, saberes, modos de pensar, exigem reconhecer sua presença na história intelectual e cultural.

Nessa pluralidade de presenças afirmativas ultrapassam muitas inferiorizações preconceituosas acumuladas. Os coletivos segregados afirmam presenças luminosas de outra história e outra memória. Nessas tensas relações entre sua negação histórica de toda autoria porque pensados inferiores e suas afirmações históricas como sujeitos, presentes na história, teríamos de equacionar e rever radicalmente a persistente negação de sua autoria nos processos escolares, sociais, políticos e culturais.

A mesma análise pode ser feita do movimento docente, das resistências nas salas de aula ou nas ruas. São gestos de presenças afirmativas, de reconhecimento social, profissional, que resistem e reagem a tantas inferiorizações que pesam sobre os professores de educação básica.

Diante dessas presenças afirmativas, positivas na arena política, o que leva os gestores, os currículos, os rituais de avaliação a teimarem em não reconhecer os alunos e os mestres e seus coletivos como sujeitos de ações positivas, de autorias dignas de reconhecimento?

Reforçar as presenças afirmativas dos setores populares

Muitos docentes educadores e gestões que têm nesses coletivos sua origem se colocam essas questões. Por que ainda escolas, redes, diretrizes, normas e regimentos teimam em nomear os alunos populares como atrasados, desacelerados, defasados, com problemas de aprendizagem, indisciplinados, violentos? Por que as provas-Brasil e as provinhas reforçam desde criancinhas essas imagens e a mídia os expõe ao massacre ao divulgar os resultados desses rituais avaliativos-reprovadores?

Coletivos docentes reagem a essa perversa cultura político-pedagógica que apenas reconhece nesses coletivos e seus(suas) filhos(as) autorias negativas. Muitos educadores sabem e reconhecem suas autorias positivas porque no olhar cotidiano de seus rostos (olhos nos olhos) descobrem muitos gestos positivos, de dignidade. Esses educadores estão construindo outra autoria afirmativa, as suas próprias, dos educandos e de seus coletivos para além da longa e pesada história de infâmia e de preconceitos.

As escolas, os mestres estão reagindo a essa longa história de esquecimento desses coletivos como sujeitos-autores de saberes e valores, de memórias, histórias e culturas, de modos de pensar. Uma postura nova que soma com a presença afirmativa da diversidade de movimentos sociais.

Estamos avançando para entender que nossas histórias docentes se cruzam com as histórias dos setores populares que disputam tantos direitos e tantos reconhecimentos. Há gestos de presenças afirmativas também desses coletivos populares; como reconhecê-los, reforçá-los para reforçar nossas presenças afirmativas?

Uma das tensões mais fecundas e promissoras na educação está na disputa de imaginários sociais e políticos sobre o público e a escola pública e sobre os coletivos de profissionais que nela trabalham e os coletivos populares que nela estudam. Importa trabalhar essas questões. Dedicar dias de estudo a entender os significados dessas presenças afirmativas. Pensar ações, estratégias de fortalecimento e de reconhecimento. Destaquemos formas de ação que estão acontecendo.

Reagir às formas negativas de ser pensados – Reconhecer autorias positivas

Estamos avançando no reconhecimento positivo porque avança sua presença afirmativa na sociedade, na cultura, na política, nas escolas e no magistério. Manter os nomes, a classe, raça, o gênero, o lugar apenas nas listas e estatísticas dos reprovados, lentos, desacelerados, com problemas de aprendizagem e de condutas, de déficit mental e moral é uma postura infame, indigna de qualquer teoria pedagógica e didática, gestora e curricular ou de ensino-aprendizagem e avaliação, indigna de uma postura ética.

Quando a mídia destaca com tamanhos titulares os resultados das provinhas e provões Brasil, dos estados e municípios ou das escolas não revela qualquer pretensão de melhorar para garantir direitos. Humilhando e segregando não se garantem direitos nem de alunos nem de mestres. O objetivo mais exposto parece ser marcar a inferioridade e sub-humanidade com que os coletivos foram pensados e segregados em nossa longa história.

O que há de mais surpreendente é que a mídia, os próprios gestores do sistema público envolvem os profissionais do ensino nessas mesmas avaliações preconceituosas. Eles são responsabilizados e inferiorizados, expostos à condenação pública.

Nos dias de resultados das provas, como em tantas reportagens televisivas sobre violências, crimes, roubos, brilham as autorias dos coletivos populares e de mestres e alunos das escolas públicas pelo negativo, pela confirmação de suas inferioridades. Apenas nessa visão esses coletivos merecem seus nomes expostos como autores? As formas de reconhecer suas autorias apenas pelo negativo, pela inferiorização estão merecendo uma reação das escolas, dos mestres, dos pesquisadores e dos gestores públicos. Até quando resistirá o sistema escolar e a cultura curricular, os gestores, conselheiros e formuladores de políticas mostrarem outras autorias afirmativas nos campos, nas cidades, na cultura, nas escolas públicas?

É urgente reconhecer as autorias positivas de milhões de crianças e adolescentes, de jovens e adultos populares que roubam seus tempos de trabalho e de sobrevivência para irem à escola. Reconhecer as autorias positivas, sofridas de milhões de professores(as) que tentam tratar com dignidade esses educandos que a sociedade trata com tanta indignidade.

Continuar negando autoria a esses atores centrais ou pichá-los com autorias negativas, condenando-os e expondo-os a execração social, da mídia e de gestores-burocratas será uma forma de fazê-los presentes como infames.

Gestos que interrogam posturas éticas

Lembro de uma oficina que me chamou a atenção por sua novidade: "Os tratos antiéticos da docência". O objetivo era levar para o campo da ética as formas de julgar e tratar os professores por parte dos gestores de governos e por parte da mídia. Cobrar posturas éticas. Reagir a representações sociais, julgamentos, noticiários injustos, inferiorizantes, antiéticos.

O movimento docente e a diversidade de movimentos sociais têm trazido a defesa de seus direitos para o campo da ética política. Do dever do Estado em sua garantia. Dever ético-político.

A reprodução de representações sociais negativas e inferiorizantes são tratos antiéticos que se perpetuam em nossa sociedade e recaem sobre os setores populares, as instituições e espaços que frequentam e sobre seus profissionais.

Avançamos na consciência de que reproduzir imagens tão negativas da escola pública, dos seus profissionais e dos coletivos que a frequentam merece reações no campo da ética-política.

Uma forma de entrar na disputa com imaginários tão negativos sobre o público, a escola pública e sobre seus mestres e alunos é mostrar a pluralidade de gestos profissionais éticos de alunos e mestres. Destaquemos algumas fronteiras de disputa que estão abertas.

Reconhecer as múltiplas formas de afirmação

Dos trabalhadores em educação e dos setores populares, trabalhadores das cidades e dos campos, vêm reações afirmativas a essa infâmia de tantas imagens negativas que pesam sobre eles, vêm a reação e as múltiplas formas de afirmação de sua dignidade. Reconhecer essas presenças afirmativas será fortalecer sujeitos e seus reconhecimentos. Será enriquecer os currículos e a docência, as políticas e as teorias educativas e didáticas.

Está sendo enriquecedor que os sujeitos da ação educativa sejam reconhecidos autores não de gestos inferiorizantes, mas carregados de presenças afirmativas. De gestos éticos. A escola pode ser um território denso se a presença de mestres e educandos é reconhecida por gestos e resultados positivos, afirmativos de suas autoimagens.

Os docentes, gestores formuladores de currículos e de material didático merecem ser formados para não aderirem ao coro orquestrado de rituais humilhantes, depreciativos da escola pública, dos(das) filhos(as) dos coletivos populares submetidos historicamente a tantas segregações e inferiorizações. Ser formados para auscultar o que há de mais positivo, de ético e para reagir ao que não é ético, por exemplo nos livros de textos que ainda chegam às escolas carregados de preconceitos sexistas, racistas, inferiorizantes dos povos do campo, indígenas, negros.

Reconhecer a reprovação das escolas, dos mestres e alunos como antiética

A mesma postura ética cabe em relação aos educandos. Reconhecer seus gestos éticos. Eles põem em jogo vidas concretas, trajetórias de esforços por chegar à escola com a esperança de alterar seus destinos marcados. Essas negações de suas autorias ou, pior, essa pichação de autorias negativas, de fracassos, indisciplinas, reprovações atravessaram suas vidas. Não apenas atravessarão seus percursos escolares, mas seus percursos humanos e seus exercícios de liberdade. Esses gestos éticos são reconhecidos e valorizados nos rituais de provação, avaliação? São mostrados como positivos no material didático?

Reconheçamos com ética que a lista das crianças-adolescentes reprovados, humilhados, inferiorizados é a lista da infâmia. Uma mãe reagia: "Meus filhos todos foram reprovados, até minha filhinha que entrou agora no 1º ano com seis anos". A inclusão das crianças de seis anos no Ensino Fundamental estaria significando o submetimento precoce à infâmia da reprovação? Já com seis anos estarão nas estatísticas, nas percentagens de defasados, reprovados, repetentes.

A reprovação exige ser superada por ser antiético reprovar, inferiorizar, destruir identidades. Tão antiética é a lista de escolas, professores inferiorizados, reprovados quanto a lista dos alunos. Como é antiética a lista de material didático e literário carregada de preconceitos sexistas e racistas.

O abandono da escola após anos de repetência-reprovação é um gesto de dignidade ao voltar as costas para nós, para a escola, para suas promessas de mudança de destinos. Esses gestos não interrogam nossa ética? Custa acreditar que o sistema escolar popular faça parte dessa segregação, pondo em jogo vidas reais tão segregadas na sociedade. As reações dos educadores estão crescendo, muitos não se prestando a esse jogo antiético de sua própria inferiorização, dos educandos e da escola pública.

Esses milhões convidados a entrarem na escola e forçados a desistirem de seu direito à educação, ao conhecimento assim como tantos mestres e escolas "reprovados" serão nomeados como anônimos, números a mais nas listas, taxas e percentagens. Por sua vez os agentes desses rituais perversos de reprovação, de quebra de suas trajetórias escolares profissionais e humanas ficarão à sombra das mesmas taxas, percentagens e estatísticas. Anônimos. Impossível identificar, responsabilizar quem truncou seus percursos, quem elaborou as provas, quem as corrigiu, quem propalou seus resultados, quem truncou suas esperanças de mudar seus destinos.

De quem cobrar responsabilidade ética?

São gestos sem autores, sem responsáveis de quem cobrar justiça e ética profissional, social e política. O mesmo anonimato que cerca aqueles que exterminaram índios, líderes sem-terra, sem-teto, ou aqueles que silenciam e reprimem os movimentos sociais. As infâmias nunca têm sujeitos, não pertencem a ninguém. Não tem autores. De quem cobrar responsabilidade ética, dignidade e justiça quando se expõe à humilhação escolas, professores e alunos?

Há mães inconformadas que estão levando a reprovação de seus filhos à justiça. Reações éticas carregadas de lições. A humilhação e segregação na escola dos reprovados e humilhados na sociedade tocam em questões éticas, de justiça. Coletivos docentes reagem a essas segregações desde a ética e a justiça. Sobretudo, ao se verem reprovados também em seus trabalhos profissionais.

O acesso à escola põe em jogo milhões de vidas que até décadas próximas nem cogitavam entrar nesse recinto de promessas salvadoras. Suas vidas e de seus coletivos sempre estiveram em jogo, não da sorte, mas da segregação, repressão e inferiorização, do desemprego ou da migração. Entrar no jogo da escola se imagina como o caminho para fugir daqueles jogos perversos. Mudar de destino. A frustração é que para altas percentagens de crianças, adolescentes, jovens e adultos o jogo da escola repete velhos jogos. Mais ainda, legitima e atesta a legitimidade dos velhos jogos e destinos coletivos destruídos.

Pesquisas mostram que os piores resultados nas avaliações escolares e oficiais e as maiores taxas de reprovação estão nos coletivos pobres, negros, das periferias e dos campos. As mesmas vítimas de tantas segregações históricas. Na escola aprendem uma lição histórica: nem o esforço por ir e permanecer na escola nem o esforço de tantos docentes decidirá o jogo de suas vidas coletivas. Sua sorte já foi lançada.

Nas duas últimas décadas muitas redes, escolas e muitos docentes orientaram seus projetos político-pedagógicos comprometidos com o direito de todo(a) educando(a) a um percurso digno de formação sem interrupção. O respeito a cada tempo humano de formação, logo a não reprovação-retenção. Uma postura ético-política corajosa que vai sendo destruída com a volta das bombas às escolas. As vítimas serão os mesmos.

Reconhecer a ética de seus esforços

A reação conservadora não tardou. Desde a Provinha-Brasil a escola já põe seus destinos sob o signo do jogo: as promessas de salvação pela escola dependem de um percurso exitoso, provado, sem reprovações. A essa lógica as provas condicionam sua sorte. Condicionam seus direitos à educação que lhes é prometida pelo acesso à escola. Difícil divisar um princípio moral nesse jogo de segregações.

A ética tem de ser buscada no esforço das famílias, das crianças e adolescentes, dos jovens e adultos da EJA que sacrificam tempos de sobrevivência acreditando nesse jogo, mesmo que as probabilidades de um percurso exitoso sejam pequenas e mesmo que o sonho de felicidade seja mais uma vez adiado.

Se a escola, os currículos, os formuladores de políticas, gestores e avaliadores tivessem sensibilidade para essa ética que carregam os gestos dos professores, das famílias e dos seus(suas) filhos(as), talvez a imoralidade do jogo da sorte seja superada.

Aumenta o número de professores-educadores que percebem a ética que carregam tantos esforços por dividir tempos de sobrevivência e de estudo dos(das) alunos(as). Com profissionalismo ético tudo inventam para não truncar seus percursos nem frustrar suas esperanças de felicidade. Sabem que em sua responsabilidade profissional estão em jogo vidas tão precarizadas. Há muitos gestos ético-políticos nas escolas e seus profissionais que exigem reconheci-mento. Exigem ser incorporados nos currículos como legítimo conhecimento.

Os avanços éticos nos valores fazem parte da produção intelectual e cul-tural à qual todos temos direito, uma produção não incorporada ao chamado conhecimento acumulado e menos transposto aos currículos, nem sequer aos currículos de formação dos profissionais do conhecimento. O direito à sua formação como sujeitos éticos ignora até os gestos ético-políticos dos profis-sionais e dos educandos.

Os esforços éticos dos educandos e de suas famílias e o profissionalismo de tantos docentes-educadores não serão captados nas avaliações e em seus resultados quantitativos, estatísticos. Os formuladores dessas avaliações e os analistas dos resultados terão sensibilidade ético-política para reconhecer tan-tos esforços éticos? Por aí passam as autorias de alunos, famílias e mestres: autores de esforços e compromissos éticos. Como que obstinadamente tentan-do desfazer a trama em que vem sendo segregados por séculos. Inclusive na lógica segregadora do sistema escolar.

Contra a volta de práticas sacrificiais

Impressiona que depois de tantos esforços de famílias, coletivos, educan-dos e mestres por desfazer a trama de segregações, o conservadorismo da mídia e de gestores e avaliadores tente reatar os fios, dar nós nessa trama segregadora e inferiorizante.

Voltamos aos tempos em que a seletividade e a segregação escolar se reafirmam. "As bombas voltam às escolas", sentenciava a manchete de um jornal diante da volta da reprovação na rede municipal. Um prefeito eleito em uma das principais cidades do país fez questão de que seu primeiro ato administrativo fosse decretar a volta da reprovação nas escolas. "Para conter a violência das crianças e dos adolescentes nos morros e favelas." Reprovação pacificadora?

Quem joga essas bombas nas nossas crianças e adolescentes? Essas autoridades se escondem na promessa de que a segregação, inferiorização dos coletivos populares e de seus(suas) filhos(as) é uma precondição para um dia poder oferecer-lhes uma escola de qualidade. O discurso em moda da qualidade na escola e na universidade é sacrificial: sacrifiquemos os incompetentes, os indisciplinados, os que nada querem, sejam alunos ou mestres e teremos a qualidade internacional de nosso sistema escolar público.

Essa prática sacrificial antiética está acontecendo em escolas e até em redes: eliminar os atrasados, os que serão reprovados, aqueles que abaixarão as médias nas provinhas e provões-Brasil para que a média se eleve no *ranking* da média municipal, estadual, nacional e internacional. A condição para elevar a qualidade será eliminar, reprovar por antecipação o peso morto, os desqualificados.

A mesma lógica que vem operando, sacrificando por séculos os coletivos diferentes pensados como deficientes. A construção da nação civilizada, culta, letrada, moderna exigiu sacrificar os coletivos pensados incultos, primitivos, iletrados, atrasados. Quantos extermínios justificados em defesa da civilização e da educação.

Walter Benjamin nos lembra que "jamais se deu um documento cultural que não tenha sido ao mesmo tempo de barbárie". Os povos colonizados, exterminados no passado e no presente sabem que as empreitadas civilizatórias e educativas foram e continuam carregadas de barbáries. Em nome da elevação cultural se justifica o lado destrutivo e segregador. Em nome de elevar a qualidade da educação pública nacional se justificam expor ao massacre na mídia os seus profissionais e as comunidades populares e seus filhos(as) que a frequentam.

Essa lógica sacrificial se incrustou na cultura política e até pedagógica e no conjunto das instituições privadas e públicas. A expansão das fronteiras agrícolas exige sacrifício da agricultura familiar, camponesa, quilombola, indígena. Exige o extermínio de lideranças, de camponeses, indígenas, povos da floresta. A qualidade da escola exige iluminação do peso morto dos que fingem ensinar e aprender.

Os educandos, suas famílias, seus coletivos de origem e seus mestres estão aprendendo que entrar no jogo da escola é entrar em mais um dos jogos em que seu destino foi selado, um jogo sacrificial de que tem sido as vítimas históricas. É mais um corpo a corpo, uma disputa como tantas outras disputas em que se defrontam: a disputa pelo território, pela terra, pelo lote e pelo teto, pelo reconhecimento de sua história, memória, saberes, valores, cultura e identidades positivas, afirmativas. Pelo reconhecimento do direito a um percurso escolar digno, sem interrupção. Quantos sacrifícios e quantos sacrificados pelo direito ao conhecimento!

Reconhecer os educandos como sujeitos políticos

É esperançador ver a quantidade de professores(as), de gestores e coordenadores que entram nessas disputas ao lado das famílias, das comunidades e dos educandos das escolas públicas. Reconhecem suas resistências afirmativas e as trabalham nas salas de aula, no material didático, nas oficinas e projetos pedagógicos.

Valorizam as resistências que os mostram autores, sujeitos políticos de ética e de justiça, à medida que reagem a tantas lógicas sacrificiais que perpassam os padrões de trabalho, de poder, de saber, de produção, de acumulação. Padrões racistas, sexistas que os sacrificaram como coletivos. Uma história de não reconhecê-los como sujeitos, autores.

O que há de mais perverso é imputá-los de serem autores, sujeitos de seus fracassos próprios, de suas inculturas, irracionalidades, preguiças, atrasos. Por serem autores dessas negatividades que são autores das suas próprias segregações, reprovações, inferiorizações sociais e escolares. Estamos avançando ou recuando no reconhecimento dessas lógicas sacrificiais? O que há de mais positivo é que o embate está posto.

Se os currículos têm sido território de autorias de mestres, alunos, negadas, sacrificadas, se têm sido espaço de não reconhecimento, de sujeitos que falam ocultados e até condenados e inferiorizados, as reações desses sujeitos, mestres, alunos, coletivos populares vêm disputando suas presenças afirmativas, contestadoras, éticas, na sociedade e nos currículos. Como reconhecer essas presenças nos currículos, nas salas de aula?

O direito a conhecer suas histórias de afirmação

O mínimo que se pode esperar dos currículos é que mostrem essas histórias para as crianças e adolescentes, para os jovens e adultos que acedem as escolas. Que mostrem, expliquem através de argumentos sólidos já existentes nas diversas ciências essa história de segregações, mas, sobretudo, de afirmações, de gestos éticos. Que se mostrem e explicitem os densos significados éticos, positivos das resistências sociais, políticas, culturais desses coletivos. A diversidade de fronteiras de suas ações coletivas. Currículos que mostrem suas autorias como sujeitos políticos, éticos, culturais. Até como sujeitos pedagógicos autores de novos conhecimentos, de novos valores e significados.

Que aqueles que falam mostrem às crianças e aos adolescentes, aos jovens e adultos a longa e tensa história do movimento docente por sua valorização e por tratar a escola pública e os educandos com ética e profissionalismo.

Que mostrem o rosto de quem fala. *Importa sim quem fala.*

PARTE II

Os saberes do trabalho docente disputam lugar nos currículos

Os saberes da docência disputam o currículo

Toda ciência é ligada às necessidades da vida, à atividade do homem.

Gramsci

Os saberes da docência e os próprios docentes-trabalhadores têm estado ausentes nos conhecimentos escolares. Os currículos acumulam muitos saberes, mas sabem pouco dos adultos que os ensinam e menos ainda das crianças, adolescentes e jovens que os aprendem. O curioso é que tanto os mestres quanto os educandos têm propiciado um acúmulo riquíssimo de vivências e de estudos, de conhecimentos, teses, narrativas e histórias do magistério, da infância, da adolescência e da juventude. Sujeitos de história, mas sem direito a conhecer sua história.

Ricos saberes acumulados. Por que esse acúmulo de conhecimentos é ignorado nos currículos? É um direito que os alunos conheçam o acúmulo de conhecimentos sobre os seus mestres; sobre os saberes da docência. E estes que tantos saberes de sua disciplina acumularam deveriam saber tantos conhecimentos acumulados sobre si mesmos e sobre a infância, adolescência e juventude com que trabalham por dias e anos.

Mestres-educadores e educandos convivendo tão próximos, porém tão desconhecidos. Seria o conhecimento mútuo acumulado um dos conhecimentos a disputar o território dos currículos?

Coletivos de professores entram nessa disputa em tantas escolas e salas de aula. Neste texto destacamos tanto as tentativas de incorporar o acúmulo de conhecimentos sobre as experiências dos docentes e dos educandos quanto as resistências a seu reconhecimento e incorporação.

Direito ao acúmulo de saberes sobre a condição docente

O que incorporar nos currículos? No meio de tantas competências sofisticadas ensinadas e aprendidas pode ser oxigenante dedicar tempo conhecendo o quanto foi produzido e acumulado pelos professores, sobre a função, a condição e o trabalho docentes. Trazer tantas histórias e narrativas de vida e de lutas de mestres pelos direitos do trabalho. Como será oxigenante que os educandos se voltem sobre si mesmos, sobre o protagonismo infanto-juvenil, positivo e negativo de que tanto se fala e escreve. Conhecer narrativas de vidas de infâncias, adolescências, tão dramáticas e tão precarizadas, será uma forma de conhecer a docência real, o trabalho real.

Trazer essas vidas reais tão carregadas de indagações desestabilizadoras para o terreno aparentemente tão pacífico e estável dos currículos. Os educadores nos entenderíamos melhor se nos olhássemos no espelho dos educandos. Nosso trabalho está atrelado aos limites do seu sobreviver. Como seu direito ao conhecimento está atrelado aos limites de nosso viver e ser profissionais! O desconhecimento ou o conhecimento mútuo é condicionante das relações e convívios nas escolas e nas salas de aula.

De fato é uma pergunta desafiante: Por que entre tantos conhecimentos sistematizados nos currículos a serem ensinados, aprendidos e avaliados não entra o acúmulo de saberes sobre a docência como função social, como trabalho. Nem entram as vivências sociais e políticas, culturais e socializadoras, humanas e tão desumanas dos próprios educadores e educandos. Talvez porque as áreas e disciplinas do conhecimento que os currículos consagram veem essas vivências e essas funções sociais e seus personagens como insignificantes, até decadentes.

Ver a infância-adolescência e seus mestres como figuras insignificantes para o conhecimento nobre é um ponto de partida sem retorno. Se essa é a visão tão negativa, insignificante para o conhecimento que os currículos passam do trabalho de mestres e educandos, que tratos mútuos esperar? Que valor dará a criança, adolescente, ou jovem a uma profissão que é tão insignificante ao próprio campo do conhecimento que têm de aprender e de que são avaliados? E que valor darão os mestres às vivências, histórias de infâncias e juventudes cujo conhecimento não merece o *status* de conhecimento em nenhuma área do currículo? Depois lamentamos os desentendimentos e as tensas relações entre mestres e alunos.

Conhecer-se para relacionamentos mais humanos

A questão com que nos defrontamos com urgência é como incorporar esses conhecimentos no território dos currículos de formação docente, de pedagogia e também no currículo de educação básica? Que os próprios docentes conheçam sua função social, sua história. Que conheçam a história dos educandos com quem trabalham e que também trabalham.

Incorporar esses saberes pode ser um caminho para que as vidas de crianças e adolescentes não sejam analisadas com a frialdade adulta e para que os educadores-docentes não sejam analisados com as duras exigências dos educandos e com a impiedade da mídia e dos gestores.

Há muitos mal-entendidos entre mestres e infância – adolescência – juventude porque falta nos currículos o conhecimento acumulado sobre ambos. Educandos trabalham com imagens de mestres falsas, irreais e estes trabalham com imagens de crianças, adolescentes demasiado inocentes, pouco reais. A inocência é uma invenção dos modernos ingenuamente incorporada pela pedagogia.

Em nome dessa inocência idealizada serão avaliados e sentenciados crianças, adolescentes e jovens que tão cedo foram obrigados a perdê-la. Como em nome de um imaginário heroico dos mestres e de seu trabalho serão avaliados e sentenciados de maneira desapiedada por gestores, pela sociedade e pela mídia os profissionais atolados no realismo pesado da condição e do trabalho docente.

O conhecimento sério, acumulado sobre ambos, se fosse incorporado aos currículos, como pretendem tantos docentes, poderia contribuir para visões mútuas mais realistas, base para outros relacionamentos mais humanos. Que desde criança, no percurso escolar, recebam uma visão mais séria, conhecimentos sistematizados, que existem, sobre o trabalho dos profissionais com que convivem. Será um caminho para desconstruir imagens irreais do magistério tão persistentes em nossa cultura social, política e gestora. Como poderá contribuir para conformar imagens mais realistas, respeitosas de uma profissão que o movimento docente vem tentando reconfigurar nas últimas décadas.

Não será suficiente estar presentes nas praças públicas mostrando-se como sujeitos de direitos. Pode ser um caminho político exigir presença dos seus saberes nos espaços legítimos dos currículos, que ensinam e de que são profissionais.

A condição social docente desprestigiada

Tentemos avançar: por que o acúmulo de conhecimento produzido sobre os profissionais da educação e sobre os educandos não é reconhecido como legítimo a ponto de merecer um lugar no território dos currículos? Nem sequer nos currículos de formação docente? Debater e estudar essas ausências pode ser um caminho para conhecer-nos. Para reconstruir nossa história, reagir e construir outra. Que pouco espaço há nos currículos de formação para a história do magistério, por quê?

Avancemos guiados por duas constatações históricas: a desvalorização social, política, cultural do magistério de educação básica é um componente de nossa formação histórica. A experiência da docência na instrução ou no ensino primário, elementar, fundamental ou básico não mereceu o prestígio de uma experiência social, política e cultural nobre, séria. Não foi tida como uma função que participasse do poder. Porque a própria instrução pública, o ensino, a educação e a escola pública não foram reconhecidos como uma experiência nobre, séria. Nem como uma instituição concentradora de poder.

A escassa instrução pública se destinava, como o Ensino Fundamental público hoje se destina, aos coletivos trabalhadores marginados do poder. Logo, não configura como poder o trabalho na instrução pública. Todo serviço público para os coletivos populares não mereceu *status* de experiência, nem de instituição séria, nobre. Porque o próprio povo não foi levado a sério em nossa formação social, nem sequer republicana e democrática. A desvalorização do magistério público como da escola pública reflete a desvalorização dos trabalhadores e a precarização do trato dos coletivos populares ao longo de nossa história.

Entender em que relações políticas foi configurada a instrução pública é uma precondição para entender-nos nessas relações.

Em nossa democracia republicana, o poder não vem do povo, nem de sua instrução. Houve e há outros mecanismos de poder mais eficazes. As imagens sociais do magistério, da instrução, do ensino elementar ou médio popular estão associadas às imagens negativas, inferiorizadas dos trabalhadores e dos coletivos populares, seus destinatários.

Ainda há outro fato persistente nessa história: a maioria dos docentes das cadeiras de Instrução Pública no Império, depois na República vinham dos coletivos populares. A docência primária não foi uma profissão de disputa das elites. Uma tendência não interrompida nem agora em tempos democráticos. Qual a origem social, racial dos(das) professores(as) das escolas públicas?

Estamos sugerindo que os saberes do magistério e da história dessa profissão não têm merecido o *status* de conhecimento digno de estar nos currículos porque as experiências da docência básica, elementar, foram desprestigiadas, inferiorizadas em nossa história social, cultural e intelectual. Porque seus profissionais trabalham com coletivos sociais inferiorizados, subcidadãos, desprestigiados em nossa formação política e porque os próprios docentes-mestre-escola provinham e provêm desses coletivos inferiorizados.

Nos discursos de formatura e do dia do professor se exalta o papel do magistério e da escola como conformadores do futuro da nação. Se for verdade, por que o desprestígio histórico da escola e dos mestres? O conhecimento dessa história do magistério, da escola pública e dos setores populares que a frequentam mereceria ser central nos currículos de formação dos seus profissionais.

A escola popular nos limites da subcidadania

Há um dado da maior relevância que merece nossa atenção. O movimento docente ao longo das últimas três décadas tem associado sua valorização à revalorização da escola pública. Uma das bandeiras tem sido afirmar a educação como direito de todo cidadão, educação para a cidadania. Nessa defesa o movimento docente tocava em um dos pontos fracos de nossa tradição republicana e democrática.

A escola pública em nossa tradição política não foi pensada como a matriz conformadora da República, nem da nação, nem do poder, nem sequer conformadora da cultura nacional. Nem o professor público foi reconhecido como o conformador da cidadania e dos membros da nação. Porque os coletivos populares segregados não foram reconhecidos como cidadãos, membros natos da nação, mas como subcidadãos.

A escola popular ainda é vista como escola subcidadã. As tentativas de reconhecê-la matriz da cidadania têm fracassado desde o positivismo republicano. Inclusive depois de nosso progressismo cívico, que defendia nas praças "educação para a cidadania".

Reconheçamos que o próprio progressismo cívico-pedagógico que proclamava a educação como direito de todo cidadão partia de uma visão do povo em uma condição de subcidadania ou de cidadania condicionada à educação. A proclamação – "educação para a cidadania" – pressupunha que os coletivos populares somente mereceriam o reconhecimento como cidadãos plenos se saíssem da ignorância, do misticismo e tradicionalismo e da consciência falsa, acrítica em que historicamente os supúnhamos atolados.

É essa a infância e adolescência e são esses os jovens e adultos populares vistos como subcidadãos que acodem às escolas públicas e com os quais trabalham os mestres das escolas públicas. Enquanto não superarmos essa condição de subcidadania, de cidadania condicionada em que continuamos inferiorizando os setores populares, a escola pública continuará sendo tratada como um espaço de subcidadania e seus profissionais continuarão classificados na mesma condição de subprofissionais.

Chegamos a uma relação muito delicada e tensa na história de nossa formação: os professores, as escolas e conhecimentos de currículo são prestigiados ou desprestigiados e marginalizados dependendo das experiências sociais, humanas que os produzem. Que por sua vez dependem do reconhecimento, desconhecimento e até segregação dos coletivos sociais, humanos, cidadãos, trabalhadores, produtores dessas experiências. Trata-se de uma disputa de conhecimento que nos remete a uma disputa de experiências e de coletivos sociais, políticos, produtores de experiências e de conhecimentos. Sujeitos ou não de cidadania. Disputa que faz parte da história dos currículos, da legitimidade ou ilegitimidade, presença ou ausência de uns ou outros conhecimentos nos currículos. Que faz parte da história do silenciamento, segregação política e social dos coletivos populares, dos trabalhadores e dos saberes e valores do trabalho e da cidadania.

A ausência nos currículos e no material didático dos saberes acumulados sobre o trabalho do magistério e sobre os coletivos populares que acedem à escola pública faz parte da ausência de suas experiências sociais, como profissionais e das experiências humanas, sociais, cidadãs dos coletivos populares com que trabalham. Faz parte das ausências desses sujeitos e deles mesmos com suas origens sociais, étnicas, raciais, do campo ou periferias. Com sua condição de trabalhadores e de subcidadãos.

Diante dessa segregação dos docentes e de suas experiências de trabalho nos currículos para onde conduzir as disputas nesse território?

Começamos tentando entender por que não têm vez nos currículos as vivências e as histórias dos mestres e alunos, nem sequer os conhecimentos acumulados sobre eles. Nas reflexões expostas, buscamos explicações na nossa formação social e política, republicana e democrática. Tentemos buscá-las no próprio campo do conhecimento e dos currículos.

Conhecimentos descontextualizados das vivências sociais

Voltemos à pergunta que nos persegue nas reflexões deste texto: Por que os saberes produzidos sobre os mestres e os educandos não são reconhecidos nos currículos?

Nas reuniões dos coletivos docentes se percebe um desconforto diante da desvalorização de vivências da sua docência diante da ausência dos saberes do trabalho nos currículos dos cursos de formação. Por que essa ignorância e desvalorização inclusive nos currículos de educação básica com os que trabalham? Avancemos tentando buscar mais explicações.

Uma constatação é que os currículos e os livros didáticos são pensados como espaços de saberes, de conhecimentos e de concepções, descolados de vivências da concretude social e política. Sobretudo, descolados dos sujeitos humanos produtores dessas vivências sociais e dos conhecimentos. Estes aparecem em um vazio social, produzidos e reproduzidos, ensinados e aprendidos sem referência a sujeitos, contextos e experiências concretas. Consequentemente as didáticas de seu ensino-aprendizagem são abstratas, válidas para todo conhecimento e para todo aluno ou coletivo. Válidas para toda vivência, todo contexto social e cultural.

As avaliações escolares e até nacionais únicas se justificam nessa visão do conhecimento como um produto abstrato, descontextualizado, sem sujeitos e sem experiências concretas, a ser apreendido por mentes únicas, indiferenciadas. As vivências sociais, humanas ou desumanas, as vidas precarizadas ou bem nutridas e cuidadas nada importam nos processos de aprender e nos desempenhos quando se parte de uma visão dicotômica entre conhecimentos, ensino-aprendizagem e contextos sociais. Quando as experiências humanas e a diversidade de seus sujeitos é ignorada, apenas algumas experiências, alguns sujeitos e conhecimentos são considerados válidos, universais, legítimos.

Essa separação entre conhecimentos e experiências sociais leva a secundarizar, desprezar as experiências não apenas dos educandos e seus coletivos sociais, raciais, mas dos próprios educadores, docentes. Suas experiências profissionais, humanas, tão diferenciadas, de gênero, etnia, raça, classe, campo ou periferia, suas vivências da condição e do trabalho docente, de suas lutas como coletivo pouco importam para tratos profissionais, competentes, didáticos de conhecimentos vistos como distantes de toda experiência social, não vista como legítima, hegemônica.

As dicotomias entre núcleo comum e parte diversificada

Esse caráter abstrato, geral, único do conhecimento curricular de alguma forma está consagrado na clássica dicotomia que estrutura o ordenamento curricular de educação básica: núcleo comum e parte diversificada. O núcleo comum que é o central nos currículos ou nos conhecimentos que toda criança, adolescente ou jovem tem de aprender, é pensado como "comum" em contraposição a diversificado. Comum ou aquelas verdades, conhecimentos que não trazem as marcas das diversidades regionais ou da diversidade de contextos concretos de lugar, classe, raça, gênero, etnia. Comum a um suposto ser humano, cidadão, genérico, universal, por cima dos sujeitos concretos, contextualizados, diversos.

O diversificado é o outro, os outros, não universal. Consequentemente os saberes, conhecimentos, valores, culturas dos outros, dos diversos não são componentes do núcleo comum, não são obrigatórios. Nessa lógica serão secundarizados. Por essa lógica conclui-se que que toda a produção cultural, intelectual, ética, estética dos coletivos diversos em região, gênero, raça, etnia, classe, campo, periferia seja desconhecida no sistema escolar, nos currículos, desde a educação da infância à universidade. A parte diversificada é optativa às escolas, logo não direito do ser humano universal. Uma lógica segregadora estruturante dos ordenamentos, das diretrizes e dos conhecimentos curriculares.

É complicado entender que os professores, profissionais dos conhecimentos do núcleo comum, terminem sendo os que operacionalizam essa lógica curricular que exclui seus saberes e os saberes sobre si mesmos porque não dignos de entrarem no nobre núcleo comum. Se se aventurarem a trazer o acúmulo de saberes produzidos sobre o movimento docente, sobre seu trabalho, suas resistências e lutas por direitos terão de fazê-lo em oficinas e temas de estudo na parte diversificada, porque não há lugar para esses conhecimentos no núcleo comum. A diversidade humana não é comum à condição humana? Não tem sido essa diversidade uma instigação constante à produção do conhecimento comum e aos processos de humanização comuns?

Essa visão do conhecimento, do núcleo comum tende a ignorar a diversidade de vivências, contextos, sujeitos que produzem conhecimentos colados a essas vivências e contextos. Tende a ignorar e a secundarizar a pluralidade e diversidade de formas de ler, pensar o real concreto e impor uma única leitura e forma de pensar de um único coletivo humano, social, racial, de gênero ou espaço, como o conhecimento comum, único.

Esses critérios de definição do conhecimento legítimo, único, comum ou esse padrão de conhecimento se enreda com o padrão de poder, de dominação-subordinação nas sociedades. A sociologia crítica dos currículos avançou explicitando as relações políticas entre currículo-conhecimento-poder. Não apenas de apropriação-negação do saber, mas da legitimação de um saber e deslegitimação, negação de outros saberes nos currículos.

Diante de uma categoria social como os profissionais de educação básica e diante de educandos dos setores populares sem poder, difícil será que suas vivências e seus saberes mereçam o reconhecimento no núcleo comum, nobre do conhecimento tido como válido.

Superando dicotomias e hierarquias

Coletivos docentes tentam superar as dicotomias entre núcleo comum-saber único e núcleo diversificado. Como? As escolas e seus coletivos estão avançando em tentativas de superar as arraigadas dicotomias entre experiências sociais, humanas, trabalho e conhecimento. Projetos e propostas pedagógicas e didáticas partem dos saberes dos educandos ao iniciar o estudo de uma matéria ou ao escolher um tema gerador de estudo, ou seja, partem do que os educandos sabem e incorporam os saberes que carregam. As etnomatemáticas, etnociências, ou os estudos do espaço, o letramento, o numeramento partem dos saberes do meio, da cultura, das vivências que os alunos trazem para a sala de aula.

Avanços semelhantes são observados nos cursos de formação de professores(as). Neles se parte dos saberes da docência que trazem consigo, produzidos em suas experiências de magistério, de vida e de trabalho.

Entretanto, esses saberes são explorados por vezes apenas como motivadores do aprendizado do "conhecimento legítimo" dos currículos de cada disciplina ou pelo uso social que pode ser feito de todo conhecimento escolar. Reconhecer esses saberes tem significado um avanço didático, contudo não tem significado ainda a superação das dicotomias entre a diversidade de saberes e experiência e o conhecimento legítimo.

Por outro lado, avança-se em um certo conhecimento de que as experiências no trabalho e no meio social produzem saberes, porém brutos, do senso comum que podem ser aproveitados como matéria bruta para o conhecimento racional, legítimo, válido a ser aprendido nos currículos. Na medida em que se avança no percurso de ensino-aprendizagem desse conhecimento, aqueles saberes do senso comum, das experiências comuns terão de ser abandonados e descartados. Porque os saberes do senso comum, da vida comum, de coletivos comuns não merecem a condição de conhecimento legítimo.

Enquanto não avançarmos na superação das velhas dicotomias e hierarquias de classe, de gênero e raça, de experiências sociais e humanas e de conhecimentos não avançaremos no reconhecimento dos saberes dos mestres e dos educandos ou apenas os aproveitaremos como pré-conhecimentos, de coletivos e de mentes pré-racionais, pré-científicas, pré-letradas.

Nas escolas avança o reconhecimento de que os currículos, as próprias diretrizes e desenhos curriculares, as teorias pedagógicas e didáticas, de ensino-aprendizagem e a cultura das avaliações de desempenhos, de segregações e reprovações ainda estão impregnadas dessas dicotomias e hierarquias de coletivos, de experiências sociais e de conhecimentos.

Aprofundar no reconhecimento dessas dicotomias é um dos pontos mais desafiantes das pesquisas e das diretrizes e políticas, até das teorias do conhecimento, de sua seleção e legitimação. Um ponto que merece entrar na pauta de lutas do magistério por sua valorização.

Dicotomias e hierarquias disputadas na dinâmica social

As dicotomias e hierarquias de conhecimentos que os currículos legitimam e reproduzem e que se fundamentam na hierarquização, inferiorização do trabalho e dos coletivos populares e de suas experiências estão sendo contestadas na dinâmica política tensa de nossas sociedades. Tensões que invadem as escolas, a condição docente e discente e os currículos.

Nas últimas décadas o movimento docente dos trabalhadores em educação básica vem reagindo à inferiorização de seu trabalho no próprio campo da docência, do sistema escolar e das instituições públicas, do trabalho humano.

O movimento docente de educação básica pública ou privada vem colocando no campo político a sua valorização ou as dimensões políticas não apenas da reação a sua inferiorização no magistério, nas hierarquias do sistema e das políticas públicas de remuneração, carreira. Os docentes têm colocado em disputa política a desvalorização, inferiorização da educação e de maneira especial a pública destinada aos coletivos populares. Consequentemente tem repolitizado o público como espaço inferiorizado, repolitizando o trabalho nas instituições públicas, desprestigiado porque destinado aos coletivos mais inferiorizados de nossa sociedade.

De maneira direta ou indireta o movimento dos trabalhadores na educação vem questionando nossa tradição política segregadora, hierarquizadora e inferiorizante dos trabalhadores e dos coletivos populares, de suas experiências sociais e de seus saberes, culturas e valores. Consequentemente, inferiorizante dos saberes da docência com os setores populares. Percebem que a inferiorização de seu trabalho e condição docente está associada à inferiorização dos coletivos populares do seu trabalho e da sua cidadania.

As políticas sociais públicas e os profissionais que nelas trabalham são depreciados, porque trabalham com experiências humanas e com saberes da produção da vida de coletivos hierarquizados como inferiores em nossa tradição política.

Cada vez há uma percepção mais clara dos profissionais de que a inferiorização e desvalorização de seu trabalho e de sua condição docente está estreitamente associada à inferiorização dos coletivos populares, de suas experiências e saberes e da instituição pública que os acolhe. Consequentemente percebem que sua valorização profissional está estreitamente condicionada à superação das dicotomias e hierarquias de nossa tradição política, que inferioriza tudo o que é popular.

A "valorização do magistério" tão proclamada em todo documento de política pública ficará incompleta, fraca enquanto não se avance na superação das dicotomias inferiorizantes dos coletivos populares tão incrustadas em nossos padrões de poder e de conhecimento e até de público-popular.

Proclamar políticas de valorização docente mantendo a escola pública precarizada e os setores populares que a frequentam inferiorizados é uma postura inconsequente.

Quando as escolas, os currículos, os processos de ensino-aprendizagem e avaliação, os desenhos curriculares e até a cultura docente se prestam à reprodução dessas dicotomias e inferiorizações dos coletivos populares, de suas experiências e conhecimentos estão reproduzindo as relações políticas da desvalorização de seu próprio trabalho e de sua condição docente.

Ainda faltam avanços no equacionamento das lutas pela valorização docente atreladas às lutas pela superação das dicotomias e hierarquias e da inferiorização dos coletivos populares, dos trabalhadores de suas experiências e saberes.

O trabalho humano disputa centralidade nos currículos

> *O trabalho é um processo que permeia todo o ser do homem e constitui a sua especificidade.*
>
> Kosik

Parafraseando a indagação de Bechett, podemos perguntar-nos: "importa quem trabalha"? Que importa o trabalho?

Uma indagação que toca em cheio aos educadores-docentes que falam nas salas de aula e nas três últimas décadas fizeram uma reafirmação política do seu ofício – trabalhadores na educação, profissionais.

Depois de mais de três décadas de destaque da centralidade do trabalho na conformação de suas identidades, conseguiram que a sociedade, o Estado, os governantes e formuladores de políticas se importem com seu trabalho? Os conhecimentos acumulados nessas tensas afirmações docentes têm sido incorporados como conhecimentos nos currículos? É reconhecido aos profissionais do conhecimento o direito aos saberes de seu trabalho?

Neste texto o foco é na história de conformação de identidades docentes, profissionais, trabalhadores em educação. Que saberes de si, do trabalho humano, dos trabalhadores foram produzidos nesses avanços da afirmação profissional? Por onde avançar para seu reconhecimento nos currículos de formação e de educação básica?

Há lugar para os saberes no trabalho?

Podemos começar por uma constatação um tanto pessimista: Os estudos sobre essa longa história não fazem parte dos currículos da formação docente. As tensas relações entre movimento, trabalho e condição docente e saberes profissionais e sociais da própria categoria continuam ignorados, marginalizados nos saberes legítimos dos currículos de formação. Uma riqueza de experiências e de conhecimentos que afetam diretamente as identidades docentes, o trabalho profissional e que continuam desperdiçados nos desenhos curriculares de educação básica e, o mais lamentável, nos currículos de pedagogia, de licenciatura e de formação continuada.

A riqueza de experiências acumuladas e vividas com tantas tensões não é reconhecida como produtora de conhecimentos profissionais, sociais e políticos dignos de serem ensinados e aprendidos pelos próprios sujeitos coletivos de sua produção, os profissionais da educação.

Voltamos à pergunta, por que os currículos desperdiçam essas experiências dos próprios profissionais do conhecimento? Porque os desenhos e concepções de currículo e de conhecimento desconectaram este das experiências sociais, humanas. Dicotomias de que os próprios profissionais do conhecimento passam a ser vítimas.

A categoria docente vem experimentando nestas décadas as tensões no nosso padrão de trabalho. Buscaram sua valorização reconhecendo-se e exigindo ser reconhecidos como trabalhadores e a docência como trabalho.

Entretanto, em nossa cultura política o trabalho é desvalorizado, os direitos do trabalho são negados, os saberes do trabalho não são reconhecidos como saberes legítimos nem nos currículos de ensino elementar. A desvalorização da docência-trabalho continuou porque em nossa cultura política, em nossas relações sociais, o trabalho não tem valor, não passa de mercadoria e menos a docência-trabalho com os filhos de trabalhadores condenados à sobrevivência mais precária e a trabalhos precarizados. Que valor tem esse trabalho no mercado de trabalho? Que valor é dado em nossa história a esses trabalhadores e aos profissionais que os preparam para esses trabalhos de sobrevivência?

O padrão de trabalho, sua história, as relações sociais em que se dá mereceriam dias de estudo, tempos na carga horária dos cursos de formação, de pedagogia e de licenciatura, como mereceriam um lugar de destaque nos currículos de formação dos(das) filhos(as) dos trabalhadores.

A ausência dessa história, do trabalho, dessas relações sociais é mais um capítulo da desvalorização do trabalho até como campo de conhecimento em nossos currículos.

Há sinais de superação das dicotomias entre experiências profissionais, sociais e conhecimento? Há lugar nos currículos para os trabalhadores e para os saberes do trabalho?

O direito ao conhecimento produzido no trabalho

Um dos conhecimentos não reconhecidos nos currículos de formação é aquele produzido nas experiências da docência, do trabalho docente, o que leva ao não reconhecimento dos professores como sujeitos de conhecimentos. Os conhecimentos produzidos no trabalho humano não são reconhecidos.

Os saberes dos mundos do trabalho, das lutas do movimento operário ou de cada trabalhador, adulto, jovem ou adolescente pelo trabalho estão ausentes dos currículos.

A consequência é preocupante. Os jovens e adultos trabalhadores não encontrarão na EJA saberes sobre o trabalho. Nem os adolescentes e crianças submetidos precocemente ao trabalho ou filhos(as) de trabalhadores, socializados em comunidades de trabalhadores, encontrarão os significados do trabalho nos currículos de educação básica. Nem os docentes saem sabendo sobre os significados do trabalho docente após seu percurso de licenciatura ou pedagogia.

Seria necessário organizar dias de estudo para entender essas ausências, que têm raízes mais profundas. Quando se secundariza a história do trabalho se nega aos trabalhadores-profissionais da educação o direito a contarem sua história.

Não apenas o trabalho docente, mas todo trabalho humano é visto como insignificante para os ordenamentos curriculares. O trabalho, os trabalhadores, suas organizações, suas lutas por seus direitos e os saberes produzidos, os valores vividos, as culturas enraizadas no trabalho não têm merecido o reconhecimento político nem pedagógico. Sua ausência nos currículos carrega o não reconhecimento do trabalho, incluindo o trabalho docente em nossa sociedade. Carrega a segregação social dos próprios coletivos de trabalhadores.

Por exemplo, a tensa e marcante história do movimento operário, do movimento docente e dos movimentos de trabalhadores sem-terra, sem-teto, sem-espaço, sem-trabalho... não tem merecido espaço nos conteúdos curriculares nem de formação básica nem de formação docente e pedagógica.

Essas ausências tão persistentes contrastam com a centralidade do trabalho nos jovens e adultos, até nas crianças e adolescentes, sobretudo das escolas públicas, filhos de trabalhadores ameaçados pelo desemprego, pelo trabalho informal e de sobrevivência. Essas ausências nos conteúdos de ensino-aprendizagem contrastam com a centralidade que os próprios profissionais do conhecimento dão a sua condição de trabalhadores. Como entender que o trabalho invada as vidas de mestres e educandos e esteja tão ausente nos currículos de formação e de educação básica?

A retomada dos saberes do trabalho docente

É significativo que o movimento docente como o movimento operário ou o movimento dos trabalhadores sem-terra tem sua imprensa, publicações onde contam a história de suas lutas por seus direitos. Quando pesquisamos a história do trabalho somos obrigados a buscá-la nessas fontes.

Nos congressos, fóruns, conferências de educação tão frequentes nas redes municipais e estaduais, que reúnem milhares de docentes-educadores, passou a ser frequente organizar oficinas sobre práticas diversas que acontecem nas escolas. Uma das oficinas têm merecido destaque: "o trabalho docente" ou "mestres, qual o nosso ofício?" Nestas oficinas se trabalham textos, vivências sobre a condição docente, sobre identidades, mal-estares, tensões, avanços e recuos na valorização do trabalho[3].

A experiência profissional passa a ser reconhecida como produtora ou destruidora de identidades e imagens, culturas e valores. Sobretudo, produtora ou inferiorizadora de saberes docentes, políticos, sociais, identitários.

Lembro de uma dessas oficinas em que um coletivo trouxe sua experiência de trabalho profissional e suas lutas coletivas pelos direitos do trabalho para introduzir nos currículos de educação de adolescentes e de jovens e adultos a realidade do trabalho e o avanço da história dos direitos, a história do trabalho dos próprios professores como experiência social e política para avançar com os educandos na compreensão da realidade do trabalho humano. Formas ricas de ir incorporando as experiências sociais de trabalho e os saberes acumulados no enriquecimento dos currículos de educação básica.

As oficinas se constituem em uma forma urgente de enriquecer os currículos de formação dos próprios docentes trabalhadores em educação. Um caminho fecundo de aproximar mestres e alunos em uma experiência tão comum a ambos, o trabalho, as lutas pela sua dignidade e contra suas hierarquizações e inferiorizações. O trabalho como aprendizado dos direitos mereceria um lugar de destaque nos currículos. A começar pelo trabalho docente como princípio de aprendizado dos direitos da docência.

Tempo de aula como tempo de trabalho

As oficinas costumam iniciar por um olhar para a escola. Alunos e mestres avançando na visão da escola como lugar de trabalho. Os professores mostrando-se trabalhadores em educação, preparando suas aulas, ampliando seus conhecimentos e leituras, escolhendo material, participando de congressos, cursos de formação para que seu trabalho na aula garanta o direito dos educandos ao conhecimento.

---

3. Reflito sobre as mudanças na conformação da docência no livro *Ofício de mestre*: imagens e autoimagens. 12. ed. Petrópolis: Vozes.

Descobrir o tempo de aula como experiência de trabalho não apenas docente, mas dos educandos. Abrir espaços para que as crianças e adolescentes, os jovens e adultos vejam seu tempo de escola como tempo de trabalho. O estudo, as leituras, os exercícios, os deveres de casa como trabalho. Ver-se mestres e educandos como um coletivo em situações coletivas de trabalho. Como uma comunidade de produtores de sabres, de experiências e de aprendizagens.

Em algumas dessas oficinas e projetos pedagógicos os professores narram suas experiências de trabalho quando adolescentes, estudantes tentando articular tempos de trabalho e de estudo, experiências tensas, de privações, de sono e de descanso. Os educandos descobrem os educadores próximos a suas tensas experiências de tentar articular tempos tão desencontrados.

Nas narrativas coletivas, mestres e educandos se revelam tão próximos como gente em experiências tão vitais, o trabalho. Tão próximos nas grandes indagações que afloram nessas experiências comuns. Das experiências comuns, tão próximas, educadores-docentes-educandos vão chegando às indagações humanas que o trabalho humano carrega, sobretudo quando o direito ao trabalho é negado ou quando é tão precarizado.

O que é o tempo de escola para os adolescentes, jovens e adultos das escolas públicas, mais do que uma mediação para garantir o direito ao trabalho? O que é para eles e elas o direito ao trabalho? É o mediador do conjunto de direitos que lhes são negados: direito à vida, à igualdade, à dignidade, à justiça, à libertação da opressão-segregação históricas como coletivos.

Ao debater e estudar uma realidade como o trabalho, tão determinante na história humana, todas as indagações presentes na produção do conhecimento afloram exigindo aprofundamento e procura de significados, de explicação. O trabalho de mestres e educandos reencontrando ambos nos currículos, reencontrando novos sentidos do ensinar-aprender.

Saberes produzidos em situações de luta docente[4]

Podemos organizar oficinas, dias de estudo para *aprofundar que saberes são produzidos* na diversidade de situações de trabalho, seja nas salas de aula, seja na sobrevivência, seja nas lutas do movimento operário, do movimento docente

---

4. Sintetizo algumas análises desenvolvidas no meu texto: "Produção de saber em situações de trabalho: o trabalho docente". *Trabalho e Educação*, vol. 12, n. 41, 2003. Belo Horizonte: Faculdade de Educação/ UFMG.

ou na pluralidade de ações individuais e coletivas, de lutas pelo direito ao trabalho justo e digno. Aprofundando essas vivências poderemos incorporar esses saberes nos conhecimentos dos currículos e em projetos pedagógicos.

Poderia ser tentado um exercício que respondesse a esta questão: Que saberes produziu e aprendeu a categoria docente em suas situações de luta por sua afirmação como trabalhadores?

A história dos saberes aprendidos pela categoria docente merece um lugar central nos cursos de formação. Que saberes destacar para garantir o direito dos professores a saber-se?

Nos últimos trinta anos a categoria se produziu com a identidade de trabalhador, de profissional na educação. Nesses processos foram acumulados saberes que não faziam parte do acúmulo de conhecimentos, de imagens, de saber-se dos professores antes dessas situações de lutas. Nas mobilizações, greves, debates e nos confrontos com os governos aprenderam a centralidade da organização do trabalho e a precariedade de suas condições, o direito à estabilidade, carreira, salários. Aprenderam saberes sobre o Estado, suas políticas e os interesses que o controlam. O Estado se comportando como patrão nas mesmas lógicas da relação patrão-empregado.

Passaram a entender melhor as relações sociais de produção e como se dão as relações de trabalho na produção das empresas e na esfera pública. Aprenderam com as formas sindicais de resistência e de luta pelos direitos do trabalho. Aprendizados que mudaram a identidade docente, que desconstruíram imaginários românticos, ingênuos, tradicionais que pesavam sobre o magistério como missão, vocação, preparadores do futuro da nação no presente ou como jardineiros das flores tenras da infância. Esses imaginários foram destruídos e novos profissionais foram conformados.

Além dos saberes sobre as lógicas da organização do trabalho e sobre as relações sociais e políticas, sobre o Estado, a política, as políticas e as estruturas de poder, a categoria docente avançou nas situações de luta e de resistência a saber sobre si mesmos. Destruindo imagens românticas, idealizadas se descobriu na concretude dura e tensa da condição de trabalhadores, de profissionais submetidos a uma organização do trabalho precarizada, sem direitos definidos, não respeitados. Se sabendo profissionais de direitos passaram a priorizar as lutas pelos direitos do trabalho qualificado, digno, justo, igual, estável...

Os debates da categoria sobre si mesma, os confrontos com os patrões, Estado, foram e continuam sendo as experiências mais pedagógicas na produção do saber sobre si mesmos. Aprenderam mais sobre si mesmos nesses confrontos do que nos currículos de formação inicial e continuada. Sabem, sobretudo, que o movimento operário em sua história coletiva aprendeu o que todo trabalhador em sua vivência pessoal tem de saber: a centralidade do trabalho como determinante da existência humana e não apenas da condição docente. A centralidade das relações sociais em que se dá e que configuram nossas sociedades.

Essas aprendizagens sobre o trabalho se dão não só na produção do conhecimento, mas, sobretudo, na própria produção como sujeitos humanos. Quanto nos humaniza se é justo e digno e quanto nos desumaniza se é injusto e indigno! Vivenciamos que o trabalho condiciona nossas existências como mulheres ou como homens, como negros ou brancos, como trabalhadores do campo ou das periferias, na estabilidade ou no desemprego, no trabalho formal ou informal de sobrevivência, no trabalho adulto ou infantil...

Reconstruir em coletivo os saberes aprendidos nos mais de trinta anos de movimento docente será um caminho para conhecer-nos. Exigir que esses saberes façam parte dos currículos de licenciatura e de pedagogia será um caminho para saber nossa história na história do trabalho.

Abrir lugar nas salas de aula para os saberes produzidos em situações de trabalho

Quando descobrimos nas próprias situações de trabalho a centralidade desse acúmulo de saberes, valores, culturas, identidades aprendidas no trabalho somos levados a indagar-nos por que esses saberes não entram no recinto do conhecimento, nos currículos? Por que é negado o conhecimento desse acúmulo aos próprios trabalhadores-profissionais da educação nos currículos de sua formação? Por que é negado esse acúmulo de saberes, valores aos(às) filhos(as) de trabalhadores, a classe operária, sujeitos de produção dessa riqueza de conhecimentos?

Na medida em que como profissionais, trabalhadores na educação, aprendemos essa densa pluralidade de saberes do trabalho, estamos mais abertos a reconhecer que temos direito a que esses saberes acumulados sejam incorporados aos currículos de formação docente e pedagógica. Também estaremos sensíveis a reconhecer que o acúmulo de saberes produzidos na pluralidade de vivências e lutas de situações de trabalho tem de ser incorporado aos currículos de educação básica como direito da infância-adolescência ao saber social produzido. Para que aprendam dos seus mestres a saber-se trabalhadores. Negar esses saberes a crianças e adolescentes, jovens ou adultos inseridos já e destinados à condição de trabalhadores será negar-lhes conhecimentos nucleares na produção intelectual, cultural, ética, identitária dos seres humanos.

Estamos avançando para trazer esses aprendizados para projetos paralelos, para oficinas, para temas transversais. É muito, porém ainda é pouco. A pressão nossa tem de ser para que esse acúmulo de conhecimentos produzidos no trabalho pelos coletivos de trabalhadores entre com legitimidade no núcleo central comum dos currículos, dos livros e material didático. Que não fique na instabilidade e ilegalidade, na periferia, à mercê da boa-vontade de algumas escolas e de alguns (algumas) educadores(as). Uma disputa tensa.

Seria muito exigir, por exemplo, que no aprendizado de história universal e da história de nossa formação política, social, econômica, cultural, entre a história do trabalho? Que seja dada centralidade às formas diversas de trabalho indígena, negro, livre, escravo, da indústria, serviços, do campo, da agricultura familiar. Que seja dada centralidade ao trabalho doméstico, à história do trabalho das mulheres, dos jovens e até das crianças.

Outro exemplo: Encontramos propostas pedagógicas que articulam os estudos da produção do espaço, tendo como eixo central o trabalho. Como essa diversidade de trabalhos de coletivos de trabalhadores vem produzindo, intervindo, na diversidade de espaços. Como o trabalho na agricultura familiar produz, intervém de maneira diferente na terra, na geografia, do que o trabalho no agronegócio, no latifúndio, na monocultura. Ou como o trabalho precário, injusto condiciona milhões à geografia da fome, à geografia das favelas, etc.

O trabalho pode ser estruturante da relação homem-natureza, da produção cultural, das ciências, das artes e das letras. O trabalho como princípio educativo, matriz humanizadora[5], e como fonte dos conhecimentos e das culturas.

Incorporar os saberes do trabalho no núcleo comum dos currículos

O trabalho, as formas diversas dignas ou inumanas, as lutas pelo trabalho poderão ser o eixo estruturante dos conhecimentos do núcleo comum dos currículos. Não um tema a mais, periférico. O direito aos conhecimentos dos mundos do trabalho não é uma opção político-ideológica por um currículo socialpolitizador para os pobres, trabalhadores, nem será um currículo do mercado, pragmático para os jovens, adolescentes destinados a profissões sérias, de direção.

---

5. Aprofundo essas virtualidades formadoras do trabalho no texto "Trabalho-educação e teoria pedagógica". In: FRIGOTTO, G. (org.). *Educação e crise do trabalho*. Petrópolis: Vozes, 2009.

Estamos propondo um currículo que incorpore os saberes do trabalho como um direito de todos. No mesmo nível do direito de todos aos conhecimentos universais produzidos na diversidade de experiências sociais, de trabalho.

A disputa no território dos currículos tem de ser posta contra a perda de conhecimentos, de sua centralidade no direito à educação. De um lado, perda soterrada no pragmatismo e utilitarismo de domínios de competências tão pobres em conhecimentos. De outro lado, perda dos conhecimentos mais densos, instigantes que vêm das experiências humanas mais determinantes do viver humano, do trabalho. Instigantes, sobretudo, para aqueles sujeitos que pagam o preço mais sofrido: os condenados ao não trabalho, ao trabalho na sobrevivência, à exploração do trabalho desde a infância. São os primeiros a terem direito aos saberes do trabalho.

Se reconhecemos o direito aos saberes do trabalho e assumimos a disputa para que esses saberes sejam estruturantes dos saberes do currículo teremos de perguntar-nos que saberes do trabalho incorporar? Propomos priorizar seus saberes aprendidos no trabalho desde a infância.

O direito aos saberes aprendidos no trabalho desde a infância

Toda história não é senão a produção do homem pelo trabalho humano.

Marx

No texto "O trabalho humano disputa centralidade nos currículos" nos perguntamos se importa quem trabalha, os docentes-trabalhadores e os educandos. Colocamo-nos uma indagação que nos toca como profissionais, o trabalho e nosso trabalho docente importa aos currículos, ao campo do conhecimento?

Podemos avançar ainda mais e perguntar-nos se há lugar para o trabalho na teoria pedagógica e docente, se assumimos e exploramos em nossas práticas as dimensões formadoras, humanizantes do trabalho.

Se toda a história não é senão a produção do ser humano pelo trabalho humano, como profissionais da educação, da formação humana somos obrigados a entender as potencialidades do trabalho como princípio educativo e a explorar em nossas práticas e didáticas as potencialidades formadoras que levamos às escolas como educadores-trabalhadores e que os educandos atrelados às vivências de trabalho levam às salas de aula.

O trabalho na história humana, na história das nossas comunidades, famílias e até na história pessoal desde a infância é uma das experiências mais determinantes de nossa produção como humanos. Como trabalhá-la? Depende de nós trabalhar as potencialidades formadoras do trabalho seja nas diversas áreas do conhecimento, seja em temas geradores. Neste texto destaco alguns dos aspectos que são explorados por coletivos de docentes-educadores.

E quando o sobreviver, trabalhar não é só coisa de adultos?

Os saberes mais marcantes que mestres e alunos tiveram de aprender desde criancinhas e que carregam para as escolas estão atrelados a suas cruéis experiências de trabalho-luta pela sobrevivência. Muitos educadores(as) docentes sabem que esses saberes, leituras de mundo e de si mesmos que eles e os educandos carregam não podem ser ignorados. Formulam e trabalham temas geradores onde esses saberes são centrais, geradores de indagações desestabilizadoras para as ciências, os conhecimentos dos currículos e de cada área do saber escolar e docente. Os saberes curriculares não têm explicações para seus saberes vividos?

A postura tão persistente dos currículos de ignorar esses saberes das experiências do trabalho precoce, injusto, que chegam às escolas fica mais difícil à medida em que vão chegando as infâncias-adolescências tão castigadas com experiências injustas e precoces de trabalho. Como repensar a rotina escolar, a enturmação, os deveres de casa, as avaliações-reprovações-retenções, levando em conta, reconhecendo, que uma percentagem significativa de crianças-adolescentes se defronta com a difícil tarefa de articular tempos de trabalho-sobrevivência e tempos de escola? Que saem da aula para o trabalho, na rua, em casa, na agricultura, na sobrevivência mais elementar?

Encontramos escolas onde se organizam oficinas que estudam o trabalho infantil com base em dados da Unicef e em narrativas dos próprios alunos e professores. Aprofundam-se as causas, presta-se atenção a que infâncias-classe, gênero, raça, região são vítimas do trabalho infantil indigno, aprofunda-se nas consequências desumanizantes sem escorregar para moralismos compassivos. Ricas sensibilidades pedagógicas que nos instigam a entender os(as) educandos(as) das escolas públicas populares. Vê-los com outros olhares sabendo que lutar por sobreviver, trabalhar, não é coisa só de gente grande.

Direito à escola e direito a sobreviver

Muitos docentes se perguntam se é pedagógico montar todo o ordenamento de ensino-aprendizagem, de conteúdos, didáticas, tarefas para casa, avaliações, ordenar tempos, sequências, exigências como se a infância-adolescência fossem apenas e exclusivamente alunos-escolares, liberados do trabalho de viver-sobreviver.

Defender um direito abstrato da infância-adolescência à escola, ignorando a concretude de tantas crianças-adolescentes à sobrevivência porque são membros de famílias condenadas a um viver indigno, injusto e miserável é uma postura antipedagógica. Ampliar ainda mais o tempo de escola, ignorando essa condição de tantas infâncias-adolescências a esse injusto viver-sobreviver será solução?

Lembro os desencontros entre defensores de mais tempos de escola para tirar as crianças-adolescentes pobres da rua, dos trabalhos de sobrevivência e as reações das mães pobres trabalhadoras. Defendiam que seus filhos estivessem protegidos, alimentados nos extraturnos, mas como viver sem as contribuições dos filhos para a renda familiar tão escassa? As condições extremas de sobrevivência liberam a infância-adolescência popular para mais tempos de escola? Como equacionar o direito à escola, à proteção, ao conhecimento com o direito primeiro a viver, sobreviver? Se essas indagações estão postas nas escolas, nos profissionais, por que não incorporá-las aos currículos, às propostas pedagógicas?

Os saberes do trabalho das próprias crianças-adolescentes entram por todas as frestas do fazer educativo. Entram até nos projetos avançados que tentam liberar as crianças e os adolescentes do trabalho da rua, da sobrevivência. Não há como ignorar esses mundos e submundos do trabalho e da sobrevivência, uma vez que invadiram os mundos românticos, angelicais, da própria infância. Infâncias-anjos sem corpo, lúdicos, sorridentes não se alimentavam. As infâncias reais têm corpo e são condenadas a trabalhar para se alimentar, para viver.

Precoces vivências do saber sobreviver

Na medida em que reconhecemos as crianças e os adolescentes reais, corpóreos, famintos, sobrevivendo, trabalhando por viver, os processos de trabalho por um sobreviver menos injusto não podem mais ser ignorados. Quando o sobreviver, o trabalhar não é coisa de adultos, mas uma precondição para viver desde criança, a pedagogia, a docência, os currículos, as didáticas têm de repensar-se e incorporar, trabalhar os sentidos, sem-sentidos dessas experiências humanas, desde as primeiras infâncias.

Que ao menos nos tempos do turno regular e do extraturno lhes seja garantido o direito a saber, interpretar o viver tão precarizado a que são condenados.

Reconhecer que o fato de trabalhar para sobreviver não é coisa só de adultos mudaria nossas propostas até para a infância. As diretrizes curriculares para a educação da infância e a diversidade de material didático com que o MEC enriquece as propostas pedagógicas dos centros de educação apontam para concepções e práticas ampliadas do direito à educação das crianças. Direito ao desenvolvimento integral, à construção de sua identidade pessoal e coletiva, à imaginação, à fantasia, ao desejo, às diferentes linguagens, à brincadeira... aos bens culturais, à proteção e ao cuidado. Toda criança tem direito a esse desenvolvimento integral.

As tensões vividas pelas(os) educadoras(es) da infância é que padecem condições precaríssimas de sobrevivência. O trabalho, o não trabalho familiar, o sobreviver a qualquer custo, o colaborar na sobrevivência familiar se impõem sobre suas vidas, como uma das experiências mais fortes, quebrando imaginários lúdicos da infância. Se essas são as formas de viver a infância de tantas crianças, como tratá-las em diretrizes curriculares, em propostas pedagógicas, no material didático e, sobretudo, nos currículos de formação de educadoras dessas infâncias reais? As lutas por um digno viver de que são partícipes desde menores deveriam ser mais centrais nas propostas sob pena de estarmos construindo currículos, orientações e material para infâncias idealizadas. Que projetos de garantia do direito à educação quando o peso pelo sobreviver é tão forte? Ao menos não ignorá-lo, mas trabalhá-lo desde a educação infantil.

Os saberes aprendidos no local de trabalho

Vimos como é possível e fecundo explorar os significados dos saberes aprendidos nas lutas pelo direito ao trabalho, ao viver menos indigno desde criança. Como explorar os significados dos saberes aprendidos na diversidade de locais de trabalho de onde vêm os jovens e adultos da EJA, do noturno regular e até dos locais, experiências de trabalho dos adolescentes e crianças? O trabalho infanto-juvenil é uma experiência demasiado precoce e dura para tantos milhares de crianças-adolescentes que chegam cada dia às escolas públicas populares das periferias e dos campos. É possível continuar ignorando essas experiências?

Coletivos docentes assumem que é função da escola, dos currículos, da docência trabalhar essas experiências e significados do trabalho. Apenas denunciá-las como precoces e injustas não será suficiente. Se existem e são tão centrais em seu viver, sobreviver nosso dever ético-pedagógico é trabalhá-las.

A começar por conhecê-las. Escolas e coletivos docentes inventam formas de mapear, diagnosticar se os educandos, as educandas trabalham, em que trabalhos, onde, na rua, na casa, no trabalho informal, na agricultura familiar, no cuidado de irmãos, de outras crianças como adolescentes meninas. Os trabalhos dos meninos-adolescentes diferentes das meninas-adolescentes. Indagar-nos por que são obrigados(as) a trabalhar: pelo desemprego dos pais? Por contribuir na renda familiar escassa? Para a própria sobrevivência, comida, vestuário, moradia? Para suprir a ausência da mãe trabalhadora no cuidado da casa, dos(as) irmãos(ãs) menores? Até trabalhar para poder estudar, uma história de tantos docentes e educandos.

Nessa diversidade de locais, de situações de trabalho em que as crianças e os adolescentes populares estão inseridos, aprendem saberes sobre o mundo, a cidade, o campo, a sociedade, a condição de classe, social, de gênero, de raça, de espaço. Aprendem saberes sobre si mesmos, sobre os modos tão diferentes de ser-viver a infância, a adolescência, de ser menino, menina.

Nessa diversidade de situações, aprendem as segregações de gênero, raça, moradia, classe social. Na sua inserção precoce nas lutas pela vida são obrigados a aprender como funciona a sociedade e como se reproduzem as relações sociais, políticas. Obrigados a aprender cedo que são vítimas da acumulação-segregação do espaço, da moradia, da terra, da comida, da riqueza e da pobreza. Vão se apreendendo, socializando, sabendo de si e de seus coletivos de origem. Saberes que exigem sensibilidade pedagógica para tratá-los, entendê-los e entender-se. Exigem formação que cultive essa sensibilidade profissional.

Os saberes de resistências ao trabalho desumano

Com a classe operária e com o movimento docente aprendemos que os saberes do trabalho não podem esquecer os saberes das resistências. Que experiências de resistências encontrar e valorizar nas próprias crianças-adolescentes ante as precaríssimas condições de seu sobreviver? O que aprendem nas lutas por um viver menos indigno? Por articular viver-estudar? Que valor dão ao conhecimento, à escola nessas teimosas tentativas de articular sobrevivência e estudo? Como ignorar os significados de vivências tão tensas nos conhecimentos curriculares?

Se reconhecemos essas tentativas não teremos coragem de condená-los como os que não valorizam a escola, o estudo e o aprender. Reconheçamos que ainda se escutam nas escolas e, sobretudo, na mídia e nos gabinetes dos gestores frases duras, injustas sobre a infância e a adolescência e sobre os jovens e adultos populares: não se interessam pelo estudo, infrequentes, desatentos.

Ao menos lhes demos o direito a saber-se tentando garantir seu direito ao conhecimento. Quantas histórias superficiais, estranhas terão de ouvir e aprender enquanto essas suas densas histórias serão ignoradas porque não merecem a condição de conhecimento acumulado digno de entrar nas grades curriculares e menos nas provinhas e provões-Brasil.

Há docentes que criam oficinas para debater com as próprias crianças e adolescentes, jovens e adultos as políticas e os projetos que lhes são oferecidos como "soluções" para tirá-los da rua, da sobrevivência: bolsa-família, mais-educação, escola de tempo integral, escola integrada, escola ativa... Confrontar seus saberes de rua, de luta pela sobrevivência, de fome e desemprego familiar... com as visões que esses programas carregam. Será pedagógico confrontar, pôr em diálogo, essas visões e saberes tão desencontrados de infância, de trabalho, de rua, de família pobre e de tantas resistências.

Os saberes do trabalho aprendidos na escola

A afirmação da identidade docente como trabalhadores-profissionais levou a descoberta da escola, da sala de aula como lugar de trabalho de mestres e de educandos. Que saberes uns e outros aprendem nesses lugares de trabalho?

Há uma rica produção de teses, dissertações, pesquisas sobre os saberes docentes aprendidos na prática da docência. Estudos que mostram que o fazer pedagógico e didático recebe sua inspiração desses saberes sobre os educandos, quem são, como vivem, aprendem, reagem, se afirmam. Os saberes sobre os educandos têm escasseado nos currículos de formação docente centrados no que ensinar e como, mas ignorando o conhecimento de quem aprende. Esses saberes se aprendem no trabalho da sala de aula, vão entrando nos currículos de formação?

Recentemente os professores e os alunos vêm aprendendo que a diversidade invade as salas de aula, a mesma das ruas, vilas. As salas de aula das escolas públicas são um encontro-presença dos diversos. Um aprendizado tenso carregado de tantos preconceitos, mas também de tantas experiências a explorar.

A pergunta se impõe: esses saberes aprendidos no trabalho das salas de aula são incorporados, tratados, ressignificados nos currículos, na preparação das aulas, nos conhecimentos? São ignorados e deixados para que cada criança ou adolescente os elabore, talvez confirmando, internalizando tantos preconceitos vivenciados fora das salas de aula e até repassados no material didático e nos livros de literatura?

Saberes de fora revividos dentro das salas de aula, porém ignorados ou não merecedores da condição de saberes que merecem um projeto, um trato didático e pedagógico. Outros saberes talvez inúteis merecerão ocupar os tempos de ensino-aprendizagem que esses saberes da experiência escolar não merecem. Até outras leituras preconceituosas de sua condição de gênero, raça, etnia, campo continuam chegando às escolas como material didático.

Como esperar convívios humanos nas salas de aula se não os trabalhamos, se não explicitamos às crianças e adolescentes as indagações e significados que carregam? Há coletivos de docentes-educadores que fazem desses saberes temas geradores, de estudo e de trabalho. Um conhecimento formador que foge de tantos moralismos e controles ineficazes de condutas e convívios.

A escola oficina de saberes e valores

A experiência da escola é uma oficina carregada de saberes diferentes daqueles aprendidos na experiência familiar. Saberes sobre outros tipos humanos, outras formas de ser, pensar, interpretar a vida, de ser menino(a) jovem, adulto. O adulto professor(a) revela dimensões outras únicas, relações outras específicas, de adulto-educador. Relação única não tida com o adulto médico, patrão, policial. Difícil lembrar dos tempos da infância-adolescência sem lembrar da experiência escolar e em particular da figura dos professores(as). Saberes especiais sobre os seres humanos tão colados a nossos processos de aprender a sermos humanos.

Volta a pergunta: se esses saberes são tão marcantes, como ignorá-los se somos profissionais do saber, da sua significação e do seu papel formador? Quanta riqueza de saberes aprendidos nos convívios escolares não explorados na docência e no fazer pedagógico!

Por sua vez, o(a) professor(a) no trabalho da sala de aula aprenderá a superar a visão do aluno genérico e descobrir o real, contextualizado, quem é a infância-adolescência real, como é vivida ou não vivida, negada. Os saberes da infância-adolescência-juventude não aprendidos nos cursos de formação são aprendidos diariamente no trabalho, na relação com a sala de aula.

Aprender as verdades da infância que a própria infância-adolescência popular revela sobre ela mesma, sobre as verdades históricas dos tratos de suas origens sociais, raciais. Verdades sobre a sociedade. Podemos aprender verdades sociais mais verdadeiras ao conhecer as verdades da infância, da adolescência e juventude com que convivemos do que nas disciplinas de que somos licenciados.

Nos currículos de pedagogia têm sido incorporados esses saberes humanos, essas verdades da infância-adolescência ou apenas as didáticas aprendidas de como ensinar nas salas de aula? Há verdades humanas carregadas de indagações que afloram nas salas de aula e exigem ser incluídas como conhecimentos legítimos a que educadores e educandos têm direito nos currículos de formação e de educação básica.

No trabalho nos descobrimos sujeitos de direitos

Nas lutas pelo trabalho aprendemos os direitos do trabalho, como os adolescentes, jovens ou adultos educandos levam às escolas a consciência de seu direito ao trabalho aprendida nas lutas contra o desemprego, contra o trabalho informal e indigno. Nas lutas por trabalho vão aprendendo o direito ao trabalho como precondição aos direitos humanos, sociais mais básicos: vida, comida, saúde, moradia, até direito a planejar a família, a relação afetiva, o presente e o futuro.

Faz parte da cultura popular um aprendizado: da garantia do direito ao trabalho depende a garantia dos outros direitos. Até o direito à educação, à escola está atrelado na cultura popular ao direito ao trabalho, como origem de todos seus direitos humanos. A educação-escolarização adquire sua relevância porque é associada ao direito central do viver humano, o trabalho.

Essa centralidade do trabalho na consciência e na garantia dos direitos humanos mereceria ser trabalhada como central nos currículos de educação básica. Substituir tantos aprendizados inúteis, mortos por esses conhecimentos vivos, tão colados às experiências dos docentes e dos educandos desde a infância. Na educação em direitos humanos, um ponto central será essas vivências de que através do trabalho nos descobrimos sujeitos de direitos.

Podemos avançar indagando-nos com os educandos de que direitos nos descobrimos, se descobrem sujeitos. Algumas descobertas se destacam: a descoberta do direito a trabalhar. Não apenas da necessidade para viver, mas do direito a trabalhar e do direito a viver, a um digno e justo viver. A descoberta do direito a condições dignas, a trabalhos dignos, não precários, ou seja, marginais, instáveis, de biscate e sobrevivência.

São essas experiências de trabalho a que são condenados tantos jovens e adultos populares e adolescentes e crianças que acodem às escolas públicas populares. Mostram que esses trabalhos não garantem o direito ao trabalho justo e digno nem ao conjunto de direitos humanos. No percurso escolar deveriam aprender a entender essas vivências tão precárias de maneira sistematizada e aprofundada. Um saber centralíssimo que lhes é negado pela resistência dos currículos a incorporar os saberes do trabalho como centrais. Como direito.

Milhares de adolescentes, de jovens e adultos aprendem nas experiências de reprovação, repetência e retenção que a escola condiciona seu direito ao trabalho, que condenados a percursos escolares truncados, incompletos lhes é negada a possibilidade de entrar no mercado de emprego. O direito à educação que lhes promete o direito ao trabalho termina virando uma precondição para o trabalho e até a negação do direito mais básico, ao trabalho, a sobreviver. Como entender que as exigências de que rodeamos o direito à educação-escolarização terminem cumprindo o papel de impedir, dificultar o direito mais básico do ser humano a viver, trabalhar?

Há escolas, professores que não se prestam a esse papel cruel de truncar percursos escolares que levam milhões de jovens-adolescentes e adultos a serem negados em seu direito ao trabalho e ao viver. Uma prática pedagógica será mapear essas situações de tantos alunos(as), abrir um debate e pressionar as diretrizes e políticas escolares para rever com sentido ético e político práticas de reprovação, retenção, defasagem escolar que terminam negando o direito a percursos dignos e ao trabalho justo, devido a todo ser humano; sem precondições.

Aprender-se trabalhadores

Outro saber que poderá ser trabalhado: essa condição de trabalhadores desde crianças, de lutar pelo trabalho, como direito humano os aproxima da classe trabalhadora, das suas lutas coletivas pelo trabalho. Aproxima-os do conjunto de movimentos sociais, políticos que na história vem lutando pelos direitos do trabalho. Formar essa consciência coletiva é uma das tarefas do conhecimento, dos currículos e da docência. Os próprios docentes se auto-descobriram membros do conjunto de coletivos em luta pelos direitos do trabalho.

Formar essa consciência de classe, desde crianças, nos(nas) filhos(as) dos trabalhadores é uma das funções da docência, como profissionais do conhecimento. Chegam à escola socializados na identidade de membros de família trabalhadora e os saberes dos currículos podem destruir essa identidade ou reforçá-la.

Não é um papel ideológico, mas profissional, trabalhar os saberes das lutas históricas pelos direitos do trabalho. Se reconhecemos que essa história tem sido tão determinante para entender-nos como docentes, demos esse direito a entender-se aos educandos como partícipes das lutas de seus coletivos trabalhadores, de todo trabalhador, dos jovens, das mulheres, dos coletivos negros, do campo. Que conheçam a especificidade de cada um desses sujeitos em sua diversidade nas lutas pelo trabalho. Que aprofundem como o nosso padrão de trabalho sexista, racista, que segrega as mulheres, os negros(as), os jovens dos campos e periferias. Trabalhar essas questões poderá reforçar suas identidades.

Os direitos do trabalho, de acesso e permanência, de salários, de postos não são iguais, mas reproduzem as segregações históricas de gênero, raça, orientação sexual, idade, moradia... Há um acúmulo de estudos e de conhecimentos sobre esses padrões injustos de trabalho. As crianças e os adolescentes, os jovens e adultos das escolas têm direito ao acesso sistematizado a esses conhecimentos. Por que não têm vez nos currículos? Aprender-se trabalhadores em padrões racistas, sexistas de trabalho faz parte do direito ao conhecimento.

Os direitos da cidadania aprendidos nos direitos do trabalho[6]

A história do aprendizado dos direitos do trabalho está na origem do aprendizado dos direitos da cidadania. No campo da educação tem sido familiar vincular educação com cidadania, mas esquecemos que o direito à cidadania e à educação se aprende nas lutas pelos direitos do trabalho. O trabalho não é princípio educativo apenas porque nos produzimos nos processos de produzir, porque nos humanizamos ao trabalhar, mas porque nas lutas pelo trabalho, pelos direitos e saberes do trabalho de que a classe operária é o sujeito histórico, aprendemos os direitos e saberes da cidadania, da condição de sujeitos políticos. Sujeitos de direitos.

Na educação predomina a visão de que a função da escola, da educação é preparar para a cidadania. Esquecidos os vínculos históricos entre cidadania e trabalho terminamos reduzindo a função social da educação e da escola. Essa função será mais rica se recuperarmos as estreitas e históricas relações entre direitos – trabalho – cidadania – educação. Se a inclusão cidadã se deu pelo avanço dos direitos do trabalho a exclusão-segregação cidadão tem se dado pela negação do direito ao trabalho.

A manutenção de milhões na permanente condição de subcidadania não tem se dado apenas nem principalmente pela negação do direito à escola, mas pela negação do direito ao trabalho. Subcidadania e subtrabalho têm caminhado juntos em nossa perversa história de segregações.

Às escolas públicas vão chegando os filhos, as filhas, crianças e adultos desses coletivos mantidos na subcidadania porque mantidos em subtrabalhos, no trabalho informal, na sobrevivência desde a infância sem direito aos direitos do trabalho. Consequentemente sem os direitos da cidadania. A segregação cidadã continua sendo feita por via da segregação, precarização do trabalho.

Nas últimas décadas produzimos um acúmulo de análises sobre a relação entre educação e cidadania, porém há uma grave lacuna de análises sobre as relações históricas que mantém a reprodução da subcidadania pela manutenção de milhões no subtrabalho. Como faltam análises sobre os avanços dos direitos da cidadania colados aos avanços dos direitos do trabalho! A inclusão cidadã, política, por direito acontecerá ou não se avançarmos na inclusão no trabalho e nos direitos do trabalhador.

---

6. Cf. SOUSA SANTOS, B. *A gramática do tempo para uma nova cultura política.* São Paulo: Cortez, 2006, cap. 11: "A descoberta democrática do trabalho e do sindicalismo".

Os adultos e jovens da EJA que se debatem pelos direitos do trabalho e até os adolescentes e crianças atolados nas formas mais precarizadas de trabalho e de subcidadania têm direito aos conhecimentos dessas relações tão estreitas entre trabalho, cidadania, não trabalho, subcidadania, entre os avanços e retrocessos e entre o aprendizado da garantia ou da negação dos direitos do trabalho e dos direitos da cidadania. Haverá lugar nos currículos para conhecimentos tão determinantes de sua condição social, racial, do campo e das periferias?

Os percursos escolares desde seus começos poderiam ser uma rica experiência de conhecimento e de incentivo e reforço às lutas pela vida digna, pelo trabalho que com certeza lhes acompanharão durante toda sua existência. Uma rica experiência que torne possível o direito à cidadania pela educação entendendo os estreitos vínculos entre esses direitos e o direito primeiro à vida, ao trabalho.

Que ao menos na escola aprendam que será difícil garantir o direito à educação e à cidadania sem avançar em seus direitos ao trabalho digno, justo. Se nos currículos escolares aprenderem essas verdades o direito à educação e à cidadania estará ajudando a descobrir seus direitos ao trabalho; a somar com tantas lutas pelo direito ao viver digno e justo.

Quando os educandos são reduzidos a empregáveis a docência transforma-se em treinamento

O conhecimento nos liberta.

José Marti

Quando nosso olhar descobre a centralidade do trabalho nas nossas vidas de educadores-docentes e nas vivências dos educandos se impõe avançar para outra indagação: Como são pensados os educandos em relação ao trabalho? E como é pensado nosso trabalho?

Vínhamos destacando que o trabalho está ausente nos currículos, inclusive os saberes do trabalho dos docentes e dos estudantes. Poderíamos inverter essa hipótese e reconhecer que as crianças e adolescentes, os jovens e adultos filhos(as) de trabalhadores tão cedo e no futuro destinados ao trabalho estão presentes nos currículos.

No texto "Educadores e educandos: seus direitos e o currículo" (MEC, 2008. *Indagações sobre o currículo*), levantamos a hipótese de que o ordenamento curricular não representa apenas uma determinada visão do conhecimento, mas representa também e, sobretudo, uma determinada visão dos alunos. Os educandos nunca foram esquecidos nas propostas curriculares, a questão é com que olhar foram e são vistos.

Neste texto, sugiro a necessidade de analisar e repensar como relacionamos estudo, percurso escolar e trabalho. Mais especificamente aprofundar as consequências de ver os estudantes como empregáveis a que reduzimos a docência e os currículos. Como esse reducionismo empobrece o direito nosso e dos educandos ao conhecimento!

O que projetamos para os(as) alunos(as) no futuro

Se o currículo representa uma determinada visão dos alunos, desse olhar dependerá a lógica estruturante do ordenamento curricular. O que projetamos para os alunos no futuro e como os vemos no presente tem sido a motivação mais determinante na organização dos saberes escolares. O currículo parte de protótipos de alunos, estrutura-se em função desses protótipos e os reproduz e legitima.

Quando em oficinas e debates pretendemos indagar como os currículos ignoram ou incorporam o trabalho, se reconhecem os docentes como trabalhadores, teremos de partir de uma questão prévia: Como os currículos veem os educandos e como os vemos quando ensinamos ou elaboramos material e propostas curriculares? É fácil constatar que os pensamos em relação ao emprego, mais do que à cidadania. Pensamo-nos empregáveis ou capacitandos para candidatos ao emprego escasso, disputado, exigente. Para a empregabilidade.

No mesmo texto, "Educadores e educandos: seus direitos e o currículo", ponderava que essa é uma das imagens mais reducionistas dos educandos e dos currículos. Visão que a Lei 5.692/91 legitimou e impôs, marcando as décadas de 1980-1990 e ainda não superada nas políticas curriculares, no material didático e na cultura de tantas escolas. As reorientações curriculares ainda estão motivadas "pelas novas exigências que o mundo do mercado impõe para os jovens que nele ingressarão". Os currículos por competências e as avaliações por resultados estão pautados pelas demandas do mercado de emprego. O próprio termo trabalho é reduzido a emprego e a empregabilidade.

O trabalho ou o destino inexorável dos educandos populares para a empregabilidade está na origem, no referente de partida dos currículos de educação fundamental e média e até da EJA. O padrão mínimo de qualidade ou as habilidades mínimas que deverão ser ensinadas e aprendidas têm como referente o lugar que os alunos populares empregáveis no futuro terão de dominar para se candidatar ao mercado escasso, segmentado, seletivo de emprego. Esse atrelamento entre currículos, competências, habilidades supostamente demandadas pelo mercado passam a conformar o que privilegiar, ensinar, avaliar, hierarquizar, esquecer, secundarizar nos currículos.

Passam a definir o que se espera da docência: que seja treinadora eficiente para a empregabilidade dos alunos. Seremos vistos no mesmo olhar com que são vistos os alunos populares: como mercadoria.

O direito ao conhecimento reduzido às competências do mercado

O trabalho, melhor, o mercado de emprego, entra como referente no ordenamento hierárquico, gradeado e precedente dos conteúdos por séries, níveis, disciplinas como referente nas classificações de fracasso e sucesso. O que terão de aprender como habilidades primárias no pré e nos primeiros anos servirá para ter acesso aos empregos mais primários; o que terão de aprender nos últimos anos servirá para ter diploma de ensino fundamental e ter acesso a empregos menos primários, mas ainda precários; o que aprenderão no ensino médio lhes permitirá o acesso a empregos médios, mais qualificados.

Hierarquias do mercado que terminam classificando os alunos e seus professores, carreiras, salários, qualificação, valorização social. Todos submetidos a lógicas e ordenamentos do mercado.

Todos os educandos da Educação Infantil até a EJA são vistos ou reduzidos a empregáveis nas hierarquias mais elementares do mercado segmentado de emprego. Essa visão tão mercadológica e reducionista do trabalho tem marcado o reducionismo a que é relegado o direito ao conhecimento, sobretudo para os filhos(as) dos trabalhadores que sobrevivem em trabalhos informais e para onde os seus filhos parecem predestinados.

A visão dos mundos do trabalho reduzidos à empregabilidade tão determinante dos currículos, do que ensinar-aprender, avaliar, selecionar em cada nível merece tempos de estudo, debates e intervenções dos docentes-educadores. É extremamente preocupante que as políticas curriculares e até as reorientações curriculares sigam esse servilismo ao movimento do mercado. Currículos no movimento do mercado revelam movimentos de marcha a ré, freando o movimento para frente que nas últimas décadas luta por reconhecer cada criança/adolescente, jovem e adulto sujeito de direitos, não mercadoria.

Reconhecer que o currículo é um campo em movimento, em reorientação é um avanço, porém o carro na marcha a ré também está em movimento. As disputas são por direções desse movimento. As políticas de avaliação por competências, por resultados exigidos pela empregabilidade são um lamentável movimento de marcha a ré na história da nossa educação.

Um movimento curricular e avaliativo preocupante. Sobretudo, porque essa visão reducionista, mercantil do trabalho termina sendo o referente para a nossa desvalorização como trabalhadores, profissionais do preparo para a empregabilidade dos educandos.

Valorizados se expertos treinadores

Nessa visão do trabalho, o que resta para nosso trabalho? Como esperar que a nossa afirmação de trabalhadores em educação nos valorize se a visão do trabalho docente é reduzida a sermos treinadores de mão de obra segmentada para o mercado de emprego desprestigiado, de sobrevivência? Um debate posto no movimento docente e na crise de identidade de tantos profissionais da docência.

Nosso destino nunca esteve tão atrelado como trabalhadores à redução do destino dos educandos populares a possíveis empregáveis nos trabalhos mais desqualificados. As imagens desvalorizadas de nosso ofício se refletem nas imagens com que a sociedade, as políticas e os currículos projetam o destino das crianças e adolescentes, jovens e adultos no mercado segmentado de emprego. Esse padrão de trabalho onde os coletivos populares são predestinados é o que há de mais determinante do que ensinar-aprender, avaliar, valorizar ou desvalorizar nos currículos e na docência.

O chamado conhecimento escolar se define fora do escolar em função desses padrões de mercado segregadores, racistas, segmentados, que reduzem o trabalhador a mercadoria descartável. Se esse padrão e as relações sociais de trabalho são tão determinantes dos currículos e da docência, do ordenamento e das estruturas do sistema escolar, a valorização-desvalorização do nosso trabalho e nossa desvalorização como trabalhadores passam a estar atreladas a essa visão. Perde sentido lutar por nossa valorização e prestar-nos a ser treinadores de alunos empregáveis.

A pergunta se impõe: Por que não se dá prioridade ao conhecimento dos mundos do trabalho nos currículos de formação docente e pedagógica e nos currículos de educação básica? Como alunos e como profissionais atrelados a essas lógicas temos todos o direito a entendê-las com profundidade nos currículos.

Podemos constatar nas escolas e entre os seus profissionais uma disputa para trazer os mundos do trabalho para os currículos, para oficinas e projetos de trabalho. Como? Vejamos alguns aspectos que vêm merecendo posturas críticas dos educadores-docentes e dos educandos:

Desmistificando a relação entre competências escolares e empregabilidade

A valorização do trabalho docente não se dará se mantemos a visão mercantilizada do trabalho, o que supõe de nossa parte desmistificar as crenças na relação direta entre o domínio de competências escolares e empregabilidade. Os currículos poderiam ser um espaço dessa desmistificação e deixar de ser um reforço a essa relação. Diante de currículos que continuam reforçando essa visão mercantilizada do trabalho e do aprendizado das habilidades escolares podemos constatar que está avançando o número de escolas e redes, de coletivos docentes que adotam posturas críticas. Como?

Devem-se trazer os mundos do trabalho para a centralidade que têm nas experiências de mestres e alunos. Organizar projetos ou temas de estudo interdisciplinares sobre a história do trabalho, sobre as vivências suas e de parentes, da comunidade, sobre a crise do trabalho, o desemprego, a instabilidade, a precarização do trabalho, as segregações por diferenças de gênero, raça, moradia, campo, periferias, por idade, sobre a exploração do trabalho infantil e adolescente etc.[7]

É importante começar destacando como o trabalho é determinante do viver, da realização pessoal e coletiva, da autoestima. Levantar dados do IBGE, de estudos e de pesquisas, de histórias de vida dos alunos, dos familiares, dos próprios professores; destacar as diferenças de acesso e permanência no emprego, as diferenças, desigualdades de salários, de postos entre gêneros, raças, espaços de moradia, idade; trazer estudos que criticam a relação mecânica entre escolarização e empregabilidade; mostrar que, quanto mais exigente for o mercado de emprego, mais se desvalorizam os níveis de escolarização que antes garantiam alguma empregabilidade, além de envolver os estudantes na pesquisa dessa história.

Sobretudo criticar a visão mercantilizada do trabalho humano, dos trabalhadores e dos saberes e competências para a empregabilidade. Mostrar que essa relação escolarização/empregabilidade oculta os reais determinantes sociais e políticos da pobreza e do desemprego estruturais; oculta mecanismos de apropriação/expropriação do trabalho e da riqueza do trabalho; também oculta relações de classe marcadas pela exploração histórica do trabalho.

Mostrar, com estudos, como a sociedade, a mídia, as empresas e até a cultura político-pedagógica tentam convencer os setores populares e os alunos de que são pobres, biscateiros, desempregados no trabalho informal porque não estudaram, não tiveram o diploma, abandonaram a escola. Esta visão oculta as causas reais do desemprego.

Esse ocultamento das reais determinações e relações sociais de produção, de classe que produzem a pobreza e o desemprego é um dos papéis mais antiéticos dos currículos e de sua propalada função de preparar os pobres para saírem da pobreza e do desemprego. Dizer a um adolescente, jovem ou adulto: "Sua família e você são pobres desempregados porque não são escolarizados" é uma forma antiética e antipedagógica de ocultar verdades já reconhecidas nos estudos mais elementares da sociologia do trabalho. Terá de chegar ao nível superior para garantir seu direito a essas verdades?

Há docentes que avançam em outras direções garantindo aos educandos o direito a conhecimentos tão básicos para entender a sociedade em um dos campos tão determinantes de seu viver, o trabalho. Não temos direito a en-

---

7. Recomendamos a leitura do livro *Educação e crise do trabalho*. 9. ed. Petrópolis: Vozes, 2009 [FRIGOTTO, G. (org.)].

ganá-los com promessas falsas de empregabilidade e de ascensão social pela escolarização elementar, nem média.

Recuperemos a relação entre currículo, docência e verdades do trabalho. Destaquemos alguns processos que já acontecem nas práticas docentes.

Superando a relação entre docência e empregabilidade

Na medida em que estejamos reproduzindo ou tentemos desmistificar a relação entre competências escolares e empregabilidade, estaremos reproduzindo ou desmistificando a relação entre docência e empregabilidade. Se como docentes nos prestamos a reduzir os educandos a mercadoria, a empregáveis, reduzindo os conhecimentos a habilidades para o emprego, estaremos reduzindo nosso trabalho e a própria docência a mercadoria. Seremos tratados como mercadoria nas políticas de salário, de carreira... Estaremos reproduzindo uma das concepções que legitimam a desvalorização de nosso trabalho docente.

Resulta politicamente inconsequente lutar pela valorização dos profissionais do conhecimento se submetemos os alunos a mercadoria e reduzimos nossos ensinamentos a treinar empregáveis. A sociedade e as políticas nos tratam com o mesmo padrão com que tratam e até tratamos os educandos. Se os mercantilizamos seremos mercantilizados nos conhecimentos que lecionamos. Nossa docência transforma-se em treinamento.

Reagimos ao sermos avaliados e classificados como mercadoria, mas consentimos em que os alunos sejam também avaliados e segmentados como mercadorias. Uma postura política inconsequente em nossas lutas pela valorização do trabalho docente.

Reagindo a submeter a docência ao mercado

Pensemos no que essa postura pode representar na luta por nossa autonomia. Quando as reorientações curriculares estão motivadas pelas supostas demandas do mercado, quando o que ensinar-aprender é ditado pelas exigências para uma empregabilidade escassa, perdemos a autonomia para planejar nosso trabalho. Ficamos reféns do mercado. Só nos resta indagar do mercado o que ensinaremos ou não, o que ele valoriza ou rejeita. A que se reduz nossa docência e nossa formação? A ensinar o que avaliações reféns do mercado valorizam. A seguir apostilas que os gestores compram da indústria privada do ensino.

Por aí nossas autorias ficam podadas. Vínhamos avançando nas capacidades de inventar, de elaborar projetos político-pedagógicos orientados por outros projetos de sociedade, de direitos à cidadania, à igualdade e à justiça. Orientados por direitos a uma vida mais digna; para visões que o mercado como referente desvaloriza. Os projetos político-pedagógicos devem ser esquecidos? Engavetados porque o mercado e a empregabilidade ditam nosso trabalho profissional? Venderemos nossa realização profissional, nossa autoria aos ditames do mercado?

Quando os horizontes de nossa autoria como profissionais das escolas se alargam, como vinha acontecendo, o clima de trabalho se alarga com projetos, criatividade e autorrealização. Quando os horizontes de nossa autoria se fecham e são controlados por avaliações estaduais ou nacionais que impõem habilidades pragmatistas, utilitaristas, por resultados matematizáveis, contábeis, o clima de trabalho nas escolas e salas de aula se estreita.

O desânimo, o absenteísmo, as indisciplinas, as tensas relações entre mestres e alunos tornam o trabalho docente insuportável. Até as possibilidades de reação ficam estreitas, controladas. O controle e o estreitamento de nossas autorias profissionais são apenas uma exigência da fidelidade dos currículos e das políticas aos ditames do mercado.

O alargamento de nossas autorias profissionais depende de nossa capacidade de resistir a esses controles e de inventar projetos centrados na garantia do direito dos educandos ao conhecimento, à cultura. Aos saberes do trabalho.

Conhecimento desvalorizado, docência desvalorizada

Ao proclamar-nos trabalhadores em educação, profissionais do conhecimento, atrelamos a valorização de nosso trabalho à suposta valorização do conhecimento. Ideal que proclamamos em tantas marchas em defesa da educação como direito, da cidadania, do conhecimento acumulado como direito. Horizontes alargados para a função social da escola e do nosso trabalho. Para a conformação de ricas identidades docentes. Acreditamos que o conhecimento liberta.

Na medida em que a reação conservadora despreza o conhecimento, o pensar, o direito a pensar e ao conhecimento acumulado, produzido e nos obriga a ensinar habilidades úteis, pragmáticas para as demandas do mercado, redefine nossas identidades profissionais, não mais atreladas à garantia do direito ao conhecimento. Quando o conhecimento é secundarizado, desvalorizado a consequência será nossa desvalorização como profissionais do conhecimento. Deixamos de ser instigados pelo conhecimento, por sua rica dinâmica. Nossa formação se empobrece. Em vez de libertos pelo conhecimento viramos escravos das demandas do mercado.

O mercado é pouco exigente em relação aos conhecimentos de seus empregados e dos mestres de seus empregáveis. O que valoriza não é o pensar, mas o fazer eficiente e lucrativo para o mercado. Quanto o trabalhador menos souber, mais controlável e mais desvalorizado será. Quanto mais conhecimento mais livre.

É significativo que sejam cortadas práticas conquistadas pelos docentes à procura de novos conhecimentos, de ampliar sua formação em dias de estudo e em tempos de atividades pagos, de superar a condição de aulistas, de fazer cursos de graduação, especialização, pós-graduação... Conquistas que vinham conformando um profissional do conhecimento na educação básica. O pragmatismo das avaliações por resultados úteis está cortando essas conquistas. Estão destruindo em nós o profissional do conhecimento por que lutamos.

Estamos em um momento extremamente delicado. De um lado se exalta a sociedade do conhecimento, das ciências e de seu papel determinante acelerador da produção da riqueza. Mas de outro lado se expatria o conhecimento e as ciências da educação básica, reduzindo os aprendizados ao domínio de competências úteis, elementaríssimas. Esse expatriar os conhecimentos das escolas leva à destruição das identidades docentes como profissionais do conhecimento.

Pela reconquista política do direito aos saberes do trabalho

Destacamos que o referente do mercado tem tanto peso no ordenamento curricular que reduz a visão dos educandos à condição de empregáveis, o que tem levado ao empobrecimento dos saberes do trabalho. A questão que nos desafia é se é possível dar outro valor ao trabalho, retomar em outros tratos a relação educação-docência-currículo e direito aos saberes do trabalho. Qual será o ponto de partida?

Assumir o que as epígrafes destacam: o trabalho é um processo que permeia o ser humano e constitui a sua especificidade. Nos humanizamos ao longo da história pelo trabalho. Toda história da nossa produção como humanos passa pelo trabalho.

Reconhecer que o direito ao trabalho é inerente à condição humana, não apenas como necessidade para viver, mas como o princípio educativo e como a matriz formadora de nossa humanização; aproxima-nos do trabalho com uma visão pedagógica. Um ponto de partida mais radical para indagar os currículos do que a empregabilidade. Incorporar o trabalho e os saberes do trabalho no currículo poderá significar garantir aos mestres e educandos o direito a saber-se sujeitos desses direitos. Quando o trabalho e os saberes do trabalho são reconhecidos como direito adquirem uma outra densidade ético-política e pedagógica.

Como trabalhar essas dimensões com as crianças e os adolescentes, com os jovens e adultos? Um processo didático rico e atraente será retomar a história de lutas pelo direito ao trabalho e aos saberes do trabalho, de lutas pelo domínio dos conhecimentos, das ciências e tecnologias que a redução à condição de mercadoria lhes nega. O movimento operário vem lutando por mais de um século pelo controle do trabalho e da produção, também através do domínio das ciências e das tecnologias, dos processos de produção de que participa, pelo seu controle e pela autonomia intelectual e política do trabalhador.

Podemos partir das vivências do trabalho dos educandos e, sobretudo, dos educadores, trabalhadores em educação. A centralidade dada à identidade de trabalhadores no movimento docente fez com que adquirissem maior centralidade não apenas as condições, mas as relações de trabalho, o direito aos saberes e a tempos de formação, a compreensão das dimensões políticas, culturais, humanizadoras e desumanizadoras do trabalho docente. Saberes aprendidos nas lutas pelo trabalho.

Podem ser organizadas oficinas e projetos pedagógicos a fim de aprofundar esses significados formadores ou deformadores do trabalho. Se os currículos se afirmam espaço do conhecimento produzido, os saberes sobre o trabalho não podem faltar. Esse conhecimento disputa uma presença legítima, como direito. Destacar o direito dos trabalhadores, crianças, adolescentes, jovens, filhos(as) de trabalhadores(as), futuros trabalhadores(as) aos saberes do trabalho não apenas às competências para o trabalho.

O *preparar para* tem merecido mais destaque nos currículos do que *o saber sobre*. Até nos currículos de formação docente tem mais destaque o domínio do que e como ensinar do que conhecer os mundos da docência, da organização do trabalho docente, da história de suas lutas por saberes e direitos. Por que não dar o devido destaque aos estudos sobre a condição e o trabalho docente?[8] Dominar os saberes sobre o trabalho é a melhor forma de preparar para o trabalho.

Não apenas os docentes, mas também os educandos estão inseridos em uma diversidade de situações de trabalho. Podem ser organizados estudos sobre que saberes são produzidos nessas vivências do trabalho que têm desde crianças. Essa direção nos distancia da ênfase em apenas preparar para o

---

8. ARROYO, M. Condição docente, trabalho e formação. In: SOUZA, J.V.A. (org.). *Formação de professores para a Educação Básica* – Dez anos da LDB. Belo Horizonte: Autêntica, 2007.

emprego e nos leva ao trabalho como experiência de produção-aprendizado de saberes. Situar a relação educação-trabalho aí nos distancia da visão comum que supõe que o saber docente ou o saber do futuro trabalhador deva ser adquirido antes da docência e do trabalho.

Destacar que há uma produção de saberes do próprio trabalho nos obriga a auscultar e captar esses saberes e incluí-los nos currículos. Preparar os docentes e educandos para fazer esse exercício de entender e se enriquecer com os saberes das situações de trabalho que vivem e viverão. Um papel que cabe aos cursos de formação de educadores e docentes.

PARTE III

Os sujeitos sociais e suas experiências se afirmam no território do conhecimento

As experiências sociais disputam a vez no conhecimento

> *Toda experiência social produz e reproduz conhecimento e, ao fazê-lo, pressupõe uma ou várias epistemologias.*
>
> Boaventura de Sousa Santos e Maria Paula Meneses

Vimos que há uma disputa para que os saberes da docência sejam reconhecidos. Cresce o número de escolas e de coletivos docentes que se empenham em processos diversos de inovação do seu trabalho, que conseguem um clima de aprendizagens coletivas incorporando os alunos e seus saberes.

A motivação é simples: trazer as vivências de educandos e educadores, e suas experiências sociais como objeto de pesquisa, de atenção, de análise e de indagação. Os conceitos abstratos aparecem distantes das vivências concretas, se tornam estranhos, sem motivação. Logo criar estratégias para trazer aos processos de aprendizagem as vivências pessoais e as experiências sociais tão instigantes na dinâmica política, cultural, que interrogam seu pensar e seu viver.

Diante dessa riqueza, os professores(as) se perguntam por que não pôr em diálogo essas vivências e indagações com as indagações históricas que provocaram a produção do saber sistematizado nos currículos, nas áreas de nossa docência. Nos diálogos com os coletivos docentes afloram essas indagações e aparece uma pluralidade de projetos que se propõem articular as experiências sociais que envolvem alunos e mestres e seus coletivos com os conhecimentos acumulados produzidos também em experiências sociais.

Questões instigantes estão postas nessas tentativas: Qual a relação entre experiência social e conhecimento? Os currículos e as áreas reconhecem essa relação? As didáticas a explicitam ou ignoram? As tentativas dos professores de articular vivências sociais e o conhecimento são reconhecidas ou marginalizadas nos currículos das escolas? Por quê? Tentemos contribuir na reflexão sobre essas questões que ocupam encontros, oficinas, dias de estudo dos professores(as).

Toda experiência social produz conhecimento[9]

Comecemos pela questão de fundo: Qual a relação entre experiência social e conhecimento? O currículo é tratado como se fosse possível a separação entre experiência e conhecimento. A produção do conhecimento é pensada como um processo de distanciamento da experiência, do real vivido. O real pensado seria construído por mentes privilegiadas através de métodos sofisticados, distantes do viver cotidiano, comum. Logo, o conhecer visto como um processo distante do homem e da mulher comuns, do povo comum; distante até do docente que ensina o povo comum.

Todos eles – povo, mestres – são vistos como incapazes da produção do conhecimento porque estão atolados na sobrevivência, no real vivido. Consequentemente, serão apenas capazes de produzir o saber da experiência comum, do senso comum.

Quando os docentes trazem as experiências sociais para os processos de ensino-aprendizagem se contrapõem a essa separação entre experiência e conhecimento.

Essa polarização entre conhecimento e experiência passou a operar como padrão de hierarquização de saberes e, sobretudo, de experiências e de coletivos sociais e profissionais. Nessa hierarquia se supõe que os coletivos superiores produzem experiências e conhecimentos nobres, enquanto os coletivos tidos como inferiores, atolados nas vivências comuns do trabalho e da sobrevivência produzem saberes comuns. Se supõe que os trabalhadores do ensino elementar ao lidar com o povo comum, com experiências do viver comum, produzem saberes elementares, saberes da prática comum, docentes da escola elementar, do saber elementar.

Os únicos reconhecidos como capazes de produzir teoria pedagógica e conhecimentos válidos são pequenos coletivos distantes da prática cotidiana.

Há gestores dos órgãos de planejamento e até de formação de políticas de formação que participam dessa visão. As concepções de conhecimento e de currículo com que somos formados como profissionais do ensino estão impregnadas dessas dicotomias hierarquizantes e segregadoras de experiências, de conhecimentos e dos coletivos humanos e profissionais. Como superar essas concepções bipolares, hierarquizantes e segregadoras?

---

9. Cf. uma densa reflexão sobre toda experiência social produz e reproduz conhecimento em SOUSA SANTOS, B. & MENESES, M.P. (orgs.). *Epistemologias do Sul*. São Paulo: Cortez, 2010.

Reconhecer e enfatizar a relação estreita entre experiência e conhecimento ou reconhecer que todo conhecimento tem sua origem na experiência social, como lembrávamos, não é apenas uma questão epistemológica a ser estudada nas teorias da produção do conhecimento. É um pré-requisito para entender por que as vivências dos educandos e dos educadores, as experiências das lutas, do trabalho e da condição docente são desprestigiadas e ignoradas, não apenas nos currículos, mas também nas políticas de valorização profissional.

Boaventura de Sousa Santos nos adverte que a injustiça social assenta na injustiça cognitiva. A luta contra a injustiça cognitiva nos leva para além da distribuição mais equitativa do saber científico e reconhecer que toda experiência produz conhecimento. Que todos os conhecimentos sustentam práticas e constituem sujeitos[10].

Quando as experiências sociais são ignoradas se ignora o trabalho humano, a experiência mais determinante do conhecimento. Enquanto as experiências sociais, humanas, de vida e trabalho não forem reconhecidas como conformantes do conhecimento, das ciências e dos saberes e dos processos de ensino-aprendizagem não serão reconhecidas e valorizadas as experiências sociais, humanas, de luta, de trabalho e de vida dos profissionais do conhecimento e dos seus aprendizes.

Estratégias de reconhecimento

Reconhecer que *todo* conhecimento é uma produção social, produzido em experiências sociais e que *toda* experiência social produz conhecimento pode nos levar a estratégias de reconhecimento. Superar visões distanciadas, segregadoras de experiências, de conhecimentos e de coletivos humanos e profissionais. Reconhecer que há uma pluralidade e diversidade e não uma hierarquia de experiências humanas e de coletivos, que essa diversidade de experiências é uma riqueza porque produzem uma rica diversidade de conhecimentos e de formas de pensar o real e de pensar-nos como humanos.

Tocamos na hierarquização das diversidades tão persistentes na relação política de dominação que configura nossa formação social. Essa tensão chega aos currículos pressionados para reconhecer a diversidade de experiências e de conhecimentos e a diversidade de sujeitos que chegam às escolas, carregando suas experiências e seus conhecimentos.

---

10. SOUSA SANTOS, B. *A gramática do tempo* – Para uma nova cultura política. São Paulo: Cortez, 2008, p. 157-158.

Com essa visão plural poderíamos organizar oficinas, dias de estudo para repensar os currículos. Criar estratégias que valorizem as experiências dos mestres e educandos, dos coletivos de origem, que não as ignorem; que os currículos, o material didático, as disciplinas que ensinamos incorporem as experiências sociais; que não selecionem, valorizem umas e rejeitem outras. Que experiências sociais, políticas, culturais, de que coletivos são ignoradas ou reconhecidas como produtoras de conhecimento?

Esses questionamentos e estratégias já estão presentes nas escolas, nas reuniões, nas oficinas e encontros dos seus profissionais. Tudo que toca na produção do conhecimento, de sua seleção ou segregação toca de perto os docentes, profissionais do conhecimento. Os docentes são pressionados a sair das grades curriculares e dos quintais de suas disciplinas e abrir-se à pluralidade de experiências, de indagações e de conhecimentos que elas carregam para incorporá-las.

Os currículos desperdiçam as experiências sociais

Tem sido fácil essa incorporação? Onde se dão as resistências?

Essas tentativas de abertura e de incorporação implicam repensar alguns dos avanços mais significativos feitos no campo do currículo e da docência. Avançamos em ver o currículo como o campo do conhecimento por excelência e em ver o docente como o profissional dos conteúdos curriculares, um grande avanço na identidade profissional. Reconhecemos que o importante de um desenho curricular ou de uma aula é que sejam ricos em conhecimentos, o que supõe dar centralidade ao ensino e aprendizagem de concepções, noções, teorias, leis, fórmulas, porém ainda distantes e descoladas das experiências sociais, das vivências dos educandos e dos próprios docentes.

Podemos constatar uma tendência: os desenhos curriculares e o material didático avançaram na incorporação dos saberes científicos, tecnológicos. Há maior densidade de conhecimentos, exige-se maior domínio de noções, concepções, teorias, leis. Entretanto, esses avanços vêm significando menor densidade de experiências sociais nos currículos, nas lições e avaliações de educação básica e de formação docente.

Constatamos que essa densidade teórica padece de um vazio por não ter avançado tanto no reconhecimento da base de todo saber, a experiência social. Uma das constatações mais destacadas nos encontros docentes, nos dias de estudo e nas oficinas sobre o currículo é que nele não são valorizadas as experiências sociais. Não apenas são ignoradas as experiências do trabalho docente que é necessário incorporar como é urgente trazer para os currículos mais experiências dos educandos e de seus coletivos de origem. Trazer as tensões postas na sociedade.

Nas diretrizes e reorientações curriculares falta sociedade, falta dinâmica social, faltam as tensas experiências sociais que nos cercam, que invadem as escolas nas vidas das crianças e dos adolescentes, dos jovens e adultos, dos próprios docentes. Por que tantas diretrizes, reorientações curriculares ignoram que existe tanta vida lá fora e continuam nos lembrando que sua legitimidade vem dos ordenamentos legais? Por que perdura esse estilo das páginas iniciais lembrar de leis, pareceres, resoluções, normas e não partem das tensões sociais que interrogam a sociedade, o Estado, suas instituições, os currículos?

Seria mais político buscar legitimidade na dinâmica social, no avanço das lutas por direitos em vez de recorrer a corpos normativos por vezes tão distantes dessas lutas por direitos concretos, de sujeitos concretos. A resposta pode nos levar a entender a distância entre dinâmica social, experiências sociais e conhecimentos, políticas, diretrizes, normas.

No cotidiano docente, nas salas de aula, experimentamos que os conhecimentos, as normas e diretrizes descolados das experiências sociais que os produzem se tornam abstratos, distantes e desinteressantes. É desafiante perguntar-nos por que essa desvalorização das experiências sociais dos educandos. Quais as consequências de ignorar a tensa dinâmica social.

Sintetizo alguns dos pontos destacados em uma oficina em que professores(as) aprofundaram essas questões sobre os conhecimentos sistematizados, pobres em experiências sociais.

Conhecimentos pobres em significados sociais

Os participantes coincidem em que os desenhos curriculares e o material didático têm ficado pobres em experiências sociais não apenas dos próprios mestres e educandos, mas dos contextos e das tensões sociais, políticas, econômicas e culturais em que foram produzidos, selecionados e legitimados como teorias e concepções científicas e tecnológicas. Quando os currículos são pobres em experiências sociais seus conhecimentos se tornam pobres em significados sociais, políticos, econômicos e culturais para a sociedade.

Sobretudo se tornam pobres de significados para os profissionais que os ensinam e para as crianças e adolescentes, jovens ou adultos que são obrigados a aprendê-los. Difícil encontrar significados atraentes em noções, leis e conceitos formulados sem referência a experiências sociais e culturais significativas.

Poderíamos levantar a hipótese de que os conhecimentos curriculares descolados das experiências sociais terminam sendo pobres até em conhecimentos porque desperdiçam experiências. Se assumimos como princípio epistemológico que toda experiência social produz conhecimento e que todo conhecimento é produto de experiências sociais teremos de aceitar que a diversidade de experiências humanas é a fonte mais rica da diversidade de conhecimentos. Temos de reconhecer que desperdiçar experiências, inclusive de alunos e mestres, é desperdiçar conhecimentos. Quando os currículos, o material didático ou nossas lições desperdiçam ou ignoram as experiências sociais se tornam pobres em experiências e pobres em conhecimentos e em significados.

Conhecimentos pobres em motivação

A preocupação dos(das) professores(as) é com o desinteresse dos(das) alunos(as) pelos conhecimentos, o que suscita a questão: Essa pobreza não levará ao desinteresse por sua aprendizagem e até por seu ensino? Não podemos ver aí uma das causas mais sérias do mal-estar docente e discente? Inclusive uma das causas dos baixos desempenhos nas avaliações escolares e nacionais. Que interesse podem ter crianças e adolescentes, jovens ou adultos de ouvir e aprender noções, conceitos, leis pobres em significados porque são pobres em experiências sociais, culturais, humanas que os tocam tão de perto?

A consciência dessas tensões entre experiência-conhecimento avança nas escolas e nos coletivos docentes. Nas oficinas, tão frequentes nos dias de formação, são levados projetos que tentam tornar os currículos, o material didático e as lições nas salas de aula mais ricas em experiências, que deem significados e compreensão aos conhecimentos. Passou a ser aceito reconhecer que os alunos levam à escola saberes da vida, até aproveitá-los como motivação para os saberes das disciplinas.

Será motivador avançar nesse reconhecimento, porém o princípio de que todo conhecimento é uma produção social, que toda experiência social produz conhecimento, que não há conhecimento não produzido, selecionado, legitimado, fora da experiência social, obriga-nos a ir mais longe e repensar os conhecimentos das disciplinas.

O conhecimento sistematizado enraizado nas indagações humanas

Sem dúvida, tem sido um avanço reconhecer que as noções elementares de letramento, de contas, de ciências, de espaço ou de tempo que os alunos levam às salas de aula tem relação com suas vivências e experiências do tempo, do espaço, das contas, das ciências ou das letras. Avanços, mas tímidos.

Será necessário ir além, reconhecer que também os conhecimentos válidos, científicos, legitimados nos currículos, nas disciplinas têm como origem experiências sociais, políticas, econômicas e culturais. Se dá pouca centralidade a mostrar aos educandos que nesse atrelamento com essas experiências foram produzidos, legitimados e validados como o conhecimento válido sistematizado nos currículos. Dessas experiências sociais recebem os significados sociais, políticos, culturais e pedagógicos ou didáticos.

O significado dos conhecimentos não vem apenas nem principalmente de sua aplicabilidade para a vida, mas de estar enraizados nas experiências e nas mais radicais indagações da condição humana. O conhecimento tem sentido quando tenta responder, interpretar essas indagações mais radicais do ser humano vivenciadas por mestres e educandos.

O direito ao conhecimento não se reduz a aprender habilidades, capacidades aplicáveis na diversidade de situações sociais, uma visão pragmatista do aprender. O direito ao conhecimento implica partir das indagações mais desestabilizadoras do viver com as crianças-adolescentes que já se defrontam e explicitam seus significados.

O direito a conhecer essa história

Esse incondicional atrelamento entre experiências sociais, conhecimentos e significados faz parte da história da produção, reprodução, validação do conhecimento acumulado. Essa história é um conhecimento devido a ser ensinado, mostrado às novas gerações. Negar esse histórico atrelamento entre cada conhecimento em cada área, teoria e concepção, validação ou significação e as radicais indagações humanas que vêm das experiências sociais, políticas, econômicas e culturais será negar o direito ao conhecimento.

Avançamos no conhecimento de que esse direito dos mestres e educandos a saber essa história não é incorporado nos currículos. É negado. Recuperar essa história como parte dos currículos e como função da docência será uma forma de garantir o direito a seus conhecimentos pelos educandos e pelos mestres.

Consequentemente, o reconhecimento de que todo conhecimento tem origem na experiência social é mais do que uma questão epistemológica, é uma questão política e pedagógica. Um direito de todo profissional de seu ensino e de todo educando a conhecer essas estreitas relações históricas. Até aí não chegam os desenhos curriculares, nem o material, nem as didáticas. Alguns projetos de coletivos docentes apontam nessa direção e com bastante ousadia.

Como avançar na garantia desse direito

Coletivos de docentes passaram a ter como prática explicitar a história de cada conhecimento social, científico, que ensinam. Mostrar aos educandos como as diversas ciências foram inventando, descobrindo novas leis, concepções, novos modos de pesquisar e conhecer a realidade; novas teorias. Há uma dinâmica social interna a cada ciência a ser conhecida, inclusive para melhor entender cada lei, conceito ou teoria. Essa história social, política e cultural de cada ciência, de cada avanço vai ocupando maior espaço nos projetos e lições dos mestres do que nos currículos e no material didático.

Outros coletivos vão além explicitando os *interesses* sociais, políticos, econômicos e culturais que dão significado à história das ciências. Esta não se deu, nem se dá imune à dinâmica social, às tensões de interesses de classe, de dominação, subordinação entre os coletivos diferentes em classe, gênero, etnia, raça, campo. Interesses condicionantes não apenas de seu uso, sua apropriação ou socialização, mas de sua produção, validação como conhecimento científico. Inclusive de sua incorporação nos currículos e de sua exigência do domínio nas avaliações.

Os currículos, seu ordenamento, a hierarquização dos conhecimentos fazem parte de relações, experiências, interesses e tensões sociais. É ingênuo pensar que são neutros ou apenas uma transposição e um produto escolar. Os docentes e os alunos têm direito a conhecer as tensões que levaram a essa sistematização dos conhecimentos que precisam aprender.

Por que uns conhecimentos são reconhecidos nos currículos e nas avaliações e outros não? Interesses sociais, políticos, econômicos, culturais entram em jogo desde a produção, validação, seleção, ensino e avaliação. Conhecer esse complexo jogo de interesses é um direito de quem ensina e de quem aprende e é avaliado. É um dever que esse jogo ocupe um lugar de destaque nos desenhos curriculares e no material didático.

Nesse jogo entendemos que as experiências de trabalho dos professores e os saberes da docência e dos setores populares continuem tão desprestigiados. O avanço do desprestígio do magistério não é um problema de incompreensão do governante de plantão, mas é parte desse jogo de interesses que valoriza uns conhecimentos e desprestigia outros, uns profissionais ou outros.

Nas reações a essa história o próprio campo do conhecimento e do currículo tem de ser um território de disputa, dos profissionais que o ensinam e dos educandos que o aprendem. O currículo, portanto, é território de disputa dos sujeitos da ação educativa.

Reconhecer os avanços para ir além

Há avanços no reconhecimento das estreitas e tensas relações entre experiências sociais e conhecimento. Destacamos que cada vez mais as docentes tentam explicitar essas relações na história de cada ciência, de cada conceito, teoria ou lei. Entretanto, ainda o direito ao conhecimento é reduzido ao ensino e à aprendizagem das ciências, teorias, concepções, do real pensado selecionado e organizado "cientificamente".

Pode-se reconhecer seus vínculos com as experiências sociais, porém estas não são ainda reconhecidas como objeto do direito ao conhecimento. Apenas como motivações didáticas para o estudo dos temas do currículo, das disciplinas. Para atrair a atenção dos alunos.

Conhecer o real vivido, a pluralidade de experiências e formas de viver não é preocupação central ao longo do percurso escolar. A criança que chega à escola dominará habilidades de letramento, noções elementares de matemática e de ciências, o que é um direito, porém ignorará os significados de suas formas de viver, de morar, de ter ou não alimentação, proteção, de experimentar espaços e relacionamentos humanos ou inumanos. Preocupar-nos com suas experiências de números, de pré-letramento é pouco se suas experiências sociais mais determinantes são ignoradas.

Há professores que vão além. Reconhecer que o direito ao conhecimento socialmente produzido não se esgota no conhecimento escolar, que no processo de transposição deixa de fora os conhecimentos mais instigantes vindos das experiências humanas mais radicais vividas pelos educandos desde a infância.

A riqueza de experiências sociais que os(as) educandos(as) e seus(suas) profes-sores(as) levam para as escolas pressionam por uma visão mais ampliada dos conhecimentos e da função dos currículos e da docência para garantir o direito ampliado ao conhecimento e aos múltiplos e complexos significados de suas experiências tão humanas e desumanas.

O direito a conhecer as experiências sociais e seus significados

A ecologia dos reconhecimentos torna-se mais necessária à medida que aumenta a diversidade social e cultural dos coletivos que lutam pela emancipação social.

Boaventura de Sousa Santos

Destacamos que se toda experiência social produz conhecimento uma das funções do tempo de escola será educar a sensibilidade dos(das) educadores(as) e dos(das) educandos(as) ao longo do percurso de formação para captar e conhecer a rica pluralidade de experiências sociais que tornam dinâmica e tensa a sociedade. Mostrar as relações sociais, políticas, culturais em que essa riqueza de experiências vão conformando nossa história. Em que se enreda a história dos(das) educadores(as) e dos(das) educandos(as) e as experiências individuais e coletivas que marcam suas existências.

Os significados que as ciências, a literatura, as artes, as linguagens trabalham são inseparáveis dessa pluralidade de experiências. O direito ao conhecimento engloba o direito a captar, estar abertos, sensíveis a essas experiências sociais e o direito a entender seus significados, suas múltiplas determinações e consequências para um viver humano digno e justo.

Tornamo-nos pobres. Há um déficit de experiência

Comecemos indagando-nos se os tempos são propícios às tentativas das escolas e dos docentes-educadores a reconhecer as experiências e explorar seus significados.

Vivemos um impasse na sociedade que chega à docência, às escolas e aos currículos. De um lado, na medida em que aumenta a diversidade social e cultural dos coletivos que lutam pela emancipação social somos obrigados ao reconhecimento da diversidade de sujeitos autores de experiências diversas. Tentar sintonizar os saberes escolares com esse movimento será uma forma de enriquecer os currículos e a docência.

Mas de outro lado, como nos adverte Walter Benjamin, a emergência de um mundo a ser dominado pelas tecnologias vai nos privando das relações sociais através das quais as gerações anteriores transmitiam o seu saber às seguintes gerações. Nessas relações sociais a educação, os saberes e os valores, a cultura e a leitura de mundo se traduziam em experiências.

Walter Benjamin nos alerta que caminhamos para um mundo em que mesmo a educação e o conhecimento deixam de se traduzir em experiências, emergindo uma nova pobreza, um déficit de experiência. "Tornamo-nos pobres. Fomos abandonando um pedaço da herança da humanidade após outro" (In: Boaventura de Sousa Santos. *Gramática do tempo*. São Paulo: Cortez, p. 100, nota 3.).

Podemos interpretar os esforços por garantir o direito a conhecer as experiências e seus significados como uma reação ao déficit de experiência que vem de coletivos sociais e docentes. Nas últimas décadas os movimentos sociais afirmam suas experiências coletivas de resistência e de luta por direitos, o fazer docente por sua parte vem avançando na compreensão de que o direito à educação, à cultura, ao conhecimento se traduzem em experiências. Que sua garantia passa pela capacidade de conhecer e valorizar a pluralidade de experiências e de seus significados.

Na maioria de projetos de trabalho e de oficinas que acontecem nas escolas e que os(as) professores(as) levam e socializam nos encontros e seminários, há uma coincidência, partir da diversidade de experiências sociais e explicitar seus ricos significados formadores.

Recebi um resumo de umas oficinas sobre algumas dessas práticas que acontecem nas escolas na tentativa de superar o déficit de experiência. Sintetizo alguns dos pontos destacados nas oficinas.

Ampliar os significados de suas experiências

Há docentes que se propõem que os educandos encontrem como objeto do conhecimento curricular entender-se e ampliar os significados de suas experiências sociais, humanas, de suas relações com o espaço, das vivências dignas ou indignas de seu tempo humano, cultural, de seus processos de socialização. Que suas experiências de classe, etnia, raça, gênero, campo ou periferia sejam incorporadas como objeto dos conhecimentos escolares.

Tentativas tensas, uma vez que os currículos e o material didático carregam um déficit de experiência e têm dificuldade de reconhecer ainda as experiências sociais nem sequer dos educandos e dos educadores como conhecimento devido, sistematizado.

O conjunto de experiências sociais mais radicais, suas e de seus coletivos na cidade ou no campo, na vila ou na rua, no trabalho ou na sobrevivência não são sequer cogitadas como o conhecimento sistematizado a que tem direito. Quando adolescente, jovem ou adulto avançará na garantia do seu direito ao ensino-aprendizagem de conceitos, relações, teorias, leis mais sofisticadas sobre cada disciplina, entretanto suas experiências sociais e de seus coletivos ficarão ainda mais distantes. O percurso escolar nos vai distanciando de nossas experiências e de nossas leituras do real aprendidas nas origens.

Destacamos como alguns coletivos docentes em tempos e atividades paralelas aos currículos passaram a pesquisar com os educandos sobre essas experiências sociais vividas ou sofridas por eles e seus coletivos, sobre suas lutas por transporte, água, posto médico, terra, teto, esporte, vida, e elaboram projetos que as reconhecem como objeto do conhecimento devido. Projetos ainda paralelos até a margem dos desenhos curriculares oficiais, mas que têm o grande mérito de elevar as vivências sociais e seus significados à condição de conhecimento a que os educandos têm direito.

Pôr em diálogo o real vivido e o real pensado

A introdução das experiências na condição de projetos paralelos à margem do núcleo do legítimo conhecimento introduz uma disputa entre o direito a conhecer o real pensado, conceitualizado, teorizado e o direito a entender o real vivido e seus múltiplos e tensos significados.

Por experiência na longa docência sabemos que os desenhos curriculares, o material e as didáticas que os reforçam e, sobretudo, os desempenhos avaliados e esperados de ensino-aprendizagem privilegiam apenas o real pensado, conceitualizado e não reconhecem como legítimos os projetos que partem do real vivenciado e nem buscam uma compressão sistematizada das experiências. Nem sequer de sua compreensão nos saberes das diversas disciplinas curriculares.

Faz mais de uma década que essa disputa está instalada no território dos currículos. A reação cientificista, conceitualista ignora ou tenta enfraquecer todo projeto que reconheça a centralidade das experiências sociais como fonte de conhecimentos devidos aos educadores e educandos. As avaliações nacionais vêm somando com essa reação, ignorando os saberes sobre os significados das experiências sociais e privilegiando domínios e desempenhos de competências quantificáveis, que ignoram o real vivido e pensado por aqueles que são avaliados. Não será essa ignorância do real vivido tão diversificado o que explica a diversidade de resultados das avaliações?

Valorizar as experiências mais radicais

Os projetos que valorizam as experiências sociais ou outros mecanismos pedagógicos e didáticos que somam com a disputa de sua legítima presença nos currículos podem se constituir em formas concretas de superar nossa tradição curricular pobre em experiências e em seus tensos e desconcertantes significados.

As tentativas de tantos(as) professores(as) de trabalhar com as experiências de nossa formação social, de nossos conflitos sociais, étnicos, raciais, dos campos, vilas, favelas e ruas e até os conflitos das próprias escolas e do movimento docente será muito mais desafiante e desestabilizador das teorias disciplinares do que apenas trabalhar, ensinar e avaliar conceitos frios, fórmulas e normas, leis e números reduzidos a desempenhos matematizáveis.

Estamos sugerindo que a pobreza de experiências sociais que caracteriza os currículos e sua persistente substituição por habilidades e competências mensuráveis, descoladas da experiência pode encontrar sua explicação nas desconcertantes indagações e nos desestabilizadores significados que essas tensas experiências carregam na história de nossa formação social, política e cultural. Ignorá-las será mais pacífico para os currículos, seu ensino e suas avaliações.

Inclusive será mais pacífico para os cursos de formação. Currículos de educação básica pobres em experiências sociais terminam empobrecendo os currículos de formação da docência e da pedagogia. Empobrecem a teoria pedagógica e didática. Despolitizam o campo do conhecimento e do direito ao conhecimento.

Trabalhar as indagações mais desestabilizadoras

Um dos méritos dos projetos que trazem as experiências sociais, seus significados e suas desestabilizadoras indagações para os currículos é estar contribuindo para quebrar a paz cientificista e conceitualista das escolas.

A tensão não é tanto entre as formas de trabalhar o conhecimento de maneira disciplinar ou por projetos. As disputas são levadas mais fundo entre conhecimentos descolados das experiências ou significados e indagações desestabilizadoras dessa paz aparente. Ignorar ou silenciar essas indagações será mais cômodo e mais pacífico.

A diversidade de projetos e didáticas que trazem as experiências sociais para o cotidiano escolar são rejeitados pelo núcleo duro disciplinar dos currículos e das avaliações porque quebram, ao menos disputam a exclusividade hegemônica das habilidades e das competências mensuráveis. Uma disputa política.

Voltamos à questão vivenciada na relação mestres-alunos: que capacidade de mobilizar seu interesse terão conceitos e competências esvaziadas dos significados e das indagações sociais que vivenciam em suas tensas experiências geracionais, sociais, étnicas, raciais, de gênero, campo, periferia? Os currículos e seus conhecimentos para serem interessantes e instigantes têm de ser traduzíveis em experiências. Capazes de captar e ressignificar as ricas e cruéis indagações que as crianças e adolescentes, jovens ou adultos populares carregam para as escolas. Se esse processo for bloqueado a mobilização para o ensino-aprendizagem dificilmente será conseguida pelos docentes. Culpá-los é injusto.

Mais sensato será perguntar-nos se a pluralidade de reformas curriculares tem conseguido superar a tradicional pobreza de experiências sociais de nossos currículos. O que têm feito essas reformas e reorientações curriculares para fazer o caminho de volta às experiências e a suas indagações desafiantes e desestabilizadoras que mestres, alunos e seus coletivos levam às escolas?

Priorizar experiências de libertação

As tensões estão postas nas tentativas dos docentes e dos educandos de fazer o caminho de volta às suas vivências cruéis da pobreza, sobrevivência nos limites, de desemprego, de falta de horizontes, até das violências sofridas. Também fazer o caminho de volta às vivências positivas de busca coletiva de horizontes, de lutas pela sobrevivência, por articular trabalho-estudo, de participação desde crianças e adolescentes na sobrevivência da família, nas ações e movimentos coletivos pelo teto, espaço e terra, por saúde, trabalho e vida. Trazer as experiências de luta do movimento docente por direitos e por reconhecimento social.

Tanto as experiências negativas, de opressão, quanto, sobretudo, as experiências positivas de emancipação de que são atores carregam indagações e significados desestabilizadores para os currículos. Reconhecer a pluralidade de lutas, de esforços dos educandos e de seus coletivos e do movimento docente por uma vida mais justa. Que saberes se aprendem nessas ações de libertação?

Se essa disputa está posta, ignorá-la é ingenuidade. Incentivá-la é coerência político-pedagógica. Há sinais de práticas docentes que merecem ser reforçadas e legitimadas para que avance o direito a conhecer as experiências sociais e seus significados libertadores.

Como explorar as experiências; inventar didáticas

As experiências vão ocupando espaços nos projetos pedagógicos, como são trabalhadas?

Privilegiar a "realidade real" (não só pensada), vivida pelos educandos, fazendo que entre nas escolas como objeto de estudo, de conhecimento.

Destacamos que não faltam projetos que trazem as experiências comuns de mestres e alunos, suas tensas vivências do trabalho, de transporte, de gênero, classe, raça, do campo ou periferia, vivências de lutas comuns ou próximas, de ações coletivas, de movimentos sociais. Novas questões nos ocupam: Que aspectos explorar dessas experiências? Como descobrir os conhecimentos e significados que carregam?

Uma das questões com que se defrontam essas iniciativas pedagógicas é: com que didáticas. A realidade e as formas de vivê-la são diversas, carregadas de matizes, sentimentos, percepções e significados. Como mirá-las em um projeto pedagógico de que participam educadores, docentes, educandos em sua diversidade?

Há projetos que começam por pesquisas ou por depoimentos à procura da realidade real vivida. Outros buscam a realidade em noticiários, revistas, reportagens, na produção literária etc. Trazer a realidade vivenciada por educadores e educandos e por suas comunidades e coletivos carrega mais riqueza para o estudo e maior envolvimento dos atores que a vivem. Há projetos que incorporam as experiências mais complexas, até mais desafiantes e interrogantes vividas desde a infância, com que se debatem à procura de seus significados.

Incorporar a realidade virtual

Sem esquecer ou secundarizar, mas dando prioridade a essas experiências vividas, buscar temas de estudo na mídia, noticiários, reportagens, vídeos, jornais pode ser um recurso. Entretanto, não podemos confundir a realidade real com a virtual que pode ser rica em detalhes, fatos impressionistas que terminam desfigurando, ocultando ou selecionando a realidade real.

A realidade virtual tende a ocultar as razões, os significados e até a deslocar as experiências e, sobretudo, os atores tanto aqueles que as vivenciam e padecem como aqueles que as produzem. A realidade virtual usa e abusa de aspectos parciais que em vez de revelar a realidade real tende a torná-la incompreensível. A realidade que nos chega desse mundo midiático, virtual se caracteriza pela escassez analítica e reflexiva, pelo ocultamento das múltiplas determinações sociais, políticas, econômicas e culturais. O persistente real vivido pode ficar desfigurado e ocultado.

As notícias com que somos bombardeados na mídia sobre terremotos, enchentes, deslizamentos de terra, soterramentos, de centenas de casas destruídas, ameaçadas, de centenas, milhares de mortos, desabrigados... passam a imagem de catástrofes naturais, de mortos genéricos, de desabrigados sem rosto, sem cor, sem gênero, sem classe social. Mais ocultam do que revelam o real. Com que didáticas revelá-lo?

Esses fatos podem e devem motivar um diálogo com o conhecimento da produção, ocupação, apropriação-segregação do espaço. Ou sobre estudos das cidades, das políticas urbanas, dos valores de propriedade-apropriação da terra e do espaço. Ou estudos sobre o direito à moradia não reconhecido como direito social, ou motivar estudos sobre a segregação espacial de coletivos sociais, raciais.

Os fatos sociais estão carregados de múltiplos significados e indagações que desafiam o conhecimento sistematizado, porque a compreensão de suas múltiplas determinações e consequências faz parte do direito dos educandos ao conhecimento. Sobretudo daqueles que padecem essas vivências sociais. Se a realidade virtual tende a ocultar as razões, o dever da escola é explicitá-las.

Alguns coletivos trabalham confrontando esse real desfigurado na mídia, nas reportagens, vídeos, com o real vivido pelos mestres, educandos e seus coletivos. Uma forma fecunda de trabalhar as tensões no próprio campo do conhecimento e da visão da realidade. Uma forma de educar os alunos para selecionar notícias, análises sobre a realidade com que se defrontam na pluralidade, até excesso de "realidade", que nos chega na chamada sociedade da informação. O confronto com suas experiências pessoais e coletivas será um mecanismo pedagógico de extrema relevância. Será empobrecedor esquecê-las ou ocultá-las na realidade virtual.

Procurar a realidade na literatura e nas narrativas

Alguns projetos trabalham com a realidade trazida pelo material didático, sobretudo pela literatura, novelas, relatos, crônicas. O realismo social, fantástico, tão presente na literatura latino-americana pode ser uma rica fonte. A pedagogia escolar tão apaixonada pela escrita e pela palavra tende a preferir o real narrado, escrito ao real vivenciado pelos próprios sujeitos da ação educativa.

O prestígio da letra escrita tem levado à secundarização e até à ausência de espaços de manifestação e valorização da realidade experimentada pelos próprios mestres e alunos e seus coletivos. Até o relato escrito, individual, do vivido é mais prestigiado do que o relato falado e matizado em coletivo. Que pouco lugar há para as narrativas orais do vivido nas didáticas escolares.

Um recurso pedagógico vai fazendo presença, a apresentação comentada de vídeos, reportagens, fotografias, filmes sobre a pluralidade de experiências sociais[11].

Procurar a realidade a ser trabalhada no material didático, na literatura ou em relatos escritos e em narrativas orais exige um trabalho cuidadoso que leve em conta a profundidade e riqueza e até qualidade literária e narrativa que ultrapasse relatos superficiais, de lugares comuns, de pobreza analítica e literária. Não podemos esquecer nesses projetos que ao real se chega ultrapassando o realismo vulgar, sensacionalista.

Ao real experimentado se chega dando centralidade e autoria aos sujeitos, sobretudo coletivos que o vivenciam, constroem ou padecem.

O trabalho com o material didático e literário exige todo cuidado pedagógico. Exige contextualização histórica e explicitação de possíveis sexismos, racismos, contravalores a serem trabalhados com os educandos. O mérito literário de uma obra não justifica reproduzir representações sociais inferiorizantes de qualquer grupo social, étnico, racial, de gênero, do campo ou região. O material didático e literário ao ser recomendado à escola ou selecionado pela equipe gestora e docente passa a adquirir uma função educativa sob a responsabilidade dos(das) educadores(as) e dos gestores do sistema educacional em todos os níveis da responsabilidade política.

Tratando-se de crianças e de adolescentes, essa responsabilidade política, gestora e pedagógica passará para que avancem na leitura e interpretação autônoma, consciente e crítica do material didático e literário. Que cresçam como leitores autônomos do real. Passará, sobretudo, pelas contribuições desse material na garantia do direito dos(das) educandos(as) e educadores(as) a conformação de identidades positivas não inferiorizadas por qualquer preconceito social, étnico, racial, de gênero, idade, campo ou região.

Às escolas públicas chegam, ainda que tarde, os filhos e as filhas dos coletivos sociais, étnicos, raciais, das periferias e dos campos sobre os quais pesam, ainda, preconceitos e representações sociais inferiorizantes. Veem na

---

11. Recomendável a coleção A Escola Vai ao Cinema. Belo Horizonte: Autêntica. Coleção com vários volumes sobre temáticas centrais para o trabalho nas salas de aula. Filmes comentados sobre a escola, a infância, a juventude, a diversidade, a questão da terra etc.

escola um lugar de afirmação e de reconhecimento positivo. Nenhum culto a autores ou obras literárias justifica que suas identidades sejam destruídas, inferiorizadas.

Captar a pluralidade de significados

Quanto mais presente se faz na sociedade e nas escolas a diversidade social e cultural dos coletivos que lutam pela emancipação social maiores as pressões pelo direito ao reconhecimento positivo dos significados de suas experiências sociais. Pelo seu reconhecimento como atores sociais.

Se essa tarefa de mirar, de se aproximar e captar a realidade real vivida é central nesses projetos, ainda fica a tarefa que dá sentido aos projetos de trabalho: captar em coletivo a pluralidade de significados, de matizes dessas experiências. Lembremos que por vezes trazer essas experiências para a prática docente se limita a um recurso didático para motivar os alunos para os núcleos considerados centrais do conhecimento curricular.

Essa postura resulta em uma forma enganosa e desrespeitosa de trazer e tratar as experiências e os coletivos, seus autores. Entretanto, todos esses processos de captar o real vivido e as formas de vivenciá-lo dos mestres e educandos e das comunidades é um processo em si de ricos conhecimentos. Estes sem experiências humanas viram conceitos vazios, sem interesse emocional e intelectual.

Buscar em coletivo a pluralidade de significados dessas experiências passa a ser assumido como um exercício de conhecimento porque se parte da postura epistemológica de que toda experiência carrega conhecimentos. O real não é opaco, o tema de estudo não pode ser visto como um mero pretexto para articular os conhecimentos disciplinares do currículo nem como um objeto obscuro a ser iluminado pelas luminosidades que cada disciplina pode aportar. Essa tem sido uma interpretação reducionista, empobrecedora do trabalho com a realidade pesquisada apenas para escolher um tema de estudo.

O real vivido quando reduzido a tema de estudo vira objeto e pode perder a riqueza dos múltiplos significados e das luminosidades que são inerentes às experiências humanas.

Lembro de uma escola de educação fundamental onde constataram que entre os alunos havia uma percentagem alta de desnutrição, alimentação pobre, fome. O tema ou complexo temático a ser estudado em todas as séries seria *a fome*. Contribuições interessantes foram trazidas de cada disciplina sobre dados da fome no mundo, desnutrição, geografia da fome, consequências para a saúde etc. etc. Um estudo riquíssimo, empolgante. Porém, as crianças-adolescentes, sujeitos concretos, famintos, sujeitos da fome, suas vivências, sofrimentos, suas indagações, seus limites de humanização não couberam no complexo temático: fome.

Quando os sujeitos, suas vivências e indagações e os significados formadores se esquecem, o estudo perde em densidade cognitiva e pedagógica; os sujeitos não nos emprestam temas de estudo para logo serem esquecidos. Se suas vivências viram apenas um tema de estudo, aqueles que as vivem caem no esquecimento. Falta-nos privilegiar os sujeitos e seus significados.

O aprender é uma expressão da condição humana à procura dos sentidos, contraditórios, vivos, até dolorosos da experiência humana. O percurso escolar pode ser uma rica oportunidade para encontrar essa pluralidade de sentido no diálogo com a riqueza de conhecimentos sociais. Um diálogo enriquecedor entre a diversidade de conhecimentos.

Os significados pedagógicos desse mergulhar nas experiências vividas à procura de seus sentidos vêm sendo uma das disputas mais esperançadoras da garantia do direito a todo conhecimento em sua rica e plural diversidade.

As experiências sociais têm sujeitos, será necessário mostrá-los. A diversidade de sujeitos dão significados diversos. Conhecer seus agentes ou pacientes será uma tarefa pedagógica. Nos coloquemos a pergunta: que sujeitos de experiências privilegiar? Nas tentativas de captar as experiências sociais aparecem com destaque os sujeitos da ação educativa.

Que sujeitos de experiências privilegiar

Os coletivos historicamente vitimados

Estamos invadidos em nossa privacidade pelos acontecimentos que chegam de fora e de longe. Essa sensação de invadidos revela não apenas a facilidade com que chegam as informações mais a pluralidade de fatos vividos na experiência social. E mais, revela a dramaticidade dessas vivências afetando, sobretudo, aos coletivos historicamente vitimados. Estes devem ser privilegiados à medida que conquistaram o direito de entrar nas escolas.

As experiências mais interrogantes em nossa história continuam, têm-se expandido e aprofundado: a fome, as doenças, os sofrimentos, a precarização do viver da infância, adolescência, os limites de escolha e de exercício da liberdade... Experiências que sempre interrogaram o conhecimento, mas que eram vividas por coletivos mantidos distantes agora tão próximos.

Essas experiências foram apresentadas como anomalias a serem superadas com o avanço das ciências, do conhecimento, das tecnologias, mas que persistem resistentes, crescentes, precarizando e desumanizando as formas mais básicas do viver de mais e mais coletivos. Os mesmos ao longo de nossa história.

Essas experiências que sempre instigaram a produção dos conhecimentos se tornaram mais instigantes porque são mais extensas, mais coletivos as vivenciam e padecem e porque se tornaram mais contrastantes com as promessas de sua superação pela ciência e pela tecnologia, pelo conhecimento e sua socialização.

As crianças e adolescentes, os jovens e adultos vitimados

Continuemos perguntando-nos: que sujeitos de experiências privilegiar? Para os profissionais do conhecimento das escolas públicas essas indagações chegam com a força e concretude das vivências concretas, de que são vítimas os sujeitos que chegam às escolas, crianças, adolescentes, jovens e adultos vitimados junto com seus coletivos de origem por essas experiências tão precarizadas do viver.

Com a chegada às escolas públicas dessas crianças-adolescentes as experiências sociais mais instigantes para o conhecimento estão expostas nas salas de aula. Esses sujeitos têm de ser privilegiados e reconhecidos, vivendo e sofrendo essas experiências. Como as vivem? O que aprendem? Que saberes? Que valores? Que processos de socialização, de construção de identidades?

Os diversos coletivos de educadores(as) que trabalham com a diversidade de tempo geracionais, humanos tentam entender as formas concretas de viver cada tempo humano pela diversidade de educandos. Cresce a sensibilidade com as formas tão diversas de viver a infância e a adolescência, a juventude e a vida adulta.

Essas formas tão diversas e tão extremas de viver cada tempo humano exigem superar políticas, programas, currículos generalistas de educação da infância ou de ensino fundamental e médio para infâncias, adolescências e juventudes tão diversas nas formas de viver esses tempos. Estamos avançando com timidez no reconhecimento dos sujeitos e sua diversidade como o referente para políticas, programas, currículos e didáticas de reconhecimento dessas diversidades.

Privilegiar os(as) docentes-educadores(as)

Diante da complexidade de indagações que chegam das experiências sociais aceitamos que os interrogados são apenas os coletivos de pesquisadores e intelectuais que elaboram os conhecimentos das disciplinas que aprendemos nas licenciaturas e que estão sistematizados nos currículos para serem bem ensinados e aprendidos. Entretanto, os interrogados de maneira mais direta são os coletivos docentes que se defrontam com a carga de interrogações que os educandos e os próprios mestres carregam de seu viver na sociedade. Os docentes, educadores têm de ser os sujeitos de experiências privilegiadas.

Lembrávamos nas reflexões sobre "O direito aos saberes produzidos no trabalho" em que os docentes têm sido atores de experiências sociais e políticas densas em saberes, questionamentos da sociedade, da educação, do Estado, da organização do trabalho... Destacamos os saberes aprendidos em situações de docência, nas salas de aula, nos encontros, oficinas, na produção de material, no movimento de renovação pedagógica de que são os sujeitos centrais.

Os docentes, coordenadores, diretores de escolas são reduzidos a competentes ou incompetentes executores do que intelectuais e experts elaboram como diretrizes ou parâmetros do que deva ser ensinado, avaliado e como. A essa imagem tão negativa os próprios profissionais das escolas contrapõem suas autorias, suas complexas experiências sociais, políticas, educativas, humanas, carregadas de instigantes indagações e saberes que incentivam, renovam seu trabalho e reorientam currículos.

Há outro currículo na prática das salas de aula reinventado na pluralidade tensa de situações que os docentes-educadores vivenciam[12].

Voltando à pergunta: Que experiências? Que indagações e significados privilegiar no cotidiano das escolas? Aquelas que estão mais expostas nas salas de aula. Aquelas que levam os educandos e que os próprios professores(as) vivem. As experiências e indagações mais prementes que os coletivos e comunidades escolares padecem. Essa é uma das articulações mais profundas entre escola, conhecimento social, experiências e indagações das comunidades sobre os significados do seu viver.

Privilegiar as indagações mais tensas para dinamizar a docência

Quais dessas experiências são mais densas em indagações? Aquelas que marcam com maior profundidade os educandos, que tocam na produção mais básica da sua existência, do seu viver. As experiências de viver ou mal-viver,

---

12. Para aprofundar essas experiências, ver meu texto: "Experiências de inovação educativa: o currículo na prática da escola". In: MOREIRA, A.F. (org.). *Currículo: políticas e práticas*. Campinas: Papirus, 1999.

sobreviver, de comer ou passar fome, de ter teto ou sem-teto, espaço onde morar, ter trabalho, ter terra ou sem-terra, ter segurança no amanhã ou viver na incerteza, sem horizontes... Nessas vivências foram conformando sua visão de si e do mundo os educandos desde criancinhas. Carregam para as escolas essas incertezas de um digno viver; têm direito a entender-se.

Ao escolhermos as experiências e suas indagações para dinamizar nossa docência essas experiências mais radicais que os educandos e educadores carregam deverão ter prioridade. É a pedagogia mais radical de reconhecer e priorizar os educandos. De assumir-nos sujeitos de experiências e de conhecimentos.

A tendência é secundarizar essas vivências e incertezas mais radicais e priorizar aspectos mais leves, mais lúdicos, prazerosos. Que até os distraiam desse seu precarizado sobreviver. Poderíamos fazer um levantamento dos temas transversais ou dos temas dos projetos, escolher temáticas mais leves, através das quais até se poderia chegar a essas vivências mais radicais em que estão atolados os educandos populares, mas nem sempre costumam chegar.

O conjunto de temáticas e atividades em projetos como mais-educação, tempo integral, extraturno tem tentado chegar a incorporar essas experiências mais duras vividas pela maioria dos alunos e de suas comunidades. Mas são tentadas a priorizar atividades lúdicas e moralizadoras, salvar a infância-adolescência em risco, reforçar aprendizagens, proteger os vulneráveis...

As vivências mais duras das crianças e dos adolescentes pertencem a um campo que é estranho ao pensamento pedagógico habituado a temáticas mais leves, mais lúdicas, sobretudo para trabalhar com infâncias-adolescências rodeadas de imaginários mais românticos.

O problema é que esses imaginários já foram destruídos, quebrados[13] pelas formas precaríssimas do viver de tantas das infâncias-adolescências que invadem nossas salas de aula e nossos projetos. Como articular esse *realismo trágico* de seu viver e o direito ao imaginário, ao lúdico, a que tem direito? Um desafio pedagógico nada fácil.

A indagação continua incômoda, haverá lugar nos currículos para as experiências do viver de mestres e educandos e seus coletivos de origem?

---

13. Cf. meu livro *Imagens quebradas* – Trajetórias e tempos de alunos e mestres. 6. ed. Petrópolis: Vozes, 2009.

As ausências dos sujeitos sociais do território do conhecimento

> *A nova identidade racial, colonial e negativa implicava o despojo de seu lugar na história da produção cultural da humanidade.*
>
> Aníbal Quijano

Destacamos nas reflexões da Parte I que no cotidiano das escolas, nos encontros de professores e na riqueza de projetos e oficinas, nos planejamentos individuais e coletivos impressiona como há uma disputa por entrarem com a centralidade devida aos sujeitos da ação pedagógica, para que sejam trabalhados os contraditórios significados de sua prática. Buscamos entender o que dificulta que essas tentativas pedagógicas sejam aceitas, que as autorias docentes inovadoras sejam reconhecidas e que importe quem fala.

Neste texto avançamos mostrando um traço de nossa história: as ausências e os ocultamentos dos setores populares, assim como o papel do sistema escolar nesses ocultamentos.

A ausência dos sujeitos sociais

Continuamos trazendo indagações postas no cotidiano da docência: Por que não importa quem fala? Por que a experiência da condição e do trabalho docente estão ausentes nos currículos? Por que são ignoradas junto com as vivências dos educandos? Por que as vivências e saberes do trabalho estão ausentes? Por que as experiências sociais não têm a centralidade devida nos currículos de educação básica? Perguntas que de maneira implícita ou explícita estão postas nas escolas.

Nas considerações anteriores levantamos algumas hipóteses. Neste texto, vamos nos deter em uma possível explicação: as identidades e o trabalho, as experiências sociais dos professores e dos alunos estão ausentes nos currículos porque estes ignoram os sujeitos sociais e ignoram os mestres e educandos como sujeitos de conhecimento, de cultura e de valores. De experiências significativas. Um traço de uma longa história de ausências e de ocultamentos dos coletivos sociais segregados.

Os currículos são pobres em experiências porque são pobríssimos em sujeitos. Estes não têm vez nem como produtores de conhecimentos nem sequer como objeto ou campo de estudo a merecer atenção e espaço nas diversas disciplinas e no material didático.

Nas teorias do currículo e nas diretrizes e políticas curriculares essa ausência de sujeitos sociais tem merecido pouca atenção, não obstante ter gravíssimas consequências, que mereceriam pesquisas, produção teórica, dias de estudo, oficinas de trabalho de mestres e alunos. Levantemos alguns elementos para essa reflexão e para trazermos os sujeitos a um lugar central nos currículos. Aliás, para reconhecer que eles reagem a históricos ocultamentos e teimam em se mostrar presentes, sair de tantos ocultamentos a que foram relegados na história intelectual, cultural, moral e até pedagógica.

Continuando a nos indagar por que essa ausência dos educadores e educandos nos desenhos curriculares, chegaremos a uma hipótese preocupante: estão ausentes nos currículos, porque em nossa história não há lugar para os sujeitos sociais. Os currículos como o território do conhecimento são pobres em sujeitos sociais. Só importa o que falar, não quem fala. Este foi expatriado desse território. Como foram expatriados da terra, da moradia, do judiciário, do Estado e de suas instituições.

Que sujeitos estão ausentes?

Pode ser contestado que há disciplinas onde os sujeitos estão presentes, na história, por exemplo. Porém, que coletivos aparecem nas disciplinas como sujeitos construtores de nossa história e quais estão presentes na produção do espaço, da riqueza, ou do desenvolvimento, até do conhecimento, da cultura e dos valores?

Há coletivos que não são reconhecidos como atores, apenas como beneficiados agradecidos ou mal-agradecidos de uma história cultural, pedagógica, política, econômica construída e conduzida pelos grupos hegemônicos detentores do poder, da terra, da riqueza ou do conhecimento e da ciência e da cultura. Há uma ausência seletiva de sujeitos sociais, étnico-raciais, de gênero, dos campos e das periferias; dos trabalhadores.

A ausência dos coletivos populares, dos trabalhadores, no território do conhecimento apenas reflete a ausência seletiva ou o não reconhecimento da maioria dos coletivos sociais como atores na diversidade dos campos da vida social, política, econômica, cultural e intelectual. Esse não reconhecimento dos coletivos populares como sujeitos de nossa história termina levando os currículos a ignorá-los como sujeitos de experiências dignas de produção de conhecimentos e de cultura, de valores e de história.

Mas não estão chegando às escolas? Sua presença no sistema escolar será incentivada, porém não como portadores de experiências significativas, ricas em indagações, significados e conhecimentos, mas apenas como meros receptores, aprendizes dos conhecimentos que os coletivos nobres, sujeitos da história, da cultura e da racionalidade produziram. Podemos dizer que os currículos selecionam uns coletivos sociais e segregam e ignoram outros.

A disputa no território do currículo não é apenas porque há temas a incluir nas disciplinas, mas a disputa é porque experiências e que coletivos merecem ser reconhecidos como produtores de conhecimentos legítimos, válidos.

Uma disputa que nos envolve. Em que medida a docência é chamada a participar desses processos seletivos, segregadores? Nos dias de estudo, coletivos docentes se defrontam com essas questões. Reagem a ter essa função segregadora dos coletivos segregados na história de nossa formação e os incorporam como atores em oficinas e em projetos pedagógicos. Educadores(as) que teimam em dar vez aos sujeitos na relação pedagógica.

Entender a tensa história de ocultamentos dos coletivos populares

Um caminho para avançar pode ser entender melhor os processos históricos que vêm de longe e se perpetuam de não reconhecimentos dos coletivos populares, dos trabalhadores como produtores de saberes, culturas, modos de pensar. Como sujeitos de história. Questões que tocam em cheio a docência e os currículos.

Pertencemos a uma tradição política e cultural extremamente segregadora dos coletivos humanos. De um lado os poucos autodefinidos como racionais, cultos, civilizados, cidadãos curtidos na ética do esforço e do trabalho, previdentes, empreendedores, dirigentes; de outro lado a maioria, os Outros, inferiorizados como irracionais, primitivos, incultos, preguiçosos, os coletivos indígenas, negros, pobres, trabalhadores, camponeses, favelados, subempregados e subcidadãos.

Essa polaridade de coletivos, de racionalidades, de éticas, de culturas marcou profundamente a polaridade em que são hierarquizadas e segregadas as experiências, os conhecimentos, as culturas e as capacidades mentais e intelectuais. Polaridades que inspiraram a empreitada civilizatória e continuam impregnando o sistema de instrução republicana, e até democrática, impregnam os desenhos curriculares e suas lógicas bipolares.

As consequências se manifestam no campo do conhecimento e da cultura. Os coletivos populares classificados como irracionais, sensitivos, incultos, ilógicos atolados em experiências tradicionais do viver cotidiano, da vida comum, só poderão produzir o senso comum, os saberes e valores tradicionais, ilógicos. Logo não reconhecê-los sujeitos de história nem de cultura e de conhecimentos. Como abrir espaço no território do nobre conhecimento científico, racional para esses coletivos e para suas experiências e saberes do senso comum?

Nessa relação política de ocultamento, segregação e classificação se justifica a ausência desses coletivos nos currículos. São convidados a entrar na escola, mas não se encontrarão como sujeitos nos conhecimentos que terão de apreender, nem na cultura e na história ensinada.

O padrão de conhecimento e de cultura tem agido como padrão de ocultamento e da segregação dos setores populares. Do sistema escolar e até dos seus profissionais se espera que reproduzam essa função histórica de classificação dos coletivos sociais, étnico-raciais, dos campos e das periferias.

Conhecimento objetivo, válido se livre de toda subjetividade?

Constatar que os currículos expatriaram os sujeitos do conhecimento porque segregaram suas experiências sociais nos defronta com questões muito sérias como profissionais do conhecimento. Mas será necessário irmos além do território de sua sistematização no currículo e levar os questionamentos ao próprio campo da produção, validação do conhecimento. Aí se justificam suas ausências.

Lembremos de um ponto que pode ajudar na compreensão da ausência dos sujeitos. O saber dos currículos é considerado legítimo porque objetivo, será reconhecido válido porque livre de toda subjetividade. Distante, incontaminado das emoções e vivências dos sujeitos. A objetividade científica entendida como livre de toda interferência dos sujeitos. A própria visão objetiva, científica, porque distante das interferências dos sujeitos marginalizou, desterrou os sujeitos do campo da produção, validação do conhecimento.

Não é de estranhar que tenham sido marginalizados, ignorados nos desenhos curriculares que se autodefinem como espaços do conhecimento válido, objetivo, científico, racional. A ausência dos sujeitos no campo do conhecimento não é um esquecimento, mas uma exigência do próprio padrão de produção do conhecimento tido como único válido.

Nessa lógica de validade, objetividade, cientificidade alguns sujeitos serão mais segregados; aqueles coletivos tidos como irracionais, atolados no misticismo, incapazes de se distanciar dos processos mais primários do viver, sobreviver. Como ser objetivos, como distanciar-se se estão atolados nas subjetividades mais irracionais?

O que está em questão nos currículos é esse critério de racionalidade; sem sua crítica não haverá lugar para os sujeitos, continuarão mantidos no ocultamento. Seus saberes, modos de pensar, de ler o mundo continuarão no descrédito, na inexistência. Os currículos, sendo fiéis a esses critérios de validade e de racionalidade, têm de ignorar não apenas outros modos de pensar, outros saberes e leituras de mundo, mas têm de ignorar os sujeitos desses outros modos de pensar. Ignorar, ocultar, tratar como inexistentes para a história intelectual os coletivos populares.

Na raiz mais profunda dessa ausência e segregação de determinados sujeitos do campo do conhecimento está a perversa relação política de inferiorização racial que acompanha nossa história, que o campo do conhecimento e da cultura, da escola reproduz: as tentativas de manter os coletivos étnico-raciais como invisíveis, à margem. Mas essa história não é única. Frente ao ocultamento há reações pelo reconhecimento por se mostrar visíveis, os próprios docentes participam desse reconhecimento dos sujeitos reagindo ao ocultamento.

As consequências da ausência dos sujeitos

Quais as consequências do não reconhecimento dessa rica diversidade de sujeitos para os currículos, a gestão escolar, as didáticas, as políticas socioeducativas?

Um dos lamentáveis efeitos da ausência dos sujeitos na reconstrução de nossa história e nos currículos é negar a centralidade dos seres humanos como sujeitos de história. É negar às crianças e aos adolescentes o direito a saberem-se sujeitos de história. É reproduzir o não reconhecimento deles e dos coletivos a que pertencem como sujeitos. Reproduzir a injusta e segregadora visão de que a história, a produção da riqueza, da cultura e do conhecimento não lhes pertence, não são autores, mas meros beneficiados da história, da riqueza e da cultura e dos conhecimentos que outros produzem.

Uma forma antipedagógica de perpetuar identidades coletivas negativas, inferiorizadas, é incutir-lhes: vocês sem saberes, sem cultura venham a aprender dos sábios e cultos. Ignorantes venham à escola, aprendam. Esse o sentido de tantas políticas distributivas, compensatórias, inclusivas e moralizadoras destinadas aos pobres, aos trabalhadores, aos povos indígenas, quilombolas, negros, das periferias e dos campos: Que continuem introjetando a imagem de meros receptores da riqueza, da ciência, das letras, da cultura, que uns poucos produzem.

Como impregna essa visão as políticas socioeducativas para os coletivos ainda pensados e tratados como não sujeitos de história. Contra essa visão histórica reagem exigindo políticas afirmativas de reconhecimento. Embates de desocultamento, afirmação, reconhecimento que estão postos nas escolas, nas salas de aula e nos currículos.

Ocultar os sujeitos do conhecimento e ocultar os mestres e os educandos como sujeitos traz consequências políticas e pedagógicas sérias. A teimosia dos desenhos curriculares em manter ausentes, silenciados os sujeitos, privilegiando produtos sem autores, perpetua a visão segregadora de que os coletivos que tardiamente chegam ao sistema escolar nem foram nem serão reconhecidos autores na história da produção cultural e intelectual, nem na história social, econômica e política. Terão de aprender produtos sem autor para não ter a pretensão de serem autores da história e da produção intelectual e cultural.

Autores porque sobre-humanos?

Por vezes os livros de texto trazem alguns detalhes da vida dos autores das obras literárias, de inventos, do progresso científico, mas com traços tão "anormais", tão distantes da concretude de todo ser humano que as crianças, adolescentes ou jovens não se veem nessas imagens tão sobre-humanas. Logo, uma lição a ser apreendida desde a pré-escola: o conhecimento e sua produção não são coisas da gente comum. Seus coletivos de origem, populares, nem foram nem serão sujeitos de qualquer conhecimento.

O papel que corresponde aos coletivos populares na história do conhecimento é aprender o que sobre-humanos literatos ou científicos produzem. A velha segregação histórica: o povo comum, trabalhadores, indígenas, negros, pobres, camponeses não reconhecidos como sujeitos na história cultural e intelectual da humanidade. Apenas agradecidos beneficiados de saberes elementares, produzidos por outros, os sobre-humanos. Como é antiética e antipedagógica essa visão repassada aos educandos populares. Como reforçam seus ocultamentos históricos!

Nessa tradição, inclusive curricular, resulta um grande avanço para que coletivos docentes valorizem os educandos e a si mesmos como sujeitos de experiências e como autores de significados, de saberes, de culturas e valores pessoais que valorizem a que coletivos pertencem como autores. Coletivos de docentes e alunos que buscam e explicitam os laços entre suas vidas e experiências e os significados e conhecimentos de que são sujeitos.

Resulta um grande avanço que mestres e alunos tentem averiguar as origens intrincadas em que os conhecimentos que se ensinam e aprendem se emaranham com histórias sociais, políticas de autores concretos, históricos, de interesses, políticos e econômicos. Inclusive emaranhados em histórias de preconceitos, de inferiorizações e de ocultamentos.

Os currículos reproduzem ausências históricas

Dedicar oficinas, dias de estudo seja nos cursos de formação inicial, seja de formação continuada para aprofundar as ausências de sujeitos nos currículos, nas disciplinas e no material didático, será um trabalho urgente e extremamente formador, porém será necessário aprofundar os determinantes dessas ausências no que ensinamos e como.

As ausências dos sujeitos populares não se dão por ingênuo esquecimento, mas têm uma intencionalidade política, fazem parte dos processos políticos de segregação desses coletivos nos diversos territórios sociais, econômicos, políticos e culturais. Suas ausências nos centros tidos como produtores e transmissores únicos do conhecimento legítimo, do saber sério, válido, objetivo, científico que são as disciplinas e os ordenamentos curriculares é mais um dos mecanismos históricos de mantê-los ausentes, inexistentes como sujeitos sociais, políticos, culturais e intelectuais.

Será necessário aprofundar no papel peculiar que o território do conhecimento tem na reprodução dessas ausências. Na medida em que o núcleo comum, único, se autodefine como a compreensão da totalidade do conhecimento e se autodefine como a verdade única, a racionalidade única, suficiente, exclusiva, instaura um processo seletivo e segregador de outros saberes, racionalidades e de outros processos de produção de saberes e modos de pensar. Sobretudo, segregador de outros coletivos sociais, culturais, pensantes, humanos.

A compreensão fechada de mundo, de conhecimentos leva irremediavelmente a uma compreensão fechada de produtores de conhecimentos. Carrega inexoravelmente a seletividade, a segregação, o ocultamento e as ausências de sujeitos. Quanto mais aprofundarmos essas ausências históricas que os currículos reproduzem, as indagações surgem mais desafiantes para os profissionais do conhecimento.

Como avançar para que os educandos desde crianças percebam que há sujeitos, que a produção do conhecimento se alimenta de vivências de sujeitos e de coletivos tão humanos quanto eles, mostrando que os sujeitos ocupam um lugar irredutível na produção, mas também na compreensão e aprendizagem de cada conhecimento ensinado? Que eles também fazem parte dessa produção, entram com a totalidade de sua condição humana, social, de gênero, raça, de trabalho e sofrimento, de crenças, medos ou esperanças? Que todo conhecimento carrega as marcas dos interesses dos coletivos que o produzem e os reproduzem, inclusive os interesses políticos de ocultamento de tantos produtores de outros conhecimentos!

Os conhecimentos têm autores, têm sujeitos

Se os coletivos docentes vem reagindo a essa ausência segregadora dos sujeitos, será interessante mapear como se dá essa reação, trazê-la para oficinas e dias de estudo. Sobretudo trazê-la para todo projeto de reorientação curricular. Há coletivos docentes conscientes dessas ausências dos sujeitos dos próprios processos de produção do conhecimento, da cultura, das letras e das artes que ensinam aos(às) alunos(as). Inventam projetos para mostrar aos sujeitos dessa produção que eles, mestres e alunos, são sujeitos de produção de conhecimentos no trabalho das salas de aula.

Algumas iniciativas acontecem nas escolas para trazer os sujeitos de volta, seja como autores da produção literária, dos textos, das ciências, seja reconhecendo os mestres e os alunos como autores, na produção de saberes, de história.

Lembremos de algumas iniciativas que acontecem nas escolas para pôr em destaque os sujeitos. Se ter uma visão crítica dos processos de ocultamento dos sujeitos é uma precondição, reconhecer as reações que acontecem na sociedade e nas escolas será um estímulo para des-ocultar e trazer de volta os sujeitos. Vejamos algumas iniciativas.

O diálogo com os autores

Há escolas onde para incentivar a leitura se inventam horas de leitura, até semanas em que as aulas param e tudo gira em torno da leitura. "Giroletras", feiras do livro...

Uma das atividades que mais empolgam os alunos e mestres são os tempos de entrevistas com alguns dos autores dos livros de histórias, de literatura usados nas salas de aula. Ver, tocar, perguntar cada autor, sua vida e história, suas experiências como autor, produtor.

A obra literária ou o livro transforma-se em outros quando se toca, se dialoga e conhece o seu autor; apresenta outros significados. Os docentes tentam mostrar que todo conhecimento tem autores.

No campo da produção literária se vai além, estimula-se a produção de textos entre os alunos, recitais, exposições; a intenção pedagógica, que se reconheçam autores, sujeitos de produção; uma das áreas mais afirmativas de sujeitos. Que deixem de ser receptores passivos para terem oportunidades de se mostrar atores, produtores.

Esse exercício de trazer os autores das obras literárias ou dos textos didáticos seja do presente ou do passado é uma rica oportunidade para contextualizar o autor, seu pensamento, sua visão de sociedade, da diversidade, sua cultura, seus valores. Mais ainda, contextualizar seu tempo histórico, as marcas desse tempo social, cultural que carrega na produção de sua obra. Um exercício de contextualização histórica, social extremamente formador dos(das) educandos(as) como leitores, como sujeitos de história carregando e até padecendo as marcas do contexto social.

Nesse exercício de contextualização dos autores e dos leitores será pedagógico descobrir juntos, mestres e educandos, que estamos em outros contextos, outros valores, outras leituras, outra consciência de direitos; que exigem outros valores, outras análises, outros leitores e outras leituras.

Os autores dos avanços científicos

As experiências vividas carregam seus significados, suas luminosidades porque têm sujeitos, autores. O conhecimento acumulado na história e organizado nos currículos tem luminosidades porque é uma produção de sujeitos, de autores. É frequente revelar os autores dos avanços científicos para os alunos. Entretanto, em nossa tradição curricular, os produtos têm maior relevância do que seus autores. Faltam os sujeitos produtores do conhecimento científico.

O ensino-aprendizagem das ciências adquiriria maior relevância se aparecessem com destaque os sujeitos de sua produção na concretude de suas histórias. Os educandos aprenderiam uma grande lição: todo conhecimento é histórico, social; é humano, produzido por gente. Toda ciência é uma produção de múltiplos sujeitos. Os coletivos populares também produzem ciência, tecnologias na construção de moradias, no trabalho, na sobrevivência, na agricultura familiar...

Desde crianças, adolescentes trabalham nessa diversidade de frentes de produção das suas existências. Privilegiar esses trabalhos é uma forma de reconhecê-los.

Um dos conhecimentos mais formadores será aquela aprendizagem de que todo saber ou avanço científico tem autores, que são produtos do trabalho humano, de alguém, de coletivos, não se reduzem a leis, conceitos abstratos flutuando em processos anônimos no labirinto da história. Os desenhos curriculares teriam de reconhecer e destacar que o autor, os sujeitos existem e são centrais na produção do conhecimento ensinado e aprendido.

Mestres e alunos autores

Mas será suficiente reconhecer que toda fábula, toda história, todo avanço científico têm seus autores? Será pouco sem reconhecer os mestres e alunos e seus coletivos como sujeitos de experiências, de indagações, de conhecimentos. Será necessário avançar no reconhecimento de que mestres e alunos são também autores, sujeitos de conhecimento porque sujeitos de história, de experiências; porque humanos.

Se o conhecimento da vida de um escritor pode ser útil para as crianças e adolescentes entenderem seu trabalho e sua obra nas semanas de giroletras, o conhecimento dos autores da produção de todo saber ensinado será extremamente útil a todo aprendiz. No ensinar também há sujeitos autores.

Quando os sujeitos da ação educativa não têm vez nos currículos fica difícil entender os conhecimentos como algo sucedido, produzido, histórico. Se perde a oportunidade que desde crianças construam uma identidade política, de sujeitos, produtores, não passivos, nem meros receptores. No aprender também há sujeitos de autorias, os(as) alunos(as).

Reconhecer que há sujeitos no ensinar e no aprender poderia significar redefinir centralidades nos currículos de formação de docentes. A maior parte da carga horária é destinada a dominar o que ensinar e como. Dos sujeitos ensinantes, de sua diversidade, pouco se saberá e menos dos sujeitos aprendizes. Os processos de aprender e os sujeitos concretos e diversos das aprendizagens não merecem centralidade na carga horária dos currículos de formação.

As consequências dessas lacunas na formação são gravíssimas. As identidades docentes ficam difusas, confusas, genéricas. Sem rostos de sujeitos concretos, sociais, raciais, de gênero, de geração, de diversidade cultural. Por sua vez, a complexa diversidade de infâncias, adolescências, jovens ou adultos aprendizes ficará oculta sob uma genérica identidade escolar, alunos.

Domina uma certeza nas salas de aula: tornou-se insuportável criar relações pedagógicas, de ensino-aprendizagem, nesse jogo de identidades desconhecidas, genéricas. Nas escolas se observa uma fecunda explosão de identidades concretas, tanto entre os mestres quanto entre os alunos. Ambos vão construindo outros convívios e outras relações pedagógicas quanto mais avançam nos reconhecimentos mútuos, mostrando-se como gente em trajetórias humanas, sociais tão próximas. O reconhecimento mútuo de trajetórias tão próximas pode ser uma plataforma de diálogos.

Quando assumimos como formador mostrar os sujeitos da produção das letras, das ciências, do conhecimento, somos levados a defrontar-nos com a questão: *Como mostrá-los e desocultá-los?* O próximo texto aponta nessa direção.

A emergência dos sujeitos
na sociedade e na escola

Ocupemos o latifúndio do saber.

Consigna dos Sem-Terra na aula inaugural do Curso de Pedagogia da Terra.

Uma hipótese nos acompanha em nossas reflexões diante das resistências dos ordenamentos curriculares em reconhecer a centralidade dos mestres e alunos de seu trabalho e de suas vivências. A hipótese preocupante é que não apenas os mestres e os alunos, mas os sujeitos sociais estão ausentes nos conhecimentos do currículo e das disciplinas. Essas ausências ficam mais expostas à medida que as salas de aula passaram a ser um palco de tensas relações e de presenças dos sujeitos da ação educativa e à medida que na sociedade, nas cidades e nos campos emergem sujeitos coletivos em ações e movimentos coletivos.

Neste texto destacamos essa diversidade de emergências dos coletivos populares e de suas infâncias e adolescências. Destacamos a sensibilidade profissional dos(das) docentes-educadores(as) diante dessas emergências, a riqueza de práticas para reconhecê-los existentes e presentes na sociedade e nos currículos.

O reconhecimento da diversidade de sujeitos

Participei de um seminário promovido pelo SindUTE, Sindicato dos Trabalhadores em Educação de Minas Gerais. Os temas em debate: a diversidade no espaço escolar; gênero, etnia e políticas públicas; a diversidade como prática docente; temas de estudo de tantos encontros docentes.

Na pasta do seminário foi-nos oferecido material mostrando com destaque os Outros desocultando seus rostos, suas memórias, suas lutas e suas identidades coletivas. Suas presenças afirmativas na sociedade. Uma forma pedagógica de nos dizer: a diversidade chega às escolas, ao movimento docente e aos currículos, exigindo superar históricos ocultamentos. Chega às escolas porque já chegou à diversidade de movimentos sociais que mostram que esses coletivos sempre reagiram a tantos ocultamentos. São sujeitos de história, de culturas, valores e conhecimentos e exigem reconhecimentos.

Sabemos que esse reconhecimento da emergência dos sujeitos sociais afirmando-se existentes na diversidade de espaços sociais, econômicos, políticos e culturais não é pacífico. Uma forma de mantê-los no ocultamento é silenciá-los, criminalizá-los. Seu reconhecimento nas escolas é pacífico ou tenso?

A diversidade no espaço escolar, tensas emergências

A afirmação e emergência de sujeitos nas salas de aula acompanham a tensa emergência e afirmação da diversidade de sujeitos sociais, étnicos, raciais, de gênero, campo, periferias mantidos em longas e históricas ausências e ocultamentos. A repercussão dessas emergências de sujeitos na dinâmica social está levando os docentes-educadores a chegarem a algumas conclusões.

A diversidade de sujeitos é muito maior do que tentamos ocultar sob o termo genérico, povo e aluno. A diversidade de coletivos presentes em nossa formação social é mais rica e diversa do que a categoria genérica povo.

A diversidade de formas de viver a infância, a adolescência e a juventude que chega às escolas é mais variada e distante do que vem ocultando nossas categorias escolares genéricas como alunos da educação infantil, do ensino fundamental, dos anos iniciais e anos finais, do médio ou da EJA. Se por décadas até o sistema escolar tenta ocultá-los sob o olhar escolar, alunos genéricos, agora eles emergem reagindo a tantos ocultamentos.

A diversidade de experiências sociais, culturais, de formas de ler e pensar o real e de pensar-se chega às escolas com essa diversidade de sujeitos. Diversidade e presença que não podem ser desperdiçadas. Se por décadas foi tentado ocultar a diversidade de sujeitos, hoje os mestres percebem que não é mais possível. Que é urgente torná-los visíveis e reconhecê-los sujeitos críveis. As tentativas históricas de ocultá-los e desacreditar tanto aos mestres quanto aos alunos, sobretudo dos setores populares, encontram resistências das crianças, dos adolescentes e jovens, das famílias e comunidades e dos próprios trabalhadores em educação.

Por que ainda persistem tantas tentativas de ocultar, desacreditar essa diversidade de sujeitos que se afirmam em movimentos e emergem nas escolas, públicas sobretudo? Para desacreditar as propostas alternativas, corajosas de tantos(as) professores(as) pelo reconhecimento dessa diversidade de sujeitos. Quando os sujeitos da ação educativa se mostram diversos reconhecíveis e críveis as alternativas pedagógicas, curriculares são pressionadas para serem diversas. Do reconhecimento dessa rica diversidade de sujeitos poderá vir o enriquecimento dos currículos e a dinamização das salas de aula e das escolas.

A partir dessa dinâmica tão instigante que acontece nas salas de aula podemos nos aproximar das questões focadas neste texto.

Currículos abertos aos sujeitos

Se a diversidade de sujeitos sociais emerge em nossas sociedades, se invade o espaço escolar, os currículos estarão abertos a essas emergências?

Tantos esforços de tantos coletivos de docentes e alunos frequentemente ficam à margem do núcleo disciplinar dos currículos, do ensino de conhecimentos onde não é central a transcrição de algo realmente acontecido, produzido por sujeitos concretos. Nesse núcleo disciplinar fechado não é fácil aos docentes e alunos se aproximarem dos autores que existiram e existem, experimentam e se interrogam pela verdade, pelos sentidos do existir humano.

Enquanto os desenhos curriculares não abrem espaços centrais para os autores das experiências e reconheçam os sujeitos dos conhecimentos, essas ricas tentativas de tantos(as) professores(as) ficarão à margem dos tempos e espaços legítimos das salas de aula e das avaliações.

Será urgente pressionar para que os desenhos curriculares e os livros didáticos se abram aos sujeitos dos conhecimentos e das experiências históricas em que foram e serão produzidos. Pressionar para que aos educadores e aos educandos não lhes seja negado o direito ao conhecimento real, em sua histórica complexidade. As tentativas docentes de mostrar os sujeitos em oficinas, giroletras ou projetos ficarão à margem enquanto os sujeitos não entrem nesse núcleo duro do ordenamento curricular e disciplinar.

As disputas estão postas no território dos currículos. No avanço de tantos projetos que trabalham com materiais, experiências de autores concretos podemos ver uma disputa fecunda para que os próprios currículos deem maior centralidade às experiências reais, de autores concretos levados a um grau de elaboração e sistematização próprio da função social do sistema educacional.

Se lembramos Boaventura de Sousa Santos que nos diz que "todos os conhecimentos sustentam práticas e constituem sujeitos" poderemos preparar nossas aulas preocupados em descobrir com os alunos que práticas sustentam os conhecimentos de cada disciplina, de cada tema e que sujeitos as constituem e são constituídos nessas experiências e conhecimentos. Podemos ter como didática que nossa disciplina, cada tema, cada projeto conforme e constitua os educandos e a nós educadores-docentes como sujeitos de produção de conhecimentos e não apenas de transmissão-ensino-aprendizagem. Formas concretas de abrir os currículos à emergência da diversidade de sujeitos.

Reconhecer autorias coletivas negadas

Mas que experiências e que sujeitos reconhecer como produtores de indagações e de conhecimentos? Aos currículos cabe incorporar a variedade de experiências e de sujeitos sociais, políticos e culturais, étnicos, raciais. Reconhecer que cada experiência tem como autores sujeitos pessoais ou coletivos reais que não têm uma autoria solitária, mas estão entrelaçados em relações sociais, raciais, de gênero, de cidade, periferia, campo, de orientação sexual, de opções políticas e morais.

Os educadores, docentes e educandos não entram como meros espectadores ou beneficiários desses conhecimentos de que outros são autores isolados tidos como legítimos, chegam aos percursos escolares como atores, testemunhas, herdeiros de históricas experiências e indagações, de culturas, valores e saberes reprimidos. Não são reconhecidos como sujeitos, mas estão chegando e se mostrando afirmativos, exigentes.

As tentativas docentes de reconhecimento dos sujeitos coletivos ignorados, ocultados como sujeitos na nossa história intelectual e cultural têm um profundo sentido político-pedagógico. Desocultar, mostrar, reconhecer é de extrema relevância política e pedagógica em uma tradição social, política e cultural marcada por perversos ocultamentos, inferiorizações dos coletivos que agora vão chegando às escolas.

Se não foram reconhecidos sujeitos em nossa história ao menos serão reconhecidos na escola e no ordenamento curricular?

O tenso encontro dos personagens negados em tantas autorias chega ao território dos currículos onde possivelmente não serão reconhecidos de novo como sujeitos de história, da experiência ou de qualquer produção cultural e intelectual? O choque no território de currículos sem experiências e sem autores será inevitável. O choque nessas dimensões tão profundas pode ser uma das causas da sensação de que os educandos e seus mestres sentem-se estranhos em um território onde os sujeitos são estranhos.

Talvez a sensação de estranhamento seria minorada se os currículos se abrirem como já se abrem tantos projetos, à vida, às experiências, ao trabalho, às indagações dos seus autores. De tantas e tão diversas autorias não reconhecidas, segregadas.

Reconhecer o direito ao conhecimento acumulado foi um grande avanço. Não avançamos tanto em reconhecer todos os coletivos como autores, como sujeitos de conhecimentos legítimos. Há coletivos mantidos no anonimato em nossa perversa história intelectual e cultural. Anonimato que os currículos perpetuam, mas que entra em crise à medida que mestres-educadores e educandos e seus coletivos de origem se mostram visíveis e interrogantes. Sujeitos de experiências, de conhecimentos, de culturas e valores.

É necessário reconhecer, mostrar esses gestos político-pedagógicos que acontecem na sociedade e nas escolas. Mostrar seus sujeitos sociais e os(as) professores(as) e os(as) alunos(as), reagindo a tantos ocultamentos.

Quando os sujeitos se afirmam presentes

Hoje ser fiéis a essa função não é pacífico nos coletivos doentes. Reagem seja por opções político-profissionais seja por identidades de origem com os coletivos sociais, raciais segregados em nossa história, seja porque os próprios coletivos reagem a essas segregações em ações coletivas e em movimentos, questionando o padrão de conhecimento e de cultura.

Por décadas essa justificativa segregadora foi pacífica. Nem se cogitava de sua presença e menos do seu reconhecimento como sujeitos sociais, políticos, éticos e culturais, de experiências e conhecimentos racionais. Até fisicamente esses coletivos e seus(suas) filhos(as) estavam ausentes da escola. A ausência e o não reconhecimento como sujeitos, tão pacíficos em nossa longa história, se complica quando se fazem presentes nas escolas, nos movimentos sociais, nas ruas, em múltiplas e incômodas ações coletivas. Quando vão se afirmando presentes na arena política e cultural como sujeitos.

Sua presença afirmativa vira uma indagação incômoda até para os currículos: reconhecê-los ou não como sujeitos de experiência, de significados, de indagações, de saberes e modos legítimos de pensar?

Na medida em que os coletivos segregados em nossa história como sujeitos irracionais, inferiores se afirmam presentes em lutas por direitos, pela igualdade e equidade em todos os espaços sociais, os territórios do conhecimento serão pressionados para deixar de ignorá-los e passar a reconhecê-los como sujeitos de experiências e de conhecimentos. Sujeitos em disputa por ser reconhecidos na arena política e nos territórios do currículo. Disputa que já está se dando. Como se manifesta?

Os docentes-educadores sabem como se manifestam visíveis os educandos nas escolas e como se manifestam visíveis na pluralidade de movimentos de que talvez eles participem. Ao menos sabem como se manifestam no movimento docente. Como tornar as salas de aula em rico espaço de presença afirmativa de sujeitos?

Quando os sujeitos se afirmam visíveis nas escolas

Diante dessas tentativas das escolas de reagir às ausências dos sujeitos se impõe a pergunta: Até quando os currículos poderão ignorar que a relação pedagógica é feita por sujeitos? Fica cada vez mais difícil ignorá-los à medida que as tensões entre alunos "rebeldes" e mestres salvadores está nas escolas e já trasvasa para fora, para os noticiários. Até inquieta os movimentos sindicais docentes. Mas de que lado ficar? Do lado dos professores condenando os alunos? Denunciando que uns e outros são vítimas de persistentes processos segregadores?

As tensões estão expostas, mostrando o que se pretendia ocultar: a escola, lugar de seres humanos em convívios, logo em conflitos; lugar de sujeitos sociais, logo de conflitos sociais. A exposição e reconhecimento dessas velhas tensões entre mestres-alunos pode ser um imperativo para reconhecer que como sujeitos se afirmam visíveis, exigem reconhecimento. Logo, superar pedagogias chocas que em nome da harmonia ocultam presenças tensas de sujeitos agora expostos. Para ter de inventar relações mais abertas e dialogais será necessário reconhecer a fraqueza da ilusão da paz nas escolas, como a fraqueza da paz nos campos e nas favelas.

As tensões inocultáveis nas escolas mostram que essa visão ordeira, fraterna, nunca existiu. Que se mantinha no ocultamento e silenciamento dos sujeitos, na falta de debates, na lei do silêncio, nos regimentos duros, no monólogo dos conteúdos lecionados, na falta de espaços para os sujeitos da ação educativa: para os mestres e os educandos narrar suas experiências de vida precarizadas, expostas as tensões sociais.

O ocultamento tão prolongado está sendo quebrado. De um lado, pelos projetos que os docentes-educadores inventam para mostrar os sujeitos. De outro lado, porque não é de agora que jovens, adolescentes e crianças chegam às escolas mostrando-se sujeitos sociais, étnico-raciais, de gênero, mostrando suas vivências, sua fome, as violências de suas moradias, as incertezas do presente e do futuro. Mostrando suas resistências. Como continuar ignorando sua presença?

No monólogo dos conteúdos disciplinares não havia espaço para os sujeitos, nem para vozes nem para gestos, linguagens que trouxessem para a reflexão essas vivências. As didáticas de monólogos construídos sobre a ignorância e silenciamento dos educandos esgotaram suas eficiências. Apelar para a recuperação do poder docente, ou do poder disciplinar será recuo saudoso a um passado que não merece saudade. Será a volta a uma pedagogia que tenta ocultar os sujeitos. À recuperação do poder docente apelam gestores e até teóricos consagrados saudosos da ordem, da paz social e escolar. Os professores tentam avançar para a legitimidade ético-pedagógica da valorização dos educandos, de seus valores, de seus gestos positivos de luta por um viver justo e digno como crianças e adolescentes, como jovens e adultos. Essa legitimidade ético-pedagógica profissional avança nas escolas e nas salas de aula frente ao apelo saudoso aos tempos de autoritarismo.

O que acontece nas escolas como nas ruas, nas cidades e nos campos não são indisciplinas nem violências como o pensamento conservador proclama. São novos sujeitos sociais que se afirmam presentes, que não aceitam as condições de inexistentes, invisíveis na política, no judiciário, nos campos e nas periferias, nas escolas e nos currículos.

A ignorância e silenciamento dos sujeitos dominante nas relações de ensino está em crise. Os coletivos docentes que conseguem um diálogo com os alunos são aqueles que superaram seu ocultamento que os marcos mentais-curriculares-disciplinares têm exigido por décadas. Não se trata de que o professor perca ou renuncie a seu lugar de profissional do conhecimento, mas reconhecer-se sujeito de experiências e indagações e reconhecer e incorporar os educandos como sujeitos de experiências e de indagações para em diálogo buscarem seus significados. Aprenderem os conhecimentos se sabendo sujeitos de conhecimento, de experiências, de voz, de indagações.

Essa postura supõe seu reconhecimento como sujeitos e não como destinatários passivos. Os próprios professores não são meros transmissores fiéis de conhecimentos por outros produzidos, acumulados e selecionados. Essa visão do conhecimento curricular nega aos professores também sua condição de sujeitos de experiências e de indagações, reduzindo-os a transmissores passivos. Não se aceitarem passivos é um dos avanços mais esperançadores no fazer educativo e nos processos de aprender.

Reconhecer a diversidade de sujeitos enriquece os conhecimentos

Mas porque negar sua condição de sujeitos? Reconhecer professores e alunos na condição de sujeitos pode: significar que o ensinar-aprender amplia e aprofunda a relação entre a diversidade de conhecimentos e de indagações dos sujeitos da relação pedagógica; reconhecer a profunda relação que existe entre docência e a história pessoal, coletiva, social. Trazer os sujeitos para os currículos, para o conhecimento significa trabalhar o ensinar-aprender sobre as experiências de vida dos seus sujeitos e não sobre matérias distantes, abstratas, significa aproximar mestres e alunos entre si e com os conhecimentos.

A verdade continua o centro da ação educativa, porém em diálogo com as verdades da vida, da dinâmica social, política e cultural. Em diálogo com as verdades que vêm das persistentes indagações do viver de educadores-educandos e suas comunidades. Essas vidas quando trazidas à relação docente mostram a importância do conhecimento para chegar a uma explicação, porém aprendemos que na vida nada tem uma única interpretação.

Nessas pedagogias que incorporam os sujeitos não secundarizamos o conhecimento, ao contrário, ele se enriquece na procura de outras explicações e outros significados. Por que ter medo de incorporar os sujeitos, suas experiências e interpretações múltiplas nos processos de ensino-aprendizagem? Somente se nos fechamos em uma verdade única, absoluta, com medo a abrir-nos a buscar a riqueza de interpretações que carregam as experiências humanas, sociais, culturais tão diversas e tão extremas de educadores e educandos. Essas experiências sociais revelam o viver humano, as indagações humanas que sempre foram o tema desafiante de conhecimento humano.

A ignorância e segregação dos sujeitos no currículo sempre foram seletivas. Difícil manter essa seletividade de poucos e o esquecimento de muitos quando os filhos(as) dos coletivos esquecidos incomodam tanto nas salas de aula. Ou quando adolescências tão violentadas carregam perguntas desconcertantes sobre que sociedade é essa que os vitima. Pergunta incômoda para a ordem midiática, política e até educativa. Extremamente incômoda para a paz dos currículos.

Reconhecê-los sujeitos de vidas violentadas traz ao diálogo pedagógico indagações sérias para a sociedade e também para os currículos, para a teoria pedagógica e para a docência. Perguntas incômodas, imprevisíveis que exigem explicações que nem sempre estão nos currículos e nos livros didáticos, nem na formação docente e pedagógica.

Didáticas de reconhecimento dos sujeitos

Muitos coletivos escolares avançam nesses diálogos à medida que reconhecem os educandos como sujeitos. Com que didáticas? Entrevistas? Indo aos lugares de suas vivências?

Coletivos docentes inventam formas de captar as experiências reveladoras de suas vidas, sendo testemunhas de seu viver, abrindo espaços de narrativas. Autoeducando-os para mostrar os significados de seu viver, nos múltiplos determinantes sociais, políticos, econômicos, culturais, históricos. Para entender-se como membros de coletivos que carregam essas experiências sociais e essas indagações de longe.

Mestres e educandos aprendendo a ler, explicar a realidade vivida passa a ser uma das finalidades do diálogo pedagógico, quando os sujeitos passam a ser centrais. Faltam-nos didáticas de experimentação porque o que ensinar e o como nos escravizam. Negam nossa condição de sujeitos. Mostrar-nos sujeitos é uma didática convincente.

Reconhecer os educandos como sujeitos e tentar um diálogo instigante exige que como docentes recuperemos nossa própria condição de sujeitos de experiências, de indagações e de diálogos. Nada fácil quando tudo vem pronto, pratos prontos requentados, do que ensinar e como. O diálogo pedagógico entre mestres-alunos só avança quando chegamos a nos fazer perguntas nós mesmos. Até perguntas contra nós mesmos, contra uma tradição gestora que nos vê na condição de servidores de pratos prontos de que outros são autores.

Quando colocamos em ação didáticas de reafirmar nossas autorias será fácil resgatar-nos e resgatar os educandos da sensação de condenados a ser fiéis ensinantes e aprendizes, a não ser sujeitos, a não ter autoria, a não ter história, nem leituras de mundo, nem interpretações de nossas experiências. Visões empobrecedoras dos conhecimentos.

As didáticas de diálogo pedagógico têm de ser afirmantes de sujeitos, libertadoras de autorias. O que não significa abandonar a centralidade de ir à procura juntos do que ensinar e aprender, mas em converter as experiências humanas e suas indagações em símbolos carregados de densidade, encontrar humanização nas experiências das vidas comuns, inclusive dos perdedores.

Uma didática convincente será deixar-nos surpreender e impactar por tantas resistências silenciadas onde os valores e as verdades mais essenciais se perpetuam e aprendem. Mostrar nossas resistências e suas resistências sociais será extremamente didático.

Esses diálogos pedagógicos em projetos, oficinas, na docência terminam pagando uma dívida com as verdades que educadores-educandos carregam para as salas de aula: desocultar os sujeitos e suas verdades. Sujeitos e verdades que disputam um lugar legítimo nos currículos e na pedagogia, nas didáticas e na formação. Que ampliam, aprofundam e enriquecem o direito aos conhecimentos devidos.

Aprendamos com os(as) filhos(as) dos coletivos sociais, étnicos, raciais, de gênero e orientação sexual, das periferias e dos campos as estratégias, as pedagogias de resistência, de afirmação, de ocupação de tantos lugares, territórios a que têm direito. Até de ocupação do território, latifúndio do saber.

Os coletivos populares pressionam por reconhecimento, mas que reconhecimento?

> *A injustiça social assenta na injustiça cognitiva.*
>
> Boaventura de Sousa Santos

As disputas no território dos currículos não são apenas pela entrada e pelo reconhecimento de novos temas, novos conteúdos, mas de novos sujeitos. Há disputas de sujeitos concretos, os trabalhadores pobres, injustiçados, que tardiamente vão chegando. Os coletivos populares que nunca antes entravam nem nas escolas e menos nos conhecimentos nobres dos currículos. Sua chegada tem um significado histórico especial para a educação básica e para os cursos de formação: pressionam por reconhecimentos.

Tentemos neste capítulo destacar as indagações que chegam às escolas com o acesso específico dos setores populares, os coletivos injustiçados ao longo de nossa história, como os(as) professores(as) tentam responder a essas indagações, com que intervenções inovadoras. Como as políticas são pressionadas a se definir como políticas de reconhecimento.

Políticas e ações de reconhecimento

Para entender os sentidos da chegada às escolas dos setores populares teremos de lembrar os dois capítulos anteriores. Lembrar a longa história de ausências, os processos de ocultamento desses coletivos em nossa história. Foram ignorados, não reconhecidos, tratados como inferiores, não existentes. Teremos de reconhecer também a tensa história de suas emergências pressionando por se tornarem presentes, visíveis em tantas ações coletivas e em movimentos sociais e exigindo seu reconhecimento.

Os esforços de tantas escolas e de coletivos docentes-educadores por trazer e reconhecer suas experiências e saberes carregam um significado político: avançar para o reconhecimento dos sujeitos desses saberes e experiências. São os setores populares os ocultados, tratados como inexistentes e são eles que se mostram e afirmam presentes. Exigem reconhecimento na política, no judiciário, na terra, no espaço urbano, nas políticas agrária, urbana, educacional. No sistema escolar, da educação infantil a superior. Exigem mais do que uma vaga na escola.

Estamos vivendo uma pressão dos coletivos ocultados por reconhecimentos. Pressão que chega às escolas, aos currículos e à docência, às políticas sociais e educativas. Os(As) candidatos(as) que buscam os cursos de licenciatura e de pedagogia carregam em sua maioria essas tensas relações de ocultamento-reconhecimento. Que saiam formados(as) conhecendo essas tensões com profundidade é uma responsabilidade dos currículos de formação.

Tentar manter essas crianças e adolescentes, jovens e adultos populares no ocultamento é ingenuidade profissional e política. A postura ética de tantas escolas e professores(as) é pelo reconhecimento. Mas como identificá-los? Como se revelam nas salas de aula? Somos obrigados a reconhecer que carregam as marcas de um viver indigno e injusto e as resistências por um digno e justo viver.

Com a chegada lenta dos filhos e das filhas dos setores populares às escolas foi chegando sua pobreza, suas carências, suas resistências, seus valores e suas culturas. Os coletivos docentes não têm como não percebê-las nos corpos dos educandos. As carências estão expostas como feridas. As resistências estão expostas como indisciplinas. As diversas áreas do conhecimento têm acumulado saberes densos sobre essa realidade vivida pelos setores populares. Os currículos incorporam esses saberes? Os mestres e educandos não têm direito a esses saberes sobre eles?

Muitas coisas fogem de nossa mão

O depoimento de Lana, professora de Matemática em uma de tantas escolas públicas populares aponta o que não dá para ignorar: "Muitas coisas fogem da nossa mão. Por exemplo, eu tenho alunos que a coisa que eles comem é aquela merenda ali na escola. Tem hora em que eu sinto que estou falando uma coisa assim, mesmo de lado, e o menino está só olhando para a parede. Está pensando na comida, no que vai comer? Ah! Eu não tomei café da manhã, eu estou com fome"[14].

O mesmo olhar com que diretores(as), professores(as) de tantas escolas se autoidentificam: "Trabalho com alunos carentes, famílias carentes, escolas carentes". Assim, foram percebidos os setores populares desde que foram chegando devagar das periferias pobres para as escolas. O mesmo olhar com que a sociedade os via e os viu ao longo de nossa história: pobres, carentes,

---

14. AUAREK, W.A. *Momentos críticos e de crítica nas narrativas de professores de Matemática*. Belo Horizonte: Faculdade de Educação/UFMG, 2009, p. 67 [Tese de doutorado em Educação].

sobreviventes nos campos, nas favelas e nas periferias. Segregados, excluídos até do sistema público de educação onde foram teimando em chegar carregando suas carências.

Cada dia chegam às escolas, às salas de aula mais do que alunos(as). Chegam experiências sociais, raciais que antes não chegavam. São novas? Exigem reconhecimento.

A pobreza crônica a que nossa sociedade condena os coletivos populares está entre as questões que provocaram a atenção das ciências sociais. Os miseráveis dos campos, migrando para engrossar os miseráveis das periferias urbanas foi vista como uma das questões nucleares não resolvidas em nossa formação social, política e econômica. Uma das feridas expostas, difícil de ocultar. O movimento dos anos de 1950 em defesa da escola pública reconhecia essa realidade, a denunciava e propunha a consolidação de um sistema público que incorporasse a infância e adolescência populares das periferias urbanas. Uma sensibilidade que rebrota até nos tempos autoritários.

Nas décadas de 1970-1980 essa realidade nos assustava e incomodava. Nesse clima várias publicações apareceram sobre alunos carentes, escolas carentes. Essas sensibilidades voltam, depois de uma invernada de esquecimento; voltam tão gritantes e chocantes na fome dos alunos que não dá para ignorá-las e encobri-las com questões "mais nobres".

Essas questões tão nucleares e essas feridas tão persistentes e expostas em nossa formação social não mereceram a centralidade devida nos currículos das escolas públicas que iam se abrindo aos coletivos populares marginalizados na pobreza. Outras preocupações menos pesadas e menos desestabilizadoras nortearam os conhecimentos organizados nos currículos: preparar a infância, adolescência e juventude para o futuro promissor que o desenvolvimentismo prometia; preparar para o progresso que se anunciava redentor dos miseráveis; preparar para a sociedade ordeira, para a democracia e para a cidadania consciente, republicana...

Os desenhos curriculares tão sensíveis a essas temáticas futuristas terminaram silenciando os conhecimentos sobre as questões nucleares de nossa sociedade, como a crônica pobreza dos setores populares que tanto incomodava os pensadores das raízes de nossa formação econômica e cultural. Por que esse silenciamento cúmplice dos conhecimentos sobre essas feridas tão expostas em nossa formação social e nos corpos dos educandos? Quando só enxergamos o futuro bloqueamos nosso olhar para o reconhecimento de seu viver no presente.

Os docentes-educadores que atuam nas escolas públicas populares têm uma postura clara: essas carências tão radicais condicionam o que falamos, o que ensinar e o que aprender. Condicionam os currículos e o nosso trabalho e o trabalho dos educandos. "Sinto que o que eu estou falando é uma coisa de lado [...] o menino está pensando na comida [...]".

Essa realidade que foi entrando desde que as crianças e adolescentes das periferias urbanas e dos campos foram chegando às escolas têm interrogado e marcado a docência e as escolas. Os currículos teriam ficado insensíveis? Vejamos algumas dessas marcas que até hoje carregamos.

Os coletivos populares ignorados no sistema público de educação?

Os currículos, a docência e o sistema escolar público teriam sido marcados por não ver, não reconhecer a "nova clientela" que ia chegando às escolas. Uma crítica frequente em várias análises destaca que a escola pública, a docência e os currículos pensados para crianças e adolescentes das camadas bem posicionadas que a frequentavam não teriam se repensado para receber os filhos e as filhas dos setores populares empobrecidos. Não teriam sido capazes de reconhecê-los.

A escola pública e seus currículos que estavam se conformando como sistema nacional teriam continuado a pensar-se nas mesmas lógicas republicanas generalistas, insensíveis à especificidade dos coletivos populares que iam chegando. A insensibilidade para a "nova clientela" pobre, carente teria levado os novos educandos a uma sensação de estarem fora do ninho. Como teria levado a escola, a docência e os currículos a não se repensarem para a nova realidade, para os Outros, tratando-os como estrangeiros, fora do lugar.

A não adaptação dos currículos, das didáticas, dos tempos e dos parâmetros de avaliação teria levado aos altos índices de reprovação, evasão, defasagem que tanto aumentaram com a chegada dos pobres. Esses índices, que vão crescendo na medida em que o número de alunos pobres vai aumentando, seriam um indicador inequívoco dessa postura insensível, desse ignorar a especificidade dos coletivos populares que foram chegando e sendo reprovados, defasados, por tratar todos com os mesmos parâmetros de medida, ignorando suas diferenças.

Na década de 1980 e início dos de 1990 não faltaram críticas a essa insensibilidade dos currículos, das escolas e da docência a não reconhecer a especificidade dos educandos das escolas públicas populares. Críticas que mostravam serem eles os reprovados, defasados, segregados, convidados à evasão ou a voltar ao lugar social, da pobreza e das carências de onde não deveriam ter saído. Estudos que mostravam as estreitas relações entre fracasso escolar e condição social, racial, de gênero, de lugar, campo, periferias. As estreitas relações entre carências e segregação social, racial e escolar foram percebidas e denunciadas.

Entretanto, esses estudos nem sempre deram margem a questionar os desenhos curriculares, as didáticas e os padrões de avaliação, sentenciação, reprovação para com os novos educandos e seus coletivos sócio-étnico-raciais. Estes foram vistos como não aptos para as exigências de aprendizagem dos nobres conhecimentos universais. Rotulados com problemas de aprendizagem, inferiores mentais. Houve um reconhecimento pelo negativo. O sistema escola tem uma dívida social a pagar por ter reforçado a imagem cruel, inferiorizante dos pobres porque seriam pobres mentais. *Por ter reforçado a injustiça social com a injustiça cognitiva.*

Foi cômodo pensar que as carências históricas que carregavam para as escolas os predispunham à reprovação. Eles terminaram responsabilizados, não os currículos. A denúncia de serem esses filhos desses coletivos, os fracassados por vezes, reforçou sua imagem de carentes, de incapazes para as letras, para o estudo e para as aprendizagens dos nobres conteúdos curriculares. Carências sociais e mentais e sistema escolar seriam incompatíveis. Um reconhecimento perverso que terminou reforçando as representações negativas, inferiorizantes com que foram pensados ao longo de nossa história social, política e cultural. Não é esse o reconhecimento que esperaram nas suas lutas por escola.

A injustiça social de que são vítimas assenta na injustiça cognitiva de que continuam vítimas, inclusive ao chegarem à escola.

Consequentemente, ao serem reconhecidos com representações tão inferiorizantes, nem a escola nem seus currículos e a docência, nem os padrões de avaliação teriam de ser repensados. Poucos estudos avançaram para criticar os conteúdos e as didáticas, os padrões de avaliação-segmentação-segregação. A ênfase foi em destacar a incompatibilidade dos carentes para os nobres conhecimentos curriculares. As críticas não chegam até os currículos, seu ordenamento como responsáveis desses fracassos dos novos educandos.

Análises ingênuas ou perversas que se repetem nos currículos de formação e nas avaliações agora elevados à política nacional em provinhas e provões que oferecem munição para a mídia reproduzir velhos imaginários inferiorizantes do povo.

Não faltou sensibilidade para a chegada dos pobres

Seria necessário trabalhar, pesquisar e ponderar a seguinte hipótese: não faltou sensibilidade para a "nova clientela". Foi reconhecida como filhos(as) dos coletivos populares, tidos como carentes, marginais a nosso sistema social, econômico, político, cultural e escolar. Com a chegada às escolas houve um reconhecimento, mas que reconhecimento?

As lutas e tensões dos anos de 1950 pela escola pública explicitavam as reações e os medos à entrada dos Outros, dos pobres e carentes. Essa visão de ameaça vinda dos educandos populares teria levado a uma reação dos desenhos curriculares, das escolas e da docência, tornando-se mais rígidos e mais normatizados. As diretrizes curriculares teriam reforçado essa rigidez curricular em nome do medo, de se prevenir para que os padrões de qualidade não fossem ameaçados com a chegada dos filhos dos coletivos pobres, carentes.

Nessa visão, a chegada dos carentes carregando suas carências não teria sido ignorada. Ao contrário, teria sido percebida como uma ameaça à seriedade e qualidade da escola pública e dos currículos tão sérios, ricos e densos em conhecimentos. Ameaça e medo que teriam levado a posturas de defesa da qualidade, da seriedade e do alto nível dos currículos frente aos carentes que estavam chegando.

Defendamos a seriedade do sistema republicano de instrução pública frente à chegada dos primitivos e ignorantes. Um grito de guerra defensiva que se atualiza a cada aumento do número de crianças e adolescentes pobres nas escolas públicas. Diante de 97% de acesso ao ensino, a cruzada salvadora se concentra na qualidade da escola pública frente à massa desqualificada que chega ameaçadora; diante da pressão por ações afirmativas e por políticas de cotas ou bônus para o acesso democrático às universidades públicas aflora o medo e a suspeita de que o acesso dos jovens negros, pardos ameace a nobre qualidade do conhecimento superior. Pesquisas são encomendadas para conferir se os cotistas negros, pardos têm o mesmo rendimento mental a ponto de não rebaixar a qualidade do nível superior.

Visão histórica ameaçadora dos pobres e carentes que até hoje persiste nos campos, nas cidades e nas escolas; que é um traço marcante de nossa cultura política e pedagógica.

Penso que essa visão dos carentes como uma ameaça à qualidade da escola, da universidade, da docência e dos currículos pode ser mais fecunda para entender a relação entre currículos, docência, escola e a chegada dos coletivos populares. Não houve como ignorar suas carências e confundir seus corpos desnutridos com corpos bem nutridos de crianças, adolescentes de famílias de bem.

A hipótese de que a escola e seus profissionais e gestores os ignoraram não se sustenta. Como não se sustenta a hipótese de que a história e os estudos oficiais ignoraram a existência incômoda dos coletivos sociais, étnicos, sociais, do campo, das periferias em nossa história política, econômica, social ou cultural. Tentaram não reconhecê-los, inferiorizá-los sem ignorá-los.

A história da riqueza da nação foi sempre equacionada na história da pobreza e das carências dos setores populares. Como a história da civilização, da cultura e do conhecimento dos coletivos nobres foi equacionada na relação com a construção histórica da barbárie, da incultura, da ignorância e da irracionalidade dos Outros. Não são duas histórias. Fiel à cultura política e pedagógica que mantinha uma visão inferiorizada dos coletivos populares, com sua chegada à escola, a docência e os currículos se reafirmam com a função de civilizá-los, de oferecer-lhes a possibilidade de sair da sua inferioridade, da ignorância e do atraso.

As formas inferiorizantes em que foram pensados e reconhecidos têm marcado as respostas, as políticas e os significados dados à escola, à docência e aos currículos. Enquanto não formos capazes de superar essas formas injustas de pensar os setores populares não seremos capazes de construir uma escola pública digna e justa.

A presença dos coletivos populares redefine a história da escola pública

A história da escola, da instrução pública foi associada a ideais republicanos e democráticos. Falta mostrar com destaque que a história de nosso sistema escolar do fundamental ao superior, como a história de seus currículos, foi pensada nessa longa história de relações políticas que articulou riqueza e pobreza, civilização e barbárie, ignorância e conhecimento. Foi pensada nas formas de pensar os Outros. A chegada ao sistema escolar dos coletivos pobres, vistos como incultos, irracionais, ignorantes, carentes deixou mais explícito como esse sistema, seus currículos e seu ordenamento faziam parte dessa história civilizatória, tensa, conflitiva, para incluir "educando" os coletivos populares.

A presença dos pobres carentes no sistema escolar explicitou a relação política de dominação-submissão tão persistente em nossa formação social, cultural e civilizatória. Entretanto, os motivos aparecem como democráticos.

A hipótese que nos parece mais fecunda é que o campo da educação escolar e curricular não teve como ignorar essa relação política à medida que a presença dos pobres, carentes a expunham nos seus corpos. Nesse sentido, o depoimento da Professora Lana é de extrema lucidez. O sistema público, seus currículos e profissionais não tiveram e não têm como ignorar a "nova clientela". A reconheceram e se redefiniram a partir da visão que a sociedade já possuía, que o próprio sistema incipiente já tinha e continua tendo dos coletivos populares, como carentes, inferiores.

As teorias pedagógicas e curriculares, as didáticas, as autoimagens docentes, os rituais de segregação foram redefinidos de maneira radical. Reconheceram esses alunos na visão de carentes mentais, pobres, inferiores, assim como suas famílias, coletivos e comunidades para tentar incluí-los.

Com a chegada dos coletivos pobres periféricos o sistema público vai se tornando popular, redefinindo sua função social, pedagógica. Passa a se pensar na tradição civilizatória da empresa colonial. Uma autoimagem que vem sendo reforçada com a presença massiva dos coletivos populares nas escolas vistos como carentes de valores, de atitudes e condutas morais.

A questão que exige maiores pesquisas e reflexões é que visão de carentes impregnou a escola, a docência, os currículos e as avaliações para redefinir sua função social e sua autoimagem. Ter mais clareza de como os novos alunos populares foram e são vistos pode ser um referente fecundo para reinterpretar a história da instrução e do sistema público de educação, para reinterpretar a função social da escola pública popular, de seus currículos, das políticas educativas e das diretrizes curriculares.

Ver todo esse ordenamento educacional, sua conformação a partir dos educandos que foram chegando, saindo reprovados, voltando defasados pode ser um dos referentes mais fecundos para reinterpretar essa história tão tensa. A história do sistema escolar público e das políticas deve ser reinterpretada a partir da presença dos coletivos populares, de como foram e continuam sendo pensados.

As escolas, a docência e os currículos redefinidos

Em outros termos a escola pública não se manteve a mesma que foi conformada para os filhos das classes de bem. Tem clareza de que os(as) filhos(as) dos Outros, dos pobres vistos como carentes, inferiores estão chegando e se redefine a partir da visão histórica, com que foram pensados e alocados em nossa cultura política. Não consegue vê-los pelo positivo. A histórica visão negativa inferiorizante se impõe marcando a escola que lhes será oferecida, as políticas, os currículos que lhes serão oferecidos, as avaliações, aprovações-reprovações a que serão submetidos.

A escola pública não permanece a mesma, mas se redefine e repensa nas formas de pensar a "nova clientela", os trabalhadores dos campos e das periferias urbanas, os pobres, os negros. Nosso sistema público de instrução, de ensino elementar irá tendo a cor, os traços, os limites, até a pobreza física e de condições da infância, adolescência pobres que foram teimando em entrar nas últimas décadas.

Até os(as) professores(as) das escolas públicas irão tendo os traços, a cor, os salários, a desvalorização da sociedade e os tratos gestores, segregadores inferiorizantes dos educandos populares com que trabalham. À docência, seu prestígio social não será o mesmo.

Faltam pesquisas que destaquem essa história. Quando é negado aos profissionais dessas escolas públicas populares o direito a saber-se nesses saberes sobre a reconfiguração da escola com a chegada dos pobres, o choque de realismo será destruidor, desestabilizador da docência. O mal-estar docente tem aí uma de suas raízes mais fortes; de um lado no desconhecimento dessa perversa história de reconfiguração da escola e da própria docência e, do outro, na descoberta chocante da precariedade e indignidade das formas de viver a que mestres e alunos são condenados.

Quando os(as) alunos(as) são outros as escolas se conformaram outras, mais duras e segregadoras. Os coletivos populares continuam obrigando a escola a ressignificar-se.

Como avançar para reconhecimentos mais radicais

> *Esses adolescentes são forçados a viver a vida com tanta intensidade! Nos limites do viver.*
>
> Reconhecimento de um professor

No texto "A emergência dos sujeitos na sociedade e na escola" apontávamos como os setores populares em suas ações coletivas e em seus movimentos se afirmam visíveis e frente a tantos processos de ocultamento e inferiorização se afirmam exigindo reconhecimentos positivos. Vimos que o sistema escolar não tem como não reconhecer que os(as) filhos(as) dos setores populares chegam às escolas, porém seu reconhecimento ainda carrega as visões negativas, inferiorizantes com que foram pensados seus coletivos sociais, étnico-raciais, dos campos e das periferias. A pedagogia, a docência, os currículos, o material didático e literário ainda se debatem com as visões negativas, históricas tão incrustadas em nossa cultura política e pedagógica.

Neste texto tentamos aprofundar nessas visões tão negativas que nos perseguem até em propostas bem-intencionadas. Nos perguntamos a que reconhecimentos se contrapõem os setores populares. Uma visão crítica dessas representações negativas é precondição para avançar para reconhecimentos mais radicais. Que reconhecimentos?

O pensamento educacional usa e abusa da visão de carentes, alunos carentes, famílias carentes, escolas carentes[15]. Essa visão tem marcado políticas socioeducativas e projetos político-pedagógicos de muitas escolas. Uma postura crítica exige superar essa visão. Perguntar-nos com que carências representamos os educandos populares e seus coletivos sociais.

Políticas para minorar que carências

Para avançar em uma postura crítica a essa visão dos educandos que vão chegando como pobres, carentes será necessário deter-nos em como foi

---

15. Nos anos de 1980 organizamos um livro criticando essa visão: *Da escola carente à escola possível*. 6. ed. São Paulo: Loyola, 2003.

interpretada a pobreza-carência na cultura política e pedagógica. Como foram e continuam sendo vistos os coletivos populares pelo negativo.

Poderíamos destacar duas ênfases: A primeira é ver os educandos como pobres, carentes dos bens culturais, materiais, sociais básicos. A ênfase nessa visão tende a privilegiar políticas socioeducativas, distributivas e currículos que compensem os bens de que carecem. A segunda prioriza as carências de competências, de habilidades, de instrumentos para sair da pobreza, para superar carências e inseri-los na dinâmica do progresso.

Essa visão de carente dos instrumentos, das habilidades e competências requeridas para se iniciar no mercado, no progresso tem sido a mais atraente para o pensamento educacional e para as políticas curriculares. As promessas dos candidatos em tempos de eleição privilegiam essa visão dos setores populares como carentes de valores, de competências; "os humildes", como são nomeados. Logo vêm as promessas de escolarização para sair da pobreza e programas ora moralizantes contra a droga, a preguiça, ora contra o despreparo para entrar na fila da empregabilidade.

Mais escola, mais educação, mais tempo de escola, menos tempo de rua, de exposição à vulnerabilidade, ao risco, à pobreza. A escola como a botica, a farmácia, o santo remédio para os males que afligem as famílias pobres e seus(suas) filhos(as) e que podem contaminar as cidades e ameaçar a ordem social. Essas ênfases merecem uma postura crítica se pretendemos construir outra escola, outra docência e outros currículos.

Os próprios coletivos não se pensam como carentes de valores, de moralidade, de capacidades mentais, nem se pensam incompetentes para o trabalho, a produção de um digno viver. Pensam-se injustiçados, negados nos direitos mais básicos como seres humanos e como cidadãos. Suas lutas são pelo reconhecimento de serem vítimas históricas de tantas injustas segregações, opressões, negações de direitos humanos.

Continuar nomeando-os como carentes oculta a realidade de injustiçados, vítimas de seus direitos aos bens básicos de um ser humano.

As promessas de campanha e de políticas educacionais ignoram os direitos aos bens básicos para a produção de suas existências: trabalho, terra, moradia, comida, saúde... Mexer nessa base material é mais complexo do que oferecer remédios moralizantes e treinamentos para a sobrevivência.

A primeira reação das políticas curriculares e do sistema escolar tem sido de resistência a reconhecê-los sem direito aos bens básicos para o viver digno e justo. A docência e os currículos não se identificam no campo da produção da vida, da sobrevivência em que os coletivos pobres tenham sido relegados. Suprir as necessidades elementares dos pobres tem sido e continua visto como caridade e assistencialismo, não como política pública e menos cultural e educativa.

Nessa tradição o sistema educacional resiste a pensar-se como uma instituição de "assistência" para a garantia dos bens mínimos para cobrir as necessidades do viver digno e justo. As escolas, seus profissionais, resistem fazer parte de programas e de ações contra a fome, de alimentação básica, inclusive durante o tempo de escola. Não faz parte da tradição escolar e curricular pensar-se em função dos percursos humanos dos educandos. Menos ainda dar a devida centralidade aos processos de produção-reprodução material da existência humana.

Os(As) professores(as) mais sensíveis às vivências extremas dos educandos percebem que estão com fome, pensando na comida e não nas lições. "Primeiro comida, logo a moral?" lembra-nos Brechett.

Há propostas que avançam para reconhecimentos mais radicais, como há professores(as) que reconhecem que tantos de seus alunos são forçados a viver a vida com tanta intensidade, nos limites do viver.

A resistência a reconhecer o direito ao viver digno e justo

Essa nova sensibilidade docente pela vida material por reconhecer a centralidade da materialidade do viver humano, do direito à vida digna e justa, à comida, à moradia, ao cuidado, à proteção da vida dos próprios educandos tem consequências seríssimas para repensar as funções sociais do sistema educacional, da docência e dos currículos. Contrapõe-se à tradicional visão espiritualizada, intelectualizada do ser humano, dos alunos descorporificados que têm levado os currículos e a docência a não dar a devida atenção aos efeitos desumanizadores das vivências da pobreza material padecida pela infância e adolescência populares.

Visão espiritualizada que age como uma espécie de bloqueio a reconhecer sua condição de pobres, segregados, miseráveis, sem a garantia das necessidades básicas para o viver digno e justo.

Nem sequer o progressismo cívico-pedagógico, a sociologia crítica do currículo deram centralidade à produção-reprodução material da existência humana. Talvez porque o direito à vida, primeiro direito humano, não seja priorizado no campo da educação e da teoria pedagógica e curricular. Reconhecer esse primeiro direito e os efeitos desumanizadores de sua negação exigiria repensar a função social do sistema público popular, da docência e dos currículos, exigiria repensar a própria teoria crítica.

Os desenhos curriculares não reconhecendo a centralidade do direito ao viver digno e justo não incorporam a materialidade da existência o que leva a um distanciamento entre os currículos, os conhecimentos privilegiados e os educandos pobres populares e suas lutas por um digno e justo viver. Os conhecimentos das disciplinas e do material didático carecem de explicações sobre essas formas tão injustas e indignas de viver. Um saber a que tem direito e lhes é negado.

O direito aos saberes da produção material da vida

Ao longo do percurso escolar, são ignorados saberes sobre os processos de reprodução material da vida em que os educandos pobres estão imersos com seus coletivos. Nessa ignorância os desenhos curriculares terminam ignorando os educandos pobres populares. Chegam às escolas públicas com séculos de atraso e os conhecimentos escolares não os reconhecem no que os conformou como coletivos em nossa história: as formas precarizadas de reprodução de suas existências como trabalhadores nos campos e nas cidades. Essa brutal realidade não está no terreno do currículo, do conhecimento nobre socialmente produzido, merecedor de fazer parte dos currículos, nem da transposição didática.

A história real, material da pobreza, do sofrimento, da fome e das formas tão precarizadas do viver dos educandos que vão chegando não faz parte do conhecimento socialmente construído e sistematizado nos desenhos curriculares de educação básica. Poderá ser um objeto distante das ciências sociais na educação superior onde não chegarão.

Nem sequer essas vivências tão sofridas farão parte da herança cultural, científica, tecnológica, simbólica ou artística. A pobreza e os pobres e suas tentativas de um viver digno e justo não são preocupação para visões progressistas, cientificistas, futuristas que invadiram a cultura escolar, docente e curricular.

A pobreza e os pobres são vistos como um peso morto, do passado, do atraso; logo, não merecem sequer ser objeto do conhecimento curricular, docente e discente. Nem merecem fazer parte do autoconhecimento daqueles coletivos que padecem, sofrem a pobreza e inventam formas de sobreviver.

Nessa tradição, a própria história das sociedades e dos coletivos pobres será vista como pré-história. Sua história na riqueza material, intelectual e cultural das nações será ignorada. Para que lembrá-la nos currículos?

O mais grave dessa visão, ainda tão presente e persistente, é que fecha os desenhos curriculares e as teorias do currículo a incluir sequer o pensar a pobreza e o sofrimento e os coletivos que o padecem e resistem desde a infância. Uma limitação de raiz difícil de desbloquear.

A própria teoria pedagógica escolar tem ignorado e não tem acumulado fundamentos e reflexões para que os(as) educadores(as) acompanhem seres humanos em contextos e vivências da pobreza, para que aprendam as artes de educar, humanizar vidas tão desumanizadas. Os docentes saem dos cursos de formação sem respostas a estas questões: Que limites e que possibilidades de formação humana, de socialização e de aprendizagem dos conteúdos curriculares são limites extremos vivenciados desde a infância? Que bloqueios a aprender visões de mundo ignoram suas vivências tão desumanas?

Capacitar os docentes para trabalhar os limites da produção do viver

Como garantir o direito dos professores a conhecer essas vivências extremas para serem competentes em tratos pedagógicos? Como cultivar suas sensibilidades na pedagogia, na licenciatura, na formação permanente para entender os processos de produção de vidas nos limites? Quando chegando à aula perceberem que "estou falando é uma coisa de lado [...] o menino está pensando na comida". Será suficiente que saiam dos cursos de formação dominando o que ensinar-aprender.

A negação dos direitos mais básicos de produção do viver deixa expostas as lacunas de nossos cursos de formação dos educadores-docentes dessas infâncias-adolescências. Sem um maior conhecimento dos educandos, dos seus processos mais básicos do viver, sobreviver o domínio do que e como ensinar-aprender ficam incompletos. Como dar centralidade ao conhecimento dos educandos e dos processos de produção material da vida nos currículos de formação?

Repensar essas limitações, reconhecer o peso da reprodução material da vida digna, justa e as indagações que essa realidade traz quando é tão precarizada é um dos desafios de tentar articular o sistema público, seus currículos e a infância, a adolescência, a juventude e a vida adulta pobre que chegam às escolas populares e à EJA.

Não reconhecer as vivências da pobreza leva o sistema escolar, suas políticas e seus currículos a não se articularem com as políticas sociais destinadas a reduzir as carências materiais e humanas. Quando, por exemplo, são elaboradas políticas contra a fome ou contra a violência e a desproteção da infância ou juventude pobre, a tendência é resistir a articular o sistema educacional com essas políticas, deixá-las para programas paralelos, extracurriculares, extraturno, extraclasse ou para alguns professores militantes.

Nem sequer nas questões de atualidade, objeto dos temas transversais nos PCNs, foi reconhecida a pobreza, o sofrimento dos próprios educandos como um tema de atualidade. A pobreza vivida de maneira tão massificada por milhões de educandos não foi merecedora de reconhecimento como tema transversal da atualidade, nem como tema digno de ocupar a diversidade de disciplinas que integram as grades curriculares.

Os conhecimentos a serem aprendidos e dominados pelos docentes nos cursos de licenciatura, assim como os conhecimentos dignos de serem ensinados e aprendidos pelas crianças e adolescentes, jovens e adultos pobres, populares não têm incluído os saberes sobre experiências mais persistentes da condição humana e de nossa formação social: a pobreza, o sofrimento e as precárias condições de reprodução de um viver humano digno e justo.

Por que décadas depois da chegada dos coletivos populares, os currículos continuam ignorando e silenciando a pobreza, a precarização do viver que eles carregam para as escolas públicas populares? Os saberes disciplinares sentem-se como que ameaçados de ter que repensar-se para dar conta dessas realidades humanas tão desestabilizadoras, que não há como não enxergar nos próprios educandos.

Fingir que não existem ou não pertencem aos conhecimentos e vivências nobres dos currículos resulta mais cômodo para os docentes e inclusive para as equipes técnicas que elaboram parâmetros, diretrizes, currículos de educação básica.

Novas sensibilidades profissionais

Esse quadro tende a mudar? Está mudando à medida que se vai universalizando o direito ao acesso à escola para os coletivos populares. Hoje, escola pública, municipal ou estadual é sinônimo de popular. Coletivo popular é sinônimo de pobre. Dois dados confluem em nossa realidade: os filhos e as filhas dos trabalhadores chegam à escola pública, um dado positivo, mas ao mesmo tempo vão chegando os últimos, os mais pobres, aqueles que fazem parte da pobreza extrema massificada que vem crescendo e tenderá a crescer com a crise econômica e com a apropriação tão desigual da renda, da terra, do espaço, do trabalho.

Os(As) professores(as) estão se tornando mais sensíveis a essas realidades: os(as) alunos(as) têm fome de comida. As famílias trabalhadoras esperam da escola segurança, proteção para seus filhos diante da insegurança, desproteção e violência social. Esperam alimentação, porque o desemprego retirou das famílias as possibilidades mais básicas de alimentar os filhos.

Esperam conhecimento, que aprendam. As famílias sabem que essas funções da escola têm que ser articuladas. Sabem que seu aprender, sua formação e socialização estão condicionadas ao seu justo e digno viver, à proteção e cuidado a abrir-lhes horizontes de vida.

Os primeiros a perceber essas funções da escola e da docência tão tensas têm sido os(as) professores(as). Um ponto enfatizam: as formas precarizadas do viver condicionam a docência, o que ensinar-aprender. Condicionam a função da escola e os currículos às diretrizes e matrizes curriculares, são pressionadas a se repensarem a partir das formas precarizadas da materialidade do mal-viver, ou do injusto e indigno sobreviver da infância e adolescência populares que chegam às escolas públicas. Um repensar-se para encurtar o distanciamento cada vez maior entre os currículos e a docência, entre os currículos e os educandos.

Se os currículos e as diretrizes se fecharem a essas tensas realidades vividas por mestres e alunos tenderão a distanciar-se cada vez mais da realidade vivenciada na escola pública popular. Serão marginalizados. Toda proposta curricular, das secretarias municipais, estaduais ou do MEC, dos conselhos ou de equipes técnicas especializadas que não forem capazes de incorporar os processos materiais de produção da existência e de se rever em função dessas tensas realidades, aprofundarão ainda mais a distância já existente entre currículos oficiais e currículos na prática possíveis para contribuir em uma vida justa e digna dos setores populares.

Podemos observar que um dos campos de disputa no território dos currículos é pelo reconhecimento das formas precarizadas de viver dos educandos. Essa disputa está posta desde que a infância e a adolescência e os jovens e adultos populares chegaram às escolas públicas. O dado novo é que os educadores entraram nessa disputa tendo de reconhecer as marcas de vidas tão precarizadas, sentindo-se desafiados a repensar a docência e os currículos. Vidas precarizadas de educandos terminaram precarizando o trabalho profissional nas salas de aula. Levaram a repensar o que ensinar e com que currículos.

Insensibilidades políticas e curriculares

Diante dessa disputa entre os currículos e as formas precárias de viver de educadores e educandos como têm reagido os currículos e seus formuladores? Têm sido espaços de reconhecimento?

Há avanços no reconhecimento dos educandos como sujeitos de direitos à educação e à formação plena, a seus percursos escolares, à diversidade cultural... As diretrizes curriculares e tantas propostas de reorientações de currículos têm avançado nesses reconhecimentos dos educandos como alunos, em suas trajetórias escolares. Entretanto, pouco se avançou no reconhecimento de suas trajetórias humanas: Quem são como crianças, adolescentes ou jovens, como vivem, mal-vivem, com que intensidade tem de viver nos limites tão estreitos de seu sobreviver?

Seria de esperar que essas sensibilidades dos docentes-educadores aparecessem quando elaboramos propostas, reorientações e diretrizes curriculares, que partissem dos avanços das leis, normas, resoluções e dos princípios que as justificam e as orientam, mas que começassem perguntando-se quem são os sujeitos destinatários dessas reorientações e diretrizes. Quando se tenta justificar que currículos da infância, ou de 9 (nove) anos do Ensino Fundamental ou que currículos do Ensino Médio ou da Educação Básica, o lógico será começar a perguntar-nos que infâncias, que adolescências, que juventudes têm direito a esses níveis de educação.

Será preciso trazer dados sobre como essas infâncias e adolescências e essas juventudes são vividas, se nos limites, se com dignidade... Que mudanças nessas formas de viver vêm acontecendo desde 1996 – desde a LDB. Como nesses 15 anos o viver dos educandos tem sido afetado. As leis podem ser as mesmas, mas os sujeitos concretos cujo direito à educação se afirma e se pretende garantir não são os mesmos. Nem sequer os conteúdos das concepções de direito e de educação são as mesmas. Os princípios afirmativos de direitos não são estáticos nem os sujeitos desses direitos proclamados nos estatutos legais em que se justificam essas diretrizes curriculares ficaram parados na história. A dinâmica social que tanto afeta o viver e o mal-viver dos educandos não ficou estática nestes 15 (quinze) anos de LDB e de outras normas. Por que não partir dessa dinâmica?

Quando os educandos são outros, as propostas, as normas e diretrizes terão de ser outras, ao menos exigem outras interpretações. Das formas desse viver, sobreviver que se precarizaram vêm as indagações mais instigantes para as leis, as diretrizes e as reorientações curriculares. É uma precondição avançar nesse reconhecimento dos sujeitos, logo começar trazendo a concretude de seu viver.

A história de nosso precário sistema educacional tem mostrado que ideais abstratos de currículos, de nobres conhecimentos universais, exigidos e avaliados com rigidez têm funcionado como um parâmetro de excelência para defesa da suposta ameaça que vinha dos coletivos populares desqualificados, ignorantes, preguiçosos que à escola chegavam. Os resultados estão aí. Décadas de tentativas de acesso e permanência e décadas de reprovações em massa, de milhões de crianças, adolescentes, jovens e adultos populares pobres por não darem conta de currículos rígidos, nobres, avaliados em exigentes e segregadoras avaliações. Por que esses desencontros? Porque continuamos ignorando os sujeitos e os limites de seu viver.

Os "desqualificados" ameaçam a qualidade do conhecimento

Voltemos à constatação: difícil não ver que as crianças e adolescentes, os jovens e adultos que chegam às escolas populares são forçados a viver a vida com tanta intensidade, nos limites do viver. Avançamos em reconhecimentos, mas que reconhecimentos? Ou como tendemos a interpretar essa chegada de vidas tão precarizadas? Como desqualificados que ameaçam a qualidade da escola e do conhecimento.

A retomada rigidez das avaliações nacionais e estaduais, as persistentes aprovações-reprovações têm funcionado como guarda-costas da rigidez dos currículos nobres frente às supostas ameaças dos coletivos ignorantes, com problemas de aprendizagem e de condutas que estarão chegando. Voltam os velhos processos de ocultamento com a chegada dos desqualificados ou voltam os segregadores processos de reconhecimentos inferiorizantes.

Como não desqualificar os conhecimentos curriculares? Submetendo os pobres que se atrevem a aprendê-los a rígidas provas e segregadoras reprovações. As estatísticas tão repetidas, os resultados tão proclamados pela mídia, pelos gestores e estatísticos confirmam esses cuidados de que os saberes nobres dos currículos não podem ser desqualificados com o acesso dos pobres desqualificados às escolas públicas. Desde que eles ousaram chegar, o discurso se repete: a escola pública se desqualificou. Todo governo proclama fazer tudo para recuperar "a qualidade da escola pública". Como? Novas propostas curriculares, densas em saberes de qualidade e exigentes provas e reprovações.

Estamos em um momento histórico em que essa relação se explicita e assume como política pública nacional articulada. De um lado, toda criança na escola, entenda-se toda criança popular, universalização do seu acesso o que significa a abertura tardia da escola pública aos coletivos populares mais pobres entre os pobres.

A quase universalização do Ensino Fundamental é comemorada. Porém, logo os alertas: Qualidade na educação pública ou que será da escola, dos nobres conhecimentos com essa invasão massificada da infância-adolescência populares? Políticas de novos parâmetros, novas diretrizes curriculares, currículos em movimento, reorientações curriculares, currículos por competências, por habilidades, procedimentos, por resultados.

Como garantir a qualidade ameaçada? Será possível uma escola de qualidade, currículos nobres sérios, aprendizagens sérias com essa "nova clientela"? Solução, política nacional de avaliação desde a entrada, Provinha-Brasil depois no 5º e 9º anos. Nunca antes da chegada dos coletivos populares tivemos uma política nacional, de Estado, de avaliação do desempenho das escolas públicas.

Os resultados das provas "cientificamente" tratados fecham o círculo: não há dúvida, os coletivos populares chegam à escola, aos currículos com baixo capital intelectual e moral, desqualificados para a aprendizagem da nobre herança cultural, intelectual e científica. A cada prova, a mídia, estatísticos e analistas sérios, MEC e secretarias, pesquisadores vão subindo o sinal de alerta, como diante da gripe suína: cuidado, cor vermelha, a escola pública está sendo contaminada com a desqualificação dos pobres.

Ao reconhecimento inevitável do povo que chega às escolas se responde com a retomada das tradicionais representações negativas. Como tem sido e continua lento e tenso o reconhecimento positivo, afirmativo dos setores populares em todos os territórios econômicos, sociais, políticos e até culturais e educacionais. Podemos constatar que estamos em tensas disputas de reconhecimentos. De um lado os próprios setores sociais, étnicos, raciais, trabalhadores dos campos e das cidades se afirmando em ações positivas; de outro lado, as políticas e instituições até públicas reafirmando ausências, negando e condenando reconhecimentos. As escolas, os currículos, a docência são mais um território dessas tensas disputas. Reconhecê-las pode ser um avanço, mas que reconhecimentos?

Reagir à repolitização segregadora dos coletivos populares

Chegamos à hipótese que nos acompanha: a escola, a docência, os currículos e a teoria pedagógica têm medo da chegada dos desqualificados coletivos populares até hoje. Não conseguem abandonar o discurso da qualidade porque não conseguem deixar de ver os coletivos populares como desqualificados e desqualificadores de todo espaço onde entram: ruas, praças, favelas, ônibus, escolas, currículos. Estamos em tempos de repolitização conservadora, do medo aos pobres e de sua representação como desqualificados.

Como é persistente essa visão elitista, inferiorizadora, desqualificadora dos coletivos populares, sociais, étnicos, raciais, dos campos e periferias em nossa cultura política, pedagógica e curricular. Culturas segregadoras ora explicitadas e assumidas, ora ocultadas em belos princípios de direitos iguais aos nobres conhecimentos universais.

Princípios negados pelas práticas reais, cotidianas das vigilantes guarda-costas da qualidade: a negação desses direitos universais através das reprovações em massa dos pobres que ousam chegar às escolas e ousam aceder a tão nobres e inatingíveis saberes. O atestado: reprovados por problemas de aprendizagem e de condutas, é a negação da legitimidade desses princípios.

O que tem sido repetido aos coletivos populares reprovados massivamente é que o problema não é dos nobres e democráticos princípios tão reafirmados, nem das democráticas diretrizes, nem o problema é dos nobres saberes produzidos em nossa herança cultural científica e codificados em matrizes curriculares. Nem o problema é das provas objetivas, isentas, neutras, cientificamente tratadas... O problema é de suas incapacidades mentais e morais, problemas de aprendizagem e de condutas inerentes a sua inferioridade social, étnica, racial, popular.

O problema para a escola pública são os alunos pobres, filhos de trabalhadores, os coletivos populares que se atrevem a aceder à escola e teimam em permanecer e voltar ainda que multirreprovados por incompetentes mentais e morais.

É possível avançar, desbloquear esse abismo que foi se conformando entre escola, docência, ordenamento curricular, avaliação e os coletivos populares, trabalhadores pobres que acedem às escolas públicas? Que visões e que posturas superar diante de coletivos humanos submetidos a formas de reprodução da vida tão precarizadas? É possível avançar para reconhecimentos mais positivos?

As teorias pedagógicas e curriculares podem desentender-se do primeiro direito humano, o direito ao digno e justo viver? A escola pode diminuir a injustiça cognitiva e diminuirá a injustiça social. Pode avançar para políticas, ações de reconhecimentos mais radicais.

PARTE IV

As crianças, os adolescentes e os jovens abrem espaços nos currículos

O direito da infância a territórios públicos

*Ia com o coração partido para o traba-
lho, deixava minha filha em casa, sozi-
nha. Fiquei feliz, com seis anos já poderia ir à escola. No 1º ano foi reprovada,
ficou envergonhada, não quer mais ir à
escola.*

Mãe, empregada doméstica

A infância vai abrindo espaços na sociedade, nas ciências sociais, no sistema educacional e na pedagogia, no ordenamento legal – ECA, Estatuto da Infância e da Adolescência. Uma das marcas mais destacadas de sua presença nessa diversidade de espaços é que a infância pretende entrar como sujeito legitimado de direitos.

O reconhecimento de seu direito à educação é um dos espaços promissores. A presença da infância na sociedade era reconhecida, ora como objeto de cuidados, de proteção, de assistência, ora como incômodo, como um ser pré-humano submetido aos instintos, irracional, *in-fans*, não falante porque ainda não pensante; na minoridade intelectual, moral, humana. Um ser humano em potencial, logo sem direitos.

Escolas, redes, municipais sobretudo, e coletivos de educadoras-docentes passaram a defender a entrada da infância no sistema escolar enquanto sujeito de direitos. Tentativas tensas que entram em disputa com imaginários da infância que resistem a reconhecer esse tempo humano como tempo de direitos.

Que papel cabe ao sistema escolar no reconhecimento do direito da infância a territórios públicos? Neste capítulo trazemos alguns traços dessa tensa história.

A infância privada dos espaços públicos

Quando tentamos reconhecer a infância como tempo de direitos nos defrontamos com uma visão tão inferiorizada que fez com que seu lugar na diversidade de espaços sociais fosse limitado aos espaços de proteção, cuidado e assistência. Espaços da maternagem, família, da reprodução e proteção da vida; o espaço do privado. Infância ainda não merecedora de entrar nos espaços públicos de direitos. As crianças vistas como pré-humanos, pré-cidadãos inferiores, não mereciam ser reconhecidas sujeitos de direitos; consequentemente não destinatárias de políticas públicas, de sistemas públicos, de financiamento público.

Sua não presença no nosso sistema educacional exige um capítulo na história da instrução pública. A história das ausências e dos sujeitos ausentes é tão reveladora quanto a história dos sujeitos presentes no sistema escolar.

A infância ficou à mercê do âmbito privado, familiar, da origem, do berço, dos recursos precários ou dignos de cada família. As crianças mais penalizadas com essa visão têm sido os(as) filhos(as) das famílias populares submetidas a condições precaríssimas de reproduzir a vida familiar.

Nas últimas décadas, essa visão segregada da infância vai mudando; para algumas infâncias, muda mais rápido; para outras, demasiado lento. O reconhecimento social da infância como sujeito de direitos pressiona por uma disputa de sua presença em espaços sociais, públicos donde não teve lugar: espaços da saúde, de educação, da justiça, do direito. Até a proteção e o cuidado que sempre foram reconhecidos como mister da família, da mãe, adquirem outra qualidade ao serem reconhecidos como direitos de cidadania públicos; consequentemente, como dever do Estado.

Um avanço extremamente significativo. Reconhece-se o direito da infância a políticas públicas de proteção e cuidado, de educação, saúde, alimentação, em espaços públicos, com recursos públicos e com profissionais públicos. Uma trajetória ainda longa de disputa da infância por territórios públicos de direitos.

O direito da infância a espaços públicos

Nesse quadro de disputa de espaços públicos merecem destaque tantos esforços de redes, escolas, coletivos de educadores por abrir o sistema educacional para a infância. A história dessa disputa está merecendo mais espaço nos currículos de formação da docência e da pedagogia, na história social, cultural, na história da pedagogia e da docência.

O avanço do reconhecimento da infância-adolescência como sujeitos de direitos tem significado mudanças qualitativas no reconhecimento do papel social e político da escola, dos seus profissionais: escola espaço de garantia de direitos, docentes-educadores(as) profissionais dessa garantia; avanços que também fazem parte dessa história.

Entre reduzir as crianças e os adolescentes a mercadorias treináveis para a empregabilidade ou reconhecê-los como sujeitos de direitos há um ganho incalculável de qualidade humana e política. Ganho que eleva a pedagogia, a docência, a escola a um patamar novo de qualidade. A qualidade da escola se mede pelos avanços em sua configuração como espaço público de garantia de direitos.

Esses processos tensos de reconhecimento da infância-adolescência como sujeitos de direitos e da elevação das escolas e da docência a espaços profissionais de direitos mereceriam ser trazidos ao estudo e ao aprofundamento dos coletivos das escolas tanto docentes, gestores quanto educandos. Elaborar projetos de estudo que garantam a uns e outros o direito a reconhecer-se nesses tensos processos do avanço dos direitos.

Que as crianças e adolescentes entendam que esses avanços dos direitos chegam de maneira muito desigual para as diversas infâncias e adolescências. Para a infância pobre, negra, dos campos e periferias está muito distante seu reconhecimento como sujeitos de direitos.

Mereceria, ainda, organizar dias de estudo do ECA e oficinas onde propor intervenções nas escolas, no trabalho docente para se conformarem como espaços e profissionais da garantia desses avanços.

A disputa da infância pela entrada no sistema educacional

Os avanços na consciência do reconhecimento da infância como sujeito de direitos têm levado a uma luta primeira: disputar a entrada da infância no sistema escolar.

Como está se travando essa disputa pelo direito da infância para estar presente no sistema educacional? Na longa história da conformação de nosso sistema de instrução pública, de educação não foi cogitada a presença da infância. O direito à educação apenas começava aos sete anos. Como suposto início da idade da razão visto como a saída da infância. Consequentemente o Estado se desobrigou da educação da infância. A Lei 5.692 de 1971 alarga o direito para incorporar a adolescência de 10 a 14. Amplia para frente, nem cogitando em reconhecer seu dever de garantir a educação de 0 a 7 anos.

Poderíamos dizer que na realidade alunos de 7, 8, 9, 10 anos ainda estão no tempo da infância. De alguma maneira, ao tempo final da infância lhe foi reconhecido o direito à educação. Uma interpretação benevolente. Na realidade, a idade de 7 a 10 anos não era reconhecida como tempo de infância. Na visão tradicional aos sete anos começava a idade da razão, o final da minoridade, do estado de *in-fans*, não falante, porque não pensante. Com a chegada à idade da razão, seria possível pensar e falar, deixar de ser infante.

No pensamento educacional, na cultura escolar e docente as crianças de 7 a 10 anos não eram cogitadas como ainda estando no tempo da infância. Ainda hoje, os primeiros anos do Ensino Fundamental não são vistos nem equacionados como educação da infância.

No debate aberto sobre a conveniência ou não da entrada no ensino fundamental das crianças de seis anos um ponto tem esquentado esse debate: os de 6 anos deixarão de ser tratados como crianças que ainda são? Entretanto, não se debate e se aceita como normal que crianças de 7, 8, 9, 10 anos não tenham sido reconhecidas em nossa tradição escolar como ainda na infância, com direito à educação como infância.

A entrada das crianças de 6 anos no Ensino Fundamental não vem significando o seu reconhecimento como infância junto com os de 7, 8, 9, 10 anos. Os termos oficiais não usam sequer esse termo, optaram pelo termo escolar "anos iniciais" do Ensino Fundamental. Mais um capítulo da resistência a reconhecer a infância no território do sistema escolar onde vai entrando, porém não reconhecida como infância, mas como escolar.

Ignorada a infância, a educação se desfigura

Essa ausência da infância na história da conformação de nosso sistema de educação trouxe consequências seriíssimas para as crianças e para a própria educação, para as didáticas, os currículos e até para a teoria pedagógica. Esta que nascera colada à infância – condução da infância – dela se esquece, se afasta e até a desterra de seu próprio campo de pensar e de educar. Esse destino ou expatriação da infância do espaço da pedagogia e dos espaços e sistemas públicos de educação trouxe um empobrecimento para a reflexão teórica e para as práticas educativas, de maneira particular para os currículos. O que era seu foco, seus sujeitos, a infância, ficou de fora, à margem.

Ignorada a infância, a pedagogia não se encontra consigo mesma. É levada a pensar-se para outros tempos: o tempo da preparação para a vida adulta, reduzida ao tempo do trabalho, da inserção no mercado e no mundo letrado, no domínio de habilidades e competências para o eficaz desempenho como adultos.

Essa vinculação tão estreita do sistema escolar com a preparação para a vida adulta levou a ver na infância inclusive de 7 a 10 anos que entrava no sistema não como infância, mas como pré-adultos ou adultos em potencial, em preparação, pré-escolares, escolares, alunos. A infância de 0 a 7 anos era esquecida, nem entrava, e a infância de 7 a 10 que entrava foi ignorada como infância. A pedagogia e o sistema educacional, a própria docência e sua formação, os currículos e seus saberes não pensam nem se pensam em função da infância.

Uma lacuna que marca a educação com traços desfigurados de si mesma e desfigurantes da própria infância. Quando não se reconhece a infância, a educação e a docência não conseguem se reconhecer.

Na realidade nosso sistema de educação se nega como sistema de educação desde os primórdios de sua conformação: nasce como sistema de instrução, depois de ensino. A maioria dos documentos oficiais sobre a inclusão das crianças de seis anos a destacam como mudança no Ensino Fundamental, como ampliação do Ensino Fundamental de oito para nove anos. "Mais um ano é fundamental", como aumento do número de anos do ensino obrigatório.

Essas ênfases mostram a dificuldade de colocar as políticas a partir da sua condição de crianças, de infância. Esse traço é marcante na configuração dos currículos: nascem como espaços, territórios, onde nem se pensa, nem há lugar para a infância e sua educação, formação e desenvolvimento específico de seu tempo humano.

O reconhecimento da infância pela sociedade, como tempo humano específico de direitos, poderá reverter esses tratos, essas ignorâncias da infância no sistema educacional, na pedagogia, nos currículos e na formação de educadores? Estamos em outros tempos? Essas questões merecem espaços na formação inicial e continuada, nos seminários, congressos, oficinas.

Na medida em que a infância vai abrindo espaços na sociedade, nas ciências sociais[16], nas políticas, no campo dos direitos, podemos esperar que sua presença no sistema escolar, nos currículos será disputada. Já está sendo disputada por coletivos de pesquisa, de produção teórica, de formulação de políticas, de currículo e de formação. Disputada por redes, escolas, educadoras(es). De onde vem outras disputas?

Os defensores da infância

Os coletivos populares já na década de 1970 reagiram a esse não lugar da infância nos espaços do sistema público de educação. O movimento das mães

---

16. Recomendo o livro *Estudos da infância* – Educação e práticas sociais. Petrópolis: Vozes, 2008 [SARMENTO, M. & GOUVEA, M.C.S. [orgs.].

pró-educação de seus filhos menores se espalhou pelas cidades brasileiras. Diante da precarização do viver dos setores populares, as formas de viver da infância popular se tornam precárias. Por outro lado, as mães pressionam pela presença no trabalho, seja como direito, seja para suprir o desemprego e para contribuir na sobrevivência familiar. A infância pobre fica em um vazio de desproteção. O movimento das mães e das comunidades populares se coloca como uma de suas lutas a proteção e o cuidado que são demandados como dever do Estado e como direito da infância e das próprias mães e comunidades.

É significativo que o reconhecimento dos direitos da mulher ao trabalho e à cidadania tenha acelerado os direitos da infância a espaços públicos, tenha acelerado o reconhecimento da infância como tempo de direitos. Tanto a negação como o reconhecimento dos direitos da mulher e da infância se aproximam em nossa história. Na história tensa e lenta por direitos, ainda incompleta. O dever do Estado, as políticas afirmativas da mulher e as políticas da infância caminham tão lentas quanto as políticas de garantia e de afirmação dos coletivos segregados em nossa história, negros, indígenas, do campo e das periferias vistos em nossa história como inferiores na minoridade, na infância.

Para a infância, a resposta dos governos foi assistencial, criar creches ou conveniar creches comunitárias vinculadas às Secretarias de Assistência Social. As pressões desses movimentos pró-direitos da infância à proteção e ao cuidado, à educação não encontraram lugar no sistema público de educação. Ficaram, com extrema timidez, nos espaços assistenciais. Em creches, em sua maioria comunitárias conveniadas. O próprio povo, as mães tiveram que criar seus espaços de proteção para a infância popular porque não foi reconhecido seu direito a um lugar nos espaços públicos.

Em realidade o movimento das mães pode ser visto como um capítulo da história longa e tensa de disputa de espaços públicos de direito para a infância e para elas. As creches comunitárias podem ser vistas como a criação de seus lugares diante da negação de lugares públicos. Até hoje o nome creche remete a um espaço pobre, popular, não público. As soluções tímidas de criar algumas creches vinculadas aos territórios administrativos, públicos, da assistência e não de educação, são um capítulo a mais de como no sistema público de educação nem se cogitava abrir espaços para a infância popular. Uma página dessa história tensa de disputa da infância pelo território da educação pública.

A lentidão de conformar um lugar específico de educação no sistema público para as crianças de 3 a 5 anos é um sintoma da dificuldade de reconhecer essa infância como sujeito de direitos e consequentemente de reconhecer e assumir o dever do Estado a garanti-lo em espaços públicos. A infância de 0 a 3 anos ainda está mais distante de ser reconhecida sujeito de direitos[17].

Por que esse histórico não reconhecimento? Uma questão que pressiona o pensar pedagógico e as políticas públicas. Até onde os governos têm sido responsáveis de abrir o sistema escolar à infância? E os cursos de formação docente e pedagógica não seriam também responsáveis? Que lugar teve a infância nos currículos desses cursos?

A inclusão das crianças de seis anos, sua infância reconhecida?

A inclusão das crianças de seis anos no Ensino Fundamental provoca um debate sobre se esse é o lugar da infância, se aí entrando deixarão de ser respeitadas como crianças ou estarão fora do seu lugar, a educação na infância. Um debate em torno de qual o lugar da infância no sistema educacional.

Será aconselhável não ficar nas questões puramente gestoras: se as crianças de seis anos serão enturmadas numa espécie de pré-primeira série, ou pré-primeiro ano, se ficam nas turmas do pré ou do fundamental. O ideal será aproveitar sua inclusão para trazer questões mais profundas sobre o direito à especificidade de seu tempo humano, mental, cultural, de aprendizagem. O interessante desse debate é que vai além do lugar das crianças de seis anos e se estende às crianças de 7, 8, 9 10 anos que já estavam no Ensino Fundamental. Foram reconhecidas como infância nesse lugar ou sempre estiveram fora do lugar? Questões antes ignoradas, silenciadas, mas sempre presentes: qual o lugar da infância no nosso sistema escolar? Ausentes e sem um lugar definido? Presentes, porém não reconhecidas como infância?[18]

O interessante desses debates é que repõem o sistema de educação como um território de disputa da infância. Resulta instigante dedicar tempos de estudo para acompanhar esses debates e a produção de textos, normas, orientações vindas dos órgãos gestores para captar como essa disputa se configura. Pesquisar se a infância ganha o legítimo direito a esse lugar, porém pagando o custo de ser ignorada como infância.

Os documentos destacam os ganhos para as crianças de entrarem mais cedo no Ensino Fundamental ou os ganhos de serem pensadas como escolares.

---

17. Algumas redes municipais têm implementado programas de garantia dos direitos das crianças e das mães. Merece destaque o programa Educriança da Rede Municipal de Guarulhos, SP.

18. Merecem uma leitura atenta os textos de pesquisadores da infância recopilados pelo MEC/Dpeief. *Ensino Fundamental de nove anos* – Orientações para a inclusão da criança de seis anos de idade. 2006.

É o desejado? Quais as justificativas para incluir as crianças no sistema? Assegurar um tempo mais longo de convívio escolar com maiores oportunidades de aprendizagem... Que os estudantes aprendam mais e de maneira mais prazerosa, que se familiarizem prematuramente com o letramento e o numeramento, até para diminuir a reprovação e a repetência nas primeiras séries. Como é forte e reducionista o olhar escolar.

Se é necessário entender essa tensa história de não reconhecimentos convém não parar aí e avançar para uma promissora história de reconhecimento dos direitos da infância.

Reconhecer o direito à especificidade de cada tempo humano

Coletivos de educadores, de escolas e redes debatem essas questões em encontros e pressionam para ir além; para que o reconhecimento das crianças de 6 anos no espaço do Ensino Fundamental e as de 4 e 5 na Educação Infantil tenham significado especial: reconhecê-las como sujeitos de direito a esse espaço tido, na conformação de nosso sistema, como o único espaço-tempo de direito e dever do Estado; para que se abra um debate pelo reconhecimento das outras crianças de 7, 8, 9 até 10 anos presentes no Ensino Fundamental como sujeitos de direito à infância a ser tratadas e respeitadas na especificidade do tempo humano que vivem, a infância.

Debates que afetam aos(às) professores(as) dos anos/séries iniciais do Ensino Fundamental. Quando o direito dos(das) educandos(as) de 7 a 10 anos não é reconhecido como direito à infância, à identidade dos seus docentes-educadores se desfigura.

A incorporação das crianças de seis anos com as crianças maiores que já estão no Ensino Fundamental poderia ser uma oportunidade para reconhecer as crianças de 6 a 10 anos na especificidade de seu tempo humano, o final da infância. Lamentavelmente esse avanço não está acontecendo. Não se reconhece as crianças maiores de 7 a 10 anos como infância e se nega aos de 6 o reconhecimento parcial, não pleno de crianças-pré-escolares que ainda tinham. A mudança lamentável é de ter passado de pré-escolares a escolares, a alunos do 1° ano do Ensino Fundamental. Logo não mais na infância, condenados a prematuramente perder a condição de crianças, perder seu pertencimento ao tempo da infância como as crianças maiores de 7 a 10 já perderam.

Por que essa teimosa miopia do sistema escolar e seus gestores em não reconhecer a infância, destruí-la e ocultá-la sob a máscara de escolar, de aluno de série, ano escolar? Esse processo destruidor das crianças de seis anos como crianças antes pré-escolares provoca a antecipação da negação da infância às crianças de 4 a 5 anos agora engrossando a condição de pré-escolares, préletrados, pré-numerados, pré-candidatos à Provinha Brasil, que possivelmente seja adiantada aos 4 ou 5 anos. Pré-Provinha-Brasil?

A incorporação das crianças de 6 anos junto com as de 7 e 8 anos significa um avanço no sentido de aproximar e tratar o que há em comum nesse último tempo da infância. Consequentemente será um avanço se essa entrada significar que as crianças de 7 e 8 anos serão também respeitadas na especificidade do seu tempo de formação.

Todos esses malabarismos para descaracterizar a infância no sistema escolar têm merecido pesquisas, análises aprofundadas de coletivos para mostrar onde estão essas resistências tão arraigadas a reconhecer a infância como sujeito de direito à vivência da especificidade desse tempo humano. Reduzir a infância à condição de aluno, pré-escolar, escolar, tem agido em nossa história como um dos processos perversos de negar o direito a viver a infância e de negar seu direito a uma proposta específica de formação em seu tempo humano.

Nos últimos anos avançou significativamente a disputa pelo reconhecimento desse direito. Como pioneiros estão os grupos de pesquisadores(as) de produção teórica e de propostas de intervenção que trabalham nas universidades, nas faculdades de educação, nas escolas, nas secretarias municipais e estaduais, no CNE e no próprio MEC. Os estudos sobre a infância representam um dos maiores avanços no reconhecimento da infância como sujeitos de direitos, especificamente à educação. Os docentes-educadores têm direito a conhecer esses estudos seja na formação inicial seja na continuada, para serem defensores do direito à infância.

O currículo território de disputa da infância

A questão que fica é: Por que diante desses avanços tão significativos na produção teórica ainda é tão lento esse reconhecimento real nos órgãos de gestão e no ordenamento do sistema escolar, nos currículos e até no nomear essas crianças reduzidas a pré-escolares e escolares, em anos ou séries?

Um dos territórios onde esse reconhecimento vem sendo mais lento é nos currículos do pré-escolar e do Ensino Fundamental. Mas temos propostas pedagógicas que partem da especificidade desses tempos humanos de formação. Que trabalham a totalidade das dimensões humanas. Propostas que se defrontam com o reducionismo do domínio de habilidades de letramento e numeramento dos primeiros anos-séries do Ensino Fundamental para as crianças de 6, 7, 8 e até de 5 e 4 anos no pré.

Essas propostas que reconhecem a especificidade do tempo da infância estariam sendo marginalizadas? A Provinha-Brasil acelerou esse empobrecimento do direito à educação da infância, reduzindo seu "direito" tão esperado ao domínio de habilidades leitoras. Esse tempo tão central na sua com-formação plena como humanos fica reduzido a acelerar o domínio de competências para se inserir no *suposto* mundo letrado. Uma forma *benevolente* de negar o direito ao desenvolvimento humano pleno tão esperado e tão determinante nesse tempo humano.

Somos obrigados a levar as disputas ao território dos currículos e indagar o que há no sistema escolar de tão perverso que reduz lutas tão tensas por direitos humanos a domínios de habilidades instrumentais? Sem dúvida, tem de ser garantidas essas habilidades, mas não esgotam os horizontes mais amplos das lutas populares e da produção teórica pelo direito à educação, à proteção, ao conhecimento, à herança cultural, aos valores, às memórias e identidades. A disputa da infância por que currículos e por que organização está posta.

Destacamos como a chegada da infância ao sistema educacional nos defronta com as primeiras questões: haverá lugar para as crianças? Serão reconhecidas como crianças? Se reconhecerá seu direito à especificidade da formação-educação na infância? Haverá lugar no ordenamento escolar e no ordenamento curricular? Apontamos que essas questões são objeto de tensas disputas, o que representa um avanço. Os estudos e debates sobre essas tensas disputas estão presentes nos encontros, oficinas, dias de trabalho das escolas e dos coletivos.

Questões que nos levam para outras indagações fundantes: Como ver a infância? Como a pedagogia e os currículos têm pensado a infância? Como será pensada no nascente sistema de educação da infância? Reproduziremos o que sabemos fazer, ensinar e organizar no Ensino Fundamental? Com a mesma organização de tempos-espaços, trabalho docente, dos conteúdos curriculares e de suas avaliações? Com a mesma formação de professores do Ensino Fundamental?

Que organização-estrutura para a educação na infância

O reconhecimento da infância como sujeito de direito à especificidade de seu tempo de formação nos leva a uma questão mais radical: como conformar uma organização-estrutura que garanta esse direito.

Poderíamos pensar em pautas de trabalho que inventam as(os) educadoras(es) da infância. Dedicar dias de estudo, oficinas a pensar sobre algumas indagações com que nos defrontamos e sobre intervenções que tentam configurar o tempo, o espaço, o ordenamento, a estrutura específicos da educação na infância.

Partir de uma constatação positiva: essas infâncias reais batem nas portas do sistema escolar, reivindicam o direito a entrar como um lugar de direito. Até as famílias, as mães populares reivindicam, faz décadas, o direito a espaços públicos de proteção, cuidado e educação de seus filhos menores. Mas em que lugar? Com que estrutura? Já se reconhece como um dever do Estado abrir espaços e estruturas específicas para as crianças de 6 e até de 4 a 5 anos. As pressões continuam para que o Estado garanta esse direito desde os primeiros meses de vida.

Esse avanço da consciência social, pública do direito da infância a espaços públicos de educação no sistema público nos defronta de um lado com as pressões dentro do Estado, dos governos e municípios por espaços de educação, acolhida, proteção, cuidado da infância. Pressões sobre o Estado para cumprir seu dever. Mas nos defronta de maneira imediata com o próprio sistema escolar. Em que organização, em que espaços-tempos incluir essas crianças? Nas creches? Nos pré-escolares? Nas séries ou anos de ensino? Em uma estrutura específica de educação a ser inventada?

Para avançar na conformação de uma organização-estrutura que garanta o direito das crianças à infância será necessário aprofundar os desencontros, até as violências com que a infância é negada na estrutura de tempos, de ordenamentos do ensinar-aprender estruturantes de nosso sistema escolar. Esse sistema é visto como um dado inquestionável onde terão de ser inseridos todos, cada aluno independente do tempo humano social, mental, cultural, de aprendizagem. Os profissionais da docência e da pedagogia têm direito a visões mais críticas dessa pesada estrutura escolar que vitima educandos e educadores.

A infância não cabe nessas estruturas

Algumas lições podem servir de referência. A estrutura de séries, anos de Ensino Fundamental em que as crianças de 7 a 10 anos foram incluídas por décadas não tem respeitado seu tempo de infâncias, nem a especificidade de seus processos de formação, seus tempos mentais, culturais, identitários; tem ignorado e secundarizado os processos de desenvolvimento que carregam nessa idade, tem ignorado os saberes, valores, culturas, aprendizados de si, do seu viver.

O ordenamento curricular secundariza esses delicados processos e reduz o tempo de escola dessas infâncias ao domínio de habilidades a serem avaliadas em provas-provinhas por resultados. A organização dos tempos de ensino-aprendizagem não respeita a especificidade de seus tempos de aprender, de socialização, de descobertas, de ação. A organização segmentada, linear, rígida do que aprender e como ensinar-aprender-avaliar se choca com os processos mentais próprios de mentes infantis.

Os docentes-educadores são obrigados a seguir essa organização e os alunos são forçados a seguir com êxito estes percursos ou serão reprovados, retidos e humilhados.

A prova mais clara desses desencontros entre a estrutura do Ensino Fundamental e os processos de aprender da infância são os altíssimos índices de reprovação-repetência desde a 1ª série e ao longo de todas as séries. O argumento – os alunos têm problemas de aprendizagem – aponta para algo que não está nas mentes infantis, mas no desrespeito a seus processos-tempos de aprender que as estruturas do Ensino Fundamental impõem. Culpar os educandos e as supostas incompetências dos mestres é uma forma de não reconhecer os desencontros entre as estruturas escolares, a organização dos tempos de ensinar-aprender e os processos específicos de aprender de crianças, inclusive de 7 a 10 anos. Desencontros que desrespeitam a especificidade de seu tempo humano submetendo a infância a uma organização que violenta seus processos de desenvolvimento pleno.

O sistema escolar virou uma máquina de destruição de identidades infantis positivas. Aí estão os vergonhosos índices de reprovação-retenção na 1ª série, no 1º ano e em todas as séries iniciais. Essa máquina de destruição de identidades ainda é mais humilhante para as crianças populares, pobres, negras, dos campos e das periferias sobre as quais pesam representações sociais tão negativas em nossa sociedade. Toda criança cedo na escola para cedo ser destruída em sua autoestima?

A história da mãe doméstica e da filha é apenas uma das milhares de histórias de infâncias envergonhadas, quebradas pelo nosso sistema público de educação.

Os altos índices de reprovação-repetência nos adolescentes das últimas séries-anos finais do Ensino Fundamental confirmam que essa estrutura de tempos, processos, lineares, fechados, sequenciais não correspondem nem sequer aos processos de aprender adolescentes. Como impor essas estruturas às crianças menores? A tendência tem sido reproduzir no pré-escolar, até nas crianças menores de 3, 4, 5 anos essas linearidades, segmentações, sequências e rituais de avaliação, sentenciação, reprovação.

Aprender com as educadoras da infância

Para avançar na organização da educação na infância respeitando a especificidade de seu tempo teríamos de partir de uma análise aprofundada dos impasses históricos entre a organização que temos e a infância de 7 a 10 anos submetida e massacrada nessa organização do Ensino Fundamental.

Há produção teórica fundamentada em pesquisas que merece ser levada em conta para convencer-nos que essa organização de tempos, linear, sequenciada, segmentada, reprovadora não tem dado conta do direito a um percurso formador da infância nos primeiros anos do ensino nem dos adolescentes nas séries finais.

É preciso nos convencer de que a inadequação dessa organização à especificidade desses tempos de formação e de aprendizagem é o maior responsável de tantos percursos truncados e negados. Enquanto não mexermos nessa organização, nesse ordenamento e nessa estrutura o direito à educação das infâncias de 6-10 anos e até dos adolescentes continuará ameaçado.

Se reconhecemos essa inadequação entre organização escolar, curricular dos tempos-espaços, ordenamentos do Ensino Fundamental e o tempo final da infância não teremos coragem, nem motivação pedagógica e ética para impor esse ordenamento e essa organização para as crianças de 3-4-5 anos e menos ainda de 0-1-2 anos de idade.

Seremos obrigados a inventar algo que não temos, uma organização e uma estrutura específica que respeite, não violente os processos de formação, socialização, desenvolvimento pleno, de aprendizagens próprios do tempo humano, social, cultural, identitário da infância. Uma tarefa nada fácil, mas imprescindível.

Como avançar nessa delicada empreitada? Mapeando, identificando e ressignificando tentativas já existentes em tantos educandários e em tantos coletivos de educadoras da infância.

Há muita criatividade nesses coletivos, muita sensibilidade para adequar tempos, espaços, processos pedagógicos à especificidade de cada coletivo de crianças. Aprender com as profissionais da educação da infância como construir territórios públicos, de direitos da infância.

Essa criatividade começa por abandonar a figura da creche, berçário, reservatório de crianças pobres, populares sem espaços apropriados. Avançar por onde redes municipais avançam, inventando espaços físicos arquitetônicos planejados para a especificidade de corpos, convívios infantis. Inventando a organização espaçotemporal específica para a socialização, convívios, desenvolvimento humano pleno da infância.

Avançar para formas de organizar o trabalho dos coletivos de educadoras(es) que superem os recortes segmentos disciplinares e superem o aprendizado forçado, prematuro de competências e habilidades pré-escolares. Desterrando lógicas avaliativas, processuais, pragmatistas, humilhantes, classificatórias, tão do gosto de tecnocratas que desrespeitam os educandos e educadores.

Que a chegada tardia da infância reeduque nosso sistema escolar para ser mais humano, mais público, mais espaço digno de sujeitos de direitos.

Representações sociais da infância

Talvez seja porque a criança é um ser incompleto que a literatura para a infância está repleta de ajudantes [...] que, no momento de perigo, surgem por milagre para libertar do embaraço.

Georgio Agamben

No texto "O direito da infância por territórios públicos", destacávamos que estamos avançando no reconhecimento das crianças como sujeitos de direitos. Esse reconhecimento político tão positivo tem na defesa de seu direito à educação e à escola, ao conhecimento e à formação plena um dos processos mais afirmativos. Vimos que esses avanços encontram resistências em representações sociais inferiorizantes, negativas das crianças, sobretudo populares.

De fato, quando as famílias, as mães e tantas(os) educadoras(es) se empenham em garantir os direitos das crianças estamos em uma tensa disputa por representações e visões sociais da infância. Como entender essa disputa? Que visões desconstruir? Com que visão crítica? Como avançar no reconhecimento da infância como sujeito de direitos? Coletivos de educadoras já se defrontam em oficinas com essas questões.

Poderíamos partir de uma hipótese: com a visão da infância ainda dominante na sociedade e no sistema escolar não avançaremos na conformação de uma proposta de educação na infância. Somos obrigados a aprofundar como temos pensado a infância em nossa tradição social, cultural e pedagógica.

Nos encontros, oficinas, dias de estudo dos coletivos de educadoras(es) docentes que trabalham com as crianças menores ou com a infância nos primeiros anos-séries podemos observar uma metodologia de trabalho que parte das visões da infância a superar, que dominam nossa cultura social, política e pedagógica. Ter uma visão aprofundada dessas visões será precondição para superá-las. Mas os coletivos não param aí, e levantam e aprofundam a diversidade de práticas inspiradas em outras visões. Neste texto tento explicitar os significados dessas questões.

Repensar os imaginários escolares da infância

Podemos começar aprofundando as representações com que a pedagogia, a docência e os currículos pensam a infância.

A pedagogia, a docência, o material didático tem suas representações da infância. Como vimos, predominam visões escolarizadas. As educadoras da infância se contrapõem a visões, negativas e genéricas, da infância, dominantes no sistema escolar, mas essas imagens resistem. Não avançaremos na garantia do seu direito à educação se não superarmos essas visões.

As pesquisas e análises, as diretrizes e os tratos das crianças que já estão no sistema escolar, seja na Educação Infantil, seja nos primeiros anos de Ensino Fundamental, vêm destacando que a infância é ignorada ou pensada com traços negativos. Que o currículo e o ordenamento dos tempos-espaços, as didáticas, as avaliações, a formação dos seus profissionais nem sempre partem de seu reconhecimento como crianças. Ainda persistem visões que ignoram a especificidade e diversidade de vivências desse tempo humano, de formação plena, que ignoram suas identidades e diferenças de gênero, classe, raça, etnia, território que desde criancinhas vão construindo na família, no parentesco, nas sociabilidades de rua, de gênero, de raça, de origem.

Constatações de extrema seriedade, sobretudo pelas consequências para avançar em tratos mais pedagógicos da infância. Esses imaginários escolares tão reducionistas da infância têm contaminado as propostas pedagógicas e até a docência. Questões que vêm merecendo dias de estudo e análises sobre essas consequências.

Uma consequência: Ignorando essas identidades o sistema escolar impõe sua identidade, seu nome, pré-escolar, escolar, aluno da 1ª série, do 1º ano... aprovado, reprovado, com problemas de aprendizagem, na média ou abaixo da média... Como se a entrada no sistema fosse o 1º registro, o 1º nome. Como se antes e fora da escola nada fossem. Por que a escola teima em ignorar processos identitários, valores, saberes, formas de pensar aprendidas na pluralidade de espaços e de relações vividas desde a infância?

Outra consequência: o reducionismo escolarizante da infância no pré-escolar e nas primeiras séries-anos do Ensino Fundamental – ou esse não reconhecê-las como infância – tem marcado profundamente as propostas pedagógicas, curriculares. Reduzidas as crianças de 4 a 10 anos a pré-escolares, escolares, as propostas terminam pagando um reducionismo lamentável – dominar competências, habilidades. Redução das avaliações a esses domínios. Consequentemente redução do padrão mínimo de qualidade aos resultados nos domínios dessas habilidades.

E o que é mais grave: reduzir seu direito à educação a esses reducionismos. Consequentemente reprovar, reter, desqualificar como incapazes mentais, por não dominarem no tempo predefinido essas habilidades, a milhões de crianças que tanto esperaram pelo acesso à escola e a seu direito à educação-formação plena como humanos.

Uma lição fica marcante nos coletivos de educadores(as) que tentam aprofundar nas visões da infância ainda predominantes na cultura social e pedagógica: enquanto não superarmos esse reducionismo da infância a pré-escolar, escolar-aluno e não a reconhecermos como um tempo humano pleno, não propedêutico à inserção reducionista no mundo letrado ou numerado, continuaremos exigindo habilidades a que têm direito, porém às custas da garantia do direito à educação-formação plena na infância. Está em disputa a compreensão do direito à educação na infância.

Na medida em que avança a crítica aos imaginários escolares, reducionistas da infância vão se abrindo às possibilidades de outras formas de pensar as crianças, com visões mais positivas. Estamos nesse momento fecundo e promissor nas pesquisas, na produção teórica, nos estudos da infância e, sobretudo, na postura positiva de tantos(as) profissionais-educadores(as).

Nos dias de estudo e nas propostas pedagógicas podemos constatar outras formas de pensar a infância. Outros tratos(as) educativos. Vejamos.

Infância tempo de direito ao desenvolvimento pleno

Se é necessária uma visão crítica dos imaginários da infância, não será suficiente. Nos dias de estudo os coletivos avançam para levantar e aprofundar na pluralidade de práticas de que são autores inspirados em outras visões mais respeitosas do ser criança. As pesquisas e a reflexão teórica vêm avançando nos embates pela superação desses reducionismos, mostrando aspectos de extrema relevância no reconhecimento da infância e na sua função de potencialização das suas vivências e de seus múltiplos aprendizados na singularidade dessa fase da vida e da formação.

Muitos(as) educadores(as) avançam na garantia desse direito, fazendo da sala de aula um espaço de formação das crianças como leitores de si mesmos, de sua realidade, de mundo, dos sentidos e sem-sentidos de suas vivências, sua história, suas memórias e identidades coletivas. A alfabetização e o letramento adquirem a condição de eixos estruturantes, mas não únicos quando articulados ao direito ao desenvolvimento da criança como ser humano-cidadão pleno.

Na Educação Infantil ainda há uma visão ampliada do direito à educação, ao desenvolvimento da pluralidade de dimensões conformante do sermos humanos. Lamentavelmente essa visão ampliada irá se estreitando ao chegar ao pré-escolar e escolar.

O tempo da infância passou a ser pesquisado e analisado pela diversidade de áreas do conhecimento, o que tem enriquecido a compreensão desse tempo geracional humano como um tempo que condensa o desenvolvimento da pluralidade de dimensões da nossa conformação como humanos. Reduzir a visão da infância à condição de letrandos tem bloqueado a pedagogia e as propostas de sua educação a incorporar esse acúmulo de análises sobre esse tempo humano e sua formação. As consequências são sérias: desconhecemos esse tempo humano ao reduzi-lo a tempo de letramento para a inserção no mundo letrado. Empobrecemos a educação da infância e a formação dos seus profissionais ao reduzi-los a alfabetizadores e letradores. Muitos(as) profissionais ampliam suas artes de educar na infância, enriquecem suas identidades educadoras.

Partir das formas concretas de viver não viver a infância

Há propostas educativas que tentam superar visões genéricas de infância aproximando-se da infância real.

Quando a infância real passa a ser o foco, os coletivos são levados a não ignorar a diversidade de formas de vivê-la e as propostas pedagógicas são obrigadas a se articular com a especificidade das formas de viver as infâncias, condicionadas por suas diferenças sociais, étnicas, raciais, de gênero, campo, cidade, periferias... Visões genéricas de infância única são superadas.

A diversidade de coletivos de origem e as diferenças nas formas de reconhecimento, classificação, inferiorização a que foram submetidos como coletivos diferentes-desiguais em nossa história marcam profundamente as possibilidades de vivências da infância dignas ou indignas, justas ou injustas.

Dar destaque a essas diferenças sociais, étnicas, raciais, de gênero, campo, periferias é uma precondição para toda política e proposta sérias de educação na infância. Aumenta a sensibilidade e o respeito às diferenças.

Os avanços na compreensão da infância, das infâncias vêm orientando propostas pedagógicas e curriculares cada vez mais focadas na especificidade da infância e na diversidade e até precariedade de formas de vivê-la. Até de negá-la. A entrada das infâncias-adolescências populares nas escolas públicas pressiona por superar visões genéricas de infância. Consequentemente pressiona por superar propostas pedagógicas, curriculares, didáticas, avaliativas, genéricas, descontextualizadas da diversidade de formas de viver esse tempo humano. Frequentemente de formas tão desumanas de mal vivê-lo tão atreladas às diferenças de classe, gênero, raça, moradia, campo, periferia.

Das escolas públicas e de seus profissionais vem a urgência de pensar e elaborar propostas e currículos mais contextualizados que partam das formas concretas de viver a infância e de suas diferenças.

Não será suficiente afirmar a singularidade do tempo da infância como tempo geracional específico para elaborarmos uma proposta pedagógica, curricular, didática e avaliativa para a educação de uma infância genérica, mas avançar para propostas mais focadas, afirmativas para a diversidade de vivências da infância.

A escola pode ser uma experiência humanizadora para toda criança ou adolescente, mas terá um sentido humanizador muito especial para tantas crianças e adolescentes roubados em suas condições de humanização. Questões de extrema densidade político-pedagógica trazidas para a conformação de propostas de educação da infância pelas crianças-adolescentes populares que vão chegando interrogantes às escolas públicas.

Visão crítica das representações sociais da infância

Nos processos que os coletivos de educadores-docentes vêm fazendo de aprofundar e desconstruir visões negativas, genéricas e reducionistas da infância, uma questão surge com destaque: essas visões são uma produção exclusiva da pedagogia, da escola e do currículo? Não fazem parte de uma produção histórica enraizada na cultura social e política?

Vem de longe imagens carregadas de carências que pesam sobre o tempo da infância. Que inclusive pesam sobre a docência. Não é esta quem produz as imagens inferiorizantes, ela as padece. Nos tempos de formação de educadores(as) da infância se vem fazendo esforços não apenas por entender como a escola pensa a infância, mas como é pensada na sociedade, na cultura, nas representações sociais, na história[19].

Quando nos aproximamos dessa rica produção teórica percebemos que não apenas a pedagogia, mas o imaginário social se debate entre ver a infância

---

19. KOHAN, W. *Infância*: entre educação e filosofia. Belo Horizonte: Autêntica, 2003. • VEIGA, C.G. & FARIA FILHO, L.M. *A infância no sótão*. Belo Horizonte: Autêntica, 1999. • SANTO, K.C.N. et al. (orgs.). *A infância na mídia*. Belo Horizonte: Autêntica, 2009.

como o refúgio de um tempo lúdico ou como o retorno nostálgico ao passado. Uma visão com traços ora romanceados ora compassivos com uma infância inferiorizada.

A visão social é bastante negativa, ou pelo negativo, pela carência, pela incompletude. O termo *in-fans*, sem fala, sem verbo, sem pensamento tem uma longa história e profundo enraizamento na cultura social. Todas as crianças são catalogadas em imaginários niveladores: não entendem de nada, suas falas e ações apontam infantilidades, um termo referido à infância e carregado de negatividades, modos pueris; porque crianças, ainda, não tem feições claras, identidades definidas, não amadureceram; são imaturas. Estão nos começos da vida, da longa viagem.

Não apenas no pré-escolar, mas no pré de um longo percurso humano, no pré de aprendizagens e maturidades. Como essas imagens persistem ao longo da história do pensamento sociocultural. Nada fácil superá-las. Elas impregnam as políticas da infância.

As crianças são pensadas sem um lugar definido na hierarquia geracional ou nos começos, na antessala dos tempos mais definidos como juventude, vida adulta. Não sabemos quem são nas indefinições, sem feições claras. Sem rosto, logo sem direito. Assim vão chegando ao sistema escolar, aos cuidados da pedagogia e da docência, porque vistos assim sem feições claras, sem um lugar, sem identidade e sem direitos, o sistema escolar, a pedagogia, os currículos e as didáticas precisaram nomeá-los, dar-lhes um nome: pré-escolar e escolar.

Nessa forma social tão confusa de ver a infância, a escola, a docência e a própria pedagogia tiveram extrema dificuldade de conformar um lugar, uma estrutura, um ordenamento, uma proposta e uns profissionais para um tempo tão indefinido. Daí que a pretensão de incorporar a infância assim pensada seja um dos desafios mais desestruturantes nas políticas e na gestão da educação, na formação de educadores(as) e na formulação de currículos.

Tão desestruturante que a inclusão da criança de seis anos não é reconhecida como vivendo no tempo da infância. Será nomeada como escolar no 1º ano fundamental. Isso é o fundamental, o que a tira dessa confusa indefinição e a definirá com precisão como alfabetizanda, letranda.

A pedagogia terra fértil para o cultivo das representações sociais da infância

Precisamos aprofundar mais sobre essas visões da infância não apenas na pedagogia, no currículo ou na docência, mas principalmente no pensamento sociocultural. A pedagogia não inventou essas visões da infância, mas com elas se debate e com frequência as legitima. Será injusto culpar a docência, o currículo, a teoria pedagógica por visões que não são exclusivas de seus campos, mas tem raízes profundas no pensamento, na ordem, na cultura e nos valores de nossa sociedade.

A questão preocupante é porque essas visões de infância encontraram terra tão fértil na teoria pedagógica, porque resistem a tantas tentativas de desenraizá-las.

Seria necessário dedicar tempos de estudo na formação inicial e continuada para destacar os aspectos, traços mais marcantes da visão social e cultural da infância e como persistem na visão pedagógica, curricular, docente. Por exemplo, a visão de infância incompletude, imaturidade, sem identidades, no pré do percurso humano, sem fala, sem pensamento, com déficit mental.

Traços marcantes nas propostas/currículos de educação da infância de 0 a 10 anos. A pedagogia não carrega apenas traços isolados dessas visões sociais, as reproduz e as legitima no universo sociocultural.

Talvez o traço mais marcante: infância ser pré-humano, sem rosto, sem feições claras, indefinido; logo, sem direitos. Não está aí uma das raízes históricas sociais e políticas para a resistência do sistema escolar, do Estado e de suas políticas para reconhecer a infância como sujeito de direitos? Para mantê-la num lugar indefinido no sistema escolar.

Os imaginários da infância e as autoimagens da pedagogia

Avancemos perguntando-nos o que é mais determinante nessa visão da infância vista pela falta, pela carência? A autoimagem da pedagogia está colada a essa visão negativa da infância. Esse tempo humano visto como incompletude tem levado a própria pedagogia a se autoafirmar como tentativa promissora de ir completando, de ir aproximando o ser humano desde os começos de um percurso da minoridade à maioridade, da imaturidade à maturidade.

O percurso escolar se promete a si mesmo ser a redenção de todas as carências, das incompletudes com que a infância é pensada. Como a expressão síntese do percurso para maturidade. Essa ênfase na infância como incompletude e da pedagogia como redentora, condutora para a completude tem deixado marcas profundas na pedagogia e na escola, nos currículos e na docência.

A proposta de Educação Infantil terá as marcas de como as crianças sejam pensadas. A pedagogia não conduz a infância, ela é conduzida pela visão que a sociedade tem da infância. A pedagogia não se pensou para pensar a infância, mas se pensa no pensar social da infância e como ela tem pensado a infância.

Essa visão da infância como algo não conformado, frágil, imaturo tem auxiliado a pedagogia para se autoafirmar e pensar como conformante do adulto maturo na infância imatura. Sem essa forma de pensar a infância a pedagogia não se pensaria como se pensa. Não apenas a pedagogia escolar, mas a pedagogia familiar, empresarial, até a empreitada civilizatória colonial e todas as empreitadas civilizatórias precisaram reduzir os coletivos civilizáveis à condição de inferiores, imaturos, primitivos, infantis, incultos. Até in ou sub-humanos. Consequentemente necessitados e carentes de pedagogos, civilizadores, adultos, dirigentes, conscientizadores, catequistas e docentes para levá-los da imaturidade à maturidade, da incultura à cultura, da sub-humanidade à humanidade, da inconsciência à consciência crítica.

Os imaginários inferiorizantes da infância operam na mesma lógica para todos os coletivos humanos inferiorizados nas relações sociais e políticas, econômicas, culturais e pedagógicas de dominação-subordinação-opressão: trabalhadores, mulheres, indígenas, negros, pobres, favelados, do campo, das periferias... Toda empreitada civilizatória, educativa se autoafirma à medida que sacrifica os outros como inferiores na infância cultural, civilizatória, educativa, intelectual ou moral. Na empreitada civilizatória a pedagogia recebeu a infância-adolescência e não é fácil dela se libertar.

Quando aprofundamos e entendemos o peso histórico, social, político e cultural dessas representações sociais passamos a entender melhor a docência, a pedagogia, as tensões de nosso ofício.

As profanações da infância e suas mensagens indecifráveis

A relação infância/pedagogia tem sido tensa. Estamos em tempos de alta-tensão. Porque pensávamos saber quem são as crianças, quem são os coletivos inferiorizados, mais recentemente a pedagogia reconhece que não sabemos quem são. Mudaram tanto que quebraram nossos imaginários. Sempre que os coletivos inferiorizados e a infância real não coincidem com a infância pensada na sociedade e na pedagogia, ambas entram em crise.

Essa alta tensão provocada pelo fato de a infância-adolescência se mostrar outra, a pedagogia e docência são obrigadas a repensar-se. As consequências desse quadro têm ocupado os educadores-docentes. Alguns pontos têm merecido especial atenção. Diante dessas infâncias outras, amadurecidas à força, profanadas, a pedagogia é forçada a ser outra? Como decifrar as mensagens de infância profanadas? Apelar a que ajudantes? Como recuperar a graça do inumano?

Quando a infância é outra a pedagogia é forçada a se pensar outra. Quando a infância é um desconhecido a pedagogia se desconhece a si mesma. Quando a infância-adolescência é vista como inimiga, ameaçadora, a pedagogia se desestrutura, deixa de ser pedagogia e vira controle, repressão, reprovação, punição.

Nada fácil decifrar a infância. Quando esperamos que sejam anjos, mensageiros de esperanças, do futuro, a pedagogia teve dificuldade de decifrar suas mensagens. Mas quando suas vidas quebradas carregam mensagens indecifráveis a nossas leituras ou carregam mensagens demasiado desestabilizadoras para nossos olhares tão angelicais torna-se difícil à pedagogia decifrar mensagens de uma infância mensageira não mais angelical, mas carregada de outras mensagens duras de ouvir, de decifrar e de ressignificar.

A pedagogia nasceu e se idealizou decifrando mensagens de crianças-anjos ou de não falantes. Em tempos em que a sociedade nos entrega infâncias-adolescências tão quebradas e precarizadas teremos de aprender a decifrar mensagens mais duras, mais pesadas[20].

A infância-adolescência continua mensageira para a pedagogia. No entanto, as mensagens, os conteúdos e até as falas e escritas não são mais aquelas que eram e que aprendemos a ler e decifrar. A infância hoje nos diz que nosso letramento não dá mais conta de ler, entender seus textos-contextos em que tecem suas vidas.

Falta à pedagogia o letramento capaz de ler os textos de vida, da diversidade de infâncias.

A infância, de um tempo sagrado, transforma-se em profanado, precarizado. Para a mídia e até para certas pedagogias é a própria infância que está se autoprofanando com suas violências. Para análises mais sérias é a sociedade que profana, precariza o viver de tantas infâncias. Como ver essas profanações da infância? As infâncias-anjos hoje profanadas exigem de nós outros letramentos para entendê-las, para decifrar suas desconcertantes mensagens.

Sem esse outro novo letramento a pedagogia cairá na postura mais fácil: punir, condenar, reprovar, essas infâncias-adolescências porque a sociedade as destrói e obriga a aprendizados-mensagens não mais angelicais.

Por aí caminham as políticas punitivas, até de extermínio das infâncias-adolescências fora da lei, em conflito com a ordem. Até com a ordem escolar.

---

20. Aprofundo esses processos no livro *Imagens quebradas* – Trajetórias e tempos de alunos e mestres. 6. ed. Petrópolis: Vozes, 2010.

Reconheçamos que as crianças-adolescências continuam cumprindo a velha função dos anjos-mensageiros, porém com outras mensagens, chocantes, indecifráveis. As reportagens, filmes, novelas sobre a infância-adolescência revelam que todos estamos perplexos não tanto das formas brutais de viver esses tempos, mas das mensagens desafiadoras que carregam.

Mensagens que chegam às salas de aula de crianças-adolescentes ora confiáveis, ora ameaçadores, ora maduros, ora imaturos, ora iniciando a viagem, ora tendo chegado longe demais, ora ávidos aprendizes, ora cansados de aprendizados prematuros, ora *in-fans*, ora sentenciando verdades-vivências pesadas, gestos infantis, pueris e gestos descarados, ameaçadores, teimando em entrar na escola, mas trazendo seu pertencimento a outros mundos, com outras vivências que perturbam a suposta paz das escolas.

Ajudantes pequenos demais para crianças "adulteradas" prematuramente

Com essas ambivalências, crianças-adolescentes fazem-se presentes nas ruas e entram na escola, desafiam a pedagogia, a docência e os currículos. Desafiam a ordem. Tentarmos ser fiéis à infância-adolescência de nossos sonhos, punindo e ignorando a realidade dessa infância-adolescência real será uma forma de traí-los e de trairmos.

Agamben G. nos lembra:

> Talvez seja porque a criança é um ser incompleto que a literatura para a infância está plena de ajudantes, seres paralelos e aproximativos, pequenos demais ou grandes demais, gnomos, larvas, gigantes bons, gênios e fadas caprichosos [...] e outras pequenas criaturas encantadas que, no momento do perigo, surgem por milagre para libertar do embaraço a boa princesinha [...] (p. 32)[21].

A pedagogia se identifica como um desses ajudantes. Todos esses personagens desaparecem quando vai chegando a maturidade, a vida adulta. Para a escola desaparecem antes, na entrada da adolescência. Esta não tem ajudantes, nem fadas, nem pedagogias, apenas conhecimentos sérios, duros, avaliações, provas e punições. Os ajudantes apenas ficarão como evocações em suas recordações da infância curta, que passou sem deixar saudades.

Impressiona o apego da pedagogia em rodear a infância desses ajudantes. Na Provinha-Brasil cada questão vem acompanhada de um bichinho, um

---

21. AGAMBEN, G. *Profanação*. São Paulo: Boitempo, 2007.

gatinho, ursinho, uma florzinha, uma historinha. Ajudantes pequenos demais, do reino da natureza para onde se imagina ainda viver a infância. Não vivem nem frequentam jardins de infância, apenas creches, ruas.

A questão que se coloca é de que servem esses ajudantes, essas fadas e pequenas criaturas encantadas e até a pedagogia, quando as formas de viver a infância têm de reproduzir trabalhos, formas de sobreviver, condutas não mais de seres incompletos, mas como protagonistas "adulterados" prematuramente.

Essas infâncias chegam à pedagogia menos lineares, menos planas, mais complexas do que suas representações de imaturas, angelicais. Perderam e ao mesmo tempo tentam manter a graça e a inocência do inumano, do incompleto. A infância destruída antes de se tornar um rapaz, antes de anunciar sua mensagem de que ainda existe um país das maravilhas, para a infância. Trocam suas mensagens mostrando em seus corpos as marcas da fome, da violência, da desproteção.

Dos professores se espera que sejam os gigantes bons, os gênios e as fadas que os libertem. Serão cobrados e condenados se não os libertarem. Exigências hipócritas de uma ordem social que destrói a infância e a entrega em cacos à escola pública e a seus profissionais.

A literatura infantil, o material didático, a ludicidade, o faz de conta, a pedagogia continuam fazendo tudo para ressuscitar a infância perdida, recuperar a graça do inumano, do incompleto, a frescura do imaturo que há em toda criança. É fácil observar como cada vez mais cedo nos primeiros anos do Ensino Fundamental e até do pré os(as) educadores(as) perdem o entusiasmo em acreditar em uma tarefa pedagógica que se vê como impossível quando a sociedade destrói a infância e a condena a formas de viver de gente grande. Por onde avançar? Com que pedagogias?

Superar visões e promessas messiânicas

Reinventar a pedagogia exige superar visões e promessas messiânicas ao menos para não sermos punidos por deixar de cumpri-las. A docência é a vítima mais penalizada das crenças ingênuas da pedagogia: ser a salvadora da infância. Quando a pedagogia e a escola trazem para si a missão de salvar a infância ameaçada será exigido dos seus(suas) educadores(as) o cumprimento dessas promessas impossíveis. Serão responsabilizados de tantas promessas impossíveis. Até punidos.

A toda visão da infância como imatura tem correspondido imagens de ajudantes messiânicos. De uma pedagogia messiânica não superada na pedagogia secular, profana. Uma pedagogia guia, ajudante, que aponta o caminho, a travessia, as estações, estágios, passagens para a maturidade. A pedagogia, a escola e o currículo se autoidentificam como conhecedores desses percursos, travessias e destinos. Mais ainda, como precondição para esses destinos.

O percurso escolar é apresentado às crianças e adolescentes com as mesmas conotações religiosas com que os oráculos prediziam a sorte porque conhecedores dos segredos dos deuses ou dos astros. Os discursos inculcam o que a realidade vivida desmente. Do percurso escolar dependerá o destino da criança-adolescente quando adulto. O destino na vida, no trabalho, no amor, na cidadania consciente, crítica, participativa. A escola, o percurso curricular como a máquina da sorte, como o jogo da sorte, do destino implacável.

É desconcertante ouvir de gestores de políticas o argumento para incluir as crianças de 6 anos no Ensino Fundamental e até de esticar a obrigatoriedade escolar para crianças de 4 a 5 anos que assim terão mais sorte em um percurso escolar sem reprovações, retenções e fracassos. Aprenderão cedo os segredos da sorte, das possibilidades de ser alguém. "Criança-adolescente, se não estudas não serás ninguém, estuda e serás alguém".

Crenças que alimentam mais a pedagogia, a docência e os currículos do que as sabidas e descrentes crianças-adolescências. Sabem cedo que é seu presente vivido que reproduz o passado de suas origens, que prediz seu futuro. "Pobre nasci, pobre sou, pobre serei". A realidade, a história é mais preditiva do que os oráculos ingênuos. A infância em seu viver destrói essas visões e promessas messiânicas da pedagogia.

Pedagogias reveladoras do humano que permanece nas infâncias

Muitos coletivos docentes-educadores tentam decifrar essas novas mensagens da infância-adolescência com que convivem, aprenderam que sua função de ajudantes perdeu força e que reproduzir pedagogias messiânicas está fora do lugar. Avançam em posturas críticas às visões da infância e da pedagogia, do currículo e da docência que aprenderam nos cursos de licenciatura e de pedagogia.

Levar a sério as indagações desestabilizadoras que vêm da infância-adolescência real é hoje um dos processos mais tensos de maturidade profissional, teórica e pedagógica. Por onde se avança nessas tentativas profissionais de levar a sério essas indagações desestabilizadoras? Destaquemos alguns pontos para nossas análises e intervenções.

Só reinventando os ajudantes e a própria pedagogia para acompanhar crianças-adolescências forçados a viver prematuramente como gente grande.

Amadurecidas à força, não mais imaturas, com a candura e a graça de imaturidade, mas com a seriedade e a dureza da prematura maturidade. Tem sentido pedagógico puni-los porque a sociedade destruiu prematuramente sua imaturidade pueril? Tem sentido punir os seus mestres?

Seria mais instigante tentar entender essas mensagens, decifrá-las e conformar pedagogias que ressignifiquem essas vivências injustas e indignas.

O desafio para a pedagogia será tentar entender o quanto de humano, de valores, de exercícios de liberdade, de saberes aprendem nessas vivências desde crianças. Precocemente foram colocadas diante de formas de viver no presente situações de humanizar-se ou desumanizar-se e aprenderam de seu grupo familiar a reagir, a conviver, a construir espaços, relacionamentos, a ajudar, cooperar para tornar seu viver e da família menos indigno, mais justo e mais humano.

Com que pedagogias, em que atividades descobrir, revelar o quanto de humano carregam em seus percursos incipientes e, sobretudo, revelar os saberes, valores, resistências, esforços coletivos das famílias, da mãe, sobretudo, por esse digno e justo viver dos(das) filhos(as)? À escola chegam carregando essas mensagens positivas, de humanização, como revelá-las com sua carga de positividades para que a educação escolar desde a infância seja um percurso para a construção de identidades positivas?

Fazer uma leitura atenta dessas vidas e de suas mensagens, traduzi-las em linguagens pedagógicas novas, capazes de revelar aos profissionais da educação, aos desenhadores de currículos e didáticas essas formas de viver a infância-adolescência.

Revelar suas imaturidades amadurecidas precocemente

Uma pedagogia e um currículo revelador às próprias crianças-adolescentes, das vidas a que são condenados, as forças, estruturas que negam seu direito à infância. Uma pedagogia tradutora do real, perverso, tenso, dos sofrimentos vividos em palavras, mensagens, conhecimentos, inteligíveis que os revelem seres reais e não idealizados. Que revelem às crianças-adolescentes a condição de humanos que lhes é negada, roubada ao negar-lhes a vivência da infância-adolescência. Mas sobretudo que os revelem a humanidade que se afirma, rebrota em suas resistências.

Uma pedagogia tradutora, reveladora das formas humanas que persistem, resistem nessas infâncias quebradas. Para isso será necessário uma pedagogia com uma visão penetrante para descobri-los humanos. Não só alunos. Sem a pretensão de sermos visionários predefinindo seu destino, se seguirem um percurso escolar exitoso.

Ajudar essas infâncias a descobrir os significados de seu viver dando-lhes voz, espaços, linguagens, explorando seu universo simbólico, suas emoções e imaginação. Criando espaços, tempos, convívios de garantia de ser, viver a infância ao menos nos tempos e convívios escolares dignos, humanos.

Que o acesso dessas infâncias a educandários, ao convívio com adultos(as) educadores(as) e com outras crianças seja uma garantia do direito primeiro a viver a infância.

A pergunta que se impõe: onde fica a infância quando é negada a tantos milhões sua vivência? E onde entra a pedagogia nessa negação da infância? Como ocupar as recordações de um tempo mal vivido, até não vivido? Cairá logo no esquecimento? Mas o esquecido porque não vivido pode ser o incentivo para lutar pelo direito a viver. Nessa pedagogia são educados.

É frequente ouvir dos pais: "Não tive infância, nem escola, fui forçado a trabalhar desde cedo". Essa recordação do não vivido instiga até migrar do campo para a cidade à procura de escola, de tempos de infância para seus filhos. Instiga até quando adulto a procurar a EJA. Instiga a ficar no campo, lutar por terra e por escola no campo.

Inverter direções pedagógicas, uma exigência da infância

A procura de uma redenção dos tempos da vida não vividos, negados, instiga outros percursos mais do que tantas promessas de futuro.

É curioso como os pais se lembram de si mesmos, do não vivido para se prometer lutar para que os filhos o vivam. Como aprender dessa pedagogia familiar para entender essa infância negada? Do reconhecimento e da sensibilidade para essas infâncias-adolescências não vividas, negadas poderá nascer outra pedagogia, outra teoria pedagógica, outros currículos. Essas infâncias-adolescências poderão remir as teorias pedagógicas, as didáticas, a docência e os currículos.

Por aí muitos coletivos docentes-educadores percebem que estamos em tempos de inverter direções: em vez de uma pedagogia messiânica, promissora dos destinos dos educandos teríamos uma infância-adolescência messiânica, instigadora de novos destinos, identidades. Instigadora de novas tarefas para a pedagogia, a docência, o currículo, as didáticas.

A escola passaria a entender-se como um território onde acodem sofrimentos, reações, lutas por um viver mais justo e digno desde a infância.

A escola pública popular pode ser um laboratório de formas de viver injustas, sofridas, indignas, mas também de reações por um viver digno e justo desde a infância.

A docência e a pedagogia, a didática e os currículos são instados a refletir essas realidades. A abandonar posturas tanto condenatórias quanto messiânicas e tentar fazer leituras atentas das indagações e dos significados que vêm dessas infâncias-adolescências populares que teimam em permanecer nas escolas porque ainda acreditam que têm direito a formas mais dignas e mais justas de viver. Porque acreditam em seus(suas) educadores(as).

Propostas pedagógicas e educação na infância

> *As crianças são e devem ser vistas como atores na construção e determinação de suas próprias vidas sociais [...]. Não são sujeitos passivos de estruturas e processos sociais.*
>
> Pront & James

A inclusão da infância no sistema educacional introduz disputas específicas no território dos currículos e das propostas pedagógicas. O que trabalhar com a infância de 0 a 3 anos, de 3 a 6? A inclusão das crianças de 6 anos no Ensino Fundamental tem provocado essas indagações, trabalhar o currículo, os conteúdos que já são trabalhados de 7 a 10 ou repensar currículos específicos para esse tempo da infância?

Na educação desse tempo humano encontramos as inovações mais promissoras. Por tratar-se de uma estrutura-modalidade nova ainda não conformada, as(os) educadoras(es) são mais livres para inventar propostas pedagógicas. Concentro neste texto algumas das tentativas de inventar propostas na educação na infância, seus impasses e os limites que vivem as educadoras.

Propostas sintonizadas com os avanços

Não temos mais direito a elaborar e implementar propostas pobres de educação na infância. Estamos em um novo tempo. O MEC vem dando relevância ao direito da infância à educação. O referencial curricular nacional para a Educação Infantil e o material didático e de fundamentação teórica sobre que propostas de trabalho são extremamente ricos. Deverão ser garantidos tempos de estudo e de diálogo reflexivo aos(às) educadores(as) para aprofundarem concepções de infância, de educação e cuidado e de como elaborar propostas. Por sua vez o CNE, na Resolução nº 5, de 17 de dezembro de 2009, fixa as Diretrizes Curriculares Nacionais para a Educação Infantil.

O Estado assume seu dever de garantir a oferta de Educação Infantil pública, gratuita e de qualidade, sem requisito de seleção. Um dever de todos os governos. Por enquanto, a matrícula das crianças que completarem 4 ou

5 anos até o dia 31 de março será obrigatória. Aumenta o número de redes e centros de educação infantil que ampliam esse dever às crianças de 3 anos e até menores.

O que essas diretrizes, documentos e estudos apontam para a elaboração e implementação de propostas de educação na infância? Destaquemos apenas alguns pontos.

1º) *A criança centro do planejamento*:

As propostas deverão partir de uma questão primeira: quem são as crianças? Como as vemos? Reconhecê-las sujeitos históricos e de direitos. Logo iniciar levantando como vivem na concretude de seus contextos sociais, históricos, familiares, de moradia, de saúde, de alimentação, de cuidados e proteção. Sem conhecer com o maior detalhe quem são as crianças concretas cairemos em planejamentos de propostas abstratas genéricas, desfocadas.

2º) *Como as crianças "constroem sua identidade pessoal e coletiva*, como brincam, imaginam, fantasiam, desejam, aprendem, observam, experimentam, narram, questionam e constroem sentidos sobre a natureza e a sociedade, produzindo cultura" (art. 4º). Poderíamos acrescentar como tantas crianças sofrem e em que condições indignas e injustas de viver a infância encontram limites à construção de suas identidades.

3º) *Conhecer a diversidade de infâncias*

Nesse ponto de partida, conhecer as crianças, dar destaque à diversidade de formas de viver a infância nas crianças de diferentes classes sociais. Se são submetidas a relações de dominação etária, socioeconômica, étnico-racial, de gênero, regional, linguística e religiosa (art. 6º, V).

As diretrizes do CNE dando destaque à necessidade de conhecer a diversidade de infâncias apontam que sejam elaboradas propostas que trabalhem essas diversidades e que contribuam para as crianças se entenderem diversas e se apropriarem da diversidade histórico-cultural dos povos indígenas, afro-descendentes, asiáticos, europeus e de outros países da América (art. 8º, VIII). Que desde a infância se trabalhe o reconhecimento, a valorização, o respeito à interação das crianças com as histórias e culturas africanas, afro-brasileiras, bem como combate ao racismo e à discriminação: que se respeite a dignidade da criança e a proteção contra qualquer forma de violência física ou simbólica e negligência no interior da instituição [...] (art. 8º, IX).

Ao destacar a atenção à diversidade de formas de viver e ser crianças, as diretrizes dão todo destaque à garantia e autonomia dos povos indígenas na escolha dos modos de educação de suas crianças e também para as crianças do campo.

4°) *Que formação privilegiar*

Se as propostas de educação na infância partirem dessa visão realista, diversa das crianças serão propostas bem focadas, pedagógicas. Mas o que privilegiar no trabalho com as crianças? Ter como objetivo garantir sua formação plena integral como ser humano histórico, social, cultural, ético, corpóreo, de diferentes linguagens, estético, de memória, imaginação, sensibilidade, de identidades individuais e coletivas etc. Tanto as diretrizes do CNE como o material do MEC fornecem elementos ricos para elaborar propostas pedagógicas formadoras.

Questões pendentes

Algumas questões ficam pendentes nesses avanços: Como estruturar esse tempo da educação na infância? Por que reduzir o termo Educação Infantil apenas as crianças de 4 a 5 anos? A intenção será estendê-la de 0 a 4 anos, mas e a infância de 6 a 10 anos que está no Ensino Fundamental, não tem direito a ser reconhecida no tempo da infância e ter direito a essa riqueza de diretrizes de formação plena?

A Resolução do CNE e o material do MEC optaram por uma caracterização do tempo da infância nos limites da estrutura do nosso sistema que considera as crianças de 6 a 10 anos como escolares, alunos do Ensino Fundamental e incluso que caracteriza até as crianças de 4 a 5 anos como pré-escolares. Visões restritivas do tempo da infância, consequentemente restritivas do seu direito específico à formação plena.

Continuamos vendo a infância como etapa da Educação Básica a ser oferecida em creches e pré-escolas, logo a infância reduzida a aluno de creche ou pré-escolar. As educadoras e gestoras de creches e de pré-escolas terão dificuldade de pensar propostas para as crianças na riqueza que as diretrizes apontam. Terminarão pensando as crianças na primeira etapa em preparação para as próximas etapas e se pensando profissionais dessa etapa.

Difícil superar a tradicional visão propedêutica e etapista de ensino tão marcante em nossa tradição. Falar em instituições de Educação Infantil é um avanço, como recomendar a não seleção, promoção ou classificação, nem a antecipação de conteúdos que serão trabalhados no Ensino Fundamental.

Sem dúvida grandes avanços, mas essas recomendações avançadas serão suficientes para superar a visão do pré-escolar como etapa inicial e ver o tempo da infância como um tempo humano inicial, propedêutico aos outros tempos? Essa visão não contaminará as propostas de Educação Infantil com o peso dado ao ensino e ao domínio de capacidades tão fortes nos anos iniciais do Ensino Fundamental? O próprio termo pré-escolar não remete à condição de escolar a que estão destinados?

Essas questões pendentes comprometem os esforços que vêm sendo feitos para a conformação da identidade de educadoras(es) da infância. Com que referente ir construindo uma identidade ainda não definida diante dessa indefinição? Educadoras(es) da infância ou na infância ou professores(as) de pré-escolares (4 a 5 anos) e de escolares (6-7-8) anos? Na medida em que nas representações sociais do magistério a identidade docente ensinar está configurada como *A identidade* e na medida em que a ênfase continue no pré-escolar, escolar, a tendência será a que essa identidade prevaleça sobre a identidade de educar-cuidar. A construção da identidade dos profissionais da educação da infância não tem como fugir dessas disputas na própria construção da educação nesse tempo humano.

Incertezas e disputas políticas

Com esses avanços e com esses limites estruturais se debatem as educadoras da infância ao elaborarem propostas pedagógicas. Talvez pela novidade de incluir as crianças no sistema escolar e, sobretudo, pela radicalidade de reconhecê-las como sujeitos de direitos, a elaboração de propostas pedagógicas, para a especificidade desse tempo humano se tornou um dos campos de incertezas e de disputas. Na academia, nas pesquisas, nos cursos de formação e nos formuladores de políticas, de diretrizes e de currículos, ainda há dúvidas e incertezas sobre que proposta pedagógica para a garantia do respeito à especificidade de todo o tempo humano da infância, inclusive de 0 a 4 e de 6 a 10 anos.

A lógica das Diretrizes Curriculares para o Ensino Fundamental de 9 (nove) anos nem faz referência ao fato de esse nível de incorporar o último tempo da infância. As ênfases são outras: trajetórias escolares, etapas de escolarização e capacidades diferentes de aprender, meios para domínios plenos, sucesso escolar, conteúdos escolares, componentes curriculares e suas especificidades a serem dominadas, disciplinas científicas, base nacional comum... E ainda o fantasma da Provinha-Brasil.

Se a Educação Infantil continua pensada como uma etapa preparatória para o Ensino Fundamental, pensado assim inclusive para a infância que está nos anos iniciais, como as propostas e a ação das educadoras da infância não serem contaminadas com essa visão ainda reafirmada de ensino para crianças de 6, 7, 8, 9 e 10 anos?

Nesse clima de avanços, limites e incertezas que propostas elaborar? Reproduzir os conteúdos, as didáticas que já existem? Será possível formular outras propostas pedagógico-curriculares para a infância sem intervir na estrutura do sistema escolar e no ordenamento curricular? Muitas escolas e redes e muitos coletivos docentes percebem que sem mudar a estrutura e os ordenamentos curriculares as propostas pedagógicas para a infância não terão legitimidade. A questão não é tanto que temáticas trabalhar em cada tempo da infância, mas com que estrutura e ordenamento. Questões não enfrentadas com a radicalidade exigida.

Podemos observar que as orientações curriculares para a educação na infância se tornaram um dos territórios de disputa no interior do próprio sistema escolar. De um lado, propostas que não alteram as estruturas escolares, rígidas, sequenciais, tentando encaixar a formação das crianças menores e as de 6 a 10 anos nessas tradicionais estruturas, lógicas, sequências e ordenamentos.

De outro lado, aumentam diretrizes e propostas que tentam reconhecer a especificidade do tempo humano, de formação da infância, que ao se defrontar com as estruturas, lógicas e sequências, com a rigidez e os ordenamentos curriculares terminam operando em uma espécie de ilegalidade e marginalidade, em recomendações e em projetos paralelos, instáveis. Não faltam tentativas de reconhecimento dessas propostas e de entendimento do que leva a sua diversidade. Somos provocados a construir um entendimento crítico. Com que visão crítica analisar essas propostas de educação na infância?

O referente de análise será partir dos avanços havidos sobre seu reconhecimento como sujeitos de direitos tão reafirmado em todas as diretrizes curriculares do CNE e nos documentos do MEC. Mas avançar e perguntar-nos em que medida os currículos, os projetos que elaboramos respeitam, reconhecem e afirmam as crianças de 0 a 10 anos como sujeitos de direitos?

Se a história desse reconhecimento tem sido e continua tensa, disputada, o campo dos currículos e das propostas pedagógicas para educação de toda a infância serão, ou sempre foram, tensas, disputadas. A infância sempre foi um tempo disputado nas formas de pensá-la e de tratá-la. Toda proposta pedagógica para a infância será política por ser uma disputa por direitos.

Essas tensões políticas inerentes à educação na infância tem merecido dias de estudo e até a constituição nas escolas e secretarias municipais e estaduais, no MEC e no CNE, de comissões encarregadas da elaboração de reorientações do currículo para a infância. Uma das primeiras tarefas tem sido levantar com as equipes educadoras de 3-4-5 anos e até de 6 a 10 anos que práticas pedagógicas se dão nas escolas e nos centros de Educação Infantil, mas também nos primeiros anos do Ensino Fundamental.

Este pode ser um caminho na elaboração de propostas: começar por quem são nossas crianças, quem são suas educadoras e que propostas já implementam.

Propostas propedêuticas, sequenciais

Na procura de compreensão dessa diversidade de propostas é fácil constatar que há uma relação estreita entre como é pensada a infância e as propostas pedagógicas formuladas. Na cultura social e pedagógica o tempo da infância é pensado como indefinido, tempo de passagem para os outros tempos geracionais mais definidos, a juventude e a vida adulta. Esta vista como protótipo da condição humana plena. Esse pensar a identidade das crianças como indefinidas em referência a outros tempos protótipos tem marcado as propostas e currículos para a educação na infância.

A tendência mais frequente é privilegiar conteúdos e aprendizados de habilidades requeridas para chegar a esses outros tempos: letramento, numeramento, noções elementares de ciências sociais ou da natureza, linguagens, condutas para o domínio das competências que requer a inserção no mundo letrado, das ciências, do trabalho, da cidadania quando adultos. Não conseguimos nos libertar dessa visão da infância como tempo de passagem para outros tempos.

Os currículos e as propostas pedagógicas para a infância carregam essa marca propedêutica, linear da formação e do domínio de competências na visão hierarquizada dos percursos geracionais. Até em concepções etapistas de desenvolvimento humano. As diretrizes curriculares ora superam ora operam, reforçando essas lógicas em que é pensado o tempo da infância como sem sentido preciso em si mesmo, sempre referido ao tempo superior, próximo no ciclo geracional.

Nessa visão reforçada, o ser humano vai subindo da inferioridade até a superioridade, da imaturidade até a maturidade cujo protótipo é o adulto consciente, culto, ético, capaz de decisões lógicas, fundamentadas e consequentes. Não faltam coletivos de educadores(as) que avançam em posturas críticas dessas marcas propedêuticas. As diretrizes curriculares da educação da infância do CNE e o material do MEC reforçam essas críticas.

O problema está na estrutura do sistema que reproduz essa lógica das hierarquias geracionais e das passagens da imaturidade intelectual, moral para a maturidade. A estrutura de níveis e graus de ensino e de educação vem de longe e continua inquestionada: pré-primário, primário, elementar, fundamental, 1º grau, médio, 2º grau, básico, superior. Os currículos e as propostas pedagógicas têm estado atrelados a essas hierarquias, níveis, graus, linearidades, sequenciações em que se concebe a formação do ser humano, na passagem sequencial do polo negativo, da imaturidade-menoridade ao polo positivo da maturidade-maioridade adulta.

Avançar em posturas críticas nos defronta com as estruturas e os ordenamentos que reproduzem visões lineares, sequências da formação e das aprendizagens humanas. Confrontos tensos nos centros e nas políticas de educação na infância. As visões da infância que analisamos no texto "Representações sociais da infância" tem se materializado nos ordenamentos curriculares, nos níveis e nas estruturas do sistema escolar. As visões-representações dos tempos humanos, geracionais reforçam esses ordenamentos e essas estruturas escolares e estes, por sua vez, reforçam, materializam e perpetuam aquelas representações.

Essa concepção propedêutica de organização escolar e de currículo nos persegue como inquestionável. Até em propostas que apontam para o reconhecimento da singularidade do tempo da infância e de cada tempo, observamos que na hora de proclamar o direito à educação nas crianças menores ou de incluir as crianças de 6 anos no Ensino Fundamental não conseguem superar a lógica sequencial. Apenas trocam sequências de séries por sequências de anos. Tratam a última infância, 6 a 10 anos, como anos iniciais, e a adolescência, 11 a 14 anos, como anos finais. Iniciais e finais de quê? Do Ensino Fundamental? Continuamos com a velha sequência hierárquica pré-primário, primário-ginasial? A infância de 6 a 10 anos é inicial, precedente, propedêutica à adolescência vista como tempo final? De quê?

Enquanto não superarmos essas visões de infância não acertaremos com propostas-currículos que respeitem sua singularidade. Mas ao mesmo tempo enquanto não questionaremos os ordenamentos e as estruturas sequenciais, hierárquicas do sistema escolar e dos currículos não conseguiremos superar essas visões. Nada fácil à pedagogia e às diretrizes curriculares libertar-se dessas linearidades, níveis, graus, sequências propedêuticas, impregnadas da visão sequenciada e propedêutica da passagem dos tempos geracionais. Como é pesado o adultocentrismo que inferioriza os outros tempos humanos. Reconheçamos que ao menos as Diretrizes para a Educação da Infância tentam superá-lo.

Continuamos traindo nossas mais progressistas concepções de infância, nessas lógicas precedentes, sequenciais, propedêuticas do percurso geracional e escolar e de desenvolvimento humano e de aprendizagem. Lógicas que continuam marcando e condicionando as propostas pedagógicas e curriculares de educação na infância, na adolescência e na juventude como os tempos preparatórios para a maioridade adulta, superior.

Por aí passam as tensões nos currículos. Tem sido mais fácil proclamar a singularidade, especificidade teórica, social, cultural, psíquica, histórica da infância ou da adolescência e juventude do que desconstruir as estruturas, os ordenamentos, as sequenciações e hierarquias em que se organizam o sistema escolar, seus níveis e seus currículos onde essa singularidade será ignorada.

Por uma visão crítica do ordenamento curricular

As grandes tensões continuam entre o reconhecimento da singularidade de cada tempo humano, geracional, suas especificidades formadoras e as estruturas e ordenamentos curriculares. Os avanços no reconhecimento de que os educandos têm direito à vivência singular de cada tempo se chocam com as resistências a reestruturar e desconstruir velhas lógicas, sequências, polaridades na concepção dos tempos geracionais que estão incrustadas de maneira tão conformante em nosso sistema escolar e nos ordenamentos curriculares.

Até agora as lógicas do sistema e dos ordenamentos têm ganhado essa disputa. Impõem-se sepultando nossas proclamações teóricas da singularidade da infância, da adolescência ou da juventude. Os currículos por competências desde o pré-escolar, nos anos iniciais ou finais e as avaliações, valorizações de resultados quantificáveis desde a Provinha-Brasil, preparatória para futuros provões, são uma das expressões mais fortes de que o reconhecimento das singularidades da infância ou da adolescência como tempos humanos, mentais, culturais, corpóreos, éticos, estéticos, sociais continuam sepultados nos ordenamentos e estruturas dos currículos e do sistema.

É preocupante como o letramento para combater o fracasso crônico na alfabetização passou a ocupar a maior parte do tempo no pré-escolar e nos três primeiros anos do Ensino Fundamental. O direito à educação dos 5 aos 9 anos é reduzido ao letramento, negando aos educandos o direito a sua formação mais plena em um dos tempos tão determinantes da formação humana. Um tempo de formação que não tem volta nem mesmo quando os educandos são letrados.

Impressiona ainda como as propostas de letramento incorporaram com requinte as lógicas propedêuticas, sequenciais, lineares, de atividades e sua distribuição mecânica para cada bimestre, semestre, ano, até de rotinas diárias e semanais. Atividades que vão explorando o domínio de competências sequenciadas inspiradas em construtivismos sequenciais já tão criticados. O direito das crianças à educação e ao conhecimento, à cultura é reduzido ao domínio de capacidades sequenciadas. Direito empobrecido por concepções empobrecedoras do direito à educação e ao letramento.

Será nessa sequenciação que opera a mente humana cultural? A mente de toda criança opera na mesma sequenciação na rica diversidade cultural, racial, espacial deste universo Brasil?

Quando as propostas lembram que a diversidade existe é reduzida à diversidade de atitudes e disposições em relação à escrita. São reduzidas a diferenças linguísticas, variações diferentes da língua; ou a diferenças de natureza sociocultural e econômica, reduzidas a modos distintos de se comportar na escola, de interagir, usar o corpo. Pior, reduzidas a diferenças raciais, sexuais, do meio e de ritmos de aprendizagem. Visões simplórias da produção das diferenças em desigualdades tão enraizada em nossa história.

Nesse reducionismo de uma realidade tão complexa como a nossa diversidade social, ética, racial, de gênero, campo, periferia, as didáticas para superar o fracasso no letramento serão criar ambientes de parceria, de trocas, de estímulos, de ajuda mútua... Recursos elementaríssimos que na nossa história não conseguiram reverter o fracasso escolar reproduzindo essas diferenças. Porque são mais profundas como tantos estudos ignorados vêm mostrando.

Um dos avanços mais significativos de todas as diretrizes do CNE é reconhecer as diferenças, mas como superar estruturas escolares e curriculares que não as reconhecem, que sacrificam os diferentes e os tratam como deficientes? As próprias diretrizes participam das disputas que se dão no território dos currículos.

O direito à autoria profissional soterrado em rígidas sequenciações

Diante dessas lógicas tão monolíticas da estrutura e dos ordenamentos curriculares como ficam as autorias docentes-educadoras da infância? Os coletivos docentes-educadores e a produção teórica tentam propostas à margem que respeitem a singularidade de cada tempo humano. Da infância especificamente. As disputas se deslocam para como garantir o direito da infância à educação, formação plena sem reducionismos, e como garantir o direito profissional a suas autorias.

É necessário ter clareza desses embates, aprofundar a compreensão crítica dessas lógicas, sequenciações e linearidades que legitimam o sistema escolar, seus níveis e os ordenamentos curriculares até na educação da infância. Essa preocupação em ter, como profissionais da docência, uma visão aprofundada e crítica dessas lógicas estruturantes é um direito a ser garantido na formação dos profissionais do sistema, seja como educadores(as) seja como docentes licenciados.

Nos currículos de formação se dá mais centralidade a que educação, que conhecimentos e competências do que à análise crítica das estruturas do sistema.

As(Os) educadoras(es) da infância aprendem que não é suficiente dominar o que ensinar-aprender e as didáticas, nem que competências, em que sequência, mas é seu direito e dever entender em que lógicas, concepções de formação humana e de aprendizagem se estrutura o que ensinar-aprender no sistema e nos ordenamentos curriculares. Inclusive nas propostas de letramento.

Nos dias de estudo, de encontros, os(as) docentes-educadores(as) tentam visões aprofundadas sobre essas lógicas e ordenamentos para entender seu trabalho e entender-se. As críticas tão pesadas que recaem sobre eles na mídia, nas avaliações e os controles gestores se apoiam nessas lógicas e ordenamentos. Para defender-se precisam de uma visão crítica das lógicas com que são avaliados, julgados e condenados. Até para serem mais livres, mais autores.

O trabalho docente está amarrado a essas lógicas e ordenamentos. As margens de liberdade são poucas. A condição docente se configura e desfigura amarrada a essas lógicas e a essas estruturas.

Os dias de estudo, de oficinas, de encontros têm avançado além da visão crítica e mostram, trocam e socializam propostas concretas de tentativas de sair dessas lógicas e ordenamentos e respeitar a especificidade de cada tempo humano de formação. Será conveniente mapear essa pluralidade e diversidade de tentativas das mais contemporalizantes às mais radicais. Vejamos algumas.

Formas articuladas do que ensinar-aprender

Encontramos escolas, redes, coletivos docentes e gestores que percebem que a infância de 6 a 10 anos ou de 4 a 5 exige ser tratada como infância e sem se contrapor à estrutura e o ordenamento disciplinar, recortado dos conteúdos, do que ensinar-aprender tentam formas menos segmentadas, ao menos interdisciplinares, articuladas entre os recortes, as linguagens, as ciências sociais, da natureza, as matemáticas. Uma organização próxima ao modelo do antigo primário em que uma professora regente única tentava essa articulação entre áreas, disciplinas e aprendizagens.

Há escolas, redes em que a mesma professora regente de turma continua em mais de uma série-ano acompanhando os mesmos educandos. Da professora regente se espera o milagre de articular segmentos. Uma espera do milagre impossível que termina condenando as professoras como incompetentes. Será necessária uma visão crítica desse esperar que como professora articule o inarticulável.

Essa organização do trabalho pedagógico não supera o ordenamento e a sequenciação dos conteúdos apenas busca tratos menos segmentados, mais articulados na capacidade de uma única educadora-docente e mais próximos dos processos de aprendizagem da mente infantil. Há uma tentativa de aproximar o ordenamento curricular com os processos mais globalizantes do viver e do aprender próprios da infância. Entretanto, o ponto de partida não é a infância, mas os conteúdos a serem aprendidos pelas crianças para as provinhas de letramento ou da quarta série.

Sempre que se privilegia o que ensinar e o que aprender e os alunos são vistos como meros destinatários do que ensinar-aprender sejam crianças e adolescentes, jovens ou adultos as propostas pedagógicas inevitavelmente ficarão presas aos ordenamentos e sequências dos conteúdos. A singularidade humana, formadora dos educandos será sacrificada ou reduzida à especificidade dos processos de ensinar e de avaliar.

Essas tentativas tão limitadas de "respeitar" os processos mais articulados de aprendizagem da infância não têm conseguido se contrapor ao fortalecimento da organização disciplinar que invade nosso sistema escolar desde o nível superior condicionando o médio, este condicionando o fundamental e este condicionando o pré-escolar. Tendência reforçada nos letramentos por capacidades e nos currículos por competências e nas avaliações por resultados.

Tendência ainda reforçada com a graduação docente por disciplinas e recortes do conhecimento. Triste entulho dos tempos das reformas autoritárias ainda não removido dos centros de licenciatura. Enquanto os cursos continuarem formando docentes por disciplinas reproduzirão em qualquer nível de ensino o que aprenderam a fazer. Essas tendências têm pressionado de cima para baixo nas lógicas e ordenamentos curriculares para tratos mais segmentados dos conhecimentos, habilidades e competências desde as primeiras infâncias.

É preocupante ver dados que apontam que 44% das propostas curriculares na Educação Infantil utilizam como referência o modelo disciplinar de Ensino Fundamental, organizando os conteúdos, as competências e a divisão do trabalho docente a partir da estrutura das disciplinas escolares desde o pré-escolar. Os gestores, supervisores e professores que migram do Ensino Fundamental para o pré-escolar levam sua identidade docente para a Educação Infantil, reproduzindo a lógica de transmissão de conteúdos e organização de atividades sequenciadas, lineares, propedêuticas aos primeiros anos do Ensino Fundamental. Até pré-preparatórios da Provinha-Brasil e da garantia de toda criança letrada até os 8 (oito) anos.

Situações complexas que nos convencem ainda mais de que não bastam referenciais e diretrizes curriculares avançadas, afirmativas de que dimensões formar se não forem formuladas políticas mais compulsórias de desconstrução de estruturas sequenciais, lineares, disciplinares, em que essas referências avançadas terminam soterradas. Por que não ir além da proclamação de referenciais e diretrizes avançadas e definir estruturas que as tornem viáveis? Avançamos no reconhecimento da especificidade formadora, humana, cultural, corpórea, social... do termo da infância, porém incluímos as crianças menores e as maiores em estruturas, processos, linearidades que violentam esses tempos.

Os discursos de interdisciplinaridade, de trato articulado dos conhecimentos se defrontam com a permanência desse entulho dos tempos autoritários que os centros de licenciatura não têm coragem de superar nem na educação da infância. Até os concursos para o magistério são feitos por disciplinas. Esperar que entrando no sistema trabalhem de maneira articulada é ingenuidade gestora.

As disputas por domínio de competências desde a infância

As Diretrizes Curriculares para a Educação Infantil apontam para um movimento inverso: que a concepção de educação, formação proposta para 0-6 anos pressione o ensino de 6-10 anos a se repensar como tempo ainda de educação da infância.

A disputa está posta logo aí na educação da infância. Aumenta o trato segmentado de competências, habilidades e capacidades até com as crianças menores. Não faltam encontros de professores onde se oferecem oficinas sobre letramento e matemáticas para criancinhas de 4-5 anos. Crescem textos, análises sobre Educação Infantil e áreas do conhecimento. Quanto maior a segmentação do conhecimento no Ensino Superior, Médio e Fundamental maior a pressão para começar bem cedo no pré-escolar propostas pedagógicas de domínios de habilidades para esses tratos segmentados, disciplinares do conhecimento curricular. O fantasma da Provinha-Brasil vem na contramão dos ideais de formação plena que as diretrizes defendem.

As tensões entre essas lógicas e ordenamentos e o direito da infância ao respeito de sua singularidade tendem a radicalizar-se. Os primeiros a reagir são suas educadoras e as próprias crianças.

Na medida em que se reconhece a singularidade da infância ficam destacados os limites do ordenamento disciplinar que termina deixando de fora muitos conhecimentos que fazem parte da produção cultural e intelectual, moral e estética a que os educandos têm direito desde crianças. Essa organização não tem garantido nem o direito à pluralidade e riqueza de conhecimentos a que tem direito todo membro da comunidade humana.

Sobretudo tende a deixar de fora a produção estética, ética, cultural na medida em que os conhecimentos validados e as lógicas que prevalecem tendem a cair num cientificismo e pragmatismo que esquecem a formação da plenitude de dimensões que nos conformam como humanos desde a infância.

Uma disputa que vem de longe no território do currículo tanto da educação básica como superior e, sobretudo, nos currículos de formação de docentes-educadores. Formar para que ofício? Ensinar-educar?[22] Articular essas funções inseparáveis? Dominar apenas conteúdos e didáticas de ensino ou dominar também as artes de educar saindo dos cursos de pedagogia ou licenciatura entendendo da formação e do desenvolvimento humano em suas múltiplas dimensões: intelectual, cultural, ética, estética, identitária, de memória, imaginação, sentimento, emoção, corporeidade, sociabilidade, ludicidade... Desde a primeiríssima infância temos direito a essa formação plena.

Essas indagações estão cada vez mais presentes nas pesquisas, na produção teórica, nas diretrizes e na formação de educadores da infância, nas redes e centros de educação infantil. Uma rica produção que aponta para propostas mais radicais que pressionam por reconhecimento.

Entretanto, as tentativas de articular-ensinar e educar nessa pluralidade de dimensões humanas se mostram cada vez mais distantes quanto mais o ensinar se reduz a domínio de competências para avaliações de resultados desde a infância e quanto mais os extraturnos se esquecem do direito ao conhecimento.

O direito à formação plena desde a infância

Nesse reducionismo de domínio de capacidades, ao menos no discurso, ainda persiste um certo consenso de que a infância é um tempo de formação

---

22. Cf. ARROYO, M. *Ofício de mestre*: imagens e autoimagens. 12. ed. Petrópolis: Vozes, 2010.

dessa pluralidade de dimensões. Predominam propostas que contemplam a formação na unicidade e na pluralidade de dimensões do ser humano que a criança é, tendo a alfabetização, o letramento e até o numeramento como estruturantes, explorando as virtualidades formadoras desses eixos. Tentativas que avançam nos limites da opção que predomina: dedicar a maior parte dos tempos e do trabalho pedagógico a explorar as virtualidades formadoras desde esses eixos. Nada fácil de dar conta do direito à formação plena de um ser humano a partir de um único eixo e menos a partir de domínios de capacidades instrumentais.

Na prática, o direito ao conhecimento, à cultura, às múltiplas linguagens, à formação ética, identitária e ao conjunto de potencialidades humanas que carregamos desde criança vai se perdendo em nome do domínio de capacidades de letramento e numeramento. A centralidade dada à Provinha-Brasil conseguiu essa redução da educação na infância aos domínios de capacidades sequenciadas. A força hierarquizante, classificatória que cai sobre escolas, turmas, docentes e redes vinda de uma prova nacional fez da corrida ao letramento a única opção cabível. Haverá tempo para explorar as dimensões formadoras do próprio letramento e do domínio da pluralidade de linguagens?

Tantas reflexões progressistas de tantos especialistas em educação da infância ficam na saudade. A professora será julgada e condenada se sua turma não se sair bem na Provinha-Brasil de letramento. Fica pouco estímulo e espaço para dedicar tempo e energias para a formação plena das crianças até nos limites e potencialidades do letramento. Uma disputa que vitima as crianças desde os 6 anos, e suas educadoras, e tende a invadir a educação da infância de 3, 4, 5 anos.

Na defensiva, não faltam argumentos: Como os alunos aprenderão os conhecimentos e competências a que têm direito se bem cedo não aprenderem a ler? O suposto é a questão: apenas a leitura foi e é na história da humanidade a fonte de todo conhecimento? Outro argumento, quem não lê não é ninguém, uma visão segregadora sacrificial dos milhões de humanos que não leem, segregados como sub-humanos para exaltar a humanidade de minoria leitora.

Há argumentos menos segregadores, de justiça, de direito a toda herança cultural onde tem destaque a cultura letrada que seriam mais convincentes. Nessa direção não faltam propostas sérias que optam pela linguagem como estruturante do direito à formação plena.

A linguagem reveladora das verdades do humano

Walter Benjamin nos lembra que a linguagem tem duas funções, uma comunicativa, função utilitária, incluir no mundo letrado, bem usá-la na diversidade de situações sociais e nos diferentes gêneros de leitura. Nessa visão prevalece a preocupação com que capacidades linguísticas dominar. Prevalece a formação de leitores e produtores de textos.

A outra função da linguagem é revelar o humano através da palavra que nomeia. É a função mais autêntica para Benjamin. Nomear e revelar é o ato originário da linguagem. Ensinar a nomear, revelar, desvelar o humano seria uma das funções do letramento. Através da linguagem do poeta, ou da prosa do escritor ou da narrativa de uma história o ser humano nomeia, revela as causas, os seres humanos em suas verdades. Que a criança aprenda a nomear-se, revelar-se e revelar os outros, o humano através da linguagem é mais do que o domínio de capacidades. Aprender a ler-se, ler os outros, revelar-se, afirmar-se sabendo-se. Tarefas da filosofia, da pedagogia, da literatura, das artes e das múltiplas linguagens que a escola deveria cultivar, indo além da função comunicativa, utilitária predominante nos currículos.

Ficar apenas em programar e avaliar uma sequência de domínios não será suficiente para aprender a função mais autêntica da linguagem. Será reduzir as funções da linguagem. Privar os educandos de aprender e desenvolver o nomear as ideias, aclarar os significados, desvelar as verdades sobre o ser humano, sobre eles e suas vivências, presentes nas obras literárias e na diversidade de linguagens. Aprender a ler um texto para captar o que ele diz além do mecânico. Um trabalho de tradução não apenas de leitura, mas leitura-tradução dos conteúdos de verdades.

A disputa está posta na prática cotidiana da própria centralidade, quase exclusividade, dada ao letramento desde o pré-escolar. Disputa enriquecedora por concepções de letramento. Uma concepção restritiva como domínio de competências e habilidades? Muito mais? Avança uma concepção de linguagem como comunicação, como suporte e organização do pensamento, como interação entre sujeitos. Ênfase na linguagem como expressão, negociação de sentidos, de revelações e leituras de mundo e dos próprios sujeitos, de identidades, culturas e valores.

A organização do trabalho pedagógico centrado na exploração das relações, convívios, interações e até tensões em situação comunicativa pode levar nessa direção formadora, reveladora do humano que já as crianças menores vivenciam.

Essa visão tão rica da linguagem como nomeadora, reveladora do sujeito humano como constituinte e conformante dos sujeitos humanos e como organizadora do pensamento vem orientando muitas propostas e práticas de educação na infância.

Reconhecido esse caráter conformante do ser humano, a linguagem falada ou escrita pode ser um instrumento central na garantia do direito ao conhecimento, à formação plena das crianças, à formação de suas identidades pessoais, coletivas, sociais, culturais, de gênero, raça, lugar, classe social, geração. Na garantia de exercer seu direito à participação, à resistência e à intervenção nas formas de ser, viver a infância. De saber-se.

Uma visão que ultrapassa a visão tão frequente do letramento como habilidade para entrar no mundo letrado ou para ler os conteúdos escolares. A infância está inserida em um mundo social não organizado apenas em torno da língua escrita. A organização social, política e econômica do seu mundo é mais complexa. Tem direito ao revelar dessa complexidade.

Há propostas que radicalizam essa visão formadora da linguagem trabalhando a pluralidade de linguagens que acumulamos na diversidade da produção cultural, intelectual, artística, corpórea, científica, linguística, comunicativa. Postura que exige estarmos abertos à riqueza de nossa diversidade social, étnico-racial, dos campos e periferias que as crianças carregam para os centros de Educação Infantil e Ensino Fundamental. Aberta à riqueza da oralidade que predomina na cultura popular, tão forte na capacidade de revelar e de revelar-se humanos. Cultura oral ignorada em todos os níveis escolares, até na infância.

Essa postura exige uma atenção especial aos limites do viver de milhões de crianças que chegam às escolas não menos capazes, mas vítimas de vivências extremas. As perguntas de uma criança faminta, injustiçada em seu viver, que aprende a ler não serão as mesmas do que as perguntas daquelas crianças que nunca experimentaram a fome e as injustiças.

Das diretrizes da educação da infância, da produção teórica na área e da pluralidade de propostas fruto da criatividade das educadoras vem a esperança de reinventar a educação nos níveis "superiores" do nosso sistema escolar.

Estamos invertendo a direção? Por décadas os currículos dos níveis superiores condicionaram as propostas dos níveis inferiores de ensino. A riqueza de propostas inovadoras na educação na infância poderá inspirar outras propostas de educação na adolescência e na juventude.

Adolescentes e jovens:
seu lugar nos currículos

Sempre tivemos adolescentes e jovens no Ensino Fundamental e Médio. Mas eram Outros.

Comentário de uma professora

Há uma queixa de que as indagações mais desestruturantes que chegam às escolas, ao currículo e à docência vêm dos adolescentes e jovens. O mal-estar nas salas de aula é mais tenso nos anos finais do Ensino Fundamental e no Ensino Médio. Até na EJA os professores não sabem onde incluir tantos adolescentes entre 14-17 anos que são rejeitados, reprovados no Ensino Fundamental, que carregam percursos escolares e humanos truncados.

O mal-estar docente está provocando ora resistências a esses adolescentes-jovens, ora encontros, debates, dias de estudo para entendê-los, incorporá-los na escola, na sala de aula, no currículo, nas práticas pedagógicas. Mas será que esses adolescentes-jovens cabem nesses espaços? As respostas estão apenas na compreensão e na educação dos seus professores? E o sistema escolar foi feito para eles? E os currículos incorporam e trabalham as indagações que os adolescentes e jovens carregam para as salas de aula?

Este capítulo recolhe contribuições de oficinas e dias de estudo em que professores(as) se debatem com essas questões.

Quem são esses adolescentes-jovens

A primeira questão é que somos forçados como nunca antes a voltar-nos para entender quem são esses adolescentes-jovens de quem pensamos que tanto incomodam e que tanto mal-estar provocam nas salas de aula e na docência. "Sempre tivemos adolescentes e jovens no Ensino Fundamental e Médio, mas eram outros", comentava uma professora. Uma constatação central. São outros em que e por quê?

Essa pergunta tem motivado uma rica produção de pesquisas e análises desde as mais diversas perspectivas. Para algumas análises, os adolescentes e jovens seriam outros diante da velocidade das transformações históricas. A ênfase é posta nas transformações culturais, de valores, de formas de pensar, de lidar com o corpo, com a sexualidade... De pensar-se. Chegam às escolas com identidades pós-modernas, jovens do século XXI. Hiperrealizados, movidos a presentismos, consumismos, com referências efêmeras que os bloqueiam para os processos disciplinares, reflexivos do aprender.

Os professores das escolas públicas, sobretudo, deparam-se com outras formas mais cruéis de viver a adolescência e juventude e até a infância. Esses reducionismos culturalistas e moralizantes não dão conta das formas de viver, sobreviver, trabalhar em que tantos(as) educandos(as) estão atolados. Eles e elas não trazem às salas de aula identidades pós-modernas, mas formas de viver elementaríssimas a que são condenados seus coletivos sociais, raciais desde o passado. Não chegam sujeitos deslocados de si mesmos, sem referentes culturais, mas às voltas com entender-se numa desordem social – nada pós-moderna – que os desloca, segrega a formas indignas, inumanas e injustas de viver.

Todo cuidado é pouco ao caracterizar esses jovens, adolescentes e até crianças como Outros. Estão mais próximos das perversas e indignas formas de viver do passado que persistem no presente. Análises sobre jovens, adolescentes e crianças em outros contextos de mudança nem sempre servem para contextos de persistentes formas tão precarizadas e inumanas de viver com que os docentes-educadores convivem nas escolas públicas. Precisamos ver os jovens e adolescentes em nossos contextos sociais e raciais.

Quando nos defrontamos com a pergunta "Quem são esses adolescentes e jovens?" e constatamos que são Outros podemos perceber que são os mesmos vistos como um incômodo nas cidades, nas ruas, nas manifestações culturais, até nas famílias. São os adolescentes e jovens objeto de reportagens negativas da mídia e das ocorrências policiais. Até os destinatários de programas de assistência, de reeducação moral, de integração na ordem, de capacitação para não caírem na sobrevivência informal. São os destinatários dos programas de emprego que lhes abram alguma perspectiva de futuro. As famílias, a mídia, os governantes e a sociedade coincidem: são Outros porque sem futuro, sem lugar.

Não é um consolo constatar que esses adolescentes e jovens não são apenas alunos indisciplinados, que nada querem de nossas lições. Abrir nosso olhar para quem são na cidade, nas periferias, na sobrevivência, na sociedade, nos programas de assistência, emprego, cultura, esporte, saúde e até segurança... pode superar olhares demasiado escolarizados que em pouco ajudam a entender quem são, que lugar – ou sem lugar – lhes é reservado na nossa ordem-desordem social e urbana. Somente mirando esses adolescentes e jovens nesse olhar aberto entenderemos quem são nas salas de aula: os mesmos vistos como incômodo fora.

Lembro de uma oficina apresentada por docentes num de tantos encontros. O foco: "O protagonismo adolescente-juvenil". Chamou a nossa atenção que o estudo enfatizava o protagonismo positivo da adolescência e juventude. Mostrava que a mídia e até os programas de governo destacavam o protagonismo negativo: violências, drogas, insegurança urbana, esquecendo seu protagonismo positivo.

A preocupação da oficina era levantar presenças positivas que são muitas: Coletivos de adolescentes e jovens animadores culturais nas vilas, bairros e favelas, recuperadores da memória e identidade popular, negra, de gênero, de orientação sexual... Seu protagonismo positivo na pluralidade do trabalho informal para contribuir na renda familiar escassa, ou o protagonismo de tantas adolescentes assumindo o cuidado da casa e dos irmãos menores etc.

Quantos gestos de responsabilidade precoce, de escolhas de dignidade nos limites extremos do exercício da sua liberdade. Gestos soterrados sob olhares que preferem destacar seu protagonismo negativo e tratá-los como um incômodo social, urbano e até escolar.

As professoras coordenadoras da oficina insistiam nas surpresas diante de tantas manifestações de protagonismo positivo dos adolescentes e jovens que as escolas, a mídia e a sociedade desconhecem. Afirmar que são Outros não é suficiente, o desafiante é com que olhar os vemos e como se veem.

O protagonismo adolescente-juvenil nas escolas

Do protagonismo na cidade e na sociedade a oficina nos levou para o protagonismo desses adolescentes jovens nas escolas. Uma constatação era consensual. São outros alunos porque são Outros adolescentes e jovens. Reconhecer essa realidade nos situa em um caminho promissor para acertar nas posturas profissionais. Se eles e elas são *outros* nós teremos que ser *outros* profissionais[23]. Uma questão se impõe a nossa reflexão e ação: São outros em que e por quê?

Na medida em que na última década as primeiras séries do Ensino Fundamental se abriram às crianças dos setores populares é normal quando adolescentes e jovens vão chegando às últimas séries e ao Ensino Médio. De fato esses educandos são outros. Até que enfim chegam os Outros que nunca chegaram. São filhos(as) dos setores populares que nunca antes entravam na escola. Se sua entrada física é um avanço, entretanto está deixando exposto que

---

23. Reflito sobre esse ser Outros no livro *Imagens quebradas...* Op. cit.

precisamos reconhecê-los como Outros. Logo, precisamos de outro sistema, outros ordenamentos, outras didáticas, até de outra formação profissional.

Sendo outros será complicado incorporá-los nos mesmos e tradicionais processos pedagógicos, docentes, de ensino-aprendizagem, nos currículos, nas metodologias e nas avaliações, em um ordenamento que foram pensados para outros adolescentes e jovens. Nem melhores nem piores, apenas outros.

Aqui começam as dificuldades. Os docentes, gestores e coordenadores de muitas escolas têm consciência de que se pretendemos um diálogo com esses jovens-adolescentes Outros será necessário conformar estruturas, tempos, espaços, ordenamentos curriculares, conteúdos, didáticas e avaliações Outras. Porém, as normas, regimentos, diretrizes e as políticas resistem a repensar o que há de mais estruturante e rígido em nosso sistema escolar. Que fazer? Uma questão que está posta nas escolas, nos encontros e debates docentes.

O que esses adolescentes e jovens questionam não são as disciplinas nem a autoridade gestora e docente, mas as estruturas e ordenamentos escolares, o que é mais radical. Muitas escolas e muitos coletivos gestores e docentes já reconhecem que o problema está aí, mas como intervir?

Incluí-los em estruturas excludentes?

Uma tentativa que concentra esforços é tornar a escola mais inclusiva. Procuremos incluir os adolescentes e jovens nas estruturas que aí estão. Já que mudá-las parece impossível, tentemos que os adolescentes e jovens junto com os profissionais da escola encontrem frestas para incluí-los. Há inúmeras tentativas de inventar algo novo para que entrem na ordem escolar, se adaptem às salas de aula, aos tempos, rituais, regimentos. Inventam-se formas de interessá-los pelas lições e de prepará-los para se saírem bem nas provas; estimulá-los a partir de visões positivas, do que são capazes.

As tentativas inclusivas que não alteram as estruturas, os tempos, os rituais, nem reveem os conteúdos, os processos, as avaliações terminam descobrindo como é ingênuo tentar incluir em estruturas excludentes, classificatórias. Descobrimos que diante desses adolescentes-jovens vistos como uma ameaça à qualidade e à ordem são reforçados os mecanismos de avaliação e de controle de alunos e mestres.

Esses adolescentes-jovens populares ao chegarem às escolas não levam um mal-estar apenas às salas de aula, mas confrontam os ideários de igualdade, inclusão, democracia com a necessidade de controle, de reduzir a democracia a uma inclusão-aparente-excludente-controlada. São as velhas tentativas de inclusão-excludente dos coletivos postos à margem na cultura nacional, no trabalho eficiente, nas favelas pacificadas, nas escolas inclusivas, pacificadas.

Depois de tantas tentativas sérias o discurso oficial e a mídia mostram sua descrença nesses esforços inclusivos. Um discurso conservador anti-inclusivo que os resultados das avaliações legitimam: Esses adolescentes e jovens não se saem bem nas provas não porque seus professores e as escolas não estejam capacitados a ensinar, nem porque os grupos tecnogestores das secretarias não sejam bons gestores. O problema está nos alunos. Nesses alunos que chegam com a democratização da escola pública e que nunca antes tinham chegado. São in-incluíveis.

Aí estão milhares de adolescentes de 15 a 17 anos defasados ou jogados fora do Ensino Fundamental como in-incluíveis. Um atestado brutal dos limites de mais de uma década de propostas de escolas "inclusivas", projetos "inclusivos" em velhas estruturas escolares excludentes e segregadoras dos Outros. Quando não se tem coragem de mexer nessas velhas estruturas e velhos ordenamentos segregadores a tendência será inventar projetos periféricos inclusivos dos adolescentes e jovens populares. Diante dos resultados tão fracos as análises terminarão culpando os educandos populares como in-incluíveis.

Fora de lugar?

A ênfase nas políticas de inclusão para esses adolescentes e jovens, e, especificamente, as tentativas de incluí-los na escola para incluí-los na ordem social cidadã e de emprego estão em baixa. O termo inclusão perdeu as esperanças nele depositadas. Os adolescentes e jovens são acusados de resistirem a tantos programas de inclusão na sociedade via inclusão no sistema escolar. Se são in-incluíveis o que fazer?

Uma questão incômoda para as políticas públicas e mais incômoda para os docentes e gestores escolares. Incômoda porque põe à prova tantos discursos e promessas de inserção social, ordeira, cidadã, pela educação, pela entrada e permanência na escola. Decretá-los in-incluíveis é um atestado de fracasso não tanto deles, mas das promessas mais caras à escola e às políticas educativas: a inclusão social pela escolarização.

Duas reações observamos nos formuladores de políticas e nos gestores escolares. Primeira, não desistir de incluí-los, mas em outros lugares e espaços educativos, já que in-incluíveis nos tempos-espaços regulares da ordem escolar, curricular. Se esses adolescentes e jovens são in-incluíveis apesar de tantos projetos inclusivos, conclui-se que a ordem regular, os espaços escolares regulares não são seu lugar.

Se essas infâncias e adolescências provaram estar fora do lugar na escola regular inventemos outros lugares, outros tempos inclusivos educativos: extraturnos, extratempos, extrapercursos, extradisciplinas, extraordenamentos curriculares, extra-avaliações. Para adolescentes e jovens "extras" pelo negativo inventemos extratempos-espaços, porque os turnos, processos e rituais, as normas e ordens escolares e curriculares não são seu lugar.

É sintomático que ao termo inclusão se agregam cada vez novos adjetivos, agora "inclusão produtiva" para a erradicação da miséria. Ao menos incluíveis como produtores de bens, de renda, em empregos elementares. A opção por políticas de "inclusão produtiva" revela o abandono da inclusão cidadã, social, pela escolarização, sonho de tantas políticas socioeducativas. Um reconhecimento de que a escolarização não dá conta da erradicação da miséria de mais de vinte milhões nela atolados, entre eles milhões de adolescentes e jovens. Mudanças preocupantes nos modos de pensá-los.

Os Outros conformados em nossa perversa história como sem-lugar nos lugares legítimos da ordem econômica, política, social, cultural, jurídica, decretados até sem-lugar na ordem escolar. Por séculos jogados a não lugares, sem-terra, sem-teto, sem posto médico, sem transporte, sem saneamento, sem escola e sem universidade, porque indignos desses lugares. In-incluíveis.

O sistema escolar é "obrigado" a confirmar a velha história de não reconhecimento do direito a serem cidadãos legítimos dos lugares-espaços legítimos. Talvez seja esta uma das vivências mais desconcertantes do ideário messiânico da escola: ter de reconhecer que não está sendo capaz de quebrar a perversa trajetória de recluir os Outros a não lugares. Por que a escola, o pensamento pedagógico, os currículos e suas diretrizes se orgulharam desde a instrução pública republicana de ir na contramão de tantos processos e padrões de segregação? Orgulho de ser o lugar seguro de passagem, para outros lugares econômicos, sociais, políticos e culturais tão resistentes a reconhecimentos?

A crise de identidade do sistema escolar, de suas políticas e proclamações de lugar de inclusão por excelência está na raiz das tentativas de inventar outros tempos-espaços para tantos adolescentes e jovens até crianças decretadas como in-incluíveis nos tempos-espaços e processos escolares normais. Reconheçamos que o sistema escolar não desiste e inventa gestos sérios de não renúncia a sua inclusão, mas decretando-os in-incluíveis ou decretando que a escola não é seu lugar.

Convém estarmos atentos a reconhecê-los incluíveis como produtores de seu destino. Uma mudança séria nas formas de pensá-los que trará consequências para as políticas socioeducativas.

Olhares preconceituosos não superados

As análises exigem cautela. Estão carregadas dos velhos preconceitos: o povão e seus filhos e filhas que fiquem no seu lugar histórico, na outra margem do lado de lá, porque quando ousam entrar do lado de cá desfiguram tudo, ruas, praças, parques, escolas.

Como vimos no texto "Os coletivos populares chegam à escola", as análises que a mídia e o discurso oficial recolhem sobre a escola pública sobre os adolescentes e jovens populares, suas indisciplinas e até violências nas ruas e escolas repõem velhos e pesados imaginários negativos, inferiorizantes sobre o povo, os pobres, sobre as "massas" suburbanas. Visões preconceituosas que recaem sobre os(as) filhos(as) do povo, alunos das escolas públicas.

A divulgação dos resultados das provas nacionais passou a ser uma oportunidade para reforçar essas visões preconceituosas. As manchetes dos jornais mais prestigiados repetem as mesmas manchetes: "Adolescentes das escolas públicas estão três anos atrasados em relação aos adolescentes das escolas privadas". Esses adolescentes incomodam a mídia, a sociedade. Quem são? A mídia expôs com frieza as velhas feridas de nossa cultura política: os(as) filhos(as) do povo continuam no atraso, na irracionalidade, no desinteresse e na falta de esforço. Tudo se faz para que saiam desse lugar da pobreza, da ignorância, da preguiça e aproveitem da escola, do conhecimento, da aprendizagem libertadora das ciências. Mas não tem jeito, são in-incluíveis.

Tentar um olhar positivo desde suas trajetórias escolares resulta desalentador. As provas oficiais ainda reforçam visões negativas, históricas, perversas, segregadoras e inferiorizantes do povo e de seus(suas) filhos(as) reproduzidas no percurso escolar e a cada divulgação dos resultados de Provinhas e Provões-Brasil. O protagonismo negativo é exposto, comprovado nas provas nacionais, estaduais. O sistema escolar se presta a destacar visões negativas, preconceituosas fazendo o jogo político do conservadorismo antipovo.

São esses os adolescentes-jovens que incomodam a sociedade, os mesmos que incomodam nas salas de aula. Reconhecer a que adolescentes-jovens nos referimos como incômodos será o primeiro passo para entender o mal-estar nas salas de aula, na sociedade e na mídia. Como vimos na oficina há escolas, professores(as) que se negam a acentuar visões preconceituosas e assumem uma postura crítica.

A sociedade, o Estado, a mídia não se perguntam pelo que têm feito com os direitos humanos mais elementares dos setores populares e especificamente da infância e adolescência, dos jovens e adultos das escolas públicas avaliados com tamanho desprezo e culpados dos resultados, desinteresse e indisciplinas.

Há algo alentador, muitas escolas, gestores, professores se fazem essas perguntas e não condenam os jovens e adolescentes. Tentam entender as condições de um viver injusto a que são condenados pelos que os julgam e condenam.

Nos debates entre professores aparecem essas visões em tensão. Muitos coletivos reagem às visões preconceituosas que pesam tanto em nossa cultura social e política e que se infiltram na cultura escolar, até na forma de olhar os educandos e de avaliá-los. A questão tensa passa a ser: como ver esses adolescentes e jovens que chegam às escolas com outros olhares. São Outros em quê? Como conhecê-los? É possível limpar olhares preconceituosos?

Um caminho possível será identificar nas escolas e nas redes a diversidade de ações, projetos que tentam conhecer esses adolescentes e jovens. Que tentam superar tantas representações preconceituosas e construir visões e tratos mais afirmativos. Por aí avança o próximo texto.

Histórias de não esquecimentos, de reconhecimentos dos adolescentes e jovens

> *[...] eram em verdade os donos da cidade, os que a conheciam totalmente, os que totalmente a amavam, os seus poetas.*
>
> Jorge Amado. *Capitães de areia*

Ponderávamos no texto "Os adolescentes e jovens, seu lugar nos currículos" que sua chegada à escola desata uma crise de identidade da própria escola, da docência e dos currículos. Como vê-los? Haverá lugar para eles e elas? Decretá-los in-incluíveis? Sem lugar nos ordenamentos escolares, curriculares? Um peso para as avaliações e a qualidade?

Neste texto levantamos a hipótese de que esses adolescentes e jovens interrogam e desestabilizam imaginários messiânicos da escola, do pensamento educacional e das políticas e diretrizes e estão levando a docentes, escolas e redes a se reinventar. Crescem olhares positivos sobre as crianças, adolescentes e jovens populares que ascendem às escolas e teimam nelas permanecer.

A invenção de outros lugares para os Outros

Insisto em ver este momento como um tempo de crise da identidade escolar, docente, gestora e até do próprio pensamento pedagógico e curricular. Uma crise que poderá ser fecunda. Vejamos alguns pontos positivos.

Primeiro, essas tentativas de inventar outros lugares para esses adolescentes e jovens Outros reagem a posturas defendidas pela repolitização conservadora da sociedade e até da escola de desistir de tentativas de sua inclusão, decretando desde a expulsão da escola até o extermínio de tantos adolescentes e jovens populares nos fins de semana. As políticas e tantas escolas que resistem a expulsá-los porque são indisciplinados, violentos, ameaçadores e inventam ao menos outros tempos-espaços de inclusão têm o mérito de resistir a essas visões negativas, extremas dessas adolescências e juventudes. Resistências nada fáceis diante do conservadorismo político e pedagógico que rebrota em nossa sociedade e em alguns coletivos gestores do sistema escolar.

Segundo, essas tentativas reagem a representações sociais dos setores populares, até de seus(suas) filhos(as) que reproduzem imaginários históricos negativos, não desconstruídos na sociedade e até nas escolas. Podemos vê-los como disputas por imaginários do povo e de seus filhos e das suas filhas. Uma disputa que vem de longe e permanece arraigada. A visão que reaparece desses adolescentes e jovens ao chegarem às escolas está marcada pela visão dos coletivos sociais, étnico-raciais, populares a que pertencem. Visão tão persistente pelo negativo em nossa cultura política.

Ao teimar em inventar outros lugares sociais, educativos ainda que à margem dos espaços-tempos instituídos estamos diante de uma disputa por imaginários do povo. A visão conservadora que destacava o povo como uma massa ordeira, pobre, mas conformado, foi sendo superada e substituída pela imagem de povo preguiçoso, atrelado ao atraso, pré-moderno, até resistente, violento. Visão que vem contaminando a mídia, o judiciário e até as políticas e escolas[24].

Nas tentativas de não julgar os adolescentes e jovens, de dar-lhes outras oportunidades, outros tempos-espaços de inclusão podemos ver traços dessa disputa de imaginários da infância, adolescência e juventude populares. Disputas ainda que tímidas.

Terceiro, nessas tentativas de inventar outros lugares para essas adolescências encontramos oportunidades alternativas de trabalhar dimensões da formação de identidades positivas que os tempos e processos disciplinares do turno escolar regular não conseguem privilegiar.

É contraditório que ao decretar como in-incluíveis esses adolescentes e até crianças nos tempos regulares vão se inventando outros tempos-espaços públicos de um digno e mais justo viver, sem condená-los como lentos, desacelerados, defasados, com problemas de aprendizagem ou violentos. Encontramos visões menos negativas nesses extraturnos do que nos turnos. Se trabalham dimensões mais plurais do direito a sua formação humana e identitária do que nos tempos-processos-ordenamentos curriculares do turno-tempos regulares.

Uma questão fica pendente e desafiante: será suficiente inventar outros tempos que propiciem a construção de identidades positivas e nas mesmas escolas condená-los a conformar visões negativas de lentos, desacelerados, com problemas mentais de aprendizagem nos turnos regulares?

---

24. Trabalho essas disputas no texto "Quando a violência infantojuvenil indaga a pedagogia". *Educação e Sociedade*, n. 100, p. 787-808, Campinas: Cedes.

As experiências positivas do trabalho nos extraturnos, nos projetos de escola integral, integrada, de mais-escola nos trazem uma questão inadiável: Por que não mexer com radicalidade nas estruturas, ordenamentos, avaliações do núcleo duro do turno regular? Enquanto nesse turno duro regular continuemos massacrando milhões de crianças e adolescentes e até de jovens e adultos perderão radicalidade tantas excelentes iniciativas de salvá-los em extraturnos, inspiradas em reconhecimentos positivos do povo e de seus(suas) filhos(as).

Essas ações e propostas revelam que aumenta o número de redes, escolas e coletivos de educadores(as) que abrem esses outros tempos-espaços-propostas pedagógicas para os in-incluíveis porque vão além de velhas visões inclusivas, para visões mais positivas dessas infâncias, adolescências e juventudes que chegam Outros, mas não inferiores às escolas. Que visões?[25]

Os esquecidos reconhecidos

As tentativas de melhor conhecê-los são diversas. Um dos encontros de professores começou assistindo e comentando o filme de Luis Buñuel: *Os esquecidos* (*Los olvidados*). Um dos seus primeiros filmes de sua fase mexicana. Um entre tantos filmes da época, década de 1950, sobre jovens marginalizados tidos como delinquentes. Na mesma década de 1950 Jaques Prévert escreve o poema "Os esquecidos" ("esquecidos meninos amorosos e não amados, assassinos adolescentes assassinados [...]")[26].

Falamos de sensibilidades poéticas, artísticas da década de 1950 tão parecidas a tantas insensibilidades atuais nada poéticas de tantas notícias e manchetes que condenam os adolescentes como violentos e esquecem de milhares de adolescentes assassinados nos fins de semana.

Quando professores que trabalham com adolescentes-jovens nas escolas se defrontam com filmes como esse duas reações são frequentes. De um lado, choca a persistência das formas cruéis, precarizadas de viver a adolescência e a juventude das periferias urbanas, nos bairros, vilas e favelas, ao longo de mais de sessenta anos. Para as salas de aula levam essas vidas precarizadas. De outro lado chama a atenção que a literatura, o cinema, as artes se aproximem com

---

25. Trabalho essas dimensões positivas no texto "O direito a tempos-espaços de um justo e digno viver". In: MEC-SECAD. *Reflexões e caminhos da educação integral no Brasil contemporâneo*. Porto Alegre: Artmed, 2011.

26. A coleção A Escola Vai ao Cinema (Belo Horizonte: Autêntica) pode ser um recurso para animar oficinas e dias de estudo. Na mesma coleção: *A infância vai ao cinema* e *A juventude vai ao cinema*.

tanta sensibilidade social, que se aproximem com um olhar poético e político sobre a vida de jovens populares. Uma postura comprometida com retratar a face oculta do sonho urbano, republicado e pedagógico.

Essas constatações provocam indagações que ocupam e tencionam encontros docentes. Se essas formas tão cruéis de viver a adolescência-juventude vêm de longe, se persistem e chegam às salas de aula (antes nem chegavam), o que aprendemos dessa longa história nos cursos de formação? Uma professora comentou: "aprendi muito sobre minha disciplina, mas nada me ensinaram sobre os alunos, adolescentes com que trabalho". Como suprir essas lacunas lamentáveis de nossa formação inicial?

Nas escolas não faltam iniciativas, mas os conteúdos e as avaliações não permitem dedicar tempos a conhecer os educandos. Menos ainda a que eles e elas se conheçam e saibam das cruéis formas de seu viver que vêm de tão longe. Essa história só fará parte da história se como professores a conhecemos e a mostramos, se entra como conhecimento legítimo no ordenamento curricular que somos obrigados a seguir. Quantos projetos de conhecer, expor as formas de viver dos educandos se chocam com a rigidez do ordenamento curricular! Este os esquece.

Aprender com as artes a não esquecê-los

Manter a adolescência e a juventude entre os esquecidos nos currículos se choca com uma constatação provocante: a sensibilidade das artes, da literatura, do cinema para com as vidas precarizadas de adolescentes-jovens que vêm de longe provoca ricas indagações. A pedagogia, os currículos, as didáticas participam dessas sensibilidades? O que temos a aprender dessas áreas abertas a essa realidade?

Uma das formas de suprir as lacunas de nossa formação inicial pode ser trazer aos encontros as sensibilidades das artes e seu olhar sobre a adolescência com que trabalhamos.

Um dos capítulos mais comprometidos com essas juventudes-adolescências por parte da literatura e do cinema tem sido mostrar essas vidas desnutridas, quebradas com seu realismo social e denunciante. Pressionam, já nos anos 1950, pelo seu reconhecimento como sujeitos dos direitos humanos mais básicos. Prenunciam os Estatutos dos Direitos da Infância-Adolescência. Por exemplo, impressiona a voz e os textos de Buñuel no seu filme mencionado *Os esquecidos*: "as grandes cidades modernas [...] escondem atrás de seus magníficos edifícios lares de miséria que abrigam meninos desnutridos [...]. Só em um futuro próximo poderão ser reivindicados os direitos da criança e do adolescente [...]. Por isso esse filme baseado em fatos da vida real não é otimista [...] Os esquecidos, os páreas sociais criam, a seu modo, um lar na rua" (*Os esquecidos*, Roteiro original, 1950. Apud Carlos Feixa, 2009, p. 26-27)[27].

Essas sensibilidades não faltaram em nossa cinematografia, em nossa literatura e em nossas artes. Poderíamos lembrar G. Rocha, Lima Barreto, Jorge Amado, Graciliano Ramos, Portinari, Sebastião Salgado. Material riquíssimo para dias de estudo, para construir um olhar positivo sobre os adolescentes e jovens.

Capitães de areia, de Jorge Amado, um livro que merece ser trabalhado com os adolescentes, mostra-nos essa infância-adolescência com um olhar carregado de realismo positivo: "Vestidos de farrapos sujos, semiesfomeados, agressivos, eram em verdade os donos da cidade, os que a conheciam totalmente, os que totalmente a amavam, os seus poetas [...]". Um olhar tão diferente do que vemos e ouvimos nos noticiários e nos jornais hoje.

Diante dessa sensibilidade e realismo social que inspira as artes, as letras, somos convidados a indagar-nos sobre a sensibilidade e o realismo social das escolas, dos seus profissionais, dos currículos, das didáticas, das avaliações segregadoras, da própria teoria pedagógica. As juventudes e adolescências que vêm das ruas, das favelas, da sobrevivência, das periferias e campos trazem para as escolas públicas outra realidade. Sua realidade. Reeducam nossas sensibilidades para seu viver. Há lugar para suas vidas mal vividas nesses territórios pedagógicos?

Têm aparecido algumas (poucas) pesquisas, dissertações, teses que não chegam aos docentes focalizando essas cruas e cruéis realidades que invadem faz décadas nossas cidades e que mais recentemente invadem como um arrastão temido nossas escolas públicas. Sua entrada física não significa que suas vivências reais tenham entrado no currículo de educação básica e de formação de professores. Entram apenas suas trajetórias escolares, o que aprender, com que didáticas, em que sequência, que resultados, que avaliações. Repetentes, reprovados, defasados. Suas trajetórias humanas nos limites e em contextos precaríssimos não terão lugar, nem sequer para entendê-las e entender-se? Sobretudo, seu protagonismo positivo terá lugar?

---

27. TEIXEIRA, I.A.C.; LOPES, J.S.M. & DAYRELL, J. (orgs.). *A juventude vai ao cinema*. Belo Horizonte: Autêntica, 2009.

O dia em que a produção cultural e artística encontrarem seu lugar nos currículos talvez aprendamos a olhar com atenção essas adolescências e juventudes. Teremos vergonha de mantê-los no esquecimento. Passaremos a ver neles como Jorge Amado "os donos da cidade, os que a conhecem totalmente, os que totalmente a amam, os seus poetas".

Histórias de não esquecimentos

Ao perguntar-nos sobre a sensibilidade da pedagogia, do sistema público para com essas adolescências-juventudes perceberemos que em nossa história temos capítulos ricos a serem seguidos. Capítulos de história, de não esquecimentos. Um deles, a luta pela escola pública dos anos 1950. Sensibilidades como as do cinema, das letras e das artes aconteciam em um grupo de intelectuais-educadores, Florestan Fernandes, Anísio Teixeira, Pascual Leme e tantos outros engajados na luta pela conformação de uma escola pública para os(as) filhos(as) dos trabalhadores, dos setores populares das periferias urbanas. As crianças, adolescentes e jovens dessas periferias em expansão se tornaram problema social, urbano e pedagógico.

Esses intelectuais-educadores ao mostrar essas infâncias, adolescências e juventudes mostram a face oculta do sonho da cidade moderna. Mostram a face esquecida pelo ideário republicado assimilacionista que prometia a inclusão de todo cidadão. Discurso tão repetido no sonho pedagógico, republicano e democrático. Nos anos 1950 já esse sonho urbano, republicano, pedagógico se confronta com a segregação das classes trabalhadoras, dos imigrantes, dos campos, dos coletivos populares, negros, sobreviventes nas periferias crescentes.

Intelectuais-educadores se confrontam com milhares de crianças, adolescentes e jovens esquecidos como *Los olvidados* de Buñuel. Milhões não mais possíveis de não ver, de esquecer por tomarem conta das ruas, praças, com posturas incômodas, vistas como agressivas, ameaçadoras. Educadores já na época, como tantos depois, não ficaram insensíveis a essas infâncias, adolescências.

Diante de intelectuais-educadores como Florestan Fernandes, de sua sensibilidade para com as infâncias, adolescências e juventudes populares, aprendemos que não faltaram sensibilidades e compromissos em nossa história. Mas e hoje, 60 anos depois? Como vivem e são tratadas essas adolescências? Cresceram e chegaram às escolas públicas. Como são vistas pela cidade? Por quê?

Algumas escolas leem e comentam com os(as) alunos(as) as manchetes de nossos jornais de fins de semana que destacam prematuras e indecentes mortes de crianças e jovens anunciadas com requinte pela mídia como mostras dos extermínios infantojuvenis. De limpeza das cidades e de implantação de comunidades (não mais favelas) pacificadas. Coincidências ou perversas persistências que continuam interrogando o Estado, as políticas, a escola pública, a docência, os currículos como pesadelos de um sonho republicano, urbano, pedagógico maldormido. Não cumprido.

Ao longo destas décadas não têm faltado educadores(as), redes e escolas que acordaram desse sono e vêm elaborando propostas pedagógicas de reconhecimento dessas infâncias, adolescências e juventudes como Outros, diversos feitos tão desiguais. Uma longa história de reconhecimento, de recuar as estruturas, tempos-espaços escolares para a educação integral: Centros de Educação Integral, Educação Integral em Tempo Integral, Mais Educação, Escola Integrada, Plural, Cidadã, Cabana, Sem-Fronteiras, Candanga e tantos projetos silenciosos e silenciados inventados pela sensibilidade docente-educadora.

Tão presentes que não dá para esquecer suas indagações

Nessa rica pluralidade de reconhecimentos encontramos responsáveis reações a tantos esquecimentos.

Diante desses olhares tão preconceituosos da mídia e da cultura política que postura cabe às escolas e aos professores que convivem com essas adolescências-juventudes? Reforçar essas condenações? Expulsá-los, reprová-los? Jogar mais lenha nessa fogueira de preconceitos históricos? Muitos docentes se colocam de lado dos educandos. Têm posturas de dignidade. Reconhecem que dessas infâncias-adolescências "os esquecidos" ou os tão incômodos que não dá para esquecer, deles vem as indagações mais incômodas para os ideários republicanos, cívicos, pedagógicos. Não para incluí-los, mas para captar, interpretar as indagações desestruturantes que com sua presença trazem para a sociedade e para a escola. Suas indisciplinas apontam outra ordem social, outra organização escolar.

Na história da República, das políticas públicas e das políticas especificamente educativas eles não estão no final da pauta como destinatários malagradecidos. Estão no ponto de partida, como "o calo", o incômodo, o pesadelo, a indagação desestruturante da teoria sociopedagógica, curricular; da docência; da desordem social.

Diante dessas coincidências históricas e persistentes indagações quais têm sido as respostas do campo da teoria pedagógica e das políticas curriculares tanto dos cursos de formação como de educação básica? Incorporam essa realidade? Ocultam-na e a esquecem? Essas juventudes-adolescências não podem continuar esquecidas. Para os professores não há mais como esquecê-las, estão expostas. Como não nos deixar interrogar?

Lembro de uma oficina promovida pelos docentes de uma escola: "Indisciplinas, condutas desviantes ou injustiças sociais?", cuja intenção era rever posturas moralizantes.

Uma postura cômoda, porém extremamente simplória, é reduzir a condutas violentas essa complexa realidade humana social que entra com os adolescentes e jovens nas escolas. Esse reducionismo simplório está sendo superado. Sabemos que eles e elas carregam condutas que são reações a condutas e tratos que estão nas relações sociais mais expostas a nossos olhos nas cidades, nos campos e que o currículo e até as teorias pedagógicas teimam em ignorar. As violências não são condutas desviantes de jovens e adolescentes e até de crianças ou de marginais. São constituintes das relações sociais, econômicas, políticas. Suas indisciplinas questionam as relações na sociedade e nas escolas.

A mídia nos joga em cada noticiário quadros de perversas violências dos poderosos contra os mais fracos, dos donos da terra contra os sem-terra, dos donos do espaço urbano contra os sem-teto, dos donos dos meios de coerção, até legítima, contra jovens que se manifestam pela ética no espaço e na gestão pública ou que lutam por terra em ações e em movimentos sociais. Violências padecidas com requinte por essas crianças e adolescentes, jovens e adultos que chegam às escolas públicas.

É possível um olhar positivo dessas adolescências

Lembro de um professor que justificava a riqueza de trabalhar com adolescentes e jovens: "São forçados a viver a vida com tanta intensidade! Nos limites". Na medida em que as vidas adultas se vão empobrecendo de experiências adensadas porque submetidas à rigidez e estreiteza dos padrões sociais e de trabalhos nos tornamos cegos a ver e entender a adolescência e a juventude como um tempo denso em experiências tensas, até prematuras e imprevisíveis. Nos limites. Condenar essas vivências densas pode ser uma maneira de não reconhecer o empobrecimento das nossas.

Recusar que o tempo de escola, as salas de aula e os currículos sejam espaços onde os adolescentes e jovens possam trazer e ser reconhecidas e trabalhadas suas densas vivências humanas pode ser uma forma de defesa da falta de densidade humana dos conhecimentos curriculares. Diante da inevitabilidade da presença dessas vivências densas a postura mais cômoda será silenciá-las, reprimi-las como condutas indisciplinadas. Uma postura defensiva que termina se tornando explosiva.

Tentar silenciar suas experiências como forma del se desvencilhar delas é incentivar as tensões na sociedade e nas escolas. É bloquear processos de educação e de aprendizagem. É adiar o repensar da teoria pedagógica e das estruturas escolares. É desperdiçar as indagações chocantes transformadoras que suas vidas carregam. O olhar mais positivo pode passar por reconhecer a radicalidade libertadora de suas presenças afirmativas. Incômodas. Por escutar e tentar trabalhar suas indagações.

Muitas redes, escolas, docentes e gestores tentam entender, não se assustam com realidades tão duras quanto persistentes em nossa história e tão expostas na mídia, no cinema, nas músicas, nas letras e nas artes. Em convívios com as adolescências tão quebradas tentam que os currículos, os livros didáticos não as ignorem, mas abram espaços para pensá-las como objeto de um conhecimento desafiante. Os adolescentes e jovens têm direito a conhecer as formas injustas de viver a que são condenados. Tentemos entender por que essas injustas formas de viver não entram nos currículos.

Diante de tantas tentativas dos(das) professores(as) e das escolas por entender e incorporar esses jovens-adolescentes no sistema escolar, no ordenamento curricular somos obrigados a aprofundar as resistências, de onde vem? Por que esses jovens-adolescentes são convidados a entrarem na escola, mas são rejeitados como violentos, desordeiros, indisciplinados?

Podemos supor que não são dadas às escolas e aos seus profissionais condições para trabalhar com essas juventudes e adolescências. Uma explicação da maior seriedade. A responsabilidade é do Estado que não cria condições para a incorporação desses educandos.

O movimento docente vem pressionando os governos para a conformação de um sistema escolar capaz de incorporar e trabalhar essas crianças e adolescências, esses jovens tão violentados pela sociedade e que chegam às escolas. Medidas urgentes por condições de trabalho nas salas de aula, como espaços, número de alunos(as) nas salas, número de horas de docência, dedicação exclusiva a uma escola, a um tempo de dedicação exclusiva, superar o regime de aulistas, de trabalho em várias escolas, redes, turnos etc. Quando os educandos são outros não apenas a qualificação docente tem de ser outra, mas primeiro a condição e o trabalho docente têm de ser outros, mais justos e mais dignos. Mas será suficiente?

Há lugar para a desordem social nos currículos?

Mas podemos aprofundar outra hipótese: os currículos, as didáticas, as teorias pedagógicas não são capazes de incorporar as desordens sociais que esses jovens e adolescentes padecem, vivem e carregam às escolas porque se ignora a desordem social nos conhecimentos curriculares, nas disciplinas e avaliações. As visões épicas, progressistas que predominam nos conhecimentos disciplinares ocultam o real trágico da história e da desordem social. Quando chegam as vítimas dessas tragédias sociais às escolas ficamos confusos sem referências conceituais para entendê-las.

As ciências só pensam as tecnologias, as descobertas que apontam para o progresso, para o aumento da produção, para a racionalidade, para a ordem. A desordem econômica, social, política, moral, cultural que essas adolescências padecem não é objeto do conhecimento sério, racional, progressista, científico. Logo, suas vidas tão precarizadas não farão parte do saber social acumulado, nem da produção intelectual e cultural. Consequentemente, nem se cogita que as indagações que os educandos carregam de seu viver entrem no território por excelência do conhecimento, o currículo.

As consequências são graves: é negado o direito de todo cidadão ao conhecimento de realidades sociais, de experiências humanas e de saberes, valores, culturas que as próprias crianças, adolescentes, jovens vivenciam e padecem: a desordem, as irracionalidades, os sofrimentos humanos, as violências sociais.

Quando as marcas dessas irracionalidades entram com as vidas dos próprios educandos e educadores, as escolas e as teorias pedagógicas e didáticas, a gestão se escandalizam, como que invadidas por extraterrestres. Tem sentido que os professores e gestores se defrontem com a questão, saberemos como tratá-las não apenas em termos disciplinares, gestores, mas em termos cognitivos, científicos, teóricos e metodológicos? Nada fácil se os desenhos curriculares, os seus desenhadores e os produtores de material didático continuarem ignorando essas desordens e irracionalidades que os jovens e adolescentes populares padecem, se continuarem vendo-as como anomalias a serem superadas pelas racionalidades científicas, pelo progresso científico, pela herança cultural civilizatória aprendidos desde o letramento.

Com a chegada desses adolescentes e jovens tão vitimados às escolas, duas realidades nos violentam como educadores, docentes e gestores. Primeiro, que as violências, segregações e injustiças sociais existem, aumentam, que os conhecimentos curriculares não podem ignorá-las, mas enfrentá-las como campo prioritário de estudo, de análise e do direito ao conhecimento dos mestres e alunos, sobretudo daqueles que as padecem.

Segundo, nos obrigam a superar crenças ingênuas de que se alimentam os currículos, a docência e as políticas de que o avanço da ciência, das tecnologias e do conhecimento superarão as injustiças e violências que ainda padecem. Seria mais sensato se as ciências, as tecnologias e os conhecimentos se defrontassem com os questionamentos que lhes chegam dessas persistentes injustiças que resistem a tão proclamados avanços do conhecimento. Inclusive muitos fruto desses avanços.

Se a desordem, as irracionalidades sociais, econômicas, políticas e culturais não têm lugar nos espaços por excelência do conhecimento e da cultura, não serão reconhecidas suas marcas nos coletivos que as padecem ao longo da história. Serão condenadas pela escola como anomalias incômodas, como violências, desordens e irracionalidades dos coletivos populares, de seus filhos, das famílias e das comunidades irracionais, sem valores, de ordem e de progresso.

Com essas velhas concepções se defrontam as tentativas de tantos docentes-educadores de entender os adolescentes e jovens populares. De levar a sério suas indagações. A facilidade com que as infâncias, adolescências populares são rejeitadas como violentas, desordeiras, apenas expressa os bloqueios que os professores e educandos experimentam. Bloqueios que perduram no campo do conhecimento curricular, científico e social. As violências e desordens, os sofrimentos, as injustiças que desde crianças padecem, carregam tamanhas indagações que deverão ser ocultadas para que a ordem social não seja desestabilizada e para que a paz do campo do conhecimento legítimo não seja desestruturado.

No campo das teorias e políticas educativas ou do conhecimento escolar as reações são as mesmas. Se levarem a sério as formas indignas de viver dessas adolescências-juventudes teriam de ouvir as indagações desestruturantes, explosivas que carregam para dentro das políticas socioeducativas, da teoria pedagógica e dos conhecimentos curriculares.

A reação mais eficaz será não ver essas vidas, essa desordem, não ouvir essas indagações explosivas que a chegada desses adolescentes-jovens introduz no território da educação. Condená-los, excluí-los. Pensando ingenuamente silenciar suas indagações explosivas.

A racionalidade futurista ignora as irracionalidades do presente e suas vítimas

Os adolescentes e jovens que padecem as desordens nos obrigam a equacionar as irracionalidades sociais como desafios teóricos, morais, políticos, culturais e pedagógicos.

Um olhar rápido sobre o material didático e sobre os conteúdos das áreas do conhecimento curricular mostra a visão ingênua, angelical, racionalista e cientificista, progressista e futurista em que seus desenhadores e autores parecem acreditar. Qualquer criança do pré já experimenta e sabe que a vida real é outra. É desordem. Aprendera que sua pobreza, desemprego, falta de horizontes são produzidos pela desordem social, política, econômica e não pela sua desordem pessoal.

Por que os currículos se negam a mostrar a relação entre ordem e desordem, entre progresso e retrocesso, entre avanço científico-tecnológico, a concentração da riqueza e o crescimento da pobreza? Entre a expansão do agronegócio e a destruição da agricultura familiar?

As consequências pedagógicas do ocultamento dessas verdades são preocupantes. Suas experiências tão prematuras das irracionalidades, imoralidades, violências e desordens sociais não serão nem reconhecidas, nem trabalhadas, nem explicadas porque os conhecimentos curriculares as ignoram em suas lógicas cientificistas, racionais e progressistas. Se quiserem passar no percurso escolar terão de aprender essa ordem, essa moralidade, essa racionalidade cultuada em cada recorte do conhecimento, em cada livro didático.

A resistência e a desmotivação por aprender têm tudo a ver com a teimosia dos currículos e do conhecimento legitimado em não incorporar como legítimas suas experiências das irracionalidades, imoralidades e desordens sociais que padecem desde criança e que levam como objeto desafiante dos conhecimentos escolares. O direito a conhecer essa desordem faz parte de seu direito ao conhecimento.

Enquanto essas suas experiências e de tantos milhões de crianças, adolescentes e jovens não entrarem no território do currículo não poderemos apregoar que todos entraram na escola. Os índices de acesso quase totais no Ensino Fundamental ocultam mais do que revelam os processos de segregação – de não reconhecimento como objeto e foco dos conhecimentos curriculares, das vivências, violências padecidas por milhões dos que entram.

A chegada dessas infâncias e adolescências às escolas disputa a entrada nos currículos, nos conhecimentos, vivências que contestam tantos ideais de progresso. Walter Benjamin nos propõe fundar o conceito de progresso sobre a realidade de tantas ruínas sociais que vêm se amontoando desde o passado. Lembra-nos que no avanço da técnica tem sido possível perceber os progressos das ciências naturais, porém não os retrocessos da sociedade. Entender essa história não será um direito das vítimas desses retrocessos?

Os conhecimentos científicos não ignoraram apenas as desordens e irracionalidades, ignoraram as transgressões, provocações e contestações a essa ordem e a essa racionalidade. Como ignoraram os sofrimentos, as questões mais viscerais e angustiadas da condição humana. Ignoraram os gestos que expõem ao vivo a desordem dos desejos, dos corpos, da sexualidade. Preferem ignorar essas dimensões tão constituintes da condição humana, reprová-las como tributos menos nobres. Propõem que o conhecimento racional, a moralidade escolar e a cultura nobre devam se manter distantes.

A distância que o conhecimento escolar mantém das violências e dos sofrimentos humanos os distanciam dos coletivos que os sofrem.

Que haja vez nos currículos para o viver adolescente e juvenil

Os jovens e adolescentes são vistos nas escolas e na sociedade como a incorporação de transgressões, provocações e contestações e como exposições da desordem dos desejos, dos corpos, da intensidade passional, das reações e sentimentos irracionais. Violentos, indisciplinados. Na mesma medida em que essas dimensões da condição humana são ignoradas, condenadas, passam a ser ignorados, condenados os jovens, adolescentes que as sofrem, as prefiguram e protagonizam.

Enquanto os currículos, os conhecimentos e a produção cultural não reconhecerem essas dimensões da condição humana e sobretudo não reconhecerem as desordens e violências sociais, essa juventude não terá vez como campo de interesse para os conhecimentos escolares. A escola, a docência terão motivos para não se importarem com suas experiências, seus segredos e seus trágicos percursos humanos.

Ignorar essas dimensões da condição humana e da realidade social é condenar os sujeitos jovens-adolescentes que as vivem com tanta intensidade, postura que torna os currículos e as didáticas sem vigor, empobrecidas na estatura acanhada dos desenhos curriculares. Daí a resvalar para o conformismo e até a repressão moral há um passo.

Na medida em que os currículos se fecham a essas dimensões da condição humana, as escolas e seus profissionais serão obrigados a reprimir os corpos, os desejos, até o sorriso, a ironia, a irreverência, reprimir e castigar as subversivas e plurais fronteiras do afeto, do desejo, da sexualidade. Ao ignorar essas dimensões da condição humana no campo do conhecimento escolar, essas manifestações serão reprimidas e os sujeitos dessas "vivências" terão de ser reprimidos: os jovens e adolescentes.

O moralismo que impregna a gestão escolar diante dos adolescentes e jovens finca uma de suas raízes no moralismo dos currículos e das ciências e sua ordeira racionalidade, que por séculos nega os sujeitos, os desejos, a corporeidade como atentados para a objetividade, que ignora os sofrimentos, as violências e desordens sociais e condena os sujeitos que as padecem.

É esperançador que coletivos docentes estudem e se defrontem com essas questões, tentando incorporar na preparação das aulas e em projetos de trabalho o direito dos adolescentes e jovens a conhecer com profundidade essas tensas relações entre as promessas de progresso e a realidade de sobrevivência que vivem.

Um conhecimento que disputa a entrada no currículo. Que os próprios adolescentes e jovens disputam como direito a conhecer-se com uma imagem positiva. Se ao menos na escola fossem acompanhados e instigados a conformar identidades positivas o tempo de escola teria outros significados.

Que esses adolescentes e jovens fiquem sabendo nos currículos e nas disciplinas que suas vidas e as indagações que carregam são tão explosivas que legitimam serem silenciados e condenados pela ordem social e até escolar.

Reconhecer os educandos como sujeitos ativos-afirmativos

A infância não é um paraíso que, em um determinado momento, abandonamos para sempre a fim de falar.

G. Agamben

Lembrávamos que na educação da infância encontramos propostas educativas inovadoras porque partem da especificidade do tempo da infância e das condições diversas do seu viver. Propostas de educação dos adolescentes e jovens que reconhecem essa especificidade. Continuemos nossa reflexão sobre que propostas de reconhecimento e que reconhecimentos as inspiram. Neste texto destacamos como os educandos se reconhecem, não tanto se os reconhecemos. Não se veem como destinatários, mas como sujeitos ativos-afirmativos, resistentes.

As tensões por que reconhecimentos

Nos diversos textos fomos trazendo algumas das tensões que acontecem nas salas de aula, nos currículos e no pensamento educacional. Tensões trazidas pelas presenças afirmativas, incômodas dos sujeitos da ação educativa sejam os docentes sejam os educandos. Essas presenças exigem não apenas vê-los, mas superar formas inferiorizantes de vê-los e de pensá-los e tratá-los. Exigem mais: reconhecê-los, tanto aos mestres quanto aos alunos, como sujeitos de direitos. Há uma tensão por reconhecimentos.

Mas há algo mais de fundo, uma tensão entre os avanços que as políticas, as diretrizes e as escolas e seus profissionais fazem por reconhecê-los e os avanços tão rápidos que as crianças e os adolescentes e os jovens vêm fazendo por seu autorreconhecimento. As formas como os reconhecemos nem sempre coincidem em como eles se reconhecem.

Neste texto volta a pergunta: como reconhecer os educandos e como reconhecer-nos como profissionais? Mas avançamos para uma questão mais de fundo com que nos defrontamos: os próprios educandos não estão em processos de autorreconhecimento, de autoafirmação como sujeitos ativos, não mais passivos nem sequer receptivos a nossas propostas, diretrizes e políticas educativas? Também eles (elas) passam pelos mesmos processos por que nós profissionais da educação, trabalhadores(as) vamos passando nas últimas décadas. Processos de autoafirmação, de autorreconhecimento não mais como sujeitos passivos, nem sequer receptivos às políticas, diretrizes, controles, avaliações externas. As tensões estão postas entre os avanços nos reconhecimentos e as novas afirmações que educadores e educandos trazem às escolas.

Por exemplo, reconhecer a singularidade de cada tempo como tempo de formação humana tem significado um marco divisório para as propostas de educação. Entretanto, esse reconhecimento da singularidade não garante que tenhamos superado visões propedêuticas, sequenciais, hierárquicas do tempo da infância, da adolescência e juventude como preparação para o tempo visto como humano pleno, a vida adulta. Nem tem significado a superação de visões naturalizadas, romanceadas (infância, primavera, flor, ternura, anjo, juventude, coragem, futuro) nem superado visões negativas, pela falta, sem voz, sem pensamento, sem racionalidade, sem moralidade.

Essas visões também pensam esses tempos como singulares, porém pela falta de valores, pelo angelical, pelo imaturo; logo, ver e tratar cada tempo da formação como singular, como destinatário de propostas que supram carências, que se dominem competências e condutas de que carece na singularidade e maturidade desses tempos. Será suficiente parar nesses reconhecimentos parciais?

Crianças, adolescentes e jovens, sujeitos de direitos condicionados

Pensemos em outra tensão vivida nas salas de aula. Podemos até avançar vendo a infância-adolescência-juventude como sujeitos passíveis de direitos, porém se forem aprendidos. Sujeitos de direitos condicionados. Destinatários singulares de propostas pedagógicas de educação em direitos de que ainda não são possuidores. Essas visões negativas da infância sejam românticas, sejam por falta, minoridade, ou pior ainda em processos de se tornarem sujeitos de direitos se os aprenderem tem inspirado a maioria das propostas pedagógicas e curriculares para a infância, a adolescência e juventude, sobretudo populares.

Só avançaremos para propostas mais radicais se superarmos toda visão negativa e os reconhecermos como sujeitos ativos, afirmativos que se conformam sujeitos de direitos nos processos de resistência às formas brutais de sua negação, se até reconhecemos as lutas pela escola como afirmação.

Encontramos propostas pedagógicas que não se estruturam em torno de áreas, disciplinas, competências nem de dimensões específicas da condição humana, linguagem, ludicidade... O ponto de partida é a própria infância, adolescência e juventude não genéricas, mas concretas, contextualizada com que se trabalha. Não um ideal, protótipo a ser conformado em um ou outro ideal de desenvolvimento, de percurso para um cânone de maturidade, de direitos, um outro reconhecimento.

Por aí avançam os estudos sociais da infância[28], da adolescência e juventude que trazem quadros interpretativos a partir dos modos concretos, possíveis, limitados de viver, sentir, padecer, esperar, intervir da diversidade de infâncias, adolescências, juventudes. Estudos que mostram como se confrontam, destroem representações históricas negativas que pesam sobre elas, como as profanam e nos defrontam com mensagens desestruturantes. Será que essas mensagens são reconhecidas e decifradas nas propostas por disciplinas, ou tendo como eixo estruturante a linguagem, o letramento, as ciências?

Se assumimos os reconhecimentos da infância-adolescência que esses estudos propõem seremos obrigados a nos perguntar: Mas o que privilegiar nessas práticas sociais não apenas de leitura e escrita e das ciências, mas sobretudo nessas profanações e nessas formas de viver, sobreviver em que se debatem a maioria dos educandos que acodem às escolas públicas nos campos e nas periferias? Mudar de ponto de partida, não apenas dos conteúdos propedêuticos a aprender, mas sobretudo de reconhecimento dos processos de seu viver como processos de aprender-se. Não partindo de uma visão negativa, carentes de saber, razão, linguagens, leituras, mas do reconhecimento como *sujeitos ativos, afirmativos*. Sem mudar as formas de vê-los não mudarão os sentidos das propostas curriculares nem das políticas socioeducativas.

Os estudos da infância, como da adolescência e da juventude, reconhecem esses tempos geracionais como atores na construção e determinação de suas próprias vidas e trajetórias sociais, assim como atores das vidas dos que os rodeiam, com que interagem. Reconhecem-nos até como autores das sociedades, comunidades e instituições em que vivem. Nem os jovens e adolescentes nem as crianças são sujeitos passivos de estruturas, políticas e processos sociais.

Mas as margens de liberdade e de autorias são muito limitadas para milhões de crianças, adolescentes e jovens. Para as ruas e a sobrevivência e para as salas de aula carregam esses limites. Os docentes-educadores aprendem a interpretar com cuidado concepções romanceadas de infâncias e adolescências sujeitos livres para serem ativos e para agir e escolher.

---

28. SARMENTO, M. & GOUVEIA, M.C.S. *Estudos da infância*: educação e práticas sociais. Petrópolis: Vozes, 2008.

Talvez nunca como agora milhões de crianças, de adolescentes e jovens são obrigados a viver em limites tão precários e tão estreitos ao exercício de sua liberdade de decisão e de ação. Quando se cultua que agora são sujeitos ativos, afirmativos de que infâncias-adolescências estamos falando? Podemos pensar que estão livres do adultocentrismo quando decisões perversas dos adultos que controlam a desordem econômica, social e política condenam milhões de crianças, adolescentes e jovens a um sobreviver indigno e injusto? Quando limitam ao extremo sua liberdade de escolha?

Esse culto a sua condição de sujeitos ativos-afirmativos nas condições e nos limites de seu viver obrigam as escolas e a seus profissionais a inventarem delicadas e corajosas artes de estimulá-los como sujeitos ativos-afirmativos, mas sem esquecer os limites estreitos de seu viver. Valorizar e não condenar formas desconcertantes de serem sujeitos ativos-afirmativos.

Até como pacientes, vítimas de tantos processos sociais e políticos são obrigados a reagir, a se afirmar ativos. Até nas indisciplinas nas ruas e nas escolas se mostram não passivos, mas sujeitos ativos, afirmativos. Até para reagir às violências e à precariedade de seu viver, sobreviver têm de ser ativos, sujeitos de decisões, de ação e intervenção. A visão de infância, adolescência e juventude como sujeitos ativos, afirmativos se contrapõe à visão de *in-fans*, sem fala, sem pensamento, imaturos, logo mero objeto ou destinatários de nossas políticas, intervenções e propostas compensatórias de carências.

Seu reconhecimento como sujeitos ativos, afirmativos se contrapõe às concepções dominantes na cultura social e pedagógica ainda inspiradoras de tantas propostas curriculares e didáticas e de tantas diretrizes e políticas curriculares compensatórias, moralizadoras. Uma visão mais radical de reconhecimento.

Partir da afirmação da própria infância, adolescência e juventude como sujeitos de direitos

Volta a pergunta: o que destacar nesse reconhecimento como sujeitos ativos, afirmativos? Ver sujeitos não apenas destinatários de nossas políticas de direitos, mas conformando-se com suas presenças incômodas sujeitos de direitos. Reconhecer os direitos da infância e adolescência no ECA ou em outras proclamações solenes pode ser um ponto de partida para propostas pedagógica e curriculares, mas será mais pedagógico partir da própria afirmação como sujeitos de direitos.

Exatamente porque essas solenes proclamações não conseguiram reduzir nem frear as múltiplas violações dos direitos das crianças, adolescentes e jovens, sobretudo populares, elas e eles mesmos reagem a essas violações e se afirmam sujeitos de direitos.

Dessas infâncias-adolescências-juventudes vêm as afirmações e reivindicações mais enfáticas de serem reconhecidas sujeitos de direitos nas ruas, na família, nas escolas, no judiciário, nas políticas de saúde, proteção, nos educandários, nos espaços de cultura, no trabalho.

Há propostas pedagógicas que partem desse reconhecimento mais radical. Que identificam o que sentem, fazem, aspiram; por que lutam, com que ações, em que espaços; como vivem, em que família, em que comunidade de origem social, racial, das periferias ou dos campos; de que sobrevivem, em que limites exercem suas liberdades. Cultivar esse olhar, essas tentativas de ler-se, de ler seu real, suas próprias trajetórias e de seus coletivos é de extrema relevância pedagógica para as crianças-adolescentes-jovens e para os educadores(as) docentes.

Intervir na sua própria leitura dá às linguagens oral ou escrita ou aos conhecimentos sistematizados dimensões formadoras de extrema radicalidade. Dará outros significados a didáticas de aprender, intervindo, decidindo, participando no como se ver, com que processos, em que grupos, com que instrumentos. Será um processo de um aprendizado central para toda a vida: aprender a entender-se, a interpretar os múltiplos significados de suas formas de viver, de estar no mundo, na cidade, nos campos, na escola.

Sobretudo, aprender a saber-se e defender-se como sujeitos de tantos direitos humanos básicos negados, não só porque crianças, adolescentes, mas porque membros de coletivos sem direito a ter direitos em nossa história. Suas indisciplinas nas ruas e nas escolas não são reações a tantos direitos negados? Reações de dignidade, de basta de tratos tão injustos.

Esses aprendizados e esses significados de seu viver fazem parte do seu direito ao conhecimento, à leitura de si e do mundo. Logo, merecem centralidade na proposta pedagógica e curricular. Um dos desafios para as políticas, as diretrizes e o fazer cotidiano na educação escolar é dedicar tempos a levantar os significados, a radicalidade dessas práticas que coletivos de educadoras(es) inventam.

A ideia é fazer das tensões e indagações da história do reconhecimento da infância, da adolescência e juventude, objeto de análise, de conhecimento para os(as) educadores(as) e sobretudo para os(as) educandos(as). Garantir seu direito a conhecer-se, a saber-se através da própria tensa história de seu reconhecimento como sujeitos de direitos.

Destaquemos alguns significados que encontramos nas reuniões e oficinas de educadoras(es). Inclusive oficinas de estudo e temas geradores de que participam os educandos.

Que eixos-indagações na organização das propostas?

Quando avançamos em posturas de reconhecimento dos educandos e dos profissionais como sujeitos ativos, afirmativos, toda prática docente e pedagógica é questionada e redefinida. Os conteúdos das áreas, do material didático e literário adquirem não apenas novas referências e novos significados, mas podemos chegar a novas formas de ordenar, trabalhar os conhecimentos, a formação humana. Nesses reconhecimentos dos sujeitos da ação educativa encontram inspiração os reordenamentos e as reorientações curriculares e até as formas inovadoras de reorganização do trabalho. Novos eixos de indagação teórica e prática passam a organizar o trabalho nas salas de aula, nas escolas.

Por exemplo, se a proclamação dos direitos da infância-adolescência tem sido uma das conquistas mais avançadas na sociedade e, sobretudo, se continuam tão negadas e, mais do que tudo, se as próprias crianças, adolescentes e jovens vítimas dessas negações se afirmam reagindo e afirmando-se sujeitos de direitos, mais consequente será elaborar propostas pedagógicas e curriculares que incorporem esses avanços-negações-reações-afirmações de direitos, seja nas proclamações oficiais seja, sobretudo, nos próprios coletivos de crianças-adolescentes-jovens, reconhecidos sujeitos de afirmações de direitos.

Há escolas, educandários e coletivos de educadores-docentes que elaboram e implementam propostas nessa direção. A organização se dá ou por eixos temáticos, geradores, ou por eixos de indagações levantadas em coletivos de mestres, alunos e até comunidades. Pondo em ação o reconhecimento de que as crianças-adolescentes-jovens são sujeitos ativos afirmativos fora e dentro das escolas. A marca dessas práticas não é supletiva, mas afirmativa.

Alguns eixos ou indagações têm merecido destaque na organização das propostas pedagógicas e curriculares seja para a formação de educadores(as) seja dos(das) educandos(as).

História da infância-adolescência-juventude

Este tem sido um tema-eixo trabalhado nas escolas que pretende priorizar nas propostas que os educandos conheçam essa história de si como construção histórica, social, política, cultural. Pretende, ainda, trabalhar suas representações nas artes, nas histórias, na literatura, nas músicas, na pintura e escultura, nos noticiários, no cinema e no conjunto da produção histórica, social, cultural. Há escolas que focalizam o tema para trabalhar a história específica nos diversos coletivos sociais, étnicos, raciais, de gênero, dos campos, periferias. Como é representada a infância-adolescência indígena, negra, do campo, das favelas, das ruas, nos noticiários, na literatura, nas histórias, nos desenhos animados, nas fábulas, nas brincadeiras, nas festas juninas. Como as diferenças de gênero marcam as representações e vivências sociais.

Trabalhar em torno da história e das representações sociais oferece oportunidades para enriquecer o estudo, aproximando-se da história, da cultura, dos diversos gêneros literários, artísticos. Oferece oportunidades para desenvolver a pluralidade de dimensões formadoras, mental, ética, cultural, emocional, criativa, imaginativa, identitária.

Esse estudo poderá levar a indagações sobre os significados e as determinações sociais, políticas dessa diversidade de imaginários, de formas de pensar as diversas infâncias-adolescências e seus coletivos em nossa formação, ajudará o(a) educando(a) a entender-se.

O conhecimento acumulado nos estudos da infância-adolescência-juventude

Outro tema-eixo de estudo. Nos últimos anos, décadas, o campo dos direitos da infância-adolescência tem acumulado pesquisas, análises das diversas áreas das ciências; tem provocado a criatividade das artes, do cinema, das letras; tem mudado imaginários, culturas, valores, relações adultos-crianças-adolescentes. A relação Estado-políticas-crianças-adolescentes é um dos campos de indagações e conhecimentos que disputam seu reconhecimento no território dos currículos e das propostas pedagógicas. Têm aumentado as políticas de saúde, assistência, proteção, alimentação, educação. Seus direitos têm sido consolidados em estatutos, ECA.

A função da elaboração de propostas e a reorientação de currículos da educação será garantir seu acesso a esse acúmulo de conhecimentos sobre os educandos e sobre seus direitos. Acúmulo a fazer parte da formação das(dos) educadoras(es).

Como são pensados nas diversas ciências, artes, letras, políticas, pode se constituir em um tema-eixo de indagação a ser construído com as próprias crianças e com os adolescentes e jovens. Se a função da escola é garantir desde a infância o direito ao conhecimento produzido, por que não partir do direito ao conhecimento produzido sobre eles? A partir desses conhecimentos sobre eles será fácil ampliar outros conhecimentos ou buscar as interligações entre a riqueza de conhecimentos, valores, linguagens acumuladas na produção cultural e intelectual.

Como se veem, se experimentam crianças, adolescentes e jovens

Neste tema-eixo a preocupação será confrontar as representações e modos de ser pensados na história e nos conhecimentos, linguagens, artes, ciências, políticas com as formas de se pensar, se ver e viver.

Será que as crianças, adolescentes e jovens que acodem às escolas se reconhecem nas formas históricas, científicas, artísticas, literárias, imaginárias de pensá-los? De maneira concreta, as crianças-adolescentes dos campos, indígenas, negros, meninas, das periferias, de rua se veem a si mesmas(os) como foram e são pensadas(os)? Que diferenças encontram? Se identificam com a visão inferiorizante, negativa? Com que formas de pensá-los se identificam e por quê? Se identificam com tantas formas de vê-los e tratá-los nos programas sociais e nas políticas?

Dessas indagações será fácil abrir o tema-eixo para a diversidade de formas de pensar os diversos e para a diversidade de conhecimentos acumulados para entendê-los e até criticá-los, ampliá-los. Por exemplo, como a diversidade sexual, racial, regional, étnica, do campo e das periferias é tratada na literatura infantil, juvenil que chega às escolas, até nos livros recomendados? Fere, inferioriza autoimagens individuais e dos coletivos em sua diversidade? As crianças e adolescentes, os jovens e adultos com seus pertencimentos sexuais, raciais, étnicos, do campo e das periferias se reconhecem nessas representações do material didático e literário?

Será necessário contextualizar os livros, os autores, explicitar seus preconceitos se existem, trabalhar as reações, os avanços históricos de autorreconhecimento e de afirmação positiva da diversidade de coletivos... Ao MEC e às Secretarias cabe exigir que o material literário seja acompanhado das contextualizações necessárias a evitar inferiorização das identidades dos mestres e educandos.

Há muita criatividade nas escolas para trabalhar como os educandos e os educadores se veem e se experimentam, como se afirmam e como reagem a persistentes inferiorizações. Os currículos de formação deverão estimular essa criatividade.

Como vivem, sobrevivem, em que condições

Este é um tema-eixo nuclear pouco destacado. É mais atraente aos currículos e propostas navegar pela história, pelas ciências e artes, pela cultura e a herança acumulada, letrada, pensada do que pela realidade vivida, precarizada dos próprios educandos. Vimos como as experiências do viver estão ausentes nos currículos. Até as experiências do viver das infâncias-adolescências estão ausentes nas propostas de educação básica. O que destacar nessas propostas para entender, priorizar suas vivências concretas da infância-adolescência? Cada um dos aspectos de suas vivências pode dar origem a oficinas, eixos de estudo.

Podem ser destacadas suas *vivências dos espaços físicos* onde vivem, moradias, bairros, favelas, povoados, as ruas, campos onde sobrevivem. Como os experimentam, padecem, ressignificam. A força das vivências desses espaços na sua socialização, na sua identidade, liberdade, limites. O direito ao espaço digno negado nas vivências de espaços tão precarizados e segregados. Sua participação na produção de espaços menos indignos junto a suas famílias e comunidades e aos movimentos sociais lutando por teto, terra, moradia digna.

Podem ser destacadas as *vivências de viver, sobreviver*, alimentação, trabalho da família e deles obrigados a sobreviver no desemprego dos pais, irmãos, na busca de alimento na rua, na comida escassa, na dependência da bolsa família ou da merenda escolar. O direito à vida não garantido, nem o direito à saúde, a serviços públicos de saúde, profissionais de saúde...

A diversidade das formas de negar às infâncias-adolescências o direito a viver é determinante da diversidade de percepções do conjunto dos direitos básicos, inclusive do direito à escola, ao conhecimento. A luta por escola é inseparável das lutas por um digno e justo viver nas infâncias-adolescências que experimentam formas precarizadas de sobreviver.

Podem ser destacadas as *vivências de proteção*, cuidados, desproteção. O abandono, os maus-tratos. Onde? De quem? Família, rua, exploração sexual, no trabalho, no tráfico... O direito básico da infância-adolescência à proteção é negado ou garantido pela sociedade, pelo Estado?

Podem-se explorar as *vivências da família*, os diversos tipos de família, a presença ou ausência do pai, da mãe, da avó, dos irmãos. Que vivências da vida familiar, que ausências, que tensões dadas pelas condições espaciais limitadas ou não, pelas necessidades de trabalho. O direito à família negado, limitado, afirmado? Destacam a figura da mãe em suas vidas.

Há propostas que evitam responsabilizar a família de tudo e inferiorizar a família popular. Evitar visões moralizantes da família. Destacar os processos sociais que as vitimam e limitam suas funções. Destacar as lutas das famílias populares pelo viver digno e justo.

Como vivenciam a escola

As vivências da escola não podem faltar. Com que idade, a que distância da casa; vivências com os(as) professores(as), os(as) amigos(as); as experiências do estudo, das avaliações, das reprovações e repetências; a dificuldade de articular tempo de sobrevivência e de estudo, de escola. O direito à escola, à educação garantido, negado, truncado. O abandono, por quê? As voltas, por quê? A experiência da escola vivida como positiva ou pesada? As lutas das mães, das famílias e comunidades por escola. As lembranças, as marcas positivas dos mestres, do estudo, do tempo de escola. As amizades na escola, as aprendizagens...

Em diálogo participativo crianças ou adolescentes e jovens com os educadores-docentes é possível destacar outras dimensões de suas vivências. Cada uma delas abre espaços para o que é a função precípua da escola e do currículo: garantir o conhecimento de si mesmos, das formas de seu viver, dos direitos garantidos ou negados, as causas e determinações sociais, econômicas, políticas que precarizam ou permitem suas formas de viver, sobreviver. Seriam esses os conhecimentos primeiros a que têm direito?

As vivências das crianças-adolescentes populares que acodem às escolas públicas condensam as indagações mais desestabilizadoras e desafiantes para os conhecimentos acumulados nas ciências e sistematizados nos currículos. Interrogam-nos e nos obrigam à procura de novas explicações e de significados mais radicais nem sempre legitimados no conhecimento legitimado, hegemônico.

As vivências dessas infâncias-adolescências mostram a fragilidade do cientificismo progressista e futurista que predomina nos currículos e a superficialidade das noções elementares que recebem nos anos iniciais.

Mostram que seu direito ao conhecimento vai muito além do domínio de habilidades de letramento e de numeramento. Que estas encontram seus mais densos significados se articulados a essa pluralidade de textos contextos de vida.

Suas vivências de um presente tão precarizado contesta, põe em xeque as promessas vazias de uma ciência, um saber, de competências para o futuro certo e próximo para todos. Põe em xeque as ingênuas promessas de futuro que ouvirão na escola desde o pré-escolar: "estude, se esforce, passe de ano... e adiantará o futuro, sairá do presente de privações".

Não é por acaso que nas propostas curriculares não se incorporam as experiências de escola das crianças-adolescentes-jovens, talvez para proteger-se das indagações desestabilizadoras que suas vivências tão precarizadas carregam para os processos de ensino-aprendizagem. Para os currículos.

No estudo das vivências da escola poderá ser trabalhada, sobretudo, com os adolescentes, jovens e adultos, a história da escola, de sua lenta democratização e dos processos de sua negação aos setores populares, as lutas desses setores por escola no campo, nas comunidades indígenas e quilombolas, nos bairros, nas vilas e favelas. Trabalhar os dados sobre a lenta democratização do acesso e permanência. Questões que os tocam tão de perto e que os ajudarão a conhecer sua história de segregações padecidas.

Através dessa história da escola poderão entender melhor sua história. Por exemplo, a democratização diferenciada do acesso e dos anos de estudo pela diversidade de gênero, raça, campo, região, periferias. Como essa diversidade persiste no acesso, na permanência, nos índices de reprovação, defasagem idade-série. Como a história da negação do direito à escola, à educação faz parte da história da negação dos outros direitos humanos de que são vítimas.

Sobretudo, lembrar e trabalhar tantas histórias de lutas, de afirmação e reação por escola, nos bairros, nas vilas, no campo, nos quilombos, nos territórios indígenas. A história dessas lutas por escola entrelaçadas a suas histórias de afirmação como indivíduos e, sobretudo, como coletivos. Por exemplo, estudar com os alunos como as lutas por escola no campo, nos quilombos e territórios indígenas ou nas vilas e favelas estão atreladas às lutas populares por terra, teto, moradia, água, saneamento, luz, transporte. Será fácil reconstruir essas histórias tão entrelaçadas de que os coletivos populares são sujeitos políticos. Por aí podemos superar a visão que apresenta a escola, o posto médico, a água etc. como dádivas vindas do alto. Podemos contar outra história.

Será fácil para as escolas e redes fazerem um mapeamento da diversidade de práticas que acontecem nas salas de aula que a criatividade das(dos) educadoras(es) inventam. Socializar essas práticas e identificar as concepções que as inspiram, sobretudo a visão das crianças-adolescentes que servem de inspiração.

Destaquemos apenas dois aspectos inspiradores das propostas e que darão novos sentidos ao trato dessa diversidade de temas geradores: como esses educandos(as) se afirmam sujeitos de direitos e como carregam para as escolas sua cultura ativa.

Como resistem, se afirmam sujeitos de direitos

Insistimos em que o reconhecimento da infância-adolescência-juventude como sujeitos de direitos ativos, afirmativos muda radicalmente a direção de sentido das propostas pedagógicas e dos currículos porque supera as formas de pensá-los pela carência e os reconhece ativos. Consequentemente este deverá ser um dos temas-eixos centrais que darão sentido a toda a proposta e ao trato de cada um dos temas geradores e de estudo.

Como essas infâncias-adolescências submetidas com seus coletivos de origem ao não reconhecimento, à negação dos direitos mais básicos do digno viver reagem, resistem e conseguem se afirmar e constituir em sujeitos de direitos, de saberes, de culturas, de identidades, de valores. Chegam à escola, ao pré, se conformando ativos, afirmativos desde crianças menores.

Não faltam pesquisas, análises que apontam esses processos afirmativos. Material que deverá ser conhecido por educadores-docentes para trabalhá-lo e socializá-lo com os educandos. Mas será necessário trazer com destaque as próprias vivências das crianças-adolescentes e de seus coletivos nas resistências à negação histórica de tantos direitos, nas lutas, ações individuais e coletivas, nos movimentos sociais por conquistas e afirmações de direitos.

Não será suficiente incorporar os conhecimentos produzidos em análises de fora sobre esses processos, mas incorporar os saberes que acumulam eles mesmos de dentro como sujeitos de resistências e de lutas por seus direitos. Carregam desde crianças um acúmulo de indagações que esperam resposta desde a Educação Infantil. À proposta pedagógica cabe destacar as dimensões formadoras desses processos de afirmação: que identidades positivas constroem, que valores, que saberes, que domínios, que estratégias para um justo viver, que exercícios de liberdade, de participação, cooperação. Como nesses processos se humanizam, se formam.

Reconhecidas as dimensões formadoras desse afirmar-se sujeitos de direitos, será fácil trazer essas virtualidades formadoras para didáticas escolares. Que os deem vez, que os reconheçam e incorporem como sujeitos de ação-afirmação na diversidade de práticas educativas.

Toda a prática educativa adquire novas significações se reconhecidos os(as) educandos(as) como sujeitos ativos, afirmativos, de direitos e não destinatários agradecidos. O direito à educação se amplia para além do domínio de habilidades e competências. O direito ao conhecimento se aprofunda para além do domínio de noções elementares de ciências e nos obriga a tentar dar conta das grandes questões que levam sobre a vida, o espaço, a sobrevivência, sobre o indigno sobreviver de que são vítimas como membros de coletivos sociais, étnico-raciais, dos campos e periferias. Nos obriga a dar destaque a suas ações, resistências, afirmações como sujeitos de direitos.

Carregam para a escola uma cultura ativa

Os currículos são obrigados a superar noções elementares, superficiais para vivências tão radicais que experimentam desde os começos de seu viver. Se reconhecermos que as crianças-adolescentes-jovens são obrigadas a pensar para sobreviver privilegiamos suas formas de pensar, seu acúmulo de saberes sobre si mesmos, sobre seu viver; suas leituras de si e do mundo.

Ao afirmarem-se sujeitos de ação, ativos, não passivos na produção de suas existências, inseridos em famílias, comunidades que sobrevivem porque agem, inventam, intervêm para mudar as condições do sobreviver, carregam uma *cultura ativa*, quebram a visão passiva que paira sobre eles. Chegam e estão aptos a pedagogias e didáticas ativas de ação cooperativa, desde a Educação Infantil e anos iniciais. As didáticas do ensinar-aprender transmissivas, bancárias entrarão na contramão das formas de aprender vivenciadas como sujeitos ativos, afirmativos desde crianças.

Se reconhecemos que carregam uma cultura ativa, o ponto de partida será o que desde crianças menores fazem, sentem, pensam para sobreviver, se defender de maus-tratos, para se proteger, cuidar reagindo a tanta desproteção. Cultura ativa para se afirmar sujeitos de direitos frente a tantos negados. Mobilizar didáticas de participação em todas as atividades educativas, em pesquisas, diálogos, produções. A forma mais radical de participação se dará por reconhecer seu acúmulo de vivências e de reações a seu indigno e injusto viver.

Reconhecer essa cultura ativa, de intervenção tão forte na infância, adolescência e juventude popular pode representar a superação da visão tão persistente que os inferioriza como débeis mentais, com problemas de aprendizagem. No conjunto de ações-intervenções tão radicais produzem conhecimentos, se produzem sujeitos cognitivos. O conhecimento não é uma cópia da realidade, mas é produto do agir sobre ela, de tentar transformá-la e compreender o processo de sua transformação. É a ação-intervenção que estabelece a relação do sujeito com a realidade.

O que marca suas vidas desde tão cedo serão constantes processos de ação-intervenção. Logo chegam às escolas como mentes ativas, curtidas em processos de saber-aprender-pensar-agir-interagir. Como é injusto não reconhecê-los sujeitos desses processos e pichá-los como débeis mentais, lentos, desacelerados, com problemas de aprendizagem. Até quando?

A escola poderia ser um laboratório de ação-aprendizagem em vez de um parlatório de lições distantes. Um laboratório de práticas, de intervenções sobre o real. Para que a relação pedagógica desde a infância seja um laboratório de ação-aprendizagem será necessário reconhecer as aprendizagens acumuladas na pluralidade de ações, intervenções para mudar sua precária e injusta realidade. Sua cultura ativa é apreendida no seu viver mais fora do que dentro da escola. O que fazer para que essa cultura ativa seja reforçada dentro da escola?

Se aceitamos que nessa lógica de ação-intervenção se produzem o conhecimento e as aprendizagens, teremos de reconhecer que crianças-adolescentes-jovens populares forçados a agir-intervir desde a primeira infância para um viver digno, justo, humano, chegam às escolas carregando formas de pensar o real e de pensar-se que instam os educadores, os currículos e as didáticas a levá-los em conta e incorporá-los no projeto de fazer da escola um laboratório de ação-aprendizagem. Se chegam com uma cultura ativa por que não inventar pedagogias que incorporem sua cultura ativa nas práticas escolares? Tão ativos fora e às vezes tão passivos dentro.

Vê-los como sujeitos de ação-afirmação será radicalizar reconhecê-los sujeitos de linguagens, de produção da vida, da sobrevivência, do espaço inseridos em coletivos de trabalho, de reprodução dos bens materiais da existência e de subversão das formas tão precarizadas a que são submetidos. Essa forma de vê-los radicaliza e amplia reconhecê-los como sujeitos de ação comunicativa e de linguagens.

O trabalho, a ação, as resistências organizadas estão na base de sua constituição como sujeitos sociais. Na base de sua humanização. Que peso e que centralidade merecem, exigem essas vivências tão fortes desde a infância-adolescência nos coletivos populares? Que centralidade deverão ter nas propostas pedagógicas e curriculares dos centros de educação básica, sobretudo nas escolas públicas populares?

PARTE V

O direito a conhecimentos emergentes nos currículos

O direito a saber-se

Converti-me em uma questão para mim.

Santo Agostinho

Nas últimas décadas os profissionais da educação básica se fizeram presentes na sociedade. As crianças, os jovens tem afirmado sua presença, seu protagonismo até incômodo. Construíram identidades e saberes de si. Por outro lado, vimos que suas experiências estão ausentes, suas presenças não são reconhecidas.

Uma das consequências mais sérias da ausência dos sujeitos sociais dos currículos, inclusive a ausência dos educadores e dos educandos, é que lhes é negado o direito a conhecer-se, a saber de si e de seus coletivos.

Diante das tensões vividas nas salas de aula cresce a preocupação por saber mais sobre os educandos, por entender mais como eles mesmos se sabem, o que pensam de suas formas de viver, de ser criança, adolescente, jovem ou adulto. Essas preocupações têm levado os docentes e educandos a se perguntar se os saberes dos currículos os ajudam a saberem-se, a conhecerem-se.

Organizo os dois próximos textos em torno de algumas questões que estão postas nas escolas: 1) O direito a saber-se pressupõe o direito a serem reconhecidos, a revelarem seus rostos. 2) O direito a saberem como foram pensados e tratados como inferiores em nossa história. Saberem-se inferiorizados é uma forma de entender-se. 3) O direito a como se pensam e como constroem identidades individuais e coletivas positivas.

Concentramos as análises sobre as duas primeiras questões neste texto: "O direito a saber-se" e aprofundaremos a terceira questão no texto seguinte: "O saber de si como direito ao conhecimento".

Sairão da escola sabendo-se?

Uma constatação chocante. Como docentes podem passar anos na docência e, no entanto, os conhecimentos das áreas em que lecionam e o material didático com que trabalham pouco lhes ajudarão a se conhecerem como profissionais. A conhecer, por exemplo, a conformação histórica do trabalho docente e a história de suas lutas como coletivo. Nem saberão mais da história dos movimentos feminista, negro, indígena, do campo como configurantes de outra mulher, negra, indígena, do campo, de outra professora.

O mesmo poderá acontecer com os educandos. Passarão anos, na educação fundamental, completarão a educação média e sairão sem saber nada ou pouco de si mesmos, como crianças, adolescentes ou jovens-adultos na EJA. Poderão sair dominando conhecimentos a que têm direito, da natureza, das ciências, das letras, da história, do espaço, mas talvez não tivessem oportunidade de saber sobre suas vivências do espaço, da vida, do trabalho e da sobrevivência, nem sobre a história de seus coletivos. Conhecimentos fundamentais a que também têm direito como mestres e alunos.

Diante dessa constatação encontramos escolas e coletivos docentes que inventam projetos para suprir essas ausências, tornar os educandos e os educadores mais presentes. Mostrar suas histórias, seus rostos humanos com destaque.

Saberem-se ocultados é uma forma de saber-se. Se o seu ocultamento e inferiorização foi e continua uma forma de tratá-los, como desocultar e mostrar esses perversos processos de ocultamento e de inferiorização? Com os próprios educandos se pode pesquisar se suas histórias, se seus rostos aparecem ou não nos currículos e no material didático. Esse ocultamento é intencional, seletivo? A quem interessa que mestres e alunos não saibam sobre si mesmos?

Rostos apagados

Será fácil descobrir que os currículos favorecem que os rostos de alguns coletivos apareçam na história e que os rostos de outros coletivos humanos segregados se apaguem, se percam. Que seu passado perca relevância. Pior, que as novas gerações não se impressionem com essas desaparições, com as ausências de tantos sujeitos, de tantas histórias e de tantos coletivos que também fazem parte de nossa história.

Será necessário aprofundar e perguntar-nos o que leva a esses ocultamentos? De um lado, uma história que vê esses coletivos como inexistentes, segregados. De outro lado, o ideal de progresso tão arraigado em nossa cultura política e pedagógica leva a essas ausências, apagando o passado e o presente vividos.

Essa história de ocultamentos merece ser objeto do direito ao conhecimento dos currículos. Faz parte do direito a saber-se, sobretudo daqueles que padeceram tantos ocultamentos que persistem. Por onde passam esses processos?

Com o culto às cidades se decreta o desaparecimento do campo. Com o culto à industrialização se decreta o desaparecimento de outras formas de produção como ultrapassadas. Com o culto ao progresso científico e ao futuro se decreta o desaparecimento dos saberes ancestrais, da tradição e se apagam as vivências do passado e do presente. O mais grave é que se decreta o desaparecimento dos coletivos humanos que estão atolados nas vivências do presente e em formas de produção da existência supostamente pertencentes ao passado.

Esses coletivos viram anônimos, inexistentes, no início dos tempos, da civilização, da história. Ausentes na história do conhecimento, da cultura e das ciências. Logo, ausentes nos currículos. Estaria aí a explicação para a ausência dos sujeitos nos currículos?

Os currículos incorporam essas visões da história e do conhecimento, consequentemente incorporam como normal a ausência dos sujeitos. Dos coletivos populares de maneira particular, vistos como inexistentes. É preocupante, porque esses coletivos existem, com eles convivemos nos campos, nas cidades, nas periferias e nas escolas. Seus filhos e suas filhas ocupam como maioria as escolas públicas, da Educação Infantil à EJA. Seus rostos e suas vivências podem ser apagados nos currículos, nos conteúdos, no material didático e literário, porém se revelam a nós. Seus rostos não nos resultam estranhos. Tão parecidos a nós mesmos, a nossos familiares, a nossas histórias.

A tensão está posta nas escolas, nos currículos e na docência: ignorá-los ou reconhecê-los; apagar ou mirar e reconhecer seus rostos; ignorar ou destacar suas experiências; que saibam de si mesmos ou que saiam ignorando-se; reconhecer seu presente, seu passado tão presente ou ocultá-lo em promessas de futuro.

Não há como apagar seus rostos do quadro das escolas

Com essas questões se debatem professores(as) e educandos(as). Não há como ignorá-las e como sermos apenas competentes em ensinar-aprender conteúdos e competências alheios a essas tensas indagações. Não há como apagar do quadro da escola esses rostos e essas experiências dos(das) filhos(as) dos coletivos populares. Nem como apagar os rostos, vivências, origens de tantos(as) professores(as).

Louvamos como avanço dos direitos que os setores populares vão chegando às escolas públicas, os professores sabem ao preparar suas lições que não dá para apagar seus rostos nem as marcas que neles deixaram suas histórias coletivas. Há projetos nas escolas preocupados com que os educandos possam revelar seus rostos.

Mas será necessário algo mais: entender que os novos-outros alunos não são apenas uma questão para os estudos da sociologia da pobreza nem para os estudos da psicopedagogia das violências infanto-juvenis. Nem são uma questão apenas para as políticas públicas, assistenciais: meninos de rua, crianças em risco, vulneráveis a serem salvos dos vírus sociais no mais tempo de escola. A questão mais desafiadora para educadores(as) é que essas infâncias, adolescências, juventudes condenadas a formas injustas de viver se converteram numa questão para si mesmos. Sou pobre, de família pobre, mas por quê? Filho(a) de desempregado(a), obrigado a disputar tempos de estudo e de sobrevivência, mas por que eu e minha família, minha raça?

Abrir espaços para narrativas de suas histórias é pouco se paramos aí. O salto será chegar com sensibilidade pedagógica a essa questão nuclear que carregam: "Converti-me em uma questão para mim". Tenho direito a saber-me. São dadas aos professores condições de garantir esse direito? O conteúdo de cada disciplina e do material didático ajuda os(as) professores(as) a que os alunos saibam de si mesmos?

As tensões passam pela possibilidade ou não de reconhecer os educandos e educadores reais que trabalham, estudam nas escolas públicas. Se serão considerados como estranhos nesse ninho do nobre conhecimento, se suas experiências e dos seus coletivos de origem serão respeitadas. Se eles como questão serão ignorados como estranhos à nobreza do conhecimento, da cultura e das ciências.

Ainda a tensão mais desestruturante: se eles mesmos sentirão estranhos os conhecimentos, a cultura, os saberes científicos que os ignoram, que ignoram suas culturas e seus saberes, suas experiências e seu passado-presente e que ignoram a história real de seu sobreviver, os tempos pesados de sua existência, no presente e no passado não passado, mas persistente.

Essas tensões perpassam os encontros e dias de estudo dos profissionais das escolas. Como garantir o direito dos educandos ao saber de si, de suas vivências e a entender-se como uma questão?

Com que saberes saber-se

Nós sabemos, na medida em que vamos sabendo de nossa história e de nosso passado, das nossas experiências sociais acumuladas, dos significados construídos, das possibilidades e limites de um projeto de futuro, de um projeto de sociedade ou de campo e de cidade.

Quando o passado pesa tão persistente sobre o presente desses coletivos, quando a produção da vida se dá nos limites da sobrevivência, espera-se que a escola, os currículos e a docência ajudem a entendê-la para entender-se. Vão à escola como se estivessem à procura de si como questão na memória-história do seu coletivo e na memória de nossa formação social, política e econômica.

Nas pegadas da história real que vem de longe, buscam conhecê-la como esperando encontrar nas origens a clave para entender-se. É esperar demais dos currículos, do conhecimento escolar e de seus mestres que o percurso escolar seja um avanço no direito a saber-se? Incorporar nos currículos suas memórias será uma oportunidade de entender-se.

Os educandos esperam entender-se no passado e no presente para filtrar tantas promessas de futuro incerto que os currículos proclamam. Não se diz que a história é a mestra da vida? Mas que história, que passado terão de aprender? Onde aprender-se? Descobrirão as pegadas de sua condição no presente? Chegam com atraso na escola, encontrarão nos currículos essas pegadas do seu passado e as marcas de viver seu presente as possibilidades reais de um futuro?

Como docentes sabemos que sua memória e suas experiências não estão nas histórias, nem nos conhecimentos, nem nas ciências que terão de aprender na escola. Muitos docentes tentam trazer essas memórias e essas marcas, porém terão de ser fiéis ao ordenamento curricular, ao material didático onde não têm vez suas memórias porque como coletivos pensados inexistentes não foi reconhecida sua vez na história intelectual e cultural. Pior, sua história e a memória de seu coletivo indígena, negro, do campo e das periferias terá vez no material didático e literário, nos contos e narrativas ou lhes será passada uma representação social carregada de preconceitos sexistas, homofóbicos, racistas, eugenistas, inferiorizantes? Se por décadas tantos(as) alunos(as) foram destruídos em suas autoimagens ao receberem esse material didático e literário, hoje chegam às escolas exigindo ser respeitados na conformação de suas identidades positivas. Têm direito a saberem-se sem preconceitos, a não ter de ver suas autoimagens tratadas de maneira tão negativa no material didático e literário. Na medida em que essas crianças e adolescentes, jovens ou adultos populares são outros, carregando outras leituras de si mesmos, de seu gênero ou orientação sexual, de sua etnia ou raça, de sua condição de trabalhadores dos campos ou das periferias, exigem uma responsabilidade crítica não apenas dos professores na sala de aula, mas dos conselhos de educação e dos produtores e gestores, selecionadores do material didático e literário e dos conteúdos das disciplinas.

Dos currículos exigem ter vez para um saber-se positivo. Os educandos e os professores disputam porque tenham vez não por uma espécie de nostalgia de suas origens, de seu passado, mas porque as marcas de sua condição atual e futura foram tão profundas que relembrá-las e, sobretudo, entendê-las através dos conhecimentos escolares é uma forma de garantir seu direito a entender-se no presente e prever-se no futuro. É a procura do conhecimento positivo de si mesmos como indivíduos e como coletivos que estão em disputa nos currículos.

O direito a saber-se enriquece os conhecimentos

Os professores que ousam dar vez à riqueza de vivências dos educandos e dos seus coletivos percebem que os currículos se enriquecem.

Esse conhecer-se interessa ao próprio conhecimento. Este se dinamiza, se alimenta das indagações mais instigantes que vêm das experiências sociais. Os sofrimentos, as lutas e resistências dos coletivos populares por afirmarem-se na história como existentes são as experiências sociais mais densas em indagações e em significados de nossa história social, intelectual e cultural e entrelaçam as histórias desses coletivos com os processos de produção do conhecimento. Nessas vivências produzem seus saberes de si, alimentam seus valores, suas identidades que transmitem a seus(suas) filhos(as) e que levam às escolas, ao currículo e à docência como indagações não só deles, mas da condição humana.

Chegam com saberes positivos acumulados de si mesmos e do viver humano que merecem um lugar de destaque no território do conhecimento, dos currículos. Quando os professores e os educandos são conscientes desse acúmulo de significados as questões se impõem.

Se o saber-se é tão central nos processos de socialização, se ocupa uma preocupação especial nas crianças, adolescentes e jovens terão eles direito a ampliar seu saber-se já aprendido e acumulado articulando-o com o conhecimento que os currículos acumulam. Terão direito a que seus saberes e valores, suas culturas e memórias e suas formas de pensar o real e de pensar-se sejam reconhecidos, merecendo entrar em diálogo com o saber "legitimado", com a história social. Sua história real faz parte da história de nossa formação social, cultural, intelectual. Por que não incluí-la como conhecimento?

Há escolas e coletivos que reconhecem neles e nos educandos esse direito a encontrar-se com essa história e a ressignificá-la em seus percursos escolares.

Ao menos que se garanta o direito a não ignorá-la e menos a desconfigurá-la e inferiorizá-la. Quando esse direito não é garantido os aprendizados do conhecimento curricular não acontecem. Muitos docentes inventam estratégias de articular os saberes que eles mesmos e os educandos carregam de sua socialização, na família, nas comunidades e nos lugares de trabalho, de culto a sua memória e ancestralidade. Aprendizados renovados nas celebrações de suas memórias coletivas.

Tensões entre como se pensam e como são pensados

Por onde avançar para garantir o direito dos educandos a saber-se? Por limpar os currículos, as disciplinas e o material didático das formas inferiorizantes de pensá-los. Se ajudar as crianças e adolescentes, os jovens e adultos populares a saberem-se ocultados é uma forma de garantir seu direito a saber-se, mostrar as formas como foram pensados e tratados em nossa formação social e econômica, política, cultural e literária pode ser outra forma de garantir seu direito a saber-se. Aprender na escola os porquês de tantas formas inferiorizantes de pensá-los será uma forma de garantir seu direito a entender-se.

Em realidade a presença dos coletivos populares em nossa história não teve como ser ignorada. Mas como foram pensados e tratados? Que representações sociais inferiorizantes continuam chegando às escolas através dos textos literários, das histórias e contos e do material didático? Questões instigantes a serem pesquisadas por educadores e educandos.

Será fácil descobrir que em nossa história as presenças dos setores populares não são ignoradas. Nem os sujeitos. São lembrados, porém como um fardo de que a consciência nacional tem dificuldade de se libertar. Os(As) filhos(as) dos coletivos que vão chegando às escolas públicas não estiveram totalmente ausentes dos currículos, do material didático e literário. Difícil entender nossa história social, econômica, política ou cultural, até escolar e literário, sem se lembrar de sua presença incômoda.

Esse é o dilema com que se deparam ao chegar às escolas, ora ignorados ora lembrados como uma presença incômoda que lhes será passada ao longo do percurso escolar. Esse saber-se não lhes interessa, reforça a imagem negativa que vem de longe, mas interessa-lhes uma explicação séria, uma desconstrução crítica de tantos preconceitos históricos que persistem no material didático e literário.

Na escola terminarão sabendo-se pelo negativo, como um fardo histórico pesado na consciência e no desenvolvimento nacional porque são indígenas, negros, pobres, do campo. Os coletivos populares aprenderão que são pensados e tratados como um legado do atraso, da tradição, da ignorância, do analfabetismo ainda não superados. Se na socialização familiar, comunitária de seus coletivos aprenderam a ter orgulho de sua etnia e raça, do campo ou região, de pertencer à classe trabalhadora, se chegaram com uma identidade positiva poderão ser levados a destruí-la ao se olharem e saberem na imagem negativa com que são pensados na reconstrução de nossa história e nas formas de pensá-los nessa história e de retratá-los no material didático e literário.

O percurso escolar será para eles um lugar de confronto entre o como se pensam e o como são pensados nos saberes curriculares e nas perversas representações sociais.

Nos cursos de formação deveria ter maior centralidade entender o lugar dos coletivos populares na história de nossa formação social e política, econômica e cultural. Como tem sido pensados para entender como as políticas educacionais, os currículos, o material didático e literário e até o pensamento pedagógico e a cultura docente pensam esses coletivos cujos filhos(as) chegam às escolas públicas.

Desde a colonização foi se conformando uma forma de pensar, tratar, alocar os indígenas, negros, camponeses, ribeirinhos, povos da floresta, das vilas e favelas. Formas de pensá-los, tratá-los e alocá-los na ordem social, econômica, política e até escolar, profundamente arraigadas em nossa cultura nacional. Inclusive nas instituições, no judiciário e no sistema educacional, nos currículos, na literatura e no material didático. Dos currículos tem de fazer parte um conhecimento sério, crítico dessas formas de pensar esses coletivos em nossa história.

Entender mais como foram pensados em nossa história

Será difícil ser profissional que trabalhe com os coletivos populares sem conhecer com profissionalismo essas formas tão arraigadas de pensá-los, tratá-los e segregá-los que estão legitimadas em nossa cultura. Se essas formas de pensar não forem incluídas como um dos componentes centrais dos cursos de formação de pedagogia e de licenciatura será difícil superá-las no trato com os(as) filhos(as) desses coletivos populares.

Como avançar na formação de uma postura profissional crítica da presença dessas formas de pensar nos currículos, no conhecimento das disciplinas, nos rituais da reprovação, segregação tão arraigados na cultura escolar e docente?

Nos cursos de formação e nos frequentes dias de estudo, de formação continuada, ou em oficinas e encontros de professores seria necessário determos nessa questão: como são pensados, tratados e alocados os coletivos populares em nossa história? Foi construído um pensamento positivo ou negativo sobre eles? Quais os traços mais marcantes e constantes nas formas de pensá-los e tratá-los?

Podemos aproximar-nos das ciências sociais onde não faltam estudos sérios sobre o pensamento social, político, literário e mediático que conforma o imaginário sobre os coletivos populares. Podemos recorrer à literatura, ao cinema, às artes, à música ou levantar narrativas, dizeres, anedotas sobre os povos indígenas, do campo, das periferias. Seria esclarecedor fazer análises dos jornais, dos noticiários e pesquisar junto com os alunos como aparecem como sujeitos de notícias de violências, roubos, desordens, reforçando imaginários negativos. Seria atraente pesquisar na mídia, noticiários sobre as escolas públicas e perceber a visão tão negativa que é passada dos seus mestres e alunos.

Será uma responsabilidade dos cursos de formação inicial e permanente organizar oficinas para uma visão crítica do material didático e literário que chega às escolas, que representações sociais da mulher, dos homossexuais, dos camponeses, dos indígenas, dos negros ainda são reproduzidas nesse material, nas histórias infantis, nos contos e nas imagens caricaturescas, nos livros, na literatura até de autores cultuados como intocáveis.

Descobriremos algumas constantes no pensar, tratar, alocar os setores populares em nossa história pelo negativo, como atrasados, ignorantes, atolados na tradição e no misticismo, preguiçosos, sem iniciativa, avessos ao esforço, imprevidentes, jecas. Consequentemente pobres, desempregados, excluídos, à margem do progresso, da cultura, do conhecimento e da história. Pesquisar junto com os educandos essas formas perversas de pensá-los poderá ajudar a entender as formas de tratá-los quando chegam às escolas, ao trabalho, ao judiciário...

Entender como são pensados no percurso escolar

Na medida em que nesses estudos aparecem as formas históricas tão negativas de pensar os coletivos populares somos obrigados a aprofundar uma questão: os currículos, o material didático e literário, as formas de vê-los e tratá-los no percurso escolar não reproduzem essas visões tão negativas? Quais as consequências para a construção de suas identidades pessoais e coletivas? Sairão do percurso escolar com as mesmas imagens negativas com que sempre foram pensados e alocados?

A pedagogia tenta não reproduzir essas representações sociais tão negativas, mas tende a aderir a representações do povo românticas, inferiorizantes ou negativas pelo avesso. O material didático, certa literatura, o trato do universo simbólico popular, a música, as histórias carregam essas visões. Será esse o saber-saber-se a que a infância-adolescência popular tem direito?

As formas tão negativas de pensar os coletivos com que as representações sociais trabalham por vezes levam a um culto romântico da ingenuidade popular, ignorantes, mas ordeiros, submissos, dóceis, simplórios, pueris. Uma visão infantilizada misturada com inferiorizada. A visão do povo em certa literatura, nas festas (juninas por exemplo) ou em músicas se aproxima da visão da infância: imaturos, sem voz, sem pensamento.

Uma visão que foi sendo superada por outra tão cruel: o povo deixou de ser ingênuo, dócil, confiável, submisso para ser agressivo, ameaçador, violento. Até seus(suas) filhos(as) crianças, adolescentes e jovens se mostram violentos, ameaçadores até nas escolas.

Será uma lacuna sair dos cursos de formação para atuar como profissionais nas escolas populares sem entender essas formas de pensar os setores populares em nossa história. Sem entender que estamos em uma disputa por imaginários ora negativos porque são ingênuos, ora perversos porque são violentos.

Recentemente são estes imaginários que predominam deixando distantes visões românticas do povo e até de suas infâncias e adolescências. De suas comunidades pichadas de violentas para justificarem políticas pacificadoras. Que o povo volte a ser pacífico, ordeiro. Submisso? Como são persistentes essas representações sociais do povo! Por que não priorizar políticas de intervenção nas condições tão indignas de seu viver?

Fardos na memória e nas identidades nacionais

Avancemos. Por que os currículos aderem a essas representações negativas?

O sistema escolar é proclamado como o conformante da república e da democracia enquanto conformador da cultura nacional. A pergunta torna-se instigante: como têm sido vistos os coletivos populares e suas histórias na conformação da cultura e da memória nacional? Como um fardo do passado, do retrocesso, do primitivismo. Um fardo que se possível não deve ser lembrado, mas se lembrado responderá a um desejo imperioso de deixá-lo para trás como uma mancha negativa que a república herdou da colônia e do império.

Esse desejo imperioso de deixar esse fardo para trás se reflete sempre que se fala da massa de analfabetos, de defasados idade-série, da baixa qualidade da escola pública, dos baixos lugares nas avaliações internacionais e nacionais, dos milhões abaixo da linha da pobreza, dos desempregados... As brutais condições sociais vividas pelos setores populares e que levam ao sistema escolar são vistas como um fardo que atrasa a chegada à Modernidade, ao desenvolvimento social e econômico à qualidade da escola pública. Atrasa a conformação positiva da identidade nacional.

Essa visão negativa contamina os currículos e o saber-se dos filhos desses coletivos quando chegam às escolas. Democratizar o acesso no Ensino Fundamental nos eleva na imagem da nação democrática, moderna, porém os fracos aprendizados dos filhos do povo envergonham. A pressão sobre mestres e alunos cresce para deixar para trás esse fardo. Difícil para as crianças e adolescentes, jovens e adultos e para seus mestres não se perguntarem por que logo eles, vítimas dessa história de dominação-segregação, serem pensados no próprio sistema escolar como um fardo, uma mancha. Terão de aprender-se nessa imagem? Uma das vivências mais inquietantes dos trabalhadores em educação é sentir o desprestígio social de seu trabalho por não apagarem essa mancha do quadro da nação.

Seria necessário dedicar dias de estudo para nos perguntarmos se essas visões de "manchas", "fardos" entram nos currículos e nos livros didáticos. Os conteúdos curriculares são seletivos ou incorporam de maneira seletiva os fatos, as memórias de nossa formação social, política, econômica e cultural? Ou aqueles fatos e aquelas memórias tidas como um fardo não entram ou entram, porém ressignificados para a conformação de uma memória nacional positiva, heroica?

Nem todas as memórias de todos os coletivos são reconhecidas como conformantes da memória nacional. Nem todos os valores, significados, crenças, culturas e identidades são reconhecidas como conformantes da cultura e identidade nacional. Por exemplo, há lugar nos espaços da cultura, do conhecimento, das artes, da memória e patrimônio nacionais para as "manchas" de nossa história? Para o massacre dos povos indígenas, de suas culturas e suas línguas, ou para a expropriação de suas terras, da agricultura familiar, dos quilombos, para a reclusão dos pobres nas favelas e periferias? Há lugar para a entrada das vivências tão inumanas da infância, para a mortandade infantil, para o extermínio de adolescentes e jovens, de lideranças dos movimentos sociais?

Esses fatos tão propalados na mídia não entram nos centros de estudo de nossa realidade social nem de nossa memória nacional. São ignorados ou ressignificados para uma limpeza de nossa memória e identidade. Nossa história-memória tão seletiva, a serviço de uma imagem da identidade nacional positiva, exige dos currículos e do material didático ocultar as memórias tidas como negativas, como vergonhas.

Será educativo ter de aprender-se como fardos pesados?

A pergunta persiste: nesse quadro será dado aos coletivos populares que vão chegando às escolas, vítimas dessas histórias, o direito a conhecer-se? Nesse quadro em que os currículos são postos a serviço da conformação heroica, ideal, moderna, de uma identidade nacional lhes será difícil resistir a ter de aprender-se pelo negativo. Serão levados a que se reconheçam como membros dos coletivos pesados que desfiguram a identidade nacional.

Por que essas funções tão complexas não entram no debate dos currículos de formação dos profissionais que atuam nas escolas públicas, sobretudo? Muitos dos esforços de tantos educadores e educandos por conformar identidades positivas se defrontam nas práticas de docência com esses bloqueios e essas ressignificações dos fatos e memórias que tocam nos coletivos populares.

Há um dado ainda mais pernicioso. Esses fatos e essas memórias vistas como manchas, fardos de nossa história de que a memória nacional quer se libertar, são repassados para os próprios coletivos vitimados: sem eles a consciência e memória nacional seria mais livre, mais limpa. A escola, os currículos em vez de mostrar-lhes a história real lhes passarão uma história em que os responsabiliza da pobreza, do analfabetismo, da ignorância, do desemprego, como produtos históricos de *seu* atraso, de *seu* misticismo e de *sua* indolência.

Sua inferioridade étnica, racial, humana, é o fardo que atrasa o progresso nacional. O desejo imperioso que a memória nacional tem de libertar-se desses fardos se resolve jogando-os como responsabilidade dos próprios coletivos vitimados. Difícil esperar que eles se identifiquem com esses tratos de seus sofrimentos que os currículos legitimam como a memória social. Nada tem de pedagógico defrontar crianças e adolescentes dos coletivos populares no tempo tão delicado de formação de identidades com esses tratos tão injustos de sua memória e identidades coletivas.

Quanto mais injustiçada sua memória ou quanto mais ressignificada na idealização da memória nacional maior a reação daqueles que carregam outra memória coletiva. Depois os classificamos com problemas de aprendizagem.

Que interesse podem ter por conteúdos onde não espelham suas imagens, identidades e memórias coletivas positivas? Ou onde os espelham como um fardo, uma mancha nacional? Essas visões do povo contaminam a visão da escola pública que virou também um fardo, uma vergonha nacional. Terminam contaminando a representação social dos próprios profissionais da escola pública.

Como é pensada a escola pública e seus profissionais

Tendo consciência dessas disputas pelo imaginário do povo poderíamos pesquisar como essas formas de pensar impregnam os currículos, o material didático, a visão que tem dos(das) filhos(as), alunos(as) dos setores populares. Pesquisar como essas visões negativas são transpostas para a escola pública. As visões negativas sobre o povo terminam marcando as imagens sociais da mídia, dos gestores sobre as escolas públicas e sobre os seus profissionais. Tudo que é destinado e ocupado pelo povo é visto como negativo, sujo, pobre, sem qualidade, sejam os lugares de moradia, de trânsito, de recreio, de mercado, sejam os seus lugares até de culto e de escolarização.

Assistimos a uma carga de negatividade sobre a escola pública e sobre seus profissionais. Por quê? Sem dúvida, porque estão chegando as crianças e adolescentes, os jovens e adultos populares. Até seus mestres têm origem popular. As negatividades com que em nossa história têm sido pensados os coletivos populares são transferidas para o olhar da escola pública e até de seus profissionais.

Em dias de estudo, em oficinas poderiam ser analisados os noticiários tão negativos sobre a baixa qualidade da escola pública, sobre os baixos resultados nas provinhas e provões se comparados às escolas privadas. Prestar atenção sobre a carga de pronunciamentos, análises até oficiais de gestores do sistema escolar destacando o despreparo e descompromisso dos profissionais que trabalham nas escolas populares.

Nesses dias de estudo, terminamos avançando das formas de pensar os coletivos populares tão perversas em nossa formação para as formas como nesse quadro tão carregado de negatividades as escolas públicas e seus(suas) trabalhadores(as) são atrelados a essas formas tão negativas de pensar. Fica cada vez mais manifesto que as formas de pensar o povo, seus filhos, seus educandários, das creches à EJA, e de pensar seus profissionais, padecem dos mesmos imaginários negativos, perversos construídos em nossa cultura política.

Perversos processos de um saber-se pelo negativo que recaem sobre o povo desde que crianças chegam às escolas públicas.

Quando os coletivos de profissionais em oficinas e dias de estudo se percebem pensados nessa conformação histórica tão negativa junto com os educandos e suas comunidades populares, será fácil avançar para interrogar os conteúdos da docência, do ensino-aprendizagem.

Dois conjuntos de indagações exigem nossa análise. Primeiro: Se os currículos, o material didático reproduzem essas formas de pensar tão negativas dos coletivos populares nos livros de literatura, de historinhas infantis, nas disciplinas de história, de linguagens e ciências. Se predominam visões negativas, inferiorizantes, no atraso e na ignorância, vistos como pobres excluídos, à margem porque sem valores, sem cultura. No polo negativo de onde sairão se fizerem um percurso escolar exitoso. Se a escola, os currículos não se pensam nessa lógica salvadora: Tirar o povo da ignorância, da incultura, do atraso, da preguiça e da indolência para levá-lo ao conhecimento, à cultura, aos valores de trabalho, à ascensão social, cultural e moral. Essa visão que a escola e o currículo têm de si mesmos não incorpora a histórica visão negativa, preconceituosa do povo?

Segundo conjunto de indagações: na medida em que essa visão tão negativa é cultuada na própria cultura escolar e curricular, somos levados a pensar se tem sentido assustar-nos de que essas negatividades terminem contaminando a visão da escola, da docência com as negatividades com que são pensados os coletivos populares. As escolas públicas e seus profissionais terminamos vítimas das formas de pensar os educandos e seus coletivos tão negativas, tão no polo negativo. A sociedade nos pensa como salvadores porque os educandos e suas comunidades são pensados como atolados em negatividades históricas.

Como nem nós, nem a escola, nem os currículos conseguem ser salvadores, seremos condenados por desqualificação ou por improdutividade e falta de seriedade. Terminamos julgados com a mesma medida negativa com que são vistos os educandos e seus coletivos populares. Quanto mais avançamos no reconhecimento de que as formas negativas de pensar os setores populares terminam condicionando as formas tão negativas de pensar a escola e de pensar-nos somos instigados a aprofundar se a estrutura escolar não reproduz visões negativas.

Rituais e estruturas segregadoras reproduzem visões negativas

Se a cultura escolar, curricular e até gestora se alimentam, se pensam nessa visão dos educandos situados no polo negativo podemos esperar que essa visão tão negativa lhes será passada como um espelho em que aprendam a saber-se. Talvez os conteúdos não passem essas imagens, mas serão inculcadas nas práticas e nos rituais escolares, desde a enturmação por capacidades mentais, por lentos, desacelerados ou com problemas de aprendizagem, por retidos, reprovados, repetentes e indisciplinados.

Esse currículo feito de ordenamentos, de práticas de classificações hierárquicas, segregadoras, carrega lições mais marcantes de inferioridades e de negatividades do que as lições das matérias. Não faltam oficinas e tempos de estudo em que educadores e educandos tentam entender como essas formas de pensar os coletivos populares pelo negativo impregnam as estruturas, as lógicas, os ordenamentos e os rituais escolares.

Os docentes-educadores têm visões e tratos mais dignos do que aqueles que os educandos recebem desses rituais, ordenamentos e estruturas.

Quando essas inferiorizações são estruturantes a pergunta se impõe a nossa reflexão: que saber de si mesmos terão de aprender na própria vivência da condição de alunos, nas próprias lógicas segregadoras, classificatórias dos percursos escolares? Não são principalmente as lições dos conteúdos que passam um aprender a saber-se inferiorizante, são, sobretudo, as estruturas escolares, as vivências negativizantes o que inculcará visões inferiorizantes de si mesmos.

As mudanças nas lições superando visões menos negativas do povo não serão suficientes enquanto não mudarem de maneira radical as estruturas humilhantes, inferiorizantes a que são submetidos os educandos populares desde o pré-escolar, na provinha e nas provas e reprovações.

Lembro de uma mãe, pobre, lavadeira, negra: "fiquei contente, disse, minha filha agora entrou na escola com seis anos, mas logo no primeiro ano já foi reprovada". Adiantar a entrada das crianças populares na escola para aprender bem cedo que não são capazes, como seus coletivos de origem, é um crime. É um aprender-se negativo sem retorno.

Uma expressão da falta de ética que impregna as estruturas e rituais escolares que continuam intocados nas políticas e diretrizes. Os professores(as) são mais éticos do que as estruturas inferiorizantes em que trabalham, mas estas continuam segregando e inferiorizando alunos e mestres.

Estruturas segregadoras negam princípios inclusivos

Temos de reconhecer avanços nos princípios que legitimam as diretrizes e o corpo normativo da Educação Infantil, do Ensino Fundamental e do Médio.

É esperançador que se defendam e que se assegure o progresso contínuo dos alunos no que se refere ao seu desenvolvimento pleno e à aquisição de aprendizagens significativas para evitar que a trajetória escolar seja retardada ou indevidamente interrompida. Porém é preocupante que essa cultura tão antiética e antipedagógica da reprovação-retenção-interrupção do percurso escolar tão arraigada em nossa cultura política e pedagógica segregadoras e tão legitimada nas estruturas e ordenamentos seja deixada por conta de cada mestre e gestor e de seu compromisso com o ensino e a aprendizagem.

Recomendações piedosas de que se lance mão de todos os recursos disponíveis, que se creem renovadas oportunidades para evitar esse massacre de milhões de crianças e adolescentes, de jovens e adultos até na EJA, que se adotem as providências necessárias para a continuidade de estudos podem significar o descompromisso político para assumir políticas de Estado, intervenções mais compulsórias para acabar com essa massacrante cultura e prática da reprovação em nosso sistema escolar, um dos mais segregadores do mundo.

Apelar indefinidamente ao compromisso docente pode ser uma forma de ocultar e adiar o compromisso do Estado e de seus órgãos gestores e normativos. Resulta contraditório apelar ao compromisso dos professores para assegurarem trajetórias não interrompidas se a política nacional de avaliação reforça a cultura classificatória e segregadora e se as diretrizes ainda mantêm intocadas estruturas inerentemente segregadoras.

Por que não se mexe nessas estruturas, rituais e culturas segregadoras? Porque o povo e seus(suas) filhos(as) têm de ser provados-aprovados-reprovados. Tem de pôr à prova que superaram sua ignorância, sua incultura, sua irracionalidade, sua preguiça e indisciplina. Essas velhas visões negativas, inferiorizantes estão na raiz desses tratos e dos medos a intervir nessas estruturas.

Como reagir a essas visões e tratos tão negativos

Nada fácil para os profissionais das escolas públicas populares reagir a essas formas tão negativas de pensar o povo, as famílias e as comunidades com que trabalham. Formas de pensar tão pesadas repetidas em tantos noticiários sobre violências atribuídas sempre aos setores populares. Reforçados até no material didático. Muitos profissionais reagem a essa carga negativa. Conhecem os educandos e sabem de suas próprias origens populares. Se sabem trabalhadores também, vítimas de visões negativas. Reagir juntos será aconselhável.

Diante dessa carga histórica de formas tão negativas de pensar será necessário inventar projetos e formas de que essa pesada história ocupe um lugar central nos currículos e nas propostas pedagógicas das escolas. Não ocultá-la, mas revelá-la ao menos às vítimas. Sobretudo, que nos currículos de formação de pedagogia e das licenciaturas ocupe um lugar de destaque rever essas visões dos educandos populares e das escolas públicas e de seus mestres. Será que as imagens que os conteúdos escolares passam dos povos indígenas, dos negros, dos pobres, favelados e dos camponeses não reforçam essa visão negativa, inferiorizante? Limpar os currículos e o material didático de tantas negatividades será uma forma de reagir a essas visões.

Mas serão os tratos dignos, positivos dos(das) educadores(as), do conjunto dos profissionais das escolas as formas mais pedagógicas de um saber-se positivo dos educandos. Sobretudo, será a superação dos rituais brutais de retenção, classificação, reprovação, humilhação tão persistentes em nosso sistema escolar público. Processos infames, antiéticos que continuam inferiorizando a infância-adolescência e até os jovens e adultos populares do primeiro ano à EJA. Por que as instâncias gestoras e normatizadoras não reagem a essas infâmias? Por que não assumem sua responsabilidade de intervir nessa estrutura e cultura política segregadoras?

Começamos destacando que é negado aos educandos o direito a saber-se. Estamos chegando mais longe: no percurso escolar, desde a primeira infância aprenderão a saber-se nas formas como em nossa formação social foram pensados seus coletivos de origem. Com uns meses, aninhos talvez entrem na *creche*, não no jardim de infância, nem no "bercinho de ouro", nem sequer em um centro de educação infantil, mas na *creche* escolinha da vila, da favela, lugar de pobre. O nome creche já carrega negatividades. Será o percurso de um aprender-se nos lugares que lhes tocam neste latifúndio até do saber. O máximo que se oferece às criancinhas do povo são creches e conveniadas. Quando lhes serão oferecidos educandários, escolas infantis, centros de educação na infância? Os lugares vividos marcam o como nos pensamos.

Que uma criança menor aprenda que seu lugar é na creche pobre e outra aprenda que seu lugar é no jardim de infância ou no "bercinho de ouro" é uma forma de ir aprendendo seu lugar social, racial. Ainda uma criança ou outra irá aprendendo quem é e qual seu lugar social, racial nos rituais segregadores da escola. Dados persistentes mostram a origem social, racial dos milhões de reprovados. Nas repetidas vivências de reprovações, repetências, enturmações, como lentos, defasados, abandonando a escola, voltando ao noturno, à EJA aprenderão a saber-se como seus coletivos foram pensados e alocados, marginalizados, inferiores.

É essa a escola republicana, democrática, igualitária por que tanto lutamos? É esse o saber crítico que tem direito a aprender? O saber crítico de nossas lições perde relevância enquanto as vivências segregadoras tentem convencê-los e inculcar-lhes as imagens negativas, inferiorizantes com que foram pensados em nossa cultura política segregadora.

Há escolas que reorientam seus currículos tendo como horizonte limpar toda representação social negativa dos educandos e incorporando representações que os ajudem a um saber-se positivo. Espera-se que os gestores de políticas e formuladores de normas façam intervenções no núcleo duro segregador que ainda resiste nas estruturas de nosso sistema escolar e no ordenamento dos currículos.

O saber de si como direito ao conhecimento

Mais uma vez os homens desafiados pela dramaticidade da hora atual se propõem a si mesmos como problema. Descobrem que pouco sabem de si.

Paulo Freire

O direito a saber-nos pode ser entendido como direito ao conhecimento? Após um longo percurso escolar, curricular os mestres e os educandos sairão descobrindo que pouco sabem de si. Talvez se perguntem: de que nos servem conhecimentos que não nos ajudam a conhecer-nos?

No texto "O direito a saber-se" nos defrontamos com os bloqueios ao direito dos educandos a saber-se, as formas inferiorizantes de pensá-los. Apontávamos o esforço de tantos(as) educadores(as) por trabalhar imagens positivas por um outro saber-se. Que esforços e avanços podemos constatar?

Destacamos que o direito a saber-se deve incorporar até a saber como foram pensados como inferiores. Saber com profundidade como foram ignorados e segregados em nossa história será uma forma de saber de si até para reagir e resistir a imaginários tão negativos que pesam sobre eles.

Neste texto tentaremos avançar para outras formas de saber-se que as escolas e os coletivos de docentes e alunos trabalham: explorar como se pensam e como constroem saberes, valores, culturas e identidades positivas.

Será possível aprender um saber-se mais positivo?

Se saber-se inferiorizados em nossa história é um direito que exige explicações, será necessário ir além e abrir espaços e tempos para que conheçam outra história de que seus coletivos e eles(as) educandos(as) foram e são sujeitos. Que lhes seja dado o direito a saber-se sujeitos de uma história positiva, de dignidade que também faz patê de toda a história. Ao longo dos textos fomos destacando uma rica diversidade de reações pedagógicas de tantos docentes-educadores que tentam se contrapor a tantas representações sociais negativas.

Nada fácil reagir a um sistema escolar, seus currículos e seus ordenamentos estruturantes que incorporaram e mantêm essas formas tão negativas de pensar, tratar e alocar os coletivos populares. Uma questão que incomoda nos dias de estudo dos docentes. Será possível avançar para que no tempo de escola aprendam um saber-se mais positivo?

No campo da história há uma preocupação por reconhecer os coletivos populares como sujeitos de história, não como um fardo negativo na história nacional. Pesquisas, reconstruções históricas tentam mostrar a "história dos vencidos", as lutas de resistência a tantas segregações e preconceitos, à escravidão, à ocupação de seus territórios ou à destruição de suas formas de produção na agricultura familiar. Trabalhadores, camponeses, povos indígenas, quilombolas, favelados, sem-teto, sem-terra, sem-escola, sem-universidade, sem-igualdade de gênero, de orientação sexual... tantas lutas históricas de tantos coletivos pensados na inferioridade e negatividade que ao longo de nossa história se mostram presentes, afirmativos, em defesa de seus direitos.

Essa história positiva ainda não tem legitimidade nos currículos. Disputa centralidade. Há coletivos docentes que tentam mostrar essas imagens positivas para que os educandos garantam seu direito a saber-se, a conformar imagens pessoais e coletivas positivas, de reconhecimento afirmativo.

Outras formas mais próximas avançam elaborando projetos de trabalho, oficinas onde o central são as vivências dos educandos por sobreviver, por trabalhar, por contribuir na sobrevivência familiar, por estudar, por construir uma vida digna e justa para si e para os seus. Projetos que trabalham as experiências das comunidades em que as crianças, adolescentes e jovens participam lutando por terra, teto, trabalho, centros culturais, posto de saúde, escola, água, transporte. Por um viver mais digno e justo.

Essa diversidade de formas de narrar a história e suas histórias é assumida pelos professores como uma pedagogia rica na garantia do direito dos educandos a saber-se com uma imagem positiva.

Os coletivos docentes mais sensíveis a essa realidade por compromisso pedagógico ou porque fazem parte desses coletivos e dessas memórias inventam projetos em que são ressignificadas. A partir da ressignificação dessas memórias, a história e memória nacional é outra História e outra memória, mais rica porque mais tensa. Educadores e educandos quando sabem essa história, se sabem e se reconhecem cidadãos, sujeitos legítimos não como um fardo da nação.

Uma das funções dos currículos e da docência poderá ser ajudar-lhes a libertar-se desse complexo de fardo, de mancha que sobre esses coletivos recai.

280

A celebração de suas memórias e identidades afirmativas os ajuda a libertar-se de imagens negativas encravadas que os inferiorizam, que não foram escolhidas, mas impostas. Que persistem e de que poderão libertar-se se o percurso escolar for um tempo de saber-se com olhares positivos.

Sem dúvida que as lembranças mais positivas que as crianças e os adolescentes, os jovens e adultos populares levarão de seus tempos de escola serão as marcas dos tratos humanos de seus professores(as). Como as imagens mais positivas que os(as) professores(as) carregarão virão talvez do convívio e do reconhecimento dos(das) educandos(as).

O direito a um outro saber-se vai sendo garantido nas escolas públicas populares. Um direito que disputa ser reconhecido no território dos currículos, incorporando conhecimentos que os ajudem a decifrar-se como questão.

Reconhecê-los autores de experiências positivas

Há projetos nas escolas que abrem espaço para as narrativas de vida, das vivências que essas infâncias e adolescências, que os jovens e adultos na EJA carregam para o tempo de escola. Plantar no terreno do currículo, do fazer pedagógico as experiências sociais não apenas que tão cedo padecem, mas de que tão cedo são atores. Sem abrir espaços nesses tempos tão ocupados do ensinar-aprender os conteúdos, não entrará seu viver dilacerante e esperançoso. Sem abrir tempos para seu presente e para as memórias do passado, estaremos negando o direito a saber-se no passado-presente em que estão atolados.

O direito ao saber de si não é um reduzir o foco do conhecimento do universal, do social e suas múltiplas determinações para narrativas da vida particular, mas reconhecer as narrativas particulares de suas vidas na história universal. Entender mestres e educandos juntos como a concretude de suas experiências sociais, raciais, de gênero, de trabalho, sobrevivência e sofrimento está determinada pelas relações sociais, sexuais, raciais, políticas, hegemônicas da sociedade.

Uma professora comentava: "Quando abrimos espaços para as narrativas de seu sobreviver tenho a sensação de estar falando com conhecidos, próximos, de minha família, de mim mesma, com vivências sociais tão próximas. Mas quando apenas explico os conteúdos de minha matéria os vejo distantes. Apenas como alunos anônimos".

Os profissionais homens, mulheres, também se converteram em uma questão para si mesmos. Também se propõem a si mesmos como problema.

Explorar as narrativas como didáticas supõe reconhecer que educadores(as) e educandos(as) somos gente com histórias tão próximas a contar. Supõe reconhecer que essa riqueza de experiências carrega indagações sobre o viver, sobre o real, que merecem ser trabalhadas como processos de conhecimento do real. Sobretudo, como didáticas de conhecimento de nós e deles mesmos. Supõe que nesse narrar-se e narrar-nos se dão processos de entender-se, de formar-se, de pensar. De passar de lugar.

Contar histórias é como um rito de passagem, de indagação sobre o viver, para sua compreensão. Passagem de um viver sem sentido para os sentidos do viver humano construídos em coletivo na escola.

Essa a função do conhecimento e a finalidade que motiva e que esteve e está na dinâmica da produção do conhecimento, dos valores e da cultura. Esse o processo que dá sentido ao território dos currículos, espaço de conhecimento e de cultura.

O relevante nessas experiências pedagógicas é que assumem que o tempo de escola não é apenas um transmitir o saber acumulado, mas um tempo de reconhecer que na escola, nas salas de aula há autores, que continuam esses processos de partir das experiências sociais de resistência onde as suas e dos seus coletivos sociais estão inseridas. Explicitar em coletivo seus significados para entender-se na ordem-desordem social. O que exige tempos, espaços, metodologias que permitam que essas experiências cheguem, tenham vez, para serem interrogadas e interpretadas. Para os mestres e educandos fazerem um exercício de interrogar-se. De produção coletiva de conhecimentos sobre si mesmos e sobre a sociedade.

Narrativas de perdas e solidariedades

Nas narrativas de saber de si mesmos como problema, como questão, que vivências aparecem? Predominam vivências no limite desde crianças. Perdas de emprego do pai que saiu à busca de trabalho, da mãe que os deixava com as irmãzinhas ou com vizinhas, parentes, para buscar trabalho e comida. Relatos de existências provisórias, sem prazo e de desaparecimentos, sofrimentos, mortes. De vidas retirantes, imigrantes. De uma vida aperreada, na expressão tão popular, mas também predominam narrativas de lutas por viver, sobreviver por dignidade, de trabalhar pela família.

Predominam as narrativas sobre a mãe que condensa essas sínteses de lutas, perdas e resistências. Narrativas que se costuram entre variações de perdas e de recomeçar a labuta, de solidariedades que dão sentido a essas variações de perdas.

Todo sofrimento é devastador e também passa a ser o indagador mais radical dos sentidos do viver, do espaço e das relações sociais em que se vive.

Nas narrativas dessas variações de perdas é frequente a expressão: aí você pensa, e por quê? Aí a gente se ajuda, se solidariza no sobreviver. Da narrativa do drama das perdas à narrativa do drama-luta do sobreviver há narrativas de encontrar sentidos para trabalhar, lutar, viver no presente construindo outro futuro, outro viver mais digno e mais justo.

Quantos educadores-docentes exploram com maestria pedagógica essas didáticas pelo direito a saber-se e construir identidades positivas. Por ajudar o decifrar-se como questão para si mesmos.

Essas narrativas tão ricas não são apenas trazidas pelos alunos da EJA, pelas mulheres de maneira particular, mas se dão também em jovens, adolescentes e crianças. São as pedagogias com que vão reagindo a tantas representações negativas que pesam sobre eles. Ao abrir espaços para narrar-se abrem espaços para saber-se.

Entender o mundo de seu viver para se entender

Na medida em que os professores-educadores avançam à procura de formas de garantir o direito dos(das) educandos(as) e deles mesmos a entender-se, vão percebendo que seu ser está colado às formas de seu viver. Que para avançar no saber-se será necessário avançar na compreensão dessas formas de viver. O que marca suas formas de viver?

A incerteza e a perda estão entre as vivências mais marcantes do seu viver. Trabalhar o saber-se desde a certeza do viver, do futuro é uma coisa, mas aproximar-se desde a incerteza do presente é outra. Como construir um pensar-se positivo desde a incerteza nas bases mais elementares do viver, comida, moradia, trabalho, terra? Pensemos nos milhares de crianças-adolescentes à procura de comida nas ruas ou nos milhares de acampados nas estradas de nossos países à espera de terra onde plantar para comer.

Milhares dessas crianças e adolescentes, de jovens e adultos se encontram com os(as) professores(as) nessas incertezas nas bases materiais do seu sobreviver. Que conhecimentos de si, que significados, que didáticas, que sentidos dar ao aprender-se? Que sentidos dar ao decifrar-se como questão? Diante dessa realidade com que se defrontam milhões de educadores e de educandos, entender essa realidade para entender-se é o mais constitutivo de seu direito ao conhecimento.

Torna-se um dever profissional colocar-nos como questão central aos currículos, às didáticas e à docência, que conhecimentos, que sentidos e interpretações privilegiar para garantir esse direito a entender-se e entender o mundo cruel em que tentam sobreviver. Entender seu ser-estar no mundo, na ordem social.

Nosso ofício não será acabar com essas perversas formas de mal-viver que experimentam desde crianças e de que não conseguem sair como adultos e jovens. Nem podemos enganá-los prometendo que se estudarem com êxito sairão desse cruel sobreviver. Nosso papel profissional não deixa de ter sentido, se os ajudarmos a entender-se a dizer-lhes que tem direito a ter explicações para se entender. Isso podemos fazer.

Os currículos e as didáticas podem se propor como dever do ofício da docência, que ao aprender a ler aprendam a se ler, que ao aprender ciências aprendam as explicações científicas sobre seu viver, que ao aprender história aprendam suas histórias e memórias, sua história na História, que ao aprender geografia aprendam os sem-sentido dos espaços precarizados, do viver sem-teto, sem-terra, sobreviver nas relações sociais-espaciais, na produção-apropriação do espaço em nossa história. Que aprendam os sentidos históricos de suas lutas por terra, moradia, vida.

Os(As) educandos(as) que carregam essas vivências não dispensam o saber, o ler as explicações, os conhecimentos a que têm direito, mas exigem o repensar dos conteúdos, explicações, racionalidades dos currículos para que se abra a saberes mais focados, contextualizados a que também têm direito. Garantir seu direito a entender-se é uma forma síntese de garantir seu direito ao conhecimento.

O repensar os currículos nessa direção é uma exigência do avanço da consciência dos direitos e do próprio avanço e aprofundamento das desigualdades. A escola, a docência e os currículos ajudando os educandos a entender-se e entender os porquês de sua condição no passado e no presente pode não mudá-lo, mas podem e devem contribuir para assumir posturas, fortalecer-se como coletivos e ao menos, não é pouco, ter explicações da história da sociedade, da ordem social, política, econômica, científica que perpetua suas existências tão precarizadas.

O conhecimento dos currículos pode ter um significado no saber-se nessas experiências. Não para prometer futuros irreais, nem como terapêutico anestésico para seus sofrimentos, mas para garantir o direito a entender-se, a ler e interpretar o real que os oprime e segrega e contra o qual lutam por libertar-se. Não passa por aí a pedagogia do oprimido? Até a proposta pedagógica socrática: conhece-te a ti mesmo?

O saber-se base da produção histórica do conhecimento humano

Saber-se está na raiz da produção histórica do conhecimento humano. Quando os seres humanos se defrontam com a dramaticidade de seu tempo,

284

se propõem a si mesmos como problema e descobrem que pouco sabem de si são incitados a entender-se, a entender a dramaticidade de seu tempo. São os tempos mais fecundos na história de todas as ciências, da cultura e do conhecimento. De todas as pedagogias emancipadoras.

Uma das funções mais básicas do currículo é organizar esse acúmulo de conhecimentos produzidos pelo ser humano para entender o mundo, a história, conhecer-se, conhecer-nos, entender-nos. A função da docência será organizar não apenas esses conhecimentos, privilegiá-los para bem ensiná-los e aprendê-los, mas organizar as memórias das experiências frequentemente extremas, em que foram produzidos.

Quanto mais extremas têm sido as experiências humanas maiores as urgências por produção de conhecimentos para entender-nos como humanos, para intervir na história. Aí radica uma das motivações mais persistentes e prementes da produção do conhecimento.

Trazer essa persistente história do avanço do conhecimento humano e aprender as artes de perceber e mostrar aos(às) educandos(as) que suas trajetórias e de seus coletivos perfazem os mesmos percursos: passar por experiências tão extremas carregadas de indagações para o conhecimento acumulado. Que ao entender essas histórias-memórias de produção do conhecimento se descubram autores de novas indagações e novas interpretações de velhas experiências extremas.

Trabalhar essas conexões históricas entre as experiências humanas extremas, suas indagações e a produção do conhecimento pode ser uma forma de entender suas trajetórias, de entender-se nesses processos. Por aí passa uma das disputas mais radicais de tantos coletivos de mestres e educandos por reconhecer essas experiências extremas, interrogá-las, extrair seus significados e confrontá-los em diálogo com tantos outros significados e conhecimentos de tantas históricas experiências humanas extremas.

Há muitos coletivos docentes que têm essas posturas pedagógicas e esses tratos do conhecimento. Que reproduzem os históricos processos mais fecundos de produção do conhecimento e de seu aprendizado, pelas novas gerações. Não veem os educandos como receptores passivos, mas atores, sujeitos das mesmas radicais vivências que instigaram a produção de radicais indagações e interpretações do real, de conhecimentos.

Nessa postura pedagógica o passado sofrido e sua persistência no presente não é esquecido em nome de promessas futuristas. Os currículos têm de recuperar os elos fortes e persistentes entre o passado e o presente na produção dos conhecimentos para encontrar aí resposta a um dos direitos mais radicais, entender-nos. Até entender os conhecimentos, entendendo os processos históricos de sua produção no passado e no presente das experiências sociais. Das experiências que mestres e educandos vivenciam e interrogam. Sabemos pouco sobre a história da produção de conhecimento de que somos profissionais porque ignoramos as indagações humanas que os produzem.

Quando essa história não é lembrada ou é enterrada como pertencendo a um passado morto, o conhecimento se torna ininteligível. Vira múmia, peça de museu e sem interesse para docentes e educandos porque não os ajudam a entender-se. Os currículos e os livros didáticos para se manterem vivos têm de fincar suas raízes sob o chão histórico, nas experiências humanas extremas onde encontram sua condição de saberes vivos, atuais.

As crianças e os adolescentes, os jovens e adultos populares nos oferecem essas experiências extremas provocadoras dos conhecimentos.

Retomar com centralidade em nossas didáticas e nos currículos as experiências sociais extremas vividas no presente dos educandos e educadores e comunidades é fertilizar as velhas raízes, chegar a elas no presente para refundá-las e enxertá-las com as novas indagações, sentidos e sem sentidos que vêm das velhas-novas vivências sociais extremas. Conhecimentos recriados, desafiados pelas novas vivências no presente dos próprios educandos e sua imersão nas experiências sociais tão extremas.

Recriar as raízes e os sentidos dos conhecimentos não *para* as novas gerações, mas *a partir* das novas e extremas formas do seu viver, indagar, buscar e produzir novos significados, supõe mudar concepções de conhecimento, de sua produção, transmissão, apreensão pelos educandos.

Supõe deixar de pensá-los e tratá-los como folhas em branco, como contas bancárias ou como sem experiências, sem indagações, sem modos de pensar e de pensar-se. Supõe superar a ingênua visão que espera deles, apenas interesse por nossas lições, pelos domínios de competências, linguagens, pensares e leituras porque são imaginados sem pensares, sem linguagens, sem indagações, sem leituras.

Supõe, sobretudo, mudar nossas autoidentidades profissionais de meros repassadores de pratos prontos para identidades mais ricas porque mais tensas: profissionais das tentativas de entender os significados das indagações que vêm dos sofrimentos, do mal-viver dos educandos.

Carregam um saber-se produzido no seu viver

Quando a preocupação é pelo direito a conhecer-se será necessário reconhecê-los como vivenciando experiências extremas, negativas e positivas se interrogando, sendo obrigados a pensar-se e pensar e ler o real em que mal vivem e a que reagem. O currículo poderia ser pensado como um território de diálogo de sujeitos inseridos em processos históricos de produção do conhecimento que se repetem nas vivências dos próprios educandos e educadores e de suas comunidades de origem.

As vivências e indagações que trazem dentro de si exigem reconhecimento nos processos de produção histórica do conhecimento. Seguem e reafirmam essa história. Não se reconhecem à margem da rica história intelectual e cultural. Desde a colônia se decretou seu despojo da história intelectual e cultural porque pensados como incultos, irracionais, primitivos. Entretanto, tem-se afirmado sujeitos de culturas, saberes, valores, interpretações de mundo.

Cada um e cada coletivo continuam processando indagações, porque processam experiências sociais. Não se trata de reduzir as experiências de produção do conhecimento histórico à experiência de cada aluno, nem de cada coletivo. Não romancear esses processos, essas experiências e esses conhecimentos, mas reconhecer que enquanto experiências sociais não são de cada aluno ou de cada mestre ou coletivo, mas estão atreladas às experiências históricas mais extremas que indagam a condição humana, a ordem social, as formas de pensá-la e interpretá-la. Que indagam radicalmente os conhecimentos, racionalidades e formas de interpretar legitimados nos currículos.

A resistência a reconhecer as virtualidades indagadoras dessas vivências reside na resistência a termos de repensar as formas legitimadas de interpretar o real que os currículos sintetizam como únicas. A disputa é por um diálogo que parta de um reconhecimento da legitimidade de outras formas de experimentar, indagar, interpretar o real e de interpretar-se.

Se abrirmos o currículo a esse reconhecimento e a esse diálogo o próprio conhecimento ficará mais intenso e tenso. Terá maiores significados sociais para mestres, educandos, comunidades, para o avanço da produção intelectual, para nos entender como problema.

Em nome do direito ao conhecimento "legítimo" não podemos negar o direito de todo ser humano a conhecer-se. Será uma forma irresponsável de empobrecer o próprio conhecimento e o direito ao conhecimento.

Diante da dramaticidade das formas de viver a infância-adolescência somos obrigados como profissionais do conhecimento a auscultar suas interrogações, como se veem como problema e a garantir seu direito a entender-se e entender a dramaticidade de seu tempo.

Sujeitos de direito à memória

Agora a história será outra.

Seminário de implementação da Lei
10.639/03 em Salvador

As comemorações sempre foram dias marcantes no calendário escolar, por seu caráter celebrativo e por serem dias que quebravam as rotinas monótonas das aulas. Não só nas escolas, mas nos campos e povoados, nas cidades e bairros, as comemorações são dias fortes, celebrativos de memórias. Tempos densos em aprendizagens de identidades coletivas.

A transmissão e aquisição da produção cultural colocam a escola, a docência e os currículos no campo da memória. Nos processos de produção do conhecimento e de sua aprendizagem entra a memória. Falamos em história cultural produzida nas experiências vividas e gravadas na memória coletiva. Como reconhecemos o sentido formador das vivências e aprendizagens do universo simbólico, dos valores, das crenças, das condutas que são comemoradas nos rituais, nas festas e celebrações coletivas.

Essa riqueza foi familiar à pedagogia e às escolas. De formas diferentes é incorporada nas práticas pedagógicas. Entretanto, algumas questões ocupam os dias de estudo. O conteudismo que invadiu os currículos e as disciplinas não secundarizou a centralidade que tinha a escola com o lugar da memória?

Estamos perdendo ou recuperando nas escolas a celebração da memória? Os currículos estão voltando a ser territórios de garantia do direito à memória? Há uma diversidade de projetos, temas geradores, oficinas que os professores e educandos desenvolvem para garantir esse direito, mas conseguem legitimidade nos currículos?

Destaquemos alguns pontos para aprofundar nessas questões que tocam tão de perto na garantia do direito à memória dos educandos e também dos(das) professores(as).

Este texto tenta trabalhar tensões postas nas escolas, nos currículos e no material didático e literário em torno, de um lado, de tantos processos de ocultamento dos sujeitos diversos e de suas memórias; de outro lado, as pressões que vêm desses sujeitos pela emergência da memória como campo político-pedagógico. Por onde passa essa politização e que exigências traz para os currículos e a docência?

A emergência da memória no trabalho pedagógico

Ao longo dos textos destacamos que no currículo, na prática das escolas são trabalhados componentes curriculares ora incluídos ora paralelos ou à margem dos conteúdos disciplinares. Uma diversidade de temas transversais, temas-projetos de trabalho, temas geradores que respondem às vivências sociais dos educandos e dos educadores, das comunidades e da dinâmica social.

Entre esses temas de estudo podemos destacar as histórias de vida, pessoal e coletiva, as narrativas sobre as origens do bairro, da vila, da favela, do assentamento, as histórias de lutas pelo espaço, pelo território, pela terra, pelo transporte, pela luz, a água, o posto de saúde, a escola. Ou tantos temas de estudo sobre as trajetórias de migrações, saídas, paradas, chegadas aos lugares de instalação nas cidades e nos campos. Ou as narrativas de tensas histórias de sobrevivência desde crianças e de trabalho informal, de lutas pelo trabalho. Histórias de desemprego e de subempregos que em oficinas narram os educandos, os pais e os próprios professores.

Seria de extrema riqueza mapear essa pluralidade de formas pedagógicas, criativas que acontecem em cada escola, nas redes que mostram a recuperação da memória e da história nos currículos na prática. Aprofundar nos encontros como essa centralidade formadora dada ao trato da memória e da história ajuda a prestigiar e renovar o ensino da história, como os coletivos docentes articulam esses componentes paralelos com as disciplinas em um diálogo promissor. Diante dessa pluralidade de práticas somos obrigados a perguntar-nos por que essa emergência da memória, da história e quais os seus significados.

Memórias no esquecimento. Que memórias esquecidas?

Poderíamos levantar uma hipótese: a emergência da memória nas escolas significa uma reação a anos de seu silenciamento, esquecimento ou marginalização.

A escola já foi um território denso em comemorações da memória cultural não apenas na diversidade de dias, de festas, que celebram e socializam a memória nacional, coletiva. Os currículos, de maneira diluída, foram espaços ao menos do aprendizado de retalhos de memórias.

A disciplina História teve maior centralidade do que hoje tem. Na política de avaliação nacional e internacional foi desprezada.

Os currículos com seu cientificismo positivista e praticista foram distanciando-se dessa centralidade. Até os conteúdos de cada disciplina foram desconectados dos processos de sua produção histórica, cultural. Conhecimentos sem história não garantem o direito nem à memória, nem ao conhecimento.

A secundarização da memória na produção dos conhecimentos levou à secundarização do seu papel nos processos de aprendizagem. Queixamos-nos que o currículo virou um amontoado de conteúdos sem origem, sem história. Até o material didático e literário é passado aos educadores e educandos como produtos descontextualizados, a-históricos. Sem referência à história em que foram produzidos e legitimados. Viraram um produto escolar. Por aí foram perdendo a sua condição de produção cultural, histórica a ser rememorada, apreendida de maneira crítica pelas novas gerações como acúmulo da memória coletiva.

Se esse papel da história na produção, transmissão dos conhecimentos, valores e culturas, linguagens e símbolos é secundarizado, difícil esperar que a memória seja reconhecida como central nos processos de sua aprendizagem pelas novas gerações. A função tão central da memória ficou reduzida a saber de memória, a decorar para a prova. Na pluralidade de temas, oficinas, narrativas em que os docentes e os alunos tentam recuperar a história e a memória podemos ver uma reação a tantos esquecimentos. Este é um dos significados a ser destacado.

Nesse quadro o currículo e o material didático e literário sempre foram território de disputa pela entrada, ou não, pelo trato ou esquecimento da memória; ora presente, ora ausente, diluída no núcleo duro ou relegada às festas, aos dias. Até excluída, como sem importância em currículos por competências para o mercado. Nesse quadro de cientificismo e praticismo somos obrigados a indagar: Haverá um lugar legítimo para a memória nos currículos de educação básica? Somos pressionados a trazer de volta a memória.

Aos docentes resulta complicado articular os dias comemorados com as memórias fluidas dos conteúdos duros e sérios das disciplinas. Talvez porque as memórias dos coletivos trazidos nos dias de festa ou em projetos apenas merecem um dia no calendário escolar: Dia do Índio, Dia da Consciência Negra, Dia da Mulher, Dia da Criança. Um dia apenas para os coletivos cujas histórias não são reconhecidas como conformadoras da história cultural, intelectual, científica, moral.

Coletivos sociais no esquecimento. Que coletivos?

Há um sentido ainda mais pedagógico-político nas tentativas de tirar a memória do esquecimento: que histórias de que coletivos foram mantidas no esquecimento? Não são eles que se afirmam presentes trazendo suas memórias? Quando as memórias chegam trazidas pelos coletivos populares não são mais as mesmas memórias.

Por aí chegamos às tensões de maior disputa no currículo. Um território não apenas de disputa pelo lugar da memória, mas de que memórias merecem ocupar esse território. Essa disputa se torna mais tensa com a entrada na escola dos coletivos cujas identidades merecem apenas um dia, foram inferiorizadas, marginalizadas da memória nacional, da história. O currículo passa a ser o território de disputa pelo reconhecimento e legitimidade de outras memórias, outras histórias a relembrar. A reconhecer como legítimas.

O mais radical é que a disputa não é apenas pela memória, e por que memórias, mas de que coletivos. Essas preocupações ocupam docentes empenhados em trabalhar com os educandos. A questão primeira passa a ser que sujeitos de memórias privilegiar e como trabalhá-las. Como tirá-los do esquecimento.

Somos levados a politizar o direito à memória, a superar tratos folclorizados e segregados. Somos levados a fazer emergir tantas histórias de tantos sujeitos silenciados e a dar centralidade à problemática da memória tão presente nos estudos sociais.

A emergência da memória como campo político-pedagógico

Com a entrada desses coletivos no sistema escolar entram suas histórias disputando espaços políticos nos desenhos curriculares. Aliás, um dos fenômenos culturais e políticos mais instigantes para as ciências sociais e educacionais e a emergência da memória como um dos campos de disputa política nas nossas sociedades. Disputa da memória que vem atrelada a disputas de concepções de tempo-história.

Voltemos à pergunta: por que a problemática da memória, do tempo-espaço emergiram nos estudos sociais e pressionam para entrar nos estudos educacionais? Porque nos movimentos políticos de descolonização e nos movimentos sociais se fazem presentes na cena social e política, cultural e educacional os coletivos mantidos no esquecimento, portadores de experiências, memórias, temporalidades e espacialidades alternativas. Portadores de outras tradições e de outras memórias.

Os(As) professores(as) defrontam-se nas escolas públicas com outros alunos, outra infância, adolescência, e são obrigados a perguntar-se: são outros em quê? Apenas em condutas, indisciplinas, interesses? Ou são outros porque portadores de outras tradições, histórias, memórias de outras vivências do tempo. Qual seu passado e como invade seu presente? Somos levados a recodificar o passado, o tempo. Em que espaços vivem, sobrevivem? Somos levados a recodificar o espaço, nos processos de sua socialização e aprendizagens.

Quando nos propomos trabalhar as memórias-histórias das crianças e adolescentes, de jovens e adultos populares, somos também obrigados a repensar, recodificar nossas concepções de tempo, de espaço, que são familiares às disciplinas e às teorias de formação-desenvolvimento-aprendizagem. Que pouco lugar tem nos cursos de formação aprofundar nas concepções de tempo incrustadas nessas teorias.

Com as infâncias-adolescências e os jovens-adultos com que convivemos nas salas de aula chegam as mais prementes instigações para repensar o que ensinamos, o que privilegiamos para que aprendam e o quanto fica secundarizado e ignorado. Uma disputa que chega aos currículos que os(as) professores(as) reforçam na prática escolar.

Com a chegada dos Outros na escola, somos obrigados a recodificar as concepções de história e de desenvolvimento humano ao defrontar-nos com suas histórias-memórias, ocultadas e deturpadas na história oficial que os currículos legitimam. Podemos falar e ensinar uma única história-memória? Uma única produção cultural e intelectual? A memória volta mais repolitizada.

Seria interessante identificar nas escolas e nas redes que respostas são inventadas pelos(as) professores(as) para traduzir em práticas a emergência da memória com campo político-pedagógico. Qual a radicalidade política dos tratos das memórias nas escolas?

Agora a história será outra

A emergência da memória como campo político-pedagógico tem sujeitos. Os movimentos sociais em sua diversidade de ações coletivas conferem a maior radicalidade política à memória e à história. Os movimentos do campo, os povos indígenas e quilombolas trazem suas memórias, recuperam suas histórias nas místicas e músicas, nas celebrações, nas lembranças dos conflitos, repressões e lutas pela terra. A celebração dessas memórias foi incorporada à pedagogia de seus movimentos.

Aos coletivos afrodescendentes, junto com os indígenas e quilombolas, se deve a pressão pela inclusão na LDB, a inclusão obrigatória no currículo, da História da África e das culturas afrobrasileira e indígena. No seminário para implantação das Leis 10.639/03 e 11.645/08 em Salvador, um cartaz destacava: "Agora a história será outra".

A presença dos coletivos negados de sua história na história oficial e no sistema escolar pressionam os currículos e os tratos da história a se repensar. Os conhecimentos e a produção cultural são pressionados a reconhecer as outras histórias-memórias dos Outros que se fazem presentes na sociedade, nos campos, nas cidades e nas escolas. Ao se fazerem presentes como sujeitos de história-memórias não se limitam a esperar que suas histórias-memórias sejam também incorporadas nos currículos e no material didático e literário, mas pressionam para que toda a história-memória oficial hegemônica seja recontada. Não trazem retalhos de história na espera de serem reconhecidos e incorporados. Até aí já avançaram algumas propostas do estudo da história.

Sua pressão é mais radical: rever as fontes e os processos da produção dessa história, assim como rever a direção de sentido em que foi narrada e reconstruída, as formas como foi pensada a partir das formas inferiorizantes em que foram pensados eles como não sujeitos de história e os autodefinidos sujeitos únicos de uma história-memória únicas.

A cultura da memória chega aos currículos com a chegada dos coletivos e suas lutas políticas pelo reconhecimento de sua condição de sujeitos de histórias. Essas outras memórias põem a descoberto a parcialidade da história legitimada nos currículos como a única. Ao afirmarem "Agora a História será outra" põem a descoberto a dificuldade do conhecimento legitimado como único de reconhecer e incorporar diferentes histórias. De reconhecer como iguais os diferentes. Revelam os brutais processos de inferiorizá-los até na capacidade de construir histórias e memórias dignas de ser reconhecidas como parte da produção histórica e cultural.

Esse reconhecimento passou a ser um dos aspectos em disputa política na sociedade, nos currículos e no material didático e literário. As diversas ciências, o conhecimento escolar são obrigados ao reconhecimento de Outras identidades e ao esclarecimento dos processos de seu histórico ocultamento, inferiorização e até destruição. Reconhecimento e esclarecimento que, se encontrarem espaço nos currículos, terminarão levando a entender a especificidade dos coletivos ocultados e a específica riqueza de suas experiências, conhecimentos, modos de pensar, valores e culturas.

Os docentes vão assumindo que pelo reconhecimento e esclarecimento das experiências das crianças e adolescentes, jovens e adultos que chegam às escolas podemos chegar como por um prisma a reconhecer e entender as experiências sociais da diversidade de coletivos que lutam por chegar às escolas, ao direito ao trabalho, por ser reconhecidos como cidadãos, membros da comunidade política e da cidadania plena. Por que sua história seja reconhecida na história-memória nacional e na produção artística e literária.

Os desenhos curriculares na medida em que se fecharam em um padrão de cultura, memória, conhecimentos únicos legitimaram umas experiências, culturas e memórias, uns conhecimentos e deslegitimaram outros e outras. Deslegitimaram os Outros como sujeitos de produção de histórias-memórias.

A chegada desses Outros na sociedade e no sistema educacional obriga-nos a rever essa produção-seleção-legitimação de uns conhecimentos, umas histórias e o ocultamento e a segregação de outras. Não tem sido contada toda a história nem comemorada toda memória, há outras não contadas ou deturpadas. Quando essas Outras se afirmam que postura esperar dos currículos? Reconhecer-se territórios de emergência política de memórias tão diversas.

A disputa política pela diversidade de memórias

A diversidade de sujeitos em movimentos pressiona pelo reconhecimento da diversidade de memórias. Já nas décadas de 1980, 1990 muitos profissionais se empenharam por reconhecer outras histórias-memórias no currículo, mas são relegadas em projetos extracurriculares. Projetos de educação através de visitas aos museus, aos monumentos, à cultura e ao patrimônio das cidades. Projetos sobre manifestações da herança cultural dos coletivos sócio-etnico-raciais, suas festas, músicas, danças, símbolos, sua arte, literatura, fotografias, suas histórias, narrativas e memórias. Festival de Cultura Negra ou Indígena, Dia do Índio, Dia da Consciência Negra.

As formas de tratar, celebrar as festas tradicionais mudaram em muitas escolas e redes, deixando tratos folclóricos para esclarecimentos que recuperem histórias-memórias perdidas e desvirtuadas. Projetos diversos de recuperação da memória da colonização, da escravidão, das resistências, da memória negra, indígena, Zumbi, quilombola, memórias da segregação da mulher, da visão inferiorizada dos povos do campo. Assim como memórias das violências nas periferias urbanas, do extermínio de adolescentes e jovens. Tantas memórias silenciadas que as escolas recuperam. Este tem sido um dos campos de maior criatividade docente.

Poderíamos vê-los como projetos memorialísticos que disputam memórias negativas com memórias afirmativas. Que contrapõem histórias parciais que se autodefiniram como universais a uma plural diversidade de histórias traumáticas, de segregação, de não reconhecimento da riqueza que Outras histórias representam na história de nossa formação.

Depois de mais de uma década de tanta criatividade docente, temos de reconhecer que esses projetos de memória não têm conseguido ser reconhecidos como legítimos no território nobre dos currículos. Alguns docentes tentam incorporá-los nas disciplinas, mas ainda ficam à margem, em tempos-espaços marginais. Talvez porque seu reconhecimento significaria o reconhecimento de que os conhecimentos e as racionalidades, "a herança cultural" e literária únicas e os valores autoafirmados como únicos e universais teriam de reconhecer serem parciais e terem de abrir espaços-tempos nobres a outros conhecimentos e valores, a outras heranças, histórias e memórias e a outras narrativas literárias.

Os currículos são disputados pelos educadores e educandos para incluírem a memória-recordação em sua plural diversidade. Incluírem o reconhecimento e esclarecimento de todas as histórias passadas e presentes mais do que a apologia de promessas de futuro. Um currículo que reconheça e não desperdice a diversidade de experiências de viver-recordar o passado-presente.

Uma nova cultura política da memória

Com a emergência da memória como campo político nos defrontamos com uma nova cultura política da memória.

Como repensar os desenhos curriculares tornando-os espaços de uma nova cultura da memória? Na medida em que a memória é politizada que desenho curricular será capaz de incorporar essa politização?

Nas escolas públicas onde os coletivos entram com suas diversidades não há como não reconhecer essa politização da diversidade. Os professores têm sido mais sensíveis a essa politização do que os currículos únicos, as diretrizes curriculares únicas[29] e as avaliações nacionais únicas. Mas como esperar que essas outras memórias entrem se até a história oficial é excluída dos saberes que merecem ser avaliados nas provas nacionais?

---

29. Um dos méritos das recentes (07/04/2010) *Diretrizes curriculares nacionais gerais para a Educação Básica* do CNE/CEB é o destaque dado ao reconhecimento da diversidade humana, social, cultural, de classe, gênero, raça, etnia, geração (p. 10). Uma nova cultura curricular.

Memória ou esquecimento, ocultamento? Aí se travam os embates políticos no território dos currículos. Porque esses embates estão postos nas sociedades pós-ditaduras militares e totalitarismos, pós-colonização, pós-toda forma de *apartheid*, pós-holocaustos passados, recentes e presentes. Ocultamento perante tantos processos de segregação, marginalização, massacres étnico-raciais em nossas sociedades. Perante tantas violações de direitos, tantas injustiças contra coletivos. Tantas ausências e tantos preconceitos ainda presentes até no material oficial pedagógico e literário.

Frente a tantas tentativas de ocultamento, esquecimento, a história-memória-verdade estão postas como chaves da construção de projetos de sociedades mais justas, democráticas e igualitárias.

Se a repolitização da memória está posta na sociedade, essas chaves políticas tenderão a demarcar os territórios do que ensinar-aprender, de que memória e conhecimento legitimar nos currículos e no material didático.

O fato dos coletivos tão segregados em nossa história como os negros, quilombolas e indígenas, terem reivindicado e conquistado a inclusão nos currículos da História da África e da memória e cultura negra e indígena assim como as pressões por que sejam superadas tantas visões inferiorizantes ainda presentes no material didático e literário não representam um dado isolado de politização da sua memória. Tem de ser visto como mais uma expressão da politização da memória que está sendo retomada em nível mundial em todas as sociedades onde coletivos foram e continuam segregados e inferiorizados.

O mesmo podemos pensar da pluralidade de projetos de memória que coletivos docentes criam nas escolas. Não são projetos isolados, seu significado político está em fazer parte de uma luta pela memória negada aos próprios coletivos que conquistaram o direito a acesso à escola.

Currículos esferas públicas de memórias positivas

Nesse contexto de cultura política da memória podemos entender os currículos como territórios de disputa política para se tornarem não mais negadores, mas esferas públicas da memória real, contra tantos mecanismos de esquecimento, marginalização, segregação de memórias dos Outros. Repolitizar que os currículos, ao ignorarem tantas e tão diversas histórias ou consentirem em seu silenciamento e inferiorização, terminaram se prestando a um jogo político de repressão silenciosa das memórias dos coletivos segregados em nossa formação social. Deixaram de ser espaços públicos, de direitos.

296

Se os currículos fizeram parte de uma política de ocultamento e desfiguração da memória real podem fazer parte de uma política de sua recuperação. Sobretudo, em tempos em que a recuperação da memória se tornou uma das reivindicações mais politizadas pelos coletivos sócio-etnico-raciais, de gênero, orientação sexual, do campo e das periferias. Tendo sensibilidade para reconhecer e respeitar a especificidade das lutas de cada coletivo pela especificidade de sua identidade coletiva, o currículo pode ser um dos lugares políticos de práticas e projetos das memórias deixadas por tanto tempo à margem do núcleo-tempo-espaço curricular.

O currículo pode ser um dos lugares de ressonância das lutas por identidade que vêm da diversidade de espaços, de ações coletivas e de movimentos sociais. Lugar de reavaliação, ressignificação da história e memória tidas como únicas, legítimas.

Poderíamos ver as pressões para que as escolas, o material didático e literário, os currículos reavaliem e ressignifiquem o passado nacional, sua interpretação como reações políticas a uma história mal contada e mal repassada nos próprios currículos e no material didático e literário. Feridas e traumas históricos não sarados se ocultados ou maltratados até nos sistemas de conhecimento e nos territórios da verdade; os currículos e as escolas.

A disputa por reconhecimento de coletivos inferiorizados

Lembrávamos que os sujeitos em movimentos trazem suas histórias-memórias para afirmarem-se sujeitos presentes.

As memórias no esquecimento supõem seus sujeitos sociais, étnicos, raciais, dos campos e das periferias colocados no esquecimento. Decretados ausentes, inexistentes. Quando esses sujeitos pressionam pelo reconhecimento de suas histórias-memórias estamos diante de uma pressão política por seu reconhecimento como sujeitos de história-memórias. Reconhecer essa diversidade de sujeitos será mais tenso do que reconhecer, narrar suas memórias nos livros didáticos ou em uma ou outra oficina.

Este é um dos significados da maior relevância. Nas oficinas, nos temas-projetos de trabalho com narrativas de histórias-memórias os convidados a narrar suas memórias são os sujeitos, como indivíduos, mas na maioria das experiências como coletivos. Que significados carrega esse trazer à cena os próprios coletivos como narradores? Pode significar uma reação histórica a seu silenciamento e não reconhecimento como sujeitos porque Outros. Reação ao não reconhecimento das experiências de coletivos sociais, étnicos, raciais, dos campos e periferias porque vistos como atolados na tradição e no passado, no atraso, de costas ao progresso. Trata-se de uma disputa pelo reconhecimento ou não dos coletivos sempre segregados como inferiores, atrasados, primitivos, pré-modernos ao longo de nossa formação política, logo sem memórias.

Quando os docentes formulam projetos, oficinas, estudos da memória não estão apenas destacando a memória como um tema a mais de estudo, estão trazendo ao primeiro plano o reconhecimento dos coletivos sociais não reconhecidos como sujeitos de história. Um gesto pedagógico de extrema relevância para os educandos membros desses coletivos. Um gesto profissional de extrema relevância política: repolitiza mais do que memórias-histórias ocultadas, repolitiza o ocultamento, a inferiorização de sujeitos sociais segregados em nossas relações políticas e culturais.

Gestos pedagógicos como trazer suas memórias-histórias, reconhecer suas presenças afirmativas em oficinas, temas geradores, dias de estudo adquirem um significado político-educativo nessa longa história de ocultamentos de sujeitos. O significado de tentar desocultá-los ou de reconhecer sua existência.

Em realidade essa pretensão de esquecimento desses coletivos e de suas histórias tem sido, em nossa formação social e até nos currículos, uma forma de mantê-los na memória como inferiores. Não foram esquecidos na memória coletiva, foram inferiorizados. Uma memória inferiorizadora, construída, cultivada e repassada na mídia, na cultura política e também nos livros didáticos e literários, nas histórias, nos dias comemorativos e nos currículos.

Um esquecimento-memória, ou um programado esquecimento para perpetuar uma memória construída, passada e abusada politicamente na reprodução da relação política de dominação, subordinação. Qual o jogo político dessa memória inferiorizadora? Que papel têm os currículos nesse jogo político de ocultamentos?

Quando aprofundamos nesse jogo político de esquecimento-ocultamento de sujeitos sociais, étnicos, raciais, de gênero, dos campos entendemos a radicalidade política dos esforços docentes por projetos de desocultamento-reconhecimento desses sujeitos que chegam às escolas.

Esses esforços docentes se traduzem em práticas pedagógicas de extrema relevância política. Destaquemos algumas:

Frente ao esquecimento, um jogo limpo da memória

Escolas, docentes, gestores reagem com os coletivos vítimas desse perverso jogo de esquecimento e de memória segregadora, exigem o jogo limpo de afirmação de uma outra história positiva, de densas e tensas experiências vividas, como coletivos. Esse é um dos núcleos de disputa nos currículos: superar memórias de experiências imaginadas como atoladas no atraso e vê-las ou aceitar que se manifestem como experiências coletivas vividas, como memórias reais, positivas[30].

Essa tensão se manifesta nos cursos de formação de professores indígenas, do campo, de história, memória e cultura negra. As autoimagens que esses coletivos levam aos cursos se chocam com as imagens que prevalecem nos currículos, nas análises das diversas áreas e ciências e até nos imaginários dos professores na academia. Essa mesma tensão acontece também nas crianças e adolescentes, jovens e adultos populares ao chegarem às escolas e confrontarem suas autoimagens, histórias e memórias com as imagens cristalizadas sobre eles que reproduzem os currículos e os livros didáticos e literários, até os livros oficiais de literatura infantil.

No cotidiano das salas de aula ficam expostas essas tensões no território dos currículos ingenuamente imaginado como pacífico.

Os currículos poderão ser um território de diálogo da diversidade de histórias-memórias. Para avançar nessa direção de um lado, será necessário reconhecer que as concepções fechadas de conhecimento, de ciência, de racionalidade e de herança cultural únicas, estão em crise de credibilidade e legitimidade. As promessas de progresso e prosperidade universal ficam cada vez mais difíceis de serem defendidas. A história futurista fica desacreditada a cada crise.

Por outro lado, a defesa de memórias sociais, de histórias e culturas estáveis, homogêneas contrasta com a dinâmica social e com os intercâmbios entre os grupos diversos. Dinâmicas que fragmentam memórias idealizadas como estáveis, fechadas, únicas e universais. Está desacreditado acreditar em uma história-memória única.

Os próprios grupos sociais, raciais, étnicos, territoriais que lutam por suas memórias, põem na arena política suas histórias. Seriam apenas suas? Pretendem que sejam apenas suas? Estão reivindicando colocá-las em diálogo porque fazem parte da história dos seres humanos. Uma história tanto mais rica porque diversa.

---

30. Um dos textos do material produzido pelo MEC (*Secretaria do Ensino Fundamental* – Indagações sobre o currículo) focaliza a relação entre diversidade e currículo. Na Conae mereceu atenção destacada.

Abrir espaços na rigidez do ordenamento e da estrutura

Uma das questões com que se defrontam as tentativas de trabalhar a memória nos projetos e oficinas é como pôr em diálogo essa rica diversidade de histórias com os conhecimentos legitimados nos currículos, nas disciplinas e no material didático. Os projetos, as oficinas, os temas geradores têm sido espaços de propostas de diálogo.

Nesse duplo movimento, de um lado de abertura de memórias antes homogêneas, estáveis e de outro a desconstrução de concepções únicas, universalistas de história, se tornam possíveis novas relações entre a história que se autodefiniu como única, universal e a pluralidade de histórias-memórias classificadas como inferiores e que exigem reconhecimento. Essa tensão chega aos currículos. Os docentes tentam redefini-los para se conformar em um dos espaços da memória pública. Para isso terão de desconstruir sua rigidez, seu ordenamento e estrutura. Abrir espaços para que as outras histórias-memórias ocupem tempos legítimos, não inferiorizados, nem periféricos. Abrir-se às múltiplas experiências coletivas e representações do real.

Os avanços nessa direção encontram resistências no núcleo duro das estruturas e tempos, no ordenamento curricular. Se avança por fora. As escolas se abriram a manifestações da cultura juvenil, negra, indígena, do campo, periférica. Até na abertura de eventos de educadores ocupam espaço esses grupos, suas linguagens e memórias, visuais, artísticas, corpóreas. Porém, no decorrer do evento, nas temáticas sobre currículos, ensino-aprendizagem... não terão lugar. São reconhecidas apenas como manifestações de entretenimento, de espetáculo para o corpo pedagógico e acadêmico. Os significados históricos de luta pelo reconhecimento, contra a segregação se perdem no uso espetacular com que enfeitam eventos.

Fenômenos parecidos vemos no lugar dado na TV a grupos juvenis e suas culturas nos espaços de divertimento aos sábados e domingos. Uma mercadorização e espetacularização das histórias, tradições, culturas e memórias dos coletivos subalternizados. Não que sejam banalizadas e vulgarizadas em sua pureza, aparecem em eventos ricos, porém fugazes e de maneira periférica. Mostram seus significados, provocam certo reconhecimento, saem do silenciamento, mas terminam ocultando tensões históricas mais profundas que perpassam relações sociais, segregadoras.

Tirar as memórias dos Outros dos lugares periféricos

Como pensar o papel desses usos da história-memórias, culturas dos Outros no campo educacional? Não contrapondo memória séria à trivial, nem espaços sérios de memória a espaços superficiais. Perguntar-nos se esses usos e esses espaços não reproduzem a velha dicotomia entre alta-baixa, nobre-vulgar cultura e memória. A alta, nobre ocupando o lugar nobre das conferências, a baixa, vulgar relegada aos tempos, projetos periféricos, a espetáculos e divertimentos fugazes. Aos extraturnos. Tratos periféricos dessas memórias perpetuam manter seus sujeitos no ocultamento.

Ter chegado até esses lugares periféricos não garante seu reconhecimento como iguais, legítimos. Sem esse reconhecimento não haverá um diálogo. Ainda essa diversidade de memórias não tem a mesma legitimidade nem ocupam os espaços nobres do currículo, das áreas do conhecimento. Ficam nos extraturnos. Até aí terá de chegar a disputa. Consumir essas histórias-memórias como espetáculo está longe de reconhecê-las como legítimas a serem trabalhadas nos currículos, nos turnos. Um terreno ocupado e bem fechado e protegido por diretrizes, normas e grades. Por uma sacralização das estruturas curriculares e suas dimensões de organicidade, sequencialidade, segmentação, hierarquicidade.

Colocar essas histórias-memórias na indústria cultural não aponta perspectivas otimistas de desbloquear essas dimensões estruturantes dos currículos. Essa abertura de memórias, antes ausentes na mídia e na educação é um capítulo de uma história de reconhecimento, de presença, porém limitada, que nos obriga a perguntarmos: Que significados encontrar nessa história? Limitar as disputas a esses espetáculos é pouco. Limitar as memórias a extraturnos é desrespeito aos sujeitos dessas culturas-memórias que tanto lutam por seu reconhecimento nos tempos-espaços legítimos.

Não tem faltado nos congressos de educação e nas escolas projetos que exploram essa presença fugaz e periférica dessas memórias. Um incentivo para ir além. Se ficarmos aí não deixaremos nos educandos e nos coletivos que tanto lutam pelo reconhecimento de suas memórias um lugar legítimo, público com um marcante sentido de história legítima, de sujeitos legítimos.

O embate está posto e promete desestabilizar, até os territórios cercados e bem protegidos do currículo e de sua hermética organicidade.

Memórias-histórias que recontam a História

Lembrávamos que no lançamento das leis que reconhecem como dever o ensino da história da África, da cultura e memória negra, indígena, quilombola a mensagem dos movimentos sociais não se limitava a esperar que suas memórias fossem reconhecidas, nem sequer postas em diálogo com a história oficial. "Agora a história será outra", terá de ser recontada, revista a *História Oficial* que se autodefiniu como a única e verdadeira história.

Exigir o recontar a História, no reconhecimento de outras histórias ocultadas, mal-contadas e inferiorizadas é uma exigência política mais radical do que apenas "incluir" na história oficial suas histórias, culturas, memórias. Até aí vínhamos avançando nas reorientações curriculares, nas revisões do material didático e nas celebrações dos dias dos esquecidos. Os movimentos sociais nos pressionam para posturas mais radicais no campo de história-memória. Que as próprias narrativas oficiais sejam outras, que se reconheçam como uma das narrativas entre tantas a serem repensadas nas certezas que carregam.

Mais do que confrontos por inclusão da diversidade de histórias no território dos currículos, os confrontos estão postos no próprio campo das verdades autodefinidas como universais. Uma disputa de epistemologias desestruturante das certezas e verdades dos currículos.

Quando Outras memórias ou as histórias dos coletivos sociais, étnicos, raciais, geracionais, de gênero, campo, periferias disputam seu reconhecimento como sujeitos de história-memórias terminam questionando não apenas a autodefinição de uma memória como única, hegemônica, mas, sobretudo, questionam a condição de uns coletivos se autodefinirem como sujeitos únicos de história. Aí estão as disputas mais tensas. Políticas.

Por didáticas de reescrita da História-memórias

Nessa pluralidade de narrativas merecem destaque as riquíssimas histórias dos movimentos sociais.

As escolas, na diversidade de projetos, estão abrindo espaços para reescrever a história, trazendo aos currículos a história dos diversos coletivos em movimentos. Encontramos oficinas sobre a história do movimento docente e do movimento operário, ou sobre a história dos movimentos sociais urbanos, do campo, indígenas, quilombolas, juvenis, de orientação sexual, ou sobre a história do movimento negro, movimento das mulheres em sua rica diversidade.

Tem se tornado frequente nos encontros, congressos e dias de formação continuada dos profissionais da educação básica levar para oficinas experiências de reescritas-narrativas dessas memória-histórias da diversidade de coletivos não reconhecidos em nossa tradição como sujeitos de história. Uma forma de reconhecer a politização do campo da história lembro de uma síntese de uma oficina sobre "Memória das Mulheres". Síntese que pode ser aproveitada como um roteiro sério de como reescrever, narrar a diversidade de histórias de coletivos em ação e em movimento.

A oficina reconhece as próprias mulheres como sujeitos coletivos dessa história, a pluralidade de ações, destacando como os movimentos feministas reescrevem não apenas a história das mulheres, mas a História. *Uma história de libertação.*

Alguns dos projetos-oficinas destacam aspectos diversos dessa história de libertação. Por exemplo, a *libertação política*: que concepções restritivas, segregadoras, inferiorizadoras de democracia, de participação lhes negavam a igualdade política, cidadã, por exemplo, quantas listas pelo sufrágio feminino. A libertação política ainda incompleta, sua desigual presença no poder, no legislativo, no judiciário, nos ministérios. As lutas por cotas, pela Secretaria da Mulher, pela democracia paritária, por uma cultura política igualitária...

As oficinas destacam a *libertação no setor jurídico*. A lentidão no avanço da igualdade jurídica perante a lei, perante os direitos formais... Mostram a lentidão dos avanços nesse campo jurídico para além de uma igualdade formal. Por exemplo, a lentidão no reconhecimento e punição das frequentes violências contra as mulheres. A cultura ainda machista do direito e de sua interpretação em casos como adultério, a violência de gênero, os direitos do corpo.

A história da *libertação no campo da sexualidade*, afetividade pode ser outro processo a explorar nesse reescrever a história: a despenalização do adultério, o divórcio, o aborto que tanto afetam os direitos ao corpo, à sexualidade e afetividade feminina de maneira particular. A libertação sexual tão intimamente articulada à autonomia pessoal. A repolitização do corpo, da afetividade e sexualidade pelos movimentos feministas, de gênero, de orientação sexual.

Alguns projetos têm dado especial relevância à *libertação laboral*. A história do trabalho da mulher na agricultura familiar camponesa, sua persistência ainda hoje, a divisão de tarefas. O movimento de mulheres camponesas na América Latina e no Brasil. A incorporação da mulher trabalhadora no trabalho fabril, no magistério, nos serviços... A persistente desigualdade salarial no trabalho. As lutas por trabalho igual, salário igual. As lutas pelo direito à maternidade, pelo direito à igualdade no próprio movimento sindical. A exploração das adolescentes em trabalhos domésticos. Aspectos múltiplos que podem ser estudados com narrativas de trabalho pessoal ou de experiências familiares de trabalho.

Reconhecer a diversidade de sujeitos de histórias-memórias de liberação

Esses e outros campos da história da libertação feminina podem ser explorados a partir de ricas experiências das professoras e das alunas desde crianças e adolescentes, jovens ou adultos. Na reconstrução dessas memórias as experiências exigem ser valorizadas. Qualquer trato meramente conceitual será pobre. Avançar das experiências para os seus múltiplos significados para a diversidade de coletivos de mulheres, intergeracionais, raciais, étnicos, dos campos, cidades, periferias.

O campo da libertação feminina acompanha a diversidade de classe, étnica, racial, de orientação sexual, carregando nessa rica diversidade de lutas nos diversos movimentos uma pluralidade de significados, de saberes, de aprendizado de valores, de questionamentos de concepções, culturas, normas, políticas. Um acúmulo de conhecimentos que compõem o saber socialmente produzido.

As mulheres desde crianças ao chegarem ao percurso escolar têm direito a esse acúmulo de conhecimentos. Enquanto conhecimento histórico, social todo educando tem esse direito. Será suficiente que alguns docentes, professores mais conscientes de seus direitos elaborem projetos onde essa riqueza de saberes seja trabalhada?

Uma tarefa urgente será fazer uma análise das diretrizes e dos desenhos curriculares e do material didático e literário e identificar que lugar ocupa essa história de libertação da mulher e seus riquíssimos significados. Se são ignorados ou entram de maneira tangencial. Que disputas serão travadas para o reconhecimento desse conhecimento histórico como legítimo no território dos currículos.

Uma rica diversidade de projetos-oficinas seguem roteiros parecidos para recontar-narrar-trabalhar as histórias de libertação de que outros coletivos são sujeitos: indígenas, negros, camponeses, sem-terra, sem-teto... Por aí avançam as escolas, os seus profissionais na garantia do direito às memórias-histórias ocultadas e inferiorizadas.

O direito à memória e o reconhecimento dos sujeitos desse direito é uma das fronteiras de disputa nada fácil, por vezes solitária, de tantos(as) professores(as). Importa perguntar-nos onde estão as resistências porque essa persistência histórica ao não reconhecimento desses coletivos? Talvez para justificar tratos, políticas, programas benevolentes de prometer-lhes levá-los ao reino positivo, salvá-los. Que seria da educação, do sistema escolar, da teoria pedagógica e das políticas salvadoras se os excluídos, carentes renunciassem a nossa salvação? Se se autorreconhecerem não carentes, não inferiores, mas sujeitos de histórias-memórias legítimas, positivas?

Quando tantos docentes abrem espaços-tempos para que os oprimidos narrem suas histórias ficarão mais expostas tantas histórias oficiais de opressão. Quando na história oficial se tentaram apagar suas histórias-memórias estava sendo tentado apagar a parte mais vergonhosa de nossas histórias oficiais.

Por aí passam alguns dos significados político-pedagógicos mais radicais de tantos esforços de docentes e educandos por priorizar inventar tempos-espaços de narrativas de memórias-histórias ocultas.

Abrir espaços pedagógicos para que seus coletivos as mostrem e se mostrem sujeitos de história é uma forma de disputa política desses coletivos por presença nos currículos como sujeitos de história-memórias. Lutas de sujeitos sociais pelo direito à memória.

Os sujeitos do direito aos saberes das vivências do tempo

> *O Anjo da História tem a face voltada para o passado. Onde vemos perante nós uma cadeia de acontecimentos, vê ele uma catástrofe sem fim.*
>
> Walter Benjamin

Continuemos aprofundando questões com que se defrontam os(as) professores(as) e os alunos(as) e os coletivos populares nas tentativas de garantir o direito à memória, a suas histórias, a seus tempos segregados e ignorados nas narrativas da história oficial. Os esforços docentes aumentam, mas as resistências continuam para garantir aos educandos seus direitos aos saberes das vivências do tempo.

Organizamos este texto trazendo por onde caminham esses esforços docentes. Na Parte I destacamos a emergência do *tempo* como campo político-pedagógico; como esse fato é trazido pelos sujeitos sociais e seus movimentos e pelos próprios educandos e seus professores; como pode ser explorado nas oficinas e projetos e, sobretudo, no ensino das áreas do conhecimento. Na Parte II apontamos as resistências a essa exploração da emergência político-pedagógica do tempo; que concepções de tempo, até de tempo de aprendizagem, entram em tensão e estão sendo superadas.

A emergência do tempo como campo político-pedagógico

Vimos que a emergência da memória como campo político-pedagógico traz as concepções do tempo para a disputa no território dos currículos. As presenças afirmativas dos coletivos populares na dinâmica social, política e cultural trazem outras vivências e outras concepções instigantes do tempo. Com o reconhecimento da diversidade se dá uma disputa entre passado e futuro, por concepções do tempo. Por projetos de história e por formas de contar essa história e de tratar o tempo que obrigam as teorias pedagógicas a repensarem os tempos de formação e de aprendizagem.

A pedagogia moderna da centralidade ao tempo mais se pensa preparando para o futuro, desprezando o passado. Os currículos o ignoram, privilegiando os saberes e competências que capacitam para superá-lo e projetar-nos para o futuro, para construir o homem novo do futuro. Se o passado é dispensado as vivências do tempo não encontram lugar nos currículos e na docência nem nas teorias de formação.

A pedagogia moderna se fecha assim a reconhecer a emergência política da memória e do tempo como um fenômeno desafiante. Fecha-se a reconhecer o passado indomável que entra nas escolas com o acesso dos setores populares. As persistentes formas tão precarizadas de viver o presente levam ao descrédito de tantas promessas de superá-lo no futuro, de que o futuro já chegou, tão do gosto da pedagogia progressista. Ou está chegando: "garanta o futuro do seu filho" passou a ser a promessa da matrícula em escolas de "qualidade", onde não caberá a história nem do passado nem do presente. A pedagogia não dá a mesma centralidade às vivências de todos os tempos.

A presença nas escolas de sujeitos atolados num presente-passado persistente nos obriga a pensar no currículo como território de disputa política da memória, pensá-lo como território de disputa de concepções de tempo, da relação entre educação, memória e temporalidade. Espaço-tempo, território-memória como inseparáveis é uma tônica das ciências sociais na atualidade. Conceitos nem sempre presentes com o destaque que merecem nos currículos, porém, centrais e historicamente enraizados nas teorias da formação, do desenvolvimento humano e das aprendizagens.

Quando esses conceitos são secundarizados, os currículos e a docência esquecem não apenas da memória a eles atrelada, mas esquecem da centralidade das vivências do tempo na formação como humanos.

A ausência do trato da memória nos currículos da educação básica vem atrelada até a ausência da problemática de tempo-espaço nos processos de produção do conhecimento e de sua aquisição. Sobretudo nos processos de produção da existência dos educandos e educadores.

A diversidade de experiências do tempo

Se a diversidade de educandos que chegam às escolas carrega vivências diversificadas do tempo, como trabalhá-las? No fundo, a disputa é de experiências do tempo, na diversidade de sujeitos humanos com que trabalhamos. A experiência temporal da infância, adolescência, dos jovens e adultos que vão tendo acesso ao direito à educação é outra com que os currículos, a docência, a teoria pedagógica se pensavam. As outras experiências temporais, do passado, presente e futuro têm impactos seríssimos sobre o currículo, uma vez que foram fechados em uma experiência temporal única, que desconsidera a possibilidade de outras experiências temporais vividas pela diversidade de sujeitos.

Impor uma experiência como única leva aqueles sujeitos que têm outras vivências à destruição de suas imagens do tempo e de suas autoimagens como sujeitos de história-memória. Uma violência que os currículos cometem com os coletivos sócio-étnico-raciais, do campo e das periferias que vivenciam outras experiências do tempo em que conformam suas identidades históricas.

Os(As) professores(as) que convivem com esses(essas) educandos(as) sabem que se debatem por sobreviver no cotidiano mais imediato, por construir um presente menos indigno, um futuro mais justo. As vivências tão prementes do presente fazem com que conformem vivências e referências do tempo e da história onde tem centralidade o presente por viver e o passado vivido.

Disse-lhes ao chegarem às escolas que suas experiências do tempo em que o passado-presente é tão determinante são vivências desprezíveis, é uma forma perversa, antipedagógica de destruir suas identidades, histórias-memórias.

Sua presença no sistema educacional nos obriga a ter sensibilidade com essas violências, com a diversidade de percepções e vivências da temporalidade. O destaque dado à memória e ao passado leva ao território dos currículos e da docência uma crítica à exclusividade que demos à experiência temporal do futuro, secundarizando ou ignorando o passado-presente. O futuro já chegou! Um apelo tão frequente no mercado, até no mercado da educação.

Os currículos e a cultura pedagógica e docente são pressionados a reconhecer a diversidade de experiências temporais, incluí-las e não privilegiar uma e desprezar outras. Atrelar os desenhos curriculares a promessas futuristas hoje resulta antiquado diante da crise das crenças no futuro. Crenças que perderam as virtualidades de mobilização para seu aprendizado em uma infância, adolescência, juventude que tem de aprender com outras vivências do tempo.

Abrindo espaços à diversidade de vivências do tempo

Nessa disputa no território do currículo por espaço de memória e história, das lições do passado e do reconhecimento dos coletivos catalogados como atolados no passado estariam se abrindo alguns espaços?

É significativa a luta dos coletivos negros, quilombolas, do campo, jovens, por abrir espaços de suas histórias-memórias no currículo. Como é significativo que muitos coletivos docentes e até redes inventem projetos que têm como preocupação a entrada de histórias, memórias e identidades não reconhecidas como legítimas. Criativas práticas pedagógicas que abrem espaços à diversidade de vivências do tempo.

A questão passa a ser em que espaços e em que condição entram. Podemos aprender com o percurso paralelo que vem acontecendo na chamada explosão da memória e do passado, na sociedade, e que a indústria cultural e a indústria da memória e do passado vêm disputando. Uma tendência tem sido a recluir essa história-memória do passado em lugares preservados, os museus e em recintos específicos, fechados. O tempo recluído, musealizado.

Não acontece o mesmo deslocamento nas escolas? A sensibilidade para outros tempos, outras histórias e memórias é deslocada na escola, para projetos, para extraturnos, até para temas transversais ou para uma aula de história, memória negra ou indígena. Essa tendência à "musealização" em todas as áreas da vida cotidiana passou a ser um estilo pedagógico. Podemos abrir alguns espaços, tempos, porém não no território sagrado do currículo.

Se o passado irrompe em momentos de perigo e bate nas portas do currículo, recluamo-nos em projetos que não nos obriguem a repensar currículos pautados para o futuro, para as atraentes inovações científicas, tecnológicas que prometem que o futuro já chegou, ainda que cada crise desminta essas crenças ingênuas. Para que essas ingenuidades não sejam questionadas a solução passa a ser recluir aquelas experiências temporais que as questionam em projetos e temas, em tempos-espaços marginais. Antes nos dias comemorativos, agora em espetáculos, nas aberturas de eventos, ou como projetos tratados como peças de museu, cuidados com esmero por alguns docentes-educadores que se identificam com essas memórias.

Teremos a mesma estratégia no sistema escolar com os coletivos populares que vão chegando? Suas vivências do tempo, suas memórias e histórias, suas formas de pensar, seu senso comum, cabem no espaço nobre do conhecimento e da cultura nobre?

A estratégia tem sido reprová-los ou recluí-los em salas especiais. Uma estratégia musealizante. Onde pesquisadores-avaliadores encontram peças raras para pesquisa sobre concepções do tempo, problemas de aprendizagem e de conduta. Questões com que nos defrontamos nas tentativas de abrir espaços para as memórias, para a diversidade de vivências do tempo.

Dada a resistência do núcleo duro dos currículos, somos tentados a optar por estratégias múltiplas de reclusão, musealização dos Outros vistos como atolados no passado. Mas eles reagem a esses tratos e expõem o drama moral da disputa pela memória e pelo tempo, pelas identidades.

Como irrompe o passado em suas vidas

Diante de vivências tão diversas que os mestres e educandos levam para as escolas, não temos o direito a impor uma única concepção do tempo.

Na epígrafe trouxemos uma frase da alegria da história de Walter Benjamin, interpretando o quadro de Klee chamado *Angelus Novus*. Este não tem a face voltada para o futuro, para o progresso, como a pedagogia teima em atrair o olhar dos educandos. O anjo da história de Klee tem a face voltada para o passado, não vê uma cadeia de acontecimentos rumo ao progresso inexorável. Vê uma catástrofe sem fim que amontoa ruínas sobre ruínas a seus pés. Está de costas para o futuro, como que arrastado por uma tempestade.

As tensões nas vivências do tempo não são uma invenção dos educandos que as carregam. Estão postas nas experiências de nosso tempo, nas reflexões das ciências e de tantos pensadores. As teorias pedagógicas têm ficado distantes desse acúmulo de reflexões, daí ficarmos perplexos quando se fazem presentes nas vivências dos educandos populares. Somos obrigados a nos perguntar como vivem o tempo. O que significa esse terem a face voltada para o passado? Por que este irrompe com tanta força?

O próprio Walter Benjamin nos ajuda a entender esse peso do passado. "Significa apoderar-nos de uma memória tal como ela relampeja num momento de perigo". Boaventura de Sousa Santos (*Gramática do tempo*, p. 53) comenta: "O passado é um relato, nunca um recurso, uma força capaz de irromper num momento de perigo em socorro dos vencidos. [...]. A capacidade de redenção do passado reside nesta possibilidade de emergir inesperadamente num momento de perigo, como fonte de inconformismo" (p. 54).

Quando as pedagogias do futuro retiram do passado essa possibilidade de emergir como inconformismo dos vencidos em um momento de perigo estão bloqueando as possibilidades de redenção que os educandos levam às escolas, porque abafam o inconformismo deles e de seus coletivos diante da rememoração do passado. A postura mais pedagógica será tentar entender em que vivências de perigo irrompe com tanta força o passado. Que inconformismos carregam os vencidos às escolas para que o tempo de escola seja uma oportunidade de restituir as capacidades de libertação que nessas vivências irrompem.

O inconformismo que emerge dessas vivências do perigo no presente leva os vencidos para lutar por outros presentes e outros futuros. Outro mundo, outro tempo é possível. Mas para quem? Há uma articulação entre suas vivências dos tempo passado, presente, futuro. Ignorar seu passado persistente no presente desvirtua seus inconformismos e as virtualidades de redenção. Inclusive desvirtua as possibilidades de conectá-los com o futuro que as pedagogias do futuro prometem.

Como trabalhar essas vivências dos tempos articuladas e como explorar suas possibilidades de redenção?

Outro futuro é possível, mas que futuro?

Seria possível pôr em confronto as concepções de futuro tão enfatizadas na pedagogia moderna com os confrontos de futuro que os educandos e mestres vivenciam.

Até a visão do futuro que esperam e por que lutam os coletivos populares não coincide com as visões futuristas de progresso que predominam nos currículos. Vivenciam confrontos de futuros, de progressos, de projetos de sociedade, de campo e de cidade, de conhecimento e de ciências. Projetos políticos de construção e, sobretudo, de apropriação do futuro, do progresso, dos produtos do trabalho, da ciência e do conhecimento.

Quando as escolas, as salas de aula, os projetos de trabalho se abrem às vivências do tempo que os educandos carregam para as escolas, podemos ter a impressão de estarem atolados no sobreviver no presente esquecendo do futuro. Quando aprofundamos essas vivências descobrimos que suas intervenções no presente carregam um projeto de superá-lo, não de permanecer nele atolados. Intervir no barraco, na moradia, na vila, na favela, no transporte, na água, luz, posto médico a fim de deixar uma moradia mais digna para os filhos. Lutar pelo trabalho, salário, para um viver mais justo. Estudar, voltar à escola, à EJA e realizar um projeto de vida mais justo. São intervenções no presente para um projeto de vida, de família, de cidade, de campo, de sociedade. Como fazer uma articulação pedagógica dessas suas vivências do tempo?

Reconhecer nos desenhos e diretrizes curriculares esses confrontos políticos por vivências e por concepções de tempo que chegam com os coletivos populares implicaria redefinir a relação política de dominação-apropriação-expropriação do passado-presente-futuro.

Nesse confronto de vivências do tempo este se repolitiza pressionando pela repolitização das concepções de tempo de que se alimenta a pedagogia e que inspiram os percursos de aprendizagem, de desenvolvimento humano, de avaliação e até de organização dos tempos-percursos escolares. O sistema escolar, suas lógicas e ordenamentos materializam concepções de tempo onde não cabem as vivências tensas de tempos dos educandos, nem dos mestres.

Tensas vivências dos tempos de aprender

Na medida em que coletivos docentes tentam trabalhar a rica diversidade de vivências dos tempos que estão postos na dinâmica social e que chegam às escolas, somos obrigados a questionar as concepções de tempo que predominam nas teorias pedagógicas, de formação, de aprendizagem e até do ensino da história e da produção do conhecimento nas diversas áreas. Somos obrigados a repensar a visão linear, sequencial, temporal que estrutura o sistema escolar e os domínios do conhecimento.

Visões reafirmadas até em políticas e diretrizes avançadas e em concepções de educação, formação humana. Tem sido mais fácil alargar concepções de educação do que superar as concepções de tempo que legitimam as estruturas sequenciadas, etapistas, lineares e hierarquizadas tão fortes em nosso sistema escolar. O grave é que a história vem mostrando que os avanços no reconhecimento da educação como direito de todo cidadão desde a infância terminam negados, soterrados na rigidez estruturante, sequenciada, etapista e segregadora da organização dos tempos-percursos escolares.

As concepções de aprendizagem, de percursos de formação, carregam concepções de tempos, sequências, por avanços, por etapas, por ritmos, supostamente únicos, de toda mente humana, de todo ser humano. Os docentes-educadores que acompanham crianças e adolescentes, jovens e adultos concretos sabem de suas vivências concretas dos tempos de aprender, de se formar. Vivências diversas desses tempos no percurso escolar. Como profissionais tentam entender os tempos da diversidade de educandos e acompanhá-los, porém as visões etapistas lineares, progressivas, estruturantes de tempo lhes obrigam a classificar os educandos e reprová-los, retê-los porque são lentos, desacelerados, com problemas de aprendizagem. Fora dos tempos estruturantes do ordenamento do que ensinar-aprender e em que tempos únicos, genéricos.

Os desencontros entre essas concepções estruturantes de tempo de aprender, de ritmos, etapas, sequências e as vivências dos educandos dos tempos reais de aprender estão na raiz das segregações massivas de milhões de educandos(as) populares quebrados em seus direitos a percursos dignos de aprendizagens, de socialização e de formação humana. Desencontros de tempos que estão na base de tantas vivências de humilhação, destruição do direito à conformação de identidades positivas.

As diversidades das vivências dos tempos de aprender são classificadas como inferioridades mentais, "com problemas de aprendizagem", logo retido, reprovado mental. Tensões de concepções de tempos que operam nos velhos processos de inferiorização social, política, humana dos(das) filhos(as) do povo. Os povos indígenas já foram classificados como no prétempo histórico e os setores populares continuam classificados como précivilizados, pré-políticos.

Há coletivos docentes que trabalham entre si e com os educandos adolescentes, jovens e adultos essas concepções do tempo das ciências, dos currículos e das teorias de aprendizagem e as confrontam com suas vivências do tempo. Nos currículos de formação deveriam entrar análises sobre as concepções de tempo que legitimam a organização de nosso sistema dos ordenamentos curriculares, das concepções de ensino-aprendizagem, avaliação, reprovação, retenção. Vejamos que concepções de tempo merecem destaque.

O culto a pedagogias do futuro

Retomemos a pergunta do texto – "Os sujeitos do direito à memória": Por que os currículos têm tanta dificuldade de reconhecer esse direito e incorporar a memória? Como apontávamos por que a pedagogia moderna apenas se pensa preparando o homem novo para o futuro, para o domínio das ferramentas com que construirá sua história no futuro e assim contribuir na construção da nação, da sociedade, do progresso no futuro. "Garanta o futuro de seus filhos"; "Invista em educação, estude e terás um futuro garantido". Mais ainda, "estuda e sairás da pobreza, deixarás para trás tua origem social, racial, do campo, da periferia. Deixarás para trás, esquecerás do teu passado".

Crenças profundamente arraigadas na cultura escolar e política, que legitimam o ocultamento das memórias e tentam legitimar uma particular concepção de tempo e da história. Muitos professores se perguntam se a escola e os currículos têm direito a fazer promessas de futuro para crianças e adolescentes, jovens e adultos atolados em um presente persistente, sem horizontes.

Tenho participado de debates em que essas questões são trabalhadas. Uma das perguntas aprofundadas é a que consequências levam essas pedagogias futuristas? A que concepção do tempo aderem? Em que medida essas concepções de tempo bloqueiam os currículos e o material didático para trabalhar com centralidade o direito à memória, à história. Em que medida bloqueiam o reconhecimento dos coletivos Outros como sujeitos de história e seu direito à diversidade de vivências do tempo.

Quando nos defrontamos no dia a dia do fazer pedagógico-docente estamos tocando em vivências e concepções diferentes e tensas de viver a história, o tempo, que os educandos e educadores trazem para as escolas. Vivências do tempo que não coincidem, contrapõem-se, até com as concepções de tempo e de história hegemônicas nos currículos, nas disciplinas e no material didático.

Temos dado pouca centralidade nos cursos de formação que preparam os docentes-educadores para um trato sério do direito à diversidade de vivências do tempo. Tratos que não são de responsabilidade apenas dos professores de História.

Na concepção do tempo em que o futuro é prestigiado como o ideal a ser construído, o passado-presente é desprestigiado, não tem sentido o passado, sua história e suas memórias. Sobretudo, não tem sentido algum reconhecer como sujeitos de história e de memórias significativas aqueles coletivos vistos como atolados ainda no passado, na tradição, na sobrevivência, na agricultura familiar, à margem do mercado, das ciências e tecnologias do futuro.

As formas como se passam a história, memória e cultura dos povos indígenas e dos campos no dia do índio ou nas festas juninas é uma síntese de como o imaginário social e pedagógico continua vendo-os como atolados no passado, fora do tempo. As práticas educativas não têm avançado na superação de representações sociais que vêm da colonização e da modernidade progressista.

O desprezo do passado e a classificação de coletivos sócio-étnico-raciais, dos campos e periferias como parados no tempo está incrustado nas teorias pedagógicas e nos currículos e no progressismo cientificista. Consequentemente nesses espaços não há lugar nem para eles nem para suas histórias-memórias e suas vivências do tempo.

O grave é que se espera dos docentes que em suas disciplinas reforcem esse desprezo do passado. Mais um motivo para aprofundar o mal-estar na docência. Como reagir? Aprofundando essas concepções dominantes de tempo nos currículos de pedagogia e de licenciatura e nos cursos de educação continuada.

O futuro ainda é convincente e vendável?

Sabemos que esses imaginários estão em crise, questionados nas concepções lineares de futuro e de progresso. A crença no progresso da modernidade está profundamente abalada. Vivemos a insegurança e o medo do futuro. As crianças e adolescentes, jovens e adultos que chegam cada dia às escolas públicas, sobretudo, carregam suas inseguranças no presente e seus medos do futuro. O futuro deixou de ser um símbolo da esperança.

Os tempos dourados da educação e da docência prometendo o futuro desde que se esforçando, estudando, tendo êxito nos estudos no presente perderam força. Não conseguimos mais vender promessas de futuro. O futuro não é mais convincente, vendável; desvalorizou-se na sociedade e, sobretudo, entre os adolescentes e jovens com quem trabalhamos. O peso do passado em suas vidas e em suas histórias está vendendo mais do que o futuro. Resulta contraditório às escolas e aos seus profissionais ser vendedores de promessas de um futuro não vendável.

Não estaria aí uma das raízes da crise da escola vivida com tanta dramaticidade pelos coletivos docentes? Está aí uma das disputas que batem nas grades dos currículos tão futuristas e tão fechados ao passado-presente vivenciado pelos educandos.

Os próprios educandos nos defrontam com uma disputa de opções que há tempos têm valor. Que histórias e que memórias, sobretudo, que experiências de que coletivos humanos privilegiar!

As disputas no currículo são pelo reconhecimento da igualdade de todos os coletivos como sujeitos de história. Vêm dos coletivos populares, vistos como atolados no passado, as críticas mais radicais às repetidas e incumpridas promessas de futuro, inclusive na escola e via percursos curriculares bem-sucedidos. Esses sujeitos sociais têm poucas lembranças de promessas cumpridas. Têm motivos para desvalorizar o futuro como moeda e para apegar-se às realidades vividas no passado-presente. Dessas vivências tiram suas lições, inclusive para, lutando por outros presentes, antever algumas possibilidades de futuro.

O que aprender como docentes-educadores dessa desvalorização e dessas descrenças nas promessas de futuro? Aprender a valorizar e incorporar no fazer pedagógico as lições e significados das suas vivências do passado-presente. Da história vivida e sofrida pelos coletivos populares que chegam às escolas. A partir daí avaliar a validade de promessas de futuro, construir projetos de sociedade realistas.

Para esses sujeitos sociais o passado-presente está carregado de lições, de significados a serem ressignificados e aprendidos. A serem incorporados nos currículos de educação básica para serem ensinados e aprendidos pelas novas gerações. Vivências e significados que exigem ser tratados pela docência de maneira sistemática, pedagógica no núcleo estruturante do currículo; uma disputa que será longa.

Esses coletivos nos advertem que o passado não pode acabar. Curioso que coincidem com o crescimento explosivo do reconhecimento da memória como história. Eles repolitizam o direito à memória. Na medida em que o futuro se distanciou de nossos horizontes e o presente se encolhe, deteriora-se tão brutalmente até para as crianças, adolescentes e jovens, antes símbolos do futuro, o que nos resta? Cultivar nossas ilusões no passado? Algo mais realista, aprender com as lições do passado, com o encolhimento do presente e com as promessas adiadas de futuro. Reconhecer a memória real como história, como impulsionadora de outra história possível.

Ao mercado não importam as lições da memória

Voltemos à pergunta: Por que o silenciamento das lições da história e das vivências do tempo nos currículos? Talvez uma pista de entendimento seja porque os currículos escolares optaram pela mercadorização do conhecimento. O mercado não se volta para o passado, nem para as lições da memória; despreza-as. A mercadorização dos conhecimentos nos currículos levou ao esquecimento da história e das memórias. As avaliações nacionais e internacionais apenas valorizam o desempenho nas competências esperadas pelo mercado, a história, memória, cultura não é sequer avaliada como se não fizesse parte dos currículos.

Aí está posta uma das disputas no currículo: a recuperação da história-memórias, das vivências do tempo e dos seus significados contesta a mercadorização do conhecimento e do próprio currículo e das avaliações. Quando os coletivos e as crianças, adolescentes e jovens pressionam para que suas histórias e culturas entrem na escola, estão disputando as cadeiras cativas dos conhecimentos e das competências mercantilizados. Sobretudo, porque vivenciam que nem as promessas do mercado aberto e nem sequer da ascensão social prometida àqueles exitosos que dominarem essas competências foram cumpridas.

A desconfiança do futuro prometido leva a desconfiança do valor dos conhecimentos e competências mercantilizados. O desinteresse dos alunos é apenas uma consequência que tanto tenciona o trabalho docente.

A velha crença na história como mestra da vida e de que podemos aprender com a história-memória desapareceu dos currículos futuristas. Talvez a disputa por essa velha crença de que há aprendizados na história-memória seja uma das tensões trazidas pelos setores populares ao chegarem às escolas, carregando suas vivências do tempo.

Essa diversidade de questionamentos está posta no trabalho das salas de aula e vem provocando dias de estudo, oficinas nas escolas e inclusive nos cursos de formação de profissionais pedagogos e licenciados.

Uma estratégia que mostra que a disputa dos currículos como territórios de vivências do tempo e de memória está se tornando extremamente tensa. Os professores são os primeiros a trazer essas questões para os dias de estudo. Há lições a aprender dessas disputas, são muitas e merecem ser socializadas em redes de trocas.

Abrir tempos nos currículos para as vivências do tempo

A infância, nalgum tempo-lugar onde nunca estive.

F. Pessoa

Diante dessa repolitização da memória, da história e do tempo as escolas e seus profissionais vêm inventando outros tratos pedagógicos. Tentam abrir espaços-tempos nas áreas, nos currículos e na diversidade de temas, projetos e oficinas para trabalhar com os educandos, as indagações e os saberes que vêm de suas vivências do tempo.

Concentramos este texto em explicitar as indagações e respostas, nos seus significados e lições pedagógicas, nos esforços para tornar os currículos uma esfera pública afirmativa de outros sujeitos e de outras vivências do tempo. Muitos(as) professores(as) percebem que os tempos do viver dos(das) educandos(as) não coincidem com os tempos dos percursos escolares. Nas salas de aula há tensões de tempos.

Que lições aprender?

Comecemos explicitando que lições aprender dos significados que carregam as disputas entre as vivências do tempo dos educandos e educadores e as concepções de tempo que orientam os currículos, as aprendizagens e os ordenamentos do sistema escolar e as lógicas das avaliações.

Primeira lição para a docência: Quando as coordenadas de tempo-espaço dos educandos estão submetidas à pressão de outras concepções de tempo tão distantes de suas vivências, a relação pedagógica explode, o interesse pelo currículo entra em crise, e os professores são as primeiras vítimas dessa crise. Seu trabalho como docentes fica redobrado e perde sentido.

As experiências espaciais e temporais são determinantes da percepção humana, da socialização, da formação e das aprendizagens. Quando ignoradas entram em tensão os processos de aprender os conteúdos curriculares. Reconhecê-las, porém, jogando-as para espaços-tempos segregados, periféricos não resolve a tensão.

As propostas de tempo integral, de extraturnos, de turmas de aceleração, de tempos de reforço revelam um longo consenso de que nas escolas os tempos de tantos alunos vão na contramão dos tempos únicos que estruturam nosso sistema de ensino-aprendizagem. É positivo que avance a consciência desses desencontros.

Por décadas nem se cogitava abrir outros espaços-tempos. Seguir os tempos únicos, estruturados era uma exigência. Logo milhões de retidos, repetindo tempos. No início de cada ano as enturmações classificariam a milhares nas turmas de repetentes. Nas últimas décadas criamos um pouco de juízo, demasiado pouco, e, sem contestar a rigidez temporal seriada e disciplinada, passamos a inventar tempos de recuperação paralela, de empurrar os lentos, os desacelerados (classificações temporais) ou de recluí-los em turmas especiais, de aceleração. Quantas iniciativas que não conseguem superar rígidas e sequenciadas concepções temporais escolares.

Avançamos até em novas sensibilidades, em diretrizes que sugerem como necessário "considerar os três anos iniciais do Ensino Fundamental como um bloco pedagógico ou um ciclo sequencial não passível de interrupção, voltado para ampliar a todos os alunos as oportunidades de sistematização e aprofundamento das aprendizagens básicas, imprescindíveis para o prosseguimento dos estudos" (Resolução CNE-CEB 47, art. 30, de 14/12/2010).

Segunda lição: Respeitar ou não os tempos dos educandos. As tentativas de respeito avançam.

Um avanço ético-político relevante: reconhecer que devemos respeitar a diversidade de tempos de socialização, formação, aprendizagem ao menos no tempo-ciclo vivido ainda por crianças no final da infância. Porém, um avanço parcial. E os pré-adolescentes e adolescentes não merecem o respeito a seus tempos humanos? Como não se questionam as concepções de tempo que estruturam o sistema escolar, o Ensino Fundamental e seus currículos, como ainda continuamos pensando em prosseguimento de estudos organizados em etapas, em passagens dos anos iniciais para os anos finais e, sobretudo, como não mexemos nessas estruturas etapistas, lineares, fica a pergunta: que poderão fazer os professores de alunos(as) que não dominarem de maneira sistematizada e aprofundada as aprendizagens básicas ao final do terceiro ano inicial?

Aos(Às) professores(as) só caberá a velha saída, a retenção. Se as aprendizagem são consideradas imprescindíveis ao prosseguimento sequencial de estudo e se tiverem de ser fiéis às lógicas temporais intocadas terão de reter alunos até seu domínio no tempo previsto. As tensões entre tempos dos educandos e do sistema continuam. Não superamos a interrupção, apenas a adiamos para o final do ciclo. Como resistem nossas concepções rígidas, lineares do que aprender e dos tempos de aprender!

Os limites dessas propostas que representam um avanço estão em ver crianças ou pré-adolescentes e adolescentes apenas como escolares em um "ciclo escolar sequencial" e resistir a uma intervenção mais radical, reconhecendo os educandos em seu ciclo-tempo humano de formação. Reconhecer que lidamos com seres humanos que exigem respeito a seu direito à especificidade de seu tempo de formação, socialização e de aprendizagem, que têm direito a ser respeitados em seu tempo mental, cultural, ético, estético, de identidade social e geracional.

O direito a cada tempo humano não é por ser sequencial, propedêutico aos outros tempos, mas por ser um tempo específico, único, na nossa condição humana. O que não é passível de interrupção é a passagem nos tempos humanos. Podemos interromper percursos escolares, mas não percursos humanos de passagem da infância à adolescência, à juventude, à vida adulta.

Terceira lição: Respeitar o direito aos tempos humanos.

O sistema escolar não tem direito a tentar interromper tempos humanos em nome de não ter dominado aprendizagens básicas para o prosseguimento dos estudos escolares. Aos percursos escolares cabe o dever de respeitar os tempos humanos de formação, sem violentá-los, com retenções. Aí está uma das tensões mais complexas entre tempos dos educandos e do sistema.

Um dos capítulos mais promissores do movimento de renovação pedagógica das últimas décadas têm sido a diversidade de propostas que tentaram reorganizar os tempos escolares respeitando a especificidade dos tempos de formação dos educandos. Mas tantas propostas de redes, de escolas e de coletivos de docentes-educadores foram destruídas em nome da manutenção, imposição da estrutura temporal escolar, sequencial, ignorando a LDB, que abria possibilidades de formas múltiplas de organização dos tempos escolares em função do respeito aos tempos de aprender, de formação dos educandos (art. 23).

Diante do persistente massacre dessas estruturas temporais, as saídas se sofisticam: mais tempo em extraturnos para reforçar os lentos, os desacelerados, os defasados. Parece ser mais fácil inventar mais tempo nas mesmas lógicas temporais do que mudá-las. Estamos fugindo de um embate radical de concepções de tempos.

A estratégia musealizante, segregando suas memórias-vivências em projetos e espaços extracurriculares não resolve. É nas concepções de tempo do núcleo duro das disciplinas, das ciências onde se dão os embates mais tensos com as vivências do tempo dos educandos. Tensões que afetam todas as áreas do conhecimento e as lógicas de sua produção, organização, transmissão-aprendizagem.

Quarta lição: Superar visões estáticas, românticas do tempo dos educandos. Não será a melhor estratégia cultuar essas vivências do seu passado, de suas histórias e memórias como entidades estáveis fechadas, paradas no tempo. Uma visão idílica do passado e da memória ainda cultivada e cultuada. Com essa visão será fácil cair também nas estratégias musealizantes a serem superadas. Esse foi o trato dado ao passado, à história, às memórias e aos tempos e às culturas dos Outros nos dias comemorativos. Visões românticas folclorizadas dos sujeitos sociais, étnicos, raciais, de gênero, dos campos, dos segregados. Reconheciam-se os tempos dos outros, mas à margem do tempo legítimo.

Os coletivos identificados nesse passado cultuado reagem a esse lugar petrificado na história. Como coletivos marginados não deixaram de fazer parte da dinâmica social. Suas temporalidades-histórias-memórias fazem parte da história-memória de nossa formação. Foram construídas em relações políticas, não de isolamento, mas de dominação-submissão-resistência. O que esses coletivos esperam da escola é serem reconhecidos nos currículos, na história-memória de que eles foram e continuam sujeitos como coletivos.

O que esperam do tempo-espaço escolar é que seja uma continuidade, não uma ruptura com seu tempo-espaço vivido, para que possam se entender, entendendo seu passado, sua história-memória na história que os currículos, o material didático e também o literário têm por função ressignificar.

Como o material literário romantiza o tempo da infância. Quantas crianças se perguntarão com Fernando Pessoa: infância, nalgum tempo lugar onde nunca estive.

Os coletivos populares não chegam à escola esperando que seu passado seja levado em conta para glorificá-lo, mas para reconhecer que foi um passado de memórias pesadíssimas de opressão, genocídio, culturicídio, de colonização, de preconceitos eugenistas e, sobretudo, de resistências, de conformação de identidades coletivas, de valores, saberes, culturas. Não vêm da pré-história dos não tempos, mas fazem parte do tempo-história legitimado.

Que os currículos narrem a verdadeira história, que a história privilegiada seja outra, que as memórias celebradas sejam outras, que os tempos de seu viver sejam reconhecidos.

A lição mais difícil de aprender: as avaliações, aprovações-reprovações, porque os educandos são lentos, desacelerados, impõem uma suposta vivência única do tempo, de ser, de viver, de aprender. Reafirmam como são centrais nesses processos de formação, aprendizagem, aprovação-reprovação, concepções de tempo: percursos, ritmos, níveis, graus, bimestres, anos letivos, provas bimestrais, anuais ao final do terceiro, do quinto, do nono ano...

O tempo persegue a pedagogia, a docência, as didáticas, os currículos porque é estruturante das concepções de educação e de aprendizagem. Tempo linear, sequencial, passagem, percurso para o tempo único, valorizado, o futuro, a vida adulta, a maturidade... Em nome dessa concepção de tempo, programamos, avaliamos, aprovamos, reprovamos, retemos, classificamos e segregamos ou aprovamos como exitosos os percursos de uma minoria.

A reprovação não se dá porque não há aprendizagem dos conhecimentos, mas por não tê-los aprendido no tempo predeterminado, no bimestre, ano, série, nível. Em cada aluno reprovado são reprovadas suas vivências do seu tempo. Essa concepção fechada do tempo age como justificativa de tantos rituais de classificação-hierarquização, segregação, enturmação, reprovação e aprovação. Os adjetivos com que a escola classifica os alunos têm como referente o tempo: lentos, desacelerados, repetentes, defasados idade-série, etc.

Quando as estatísticas repetem que entre os segregados, os lentos, desacelerados, com problemas de aprendizagem, defasados e tantas classificações segregadoras estão as crianças e adolescentes populares, os jovens e adultos da EJA, trabalhadores, somos obrigados a pensar que talvez o que esteja em jogo não são problemas de aprendizagem, mas de vivências do tempo. Reprovados por não coincidirem os tempos escolares com a diversidade de vivências do tempo com que chegam às escolas. Estão em jogo confrontos de tempos, não de ritmos, nem de capacidades intelectuais, morais, culturais. Está em jogo o uso de um padrão único de tempo de ser, aprender usado como padrão de segregação, inferiorização.

Lições-interrogações: Se nas concepções de aprendizagem entram disputas de vivências e de concepções de tempo, como incorporar essas lições nos currículos e nas didáticas de formação dos profissionais dos tempos tão diversos de viver, aprender? Como fazer que essas questões sejam nucleares nas reorientações e nas diretrizes curriculares dos cursos de formação e de educação básica? Como reestruturar nosso sistema escolar e seus ordenamentos curriculares em lógicas temporais mais democráticas, menos segregadoras e mais justas?

Que as vivências reais do tempo ocupem espaço nos currículos

A repolitização dos tempos está posta na consciência mundial diante de tantas promessas de civilização e de progresso não cumpridas, diante de tantas histórias oficiais acolhidas nos currículos e desmentidas pela história real. A experiência da miséria extrema massificada, vivida por tantas das crianças e por tantos dos jovens e adultos que chegam às escolas públicas, desmente as promessas de futuro que perdem toda legitimidade. A disputa nos currículos é para que essas histórias reais do presente ocupem espaços centrais.

Esse é o conhecimento vivo a que todos temos direito. Essa é a produção cultural, científica, tecnológica, real a ser transmitida e adquirida pelas novas gerações. Que não se passe à infância e à adolescência que chegam uma visão neutra, triunfalista das ciências, mas que também se passe seu papel real, histórico, em tantas destruições, apropriações, expropriações, concentrações da riqueza coletiva. Por exemplo, que se dê uma visão do espaço, como palco de produção da vida, de alimentos, de moradia, de lazer, de cultura e de sociabilidades múltiplas, mas também como palco de deslocamentos, migrações, diásporas, expropriações de terras, territórios, de segregação dos periféricos em espaços degradados, favelados. Que ao estudar o espaço se passe a história-memórias de ser o palco de tantas lutas pela terra, pelo teto e território. Histórias reais com seus brutais e desestabilizadores significados que estão em disputa nos currículos porque são as grandes disputas na sociedade.

A chegada de outros sujeitos sociais às escolas com outras vivências pressiona por trazer esses conhecimentos vivos, desestabilizadores para o território do currículo, confrontá-los em disputa com tantos conhecimentos e histórias mortas que ainda ocupam as grades, as áreas e as disciplinas nos currículos, inclusive de formação docente.

Tensões que já perpassam o trabalho docente, as relações pedagógicas no chão das escolas. O mal-estar na moderna pedagogia e na docência que chega aos currículos não está em como conformar um sujeito, um adulto civilizado civilizando a infância, introduzindo-a na herança cultural, moral e intelectual. O mal-estar vem da perda das virtualidades do ideal futurista. Da desconfiança aprendida em experiências que o contradizem no presente vivido pelos coletivos e pelos mestres e educandos que agora vão chegando às escolas. Vivências que não são individuais, mas que fazem parte da história-memórias coletivas da história.

A tensão se dá porque há uma memória viva coletiva, à flor da pele, de que aquele ideal sempre prometido perdeu credibilidade. Com ele tende a perder credibilidade a própria escola, seus conhecimentos, seus currículos futuristas, cientificistas. Vai perdendo credibilidade a própria docência. As histórias-memórias individuais e, sobretudo, coletivas levadas às escolas são hoje a realidade mais desestabilizadora das velhas crenças da teoria pedagógica e dos currículos. Daí a estratégia à musealização, a reclusão dessas histórias-memórias-vivências para espaços-tempos segregados, periféricos de onde as indagações desestabilizadoras não incomodem tanto.

A memória dos diversos feitos desiguais faz falta nas escolas e nos currículos. Fechar-se a ela ou recluí-la em extraturnos, em temas ou projetos transversais, periféricos é uma saída pedagógica e curricular que pode deixar intocada a rigidez dos turnos.

A pergunta que se impõe é se poderiam ter lugar e como poderiam ocupar espaços legítimos essas outras histórias-memórias-vivências do tempo nos desenhos curriculares, nos conteúdos disciplinados, nas teorias pedagógicas, nas didáticas e nas avaliações de aprendizagens.

O currículo esfera pública afirmativa de outras vivências do tempo

Se pensamos na esfera pública, na escola democrática, cidadã, identitária, comprometida em reconhecer o direito à memória e às vivências do tempo, uma questão central será abrir espaços legítimos nos currículos para a diversidade de histórias, memórias que exigem presença na escola pública e nos currículos. Abrir as teorias de aprendizagem para outras concepções de tempo menos hierarquizantes e menos segregadoras.

A sociedade perdeu a confiança em narrativas de experiências humanas únicas, de histórias e memórias únicas, de únicas vivências do tempo-espaço. Consequentemente tornamo-nos mais desconfiados de conteúdos únicos e nos abrirmos à sociologia crítica do currículo, às atuais culturas críticas da memória. Se temos como referente ético-político o avanço da consciência dos direitos humanos, sobretudo dos coletivos cujas histórias-memórias foram inferiorizadas e segregadas, que concepções de tempos superar?

Todo esse movimento e toda essa dinâmica que se dá na sociedade termina pressionando e tencionando o que ensinar, como ensinar, o que aprender e em que tempos. Uma dinâmica salutar que disputa entrar no território fechado dos currículos. Um impulso favorável para reavaliação da ausência dos passados, das histórias-memórias. Sobretudo, um impulso favorável que leve a reescrever a história em outra ótica, na nova relação política, não de submissão, mas de presença afirmativa de outras vivências do tempo, de outra história-memória.

Como avançar na reescrita da história? Qual o papel dos currículos e da docência nessa reescrita?

Nas sociedades latino-americanas e naquelas que se libertaram de estruturas de colonização, assim como nos coletivos que lutam por direitos humanos, tornou-se um dos campos de luta a recuperação, afirmação e legitimação de suas memórias e de suas vivências do tempo. Lutas que se travam no fortalecimento de esferas públicas de memória. A escola e os currículos podem estar entre essas esferas públicas de políticas afirmativas da memória e das outras vivências do tempo. O currículo deve ser espaço de debate público, de trato igualitário da memória, de reescrita e narrativa de histórias-memórias segregadas e inferiorizadas em nome de uma história-memória única, de uma interpretação única do tempo a ser ensinada e aprendida como a verdadeira.

Estamos em um momento de reescrita da história da colonização não tanto a partir dos povos colonizadores, mas dos povos colonizados. A partir da diversidade de vivências do tempo e da história pela diversidade de coletivos. Os currículos de formação deveriam preparar os docentes-educadores para entender essa reescrita. Estudar o acúmulo de análises que estão sendo produzidas e entender as tensões políticas que estão em jogo e que chegam ao campo da educação. Entender as reações a que essa reescrita penetre no território gradeado dos currículos e das disciplinas.

Mas se estamos em tempos de reescrita da história, as reações conservadoras estão ativas.

Por onde passam essas reações conservadoras que chegam aos currículos e à docência?

A reafirmação conservadora de tempos únicos

A reação conservadora se contrapõe a esses embates, os ignora e oculta e desloca privilegiando currículos por competências e desempenhos se fechando a essa dinâmica fecunda de recuperar as esferas públicas como espaços de memória e de vivências do tempo. Nem há espaços para a história-memória tida como única nesses currículos por competências e nas suas avaliações nacionais por desempenhos no aprendizado de competências no tempo único. Nem sequer o ensino-aprendizado da história-memória tida como única será privilegiado e avaliado.

É preocupante que em tempos de repolitização das culturas e das memórias o currículo secundarize até a memória e história nacional. Quando se fecham espaços no currículo para a história-memória nacional até cultuada como única está se fechando qualquer esperança de que a diversidade de vivências do tempo e de histórias-memórias entrem. Os currículos se fecham a ser um espaço público de debate e disputa da memória do tempo da história.

Uma postura cega, defensiva diante do avanço das atuais culturas críticas da memória e da história.

Postura conservadora, míope de formuladores de desenhos curriculares e de avaliações que teimam em convencer os coletivos populares que chegam às escolas carregando e afirmando suas vivências pesadas do passado que invade seu presente: esqueça dessas memórias de um passado que não carrega qualquer força redentora, libertadora, adira as promessas do futuro por mais desacreditadas que estejam como redentoras de seu passado-presente. Adiante seu ritmo de viver, de pensar ao ritmo único escolar. Quais as consequências dessa teimosia conservadora imposta ao cotidiano das escolas?

Nos encontros de docentes-educadores essas tensões afloram. Os problemas não são apenas de desinteresse, indisciplina, falta de limites dos adolescentes e jovens, as tensões nas salas de aula estão mais embaixo. Revelam descrenças de repetidas promessas de superar presentes-passados se aprenderem no tempo único as ciências, competências do futuro tão distante e desacreditado.

Reduzir o problema ao desinteresse e descompromisso de mestres e alunos é miopia de gestores que ainda se apegam às crenças cegas nas promessas de um futuro que já chegou ou chegará com toda certeza a toda criança, adolescente ou jovem que tiver bons percursos e bons desempenhos nas provas. Esses adolescentes e jovens com tão baixos desempenhos nas provas carregam saberes sobre o funcionamento da sociedade, mais lúcidos do que os formuladores das provas e dos desenhos curriculares.

Os docentes estão no meio desse fogo cruzado entre apagar as vivências tão diversas do tempo ou reconhecê-las e trabalhá-las. De um lado, currículos que teimam em se apegar às crenças que a realidade social, econômica, desmente; de outro lado, coletivos de educandos que vivenciam em suas vidas a descrença em promessas vãs de um futuro que supere seu passado tão presente. Quando a crença no futuro está em crise na cultura social e política, entram em crise nossas promessas futuristas: jovem, adolescente: estuda e terás futuro, esteja atento às lições da docência e sairás do presente indigno. Deixarás distante teu passado.

E quando os sujeitos de outras vivências do tempo se afirmam?

Por que tanta resistência a trazer vivências de tempo, memórias e histórias tão diversas para os currículos? Porque seremos obrigados a reconhecer os sujeitos coletivos dessas memórias-histórias, dessas outras vivências do tempo. O ocultamento destas se deu em uma relação política de ocultamento-submissão dos seus sujeitos como agentes de história. São eles que repolitizam suas memórias ao se afirmar presentes na história como sujeitos de outra história.

Os currículos podem reforçar essas presenças afirmativas dos coletivos sociais, étnicos, raciais, de gênero, dos campos e das periferias, à medida que desocultem suas memórias e valorizem a diversidade de vivências do tempo. O reescrever a história tem um significado político-pedagógico da maior relevância: reconhecer outros sujeitos de história. Este é o ponto nodal em nossa formação social: ignorar, ocultar ou reconhecer os Outros como sujeitos de história.

Este é um ponto nodal que os formuladores de diretrizes e desenhos curriculares parecem ignorar. Não estamos em tempos de imposição da memória, história, cultura, identidade única, legítima, papel esperado da escola. Estamos em tempos de repolitização democrática das memórias, de tempos, das histórias e identidades, de afirmação e de presença política dos seus sujeitos.

Se tentar conformar uma história e memória única em uma sociedade tão diversificada foi uma tarefa arriscada para o sistema público de instrução desde a República, mais arriscada e tensa será a tarefa do currículo em pôr em debate, em diálogo democrático e igualitário as histórias, memórias, os passados tão diversos e desencontrados que fazem parte de nossa formação social, política e cultural.

Essa tarefa posta ao sistema escolar, a docência e aos currículos é muito mais desafiante do que sua esperada função de inventar uma tradição e memória nacional única. Por que seria uma tarefa mais arriscada? Porque abrindo espaços nos currículos a diversidade de passados, de histórias e memórias estaremos abrindo espaços à diversidade de coletivos como sujeitos de história.

Uma tendência exige nossa atenção. Podemos abrir os espaços do currículo, ao menos dos projetos paralelos a cultuar as memórias e histórias ocultadas ou mal contadas, a diversidade de vivências do tempo soterradas em pedagogias futuristas.

Podemos avançar na igualdade e na justiça devidas cultuando suas memórias, porém podem entrar estas e não entrar os seus sujeitos com sua diversidade e injustas desigualdades. É o que vem acontecendo. A entrada das diversidades culturais não significou o reconhecimento da igualdade social, racial, de gênero, indígenas, do campo e periferias.

Convivem com projetos de diversidade cultural e de memórias as injustas desigualdades físicas, de condições de trabalho das escolas populares, com as reprovações-retenções-defasagens massivas das crianças e adolescentes, de jovens e adultos pobres, negros, dos campos, vilas e favelas. Nem se alteraram suas reclusões e segregações em turmas de recuperação e de aceleração ou em projetos de mais escola, mais tempo extraturno.

Esses milhões de recluídos e segregados poderão participar de projetos de culto a sua memória, história e cultura, mas como segregados e injustamente recluídos. Qual a justificativa? Defasados, desacelerados ou com vivências de outros tempos.

A cultura do passado e da memória não garante por si só o que o culto ao futuro não garantiu: a igualdade e a justiça na garantia dos direitos humanos, à educação especificamente. Esse é o embate: ou ignorar suas vivências do tempo, os passados, as memórias, ou reconhecê-los. Ou mais ainda, reconhecê-los e recluí-los em tempos-espaços periféricos. Será possível avançar para incluir esses passados e essas histórias no núcleo estruturante do currículo? E a pergunta ainda mais desafiante. Será possível reconhecer os sujeitos dessas culturas e histórias como iguais e diferentes?

Pedagogias de reconhecimento dos sujeitos de outras vivências do tempo

Se apenas incluímos, reconhecemos e cultuamos as culturas e histórias possivelmente não sejam nem suas culturas, nem suas histórias e memórias mais radicais. A tendência será a tratos folclorizados, musealizantes. Como não cair nesses reducionismos? Trazendo os sujeitos dessas memórias, culturas e vivências diversas do tempo, reconhecendo suas presenças afirmativas positivas. São eles como coletivos que nos apontam que histórias-memórias, que vivências do tempo reconhecer e incorporar. A memória viva, ativa e os sujeitos que a vivem e produzem: os indivíduos, famílias, comunidades, coletivos sociais, étnicos, raciais, de gênero, de orientação sexual.

Essas memórias, histórias e esse passado-presente ignorados desses coletivos ignorados disputam o território do currículo. Suas concepções-vivências de tempo. Tempos e memórias não redutíveis a uma abstrata memória única, história única, mas reconhecidos como tempos diversos. Memórias da vida real, de coletivos reais, parte de nossa história real, humana, social e política; de nossa memória coletiva, pública, dinâmica, tensa, em movimento. Memórias-síntese de experiências coletivas tão sofridas.

Por aí essas histórias-memórias-tempos não disputam apenas que as grades curriculares se alarguem para permitir sua entrada em temas transversais. Exigem superar desenhos gradeados, segmentados, rígidos por outros desenhos capazes de entender e se redefinir em função do caráter transitório, dinâmico, em estado permanente de reinvenção nos jogos do poder, de renegociação política.

Que o esquecimento da diversidade de vivências do tempo, de memórias e o medo a reconhecê-las não dominem um espaço público como o currículo. Sobretudo, quando chegam ao sistema público coletivos carregados do sentimento politizado do tempo, da história e da memória, quando tantas crianças-adolescentes buscam suas infâncias nalgum tempo-lugar onde nunca estiveram. Que o currículo não as trate como tempos-memórias crepusculares.

Sujeitos do direito aos espaços do viver digno e justo

Porque aprender a viver é que é o viver, mesmo. O sertão me produz [...].

Guimarães Rosa

Os(As) docentes-educadores(as) das escolas públicas têm consciência de serem profissionais que trabalham com outros(as) educandos(as), que as formas de viver a infância e a adolescência, a juventude e a vida adulta (EJA) desdobram em novas exigências seu direito à educação, ao conhecimento, à cultura, à formação plena.

Vimos que para esses educandos e para seus coletivos sociais, étnicos, raciais, do campo e das periferias o direito à educação está atrelado ao direito a sua história-memória, às vivências de seu tempo, a suas culturas e identidades coletivas.

Há uma vivência que é marcante sem seus coletivos de origem e em suas experiências fortes: as vivências do espaço, de lutas por espaços mais dignos: por teto, terra, territórios, lugares. Os docentes-educadores percebem a centralidade das vivências do espaço e organizam oficinas, projetos, estudos temáticos para trabalhar com os educandos seu direito a saber, entender essas tensas vivências do espaço.

Destaquemos alguns pontos que aparecem nesses encontros profissionais na diversidade ou em temáticas trabalhadas na disciplina Geografia ou oficinas de estudo.

O estudo dos saberes do espaço poderia ser organizado em torno de duas grandes vivências que se condicionam e realimentam: de um lado as vivências de desenraizamentos, da negação-destruição-precarização dos espaços do viver coletivo. De outro lado, as vivências de tantas resistências a tantos desenraizamentos históricos e de lutas por conquistar e produzir espaços coletivos de um digno e justo viver.

Terra-espaço objeto de disputa

Vai se tornando frequente o estudo do espaço a partir da longa história das lutas pelo espaço negado, expropriado e reconquistado. Até são frequentes oficinas, temas geradores que partem das vivências de lutas pelo espaço, pela terra de que participam os(as) educandos(as) desde crianças e adolescentes, exemplo os sem-terrinha, as crianças-adolescentes de rua; ou as experiências familiares por lugares mais dignos, até por escola.

As vivências de luta por espaços fazem parte de uma parcela significativa das crianças e dos adolescentes das escolas públicas e dos jovens e adultos da EJA. Vivências onde se produzem conhecimentos, valores, culturas, identidades que disputam o território dos currículos, das oficinas e dias de estudo. Como explorar pedagogicamente essas vivências do espaço? Que aspectos dessa história trabalhar?

O padrão de apropriação-expropriação da terra, do espaço nos campos e nas cidades tem sido determinante nas relações sociais e políticas de dominação-subordinação em nossa história. Até hoje as lutas pelo espaço, pela terra continuam tensas. O direito à moradia, teto, terra, território é um dos direitos mais politizados. Nessa longa e tensa história as lutas por escola adquirem dimensões políticas novas quando atreladas a esses direitos. Somos obrigados a dar centralidade às lutas pelo direito aos espaços para garantir o direito à educação, ao espaço escola.

Por exemplo, a disputa pelo direito à história-memória nos leva ao direito ao espaço, à terra, ao território. Por sua vez, a negação do espaço ou quanto mais desterritorializados os indivíduos e os coletivos, maiores as pressões por reconstruir sua história-memória como direitos. As formas de tratar o espaço, a terra, os territórios têm condicionado a negação e a garantia de todos os direitos humanos em nossa história.

Somos obrigados a dar maior centralidade a um dos processos mais brutais de nossa conformação social: a negação e destruição dos espaços de vida, de cultura, de identidades dos coletivos étnicos, raciais, dos campos, quilombolas e das periferias urbanas desde a colonização. Processos de desterritorialização, de precarização brutal das condições espaciais, da moradia, da expropriação da terra, dos territórios ou da reclusão nos espaços mais indignos, ou distantes, nas fronteiras não espaços. Processos de desenraizamento, que deixam sem chão as tradições, as culturas, a herança simbólica, as identidades e memórias, o direito a ter direitos.

Quanto mais esses coletivos vivenciam essas experiências de desenraizamento, de sem-lugar, mais precisam se apegar e voltar às memórias do passado, reencontrar-se com suas origens. Até mitificar os lugares de referência, identitários.

As lutas pelo direito à história-memória-identidade coletivas não têm o mesmo significado para todos os coletivos sociais, étnicos, raciais, de gênero, campo ou periferias. Para aqueles coletivos cujos(as) filhos(as) vão chegando às escolas públicas, aos quais tem sido negado o direito ao espaço, à terra, ao território, tem um sentido especial o direito à história-memória-identidade. Tem um sentido especial até o direito ao espaço da escola.

Como trabalhar essa centralidade da terra, do espaço na conformação dos coletivos populares? Tem merecido a centralidade devida nos currículos, no material didático, na docência? Inclusive na história da formação-deformação? Na história das pedagogias?

As lutas pelo espaço disputam os currículos

Como explorar a diversidade de lutas pelo espaço? Um caminho pode ser identificar os coletivos que lutam por terra, território e pela diversidade de espaços sociais, entre eles as escolas e as universidades. Coletivos que lutam pelas políticas afirmativas, por cotas. Mostrar a relação entre essas lutas e seus significados e as experiências de desterritorialização padecidas ao longo de nossa história.

É significativo que os movimentos de coletivos sociais mais desterritorializados ou espalhados na diáspora são aqueles que vêm lutando por história-memória da cultura indígena, negra, quilombola, de gênero, do campo e periferias. Tem sido os coletivos que mais têm radicalizado a escola e o direito à memória-identidade colado ao direito à terra, ao território e ao espaço. São os movimentos sem-terra, sem-teto, quilombolas, afrodescendentes, aqueles que mais articulam suas lutas por escola às lutas por espaço e às lutas por memória-identidades.

A experiência de "estrangeiria" no território-história oficial legitima, move suas lutas por direitos, converte sua experiência de sem-lugar em uma condição coletiva-existencial-espacial, que move suas lutas articuladas por escola, terra, espaço, território, memória e identidade. Condição-vivência espacial de estrangeiria que faz ter uma visão especial do espaço.

O trato dado ao espaço nos currículos oficiais e no material didático está distante das experiências históricas dos coletivos que chegam às escolas com essas experiências de sem-lugar, sem-terra, sem-espaço, sem-território, sem-escola, sem-universidade que chegam à escola, às universidades carregando suas experiências de estrangeiria na própria pátria.

Difícil aos docentes chegar a essas experiências de estrangeiria, de sem-lugar, fora do lugar, uma vez que esses processos de desterritorialização e de lutas pelo espaço nem sempre têm vez nos currículos oficiais nem no material didático e literário. A preocupação dos currículos com o espaço destaca mais os impactos da ação humana sobre o espaço, sobre o entorno natural do que o impacto das formas de produção, apropriação-expropriação da terra e do espaço sobre os coletivos humanos.

Mas há coletivos docentes que inventam didáticas, projetos que se aproximam dessas experiências das crianças e adolescentes, dos jovens e adultos que chegam desses não lugares legítimos à procura de entender-se e de entender a centralidade da negação e expulsão dos espaços, da reclusão em espaços tão precarizados. Que chegam à procura de entender suas lutas coletivas por teto, por terrenos nas periferias urbanas, por terra no campo, por territórios indígenas e quilombolas, por escolas, lugares de dignidade.

Há profissionais nas escolas que partem dessa condição coletiva existencial-espacial que vivem os educandos, suas comunidades e até os coletivos de origem de tantos mestres. Desses universos estranhos, dessas vivências de não lugares, de lugares precarizados e de lutas pelo direito ao lugar ampliam os estudos sobre o espaço, aprofundam na história tensa de sua produção, expropriação para entender essa condição existencial de estrangeiria, de sem-lugar no próprio espaço-território-comunidade social, política, nacional.

Garantir o direito aos saberes das vivências do espaço

Uma das didáticas mais exploradas é dar voz a essas experiências e a essa condição espacial coletiva. Reconhecer os alunos, seus coletivos como não estrangeiros, mas como sujeitos de narrativas sobre a própria condição e as vivências do espaço, sobre os saberes dessas vivências. Em suas narrativas sobre sua condição existencial-espacial será possível superar visões tão românticas da produção progressista do espaço, da ocupação e da exploração das terras pelo agronegócio, da modernização de nossos espaços e fronteiras nos campos e nas cidades.

Se aceitamos os educandos populares como guias talvez nos levem a uma viagem por outros espaços, por experiências menos triunfalistas: de despossessão, desterritorialização, precarização. De outras histórias-memórias da produção-apropriação-expropriação do espaço; viagem para outras geografias.

Conhecer essas histórias faz parte do direito ao conhecimento do espaço. O que nos leva a dois planos que confluem nas salas de aula: o plano da vivência pessoal-coletiva do espaço e o plano da história, da produção-apropriação-negação do espaço. Os currículos e as disciplinas podem incorporar esse plano da história da produção do espaço e levar aos alunos dados para seu conhecimento total não parcial. Porém, se esquecermos o plano das vivências pessoais-coletivas dos espaços, o direito ao conhecimento ficará incompleto.

O espaço não é mais um tema objeto de uma disciplina, mas são vivências formadoras ou deformadoras, são sujeitos que se formam, se humanizam ou desumanizam em espaços dignos ou indignos. Até suas memórias, seus conhecimentos são espaciais, como também suas aprendizagens. "O sertão me produz", diz Guimarães Rosa. Ele nos revela esses tensos processos de produção como seres humanos nas vivências do sertão, da terra, do espaço. Aprender esse viver é viver mesmo. É aprender uma das matrizes mais marcantes de nossa humanização. Trabalhar esse aprender a viver esse saber-se produzidos pelo sertão, a terra, o espaço exige pedagogias e artes especiais[31].

Os conhecimentos podem ser bem trabalhados como dados, porém os experimentamos de maneira particular. A história da produção do espaço vivida no passado e no presente carrega outros significados que nem sempre aparecem quando são tratados como dados. Grande parte da história da produção do espaço revela seus significados mais contraditórios e instigantes no cotidiano das vivências dos educandos e dos educadores populares.

Esse espaço vivido ou não vivido, negado, expropriado, precarizado nos deixa indagações mais incômodas para entender sua produção. Quando nas salas de aula estão crianças e adolescentes, jovens ou adultos que carregam essas experiências tão tensas dos seus coletivos com o espaço, as perguntas são recorrentes sobre suas vidas, sobre sua condição de desenraizados, sem-teto, sem-terra. Sobre algo que nos toca como profissionais da educação, seus processos de humanização.

Como darão conta os currículos, as disciplinas ou projetos a dar respostas a essas vivências? Como garantir o direito aos saberes, aos significados dos determinantes sociais que condenam os educandos a vivências tão precarizadas do espaço? A tão persistentes desenraizamentos?

Como trabalhar as vivências do espaço

Uma atenta escuta das perguntas que vêm de suas vivências de ter sido relegadas a não espaços pode ser uma postura pedagógica inicial. Abrir tempos e didáticas para essas escutas, explicitar suas perguntas e pô-las em diálogo com os conhecimentos sistematizados tem sido um dos avanços mais significativos

---

31. Toda a profunda e riquíssima obra de Milton Santos merece ser lida para trazer para as teorias da formação humana a centralidade das vivências do espaço.

no trato dado ao espaço nas escolas. As oficinas e projetos que tantos docentes e educandos inventam merecem ser valorizados como formas concretas de garantir o direito ao conhecimento da produção do espaço e ao conhecimento das formas históricas de experimentá-lo. Os avanços dos cursos de geografia nessa direção têm de ser reconhecidos e legitimados nos currículos.

Quando trabalhamos com experiências tão negativas de vivências espaciais temos de inventar novas pedagogias e novas didáticas. Que sentido terá falar da produção épica do espaço, da abertura de fronteiras agrícolas, para filhos de imigrantes ou de sem-terra, quilombolas e indígenas que carregam a dor coletiva de expulsos da terra por causa desses processos brutais, nada épicos de apropriação-expulsão que vêm do agronegócio? Ou que sentido terá falar da modernização urbana para filhos de coletivos vítimas de expansões e de confinamentos em periferias distantes ou em morros e favelas precarizadas?

O estudo do espaço passou a ser um dos temas mais tensos dadas as tensas vivências de sem-lugar que carregam os educandos populares às escolas.

Ignorar essas vivências ou maquiá-las com visões triunfalistas de progresso é ingênuo e antipedagógico. Escutar essas vivências, relacioná-las com os educandos e aprofundar seus significados pode ser bem mais pedagógico. Não ter medo de perder tempo nessa escuta e investigação dos espaços vividos. Ir mostrando a trama densa e tensa entre a expansão das fronteiras espaciais e os processos de expropriação dos territórios e terras dos coletivos mais segregados e inferiorizados faz parte da história da produção do espaço desde a colônia. História acentuada na última onda expansiva de fronteiras do agronegócio e de modernização urbana. Uma visão épica dessa história de expansões significará uma legitimação política dos brutais processos de desterritorialização de trabalhadores sem-terra, sem-teto, sem-lugar.

E a ninguém, melhor do que as crianças e adolescentes, jovens e adultos que chegam às escolas públicas carregando histórias de migrações, interessa que essa história seja bem contada. O espaço visto de longe pode ser poético e formoso, o espaço vivido é outro. Este está presente nos currículos e no material didático? A disputa por sua inclusão está posta no território dos currículos.

A que histórias da produção do espaço os educandos têm direito

Se é um direito dos educandos entender sua condição de sem-teto, sem-terra, sem-espaço, sem-escola ou sem universidade será necessário avançar para entender o conjunto de ações, de resistências para reverter essa situação.

Pode-se trabalhar com os educandos os esforços da família e das comunidades por melhoria do lugar de moradia, por ruas, luz, água, esgoto, transporte, escola, posto médico, segurança... Trazer lideranças comunitárias para narrar essas lutas. Como crianças e adolescentes têm participado desse conjunto de ações por espaços dignos e justos de viver. Valorizar essas histórias, explicitar seus significados formadores, os saberes aprendidos, as identidades coletivas afirmadas.

É significativo que a construção de uma hidroelétrica, por exemplo, mobilize a opinião pública e, sobretudo, mobilize comunidades indígenas, de agricultores, de povos da floresta. Como é significativo que um dos movimentos sociais se agrupe em torno dos coletivos vítimas das barragens. Podemos contar uma história épica dessas infraestruturas como símbolos do progresso, mas podemos contar uma história realista de destruição, expropriação de seus lugares, culturas, tradições, sociabilidade. História de desterros, de despossessão, de despejos que padecem nos campos e nas periferias que irrompem em inconformismos e em ações e movimentos sociais.

Uma história de milhões de pessoas que não vivem no lugar onde nasceram e criaram suas identidades coletivas. Histórias de deslocamentos, de desenraizamentos provocados pela expansão econômica. Algo tão familiar que nem sempre é levado em conta nos conteúdos curriculares.

Temos contado mais a história da ocupação do que de desocupação. Sabemos mais da abertura de novas fronteiras do que do jogar milhões para além das fronteiras. Toda história de ocupação do espaço carrega histórias brutais de desocupação e de extermínio. Os descendentes dos desterrados, "desocupados", dos retirantes vão chegando às escolas tendo direito a conhecer a história completa da produção-expropriação da terra e do espaço de que são vítimas?[32]

A maioria dos educandos das periferias urbanas e dos campos leva à sala de aula experiências dessas expulsões-migrações-remoções, mas também de participação em lutas por espaço. Não são histórias remotas dos tempos da colônia. Como tratar essa realidade nos currículos e nas ciências e áreas sociais, naturais, no estudo específico do espaço?

Essas histórias conectam todas as áreas do conhecimento. Como conectá-las? Não tanto com estudos comparativos, nem interdisciplinares, mas em

---

32. Para entender tantos desterros e tantas lutas por terra-espaços ver a produção dos movimentos sociais de luta por terra, teto, territórios. Cf. SANTOS, R.E. (org.). *Diversidade, espaço e relações étnico-raciais*. Belo Horizonte: Autêntica, 2007.

um nível mais profundo buscando as relações sociais, políticas, econômicas, culturais, históricas que se articulam e legitimam no modelo de sociedade, de desenvolvimento, nos projetos de campo e de cidade, na exploração da terra, do espaço urbano, na destruição da agricultura familiar, na opção por produtos de exportação, pelo agronegócio e não por soberania alimentar, por direito à vida.

Será necessário socavar fundo para encontrar essas relações subterrâneas e tentar aprofundar com os educandos nesses tensos significados que condicionam tão de perto seu viver. Tratos sérios do espaço que muitos docentes assumem.

Com que didáticas entender suas vivências socioespaciais

Esses tratos sérios do espaço os ajudarão a entender-se. Os docentes empenhados em ir a esses subsolos do estudo do espaço sabem que será necessário inventar outras didáticas. Criar um ritmo de aproximação para os educandos e suas vivências da condição coletiva espacial, para submergir-se na história da produção do espaço, na especificidade de nossa história. Buscar e explicitar as relações sociais e políticas, fundir experiência e pensamento. Pôr em diálogo conhecimentos.

Nessas didáticas não há como não recorrer ao poder das imagens, de fotografias, como os *Retirantes* de Portinari ou de *Marchas dos sem-terra* de Sebastião Salgado, que primeiro nos golpeiam e depois nos fazem pensar. Quando tentamos articular vivências do espaço vivido e pensado, todo o ser humano entra nos processos de aprender com sentimento, emoção, imaginação, intelecto, valores. As imagens, as paisagens, as vivências, memórias e narrativas como didáticas sintetizam ou provocam todos os processos do aprender humano.

Mas o que merece uma exploração didática mais delicada são as próprias vivências, emoções e sofrimentos daqueles que vêm padecendo a precarização, a exploração-expulsão dos espaços. Partir da convicção de que sabemos pouco sobre esses coletivos, de que entender essas vivências e compartilhá-las nos ajudará a adentrar-nos nas questões mais desestabilizadoras sobre a história da produção do espaço em nossa formação social. Essas didáticas supõem reconhecer nossas ignorâncias não apenas sobre essas vivências trágicas do espaço, mas reconhecer as ignorâncias que há no conhecimento sobre a produção do espaço acumulado nos currículos, nas disciplinas e no livro didático. Exigem uma despossessão de certezas para abrir-nos a outros conhecimentos.

A máxima desolação das ocupações do espaço em nossa história são os retirantes, os imigrantes, os sem-teto, sem-terra e sem-territórios, sem-hospitais, sem-escolas, sem-justiça. São os milhões de acampados nas beiras de nossas estradas. São os milhões de crianças e adolescentes sem lugar, que invadem praças, ruas, dormem sob as marquises e buscam a escola como um lugar-espaço de dignidade e de proteção.

Antes não chegavam, agora são eles que chegam às escolas públicas. Mais um dos espaços de dignidade e de justiça que lhes foram negados.

Como educadores teremos de indagar-nos: Que efeitos produzem essas experiências espaciais em sua socialização, autoimagem, formação intelectual, cultural, moral. Como o não lugar, viver sem-lugares condiciona suas vidas. Conformam-deformam suas identidades. Os espaços de seu viver os humanizam ou desumanizam?

Questões que terminam sendo focais em tantos projetos sobre o espaço inventados por coletivos de docentes-educadores. Com essas peças todas se constroem esses projetos. Seu reordenamento vai explicitando novas indagações para o estudo do espaço. Ver, sentir, pensar, interrogar tudo se mistura na riqueza dessas didáticas.

Um processo muito delicado quando se mexe com as vivências do espaço. Impressiona como os livros didáticos e literários exaltam os espaços do progresso e ignoram, desprezam os espaços tidos como retrocesso. Como não levar os milhares de crianças e adolescentes, de jovens e adultos que vêm e vivem nesses espaços a não odiá-los e desprezá-los por estarem tão distantes dos espaços do progresso? Como podem odiar tudo o que há no lugar de onde vêm ou habitam sem se odiar a si mesmos? Sem odiar sua condição e suas origens?

Que sabemos sobre esses processos e essa centralidade das vivências espaciais nos processos de humanização-desumanização de tantas crianças e adolescentes, jovens e adultos? Não somos profissionais apenas dos processos de formação que acontecem dentro das salas de aula, mas fora, nos outros espaços-não espaços do seu viver e que condicionam tão dramaticamente os processos escolares de formação.

Todo trato negativo do espaço em que vivemos tem efeitos destruidores de autoimagens e de memórias coletivas. Todo trato positivo ou negativo do espaço de origem abre para a reconstrução-destruição, para a lembrança e a memória. Dependendo como tratamos os espaços vividos pelos educandos estaremos honrando ou destruindo suas memórias e identidades.

O peso da história coletiva se materializa no espaço. Daí que o estudo do espaço exige máxima delicadeza. Podemos entregar material didático e literário até de autores consagrados aos alunos em que reconstruir uma imagem coletiva positiva, como podemos entregar um material explosivo que destrua suas autoimagens, que os leve a odiar-se ao odiar seu lugar. Os alunos terão resistências para reagir a conhecimentos de destruição? Construirão lembranças-memórias positivas se seu lugar é apresentado como negativo? Pior se sua experiência espacial direta é negativa?

Com que didáticas trabalhar as lutas por espaços e seus significados

Há coletivos que trabalham vivências de lutas por terra, espaço, teto, moradia, transporte, serviços públicos. Se a perda do espaço é uma experiência densa carregada de indagações para temas geradores de estudo, as resistências e lutas por terra, território, espaço são ainda mais densas exigindo a necessidade de reflexão e de incorporação nos currículos.

Às vezes os coletivos desterritorializados ou recluídos em espaços indígenas parecem acomodados, como que passivos diante de um destino inexplicável. Estamos em outros tempos, as vítimas da expropriação-precarização dos espaços não descansam. Organizam-se e lutam por espaços dignos de justiça.

Quando se luta por terra, territórios e até se sofrem formas de repressão e até mortes, a relação com o espaço, com a terra passa a ser outra. Por que processos de identidade se passa nessas lutas por espaço? De onde são os sem-teto, sem-terra, os milhões de imigrantes e retirantes ou que acampam nas beiras das estradas ou se amontoam nas favelas? São do lugar onde nasceram, onde acampados, onde assentados, onde lutam por terra, onde enterraram as vítimas da repressão e da violência ou onde nasceram os filhos.

Trabalhar pedagogicamente as vivências espaciais quando atreladas à diversidade de lutas por espaços exige extremo tato e artes delicadas. Aos educandos tem de ser dado o acesso aos conhecimentos que os permitam entender-se. Essas vivências levam a docência e os currículos a interrogar-nos sobre que conhecimentos privilegiar, ao menos não ocultar. Com que didáticas ou como narrar a história tão tensa da produção-apropriação do espaço. História que vem de longe e que ainda provoca as maiores tensões sociais e que continua produzindo resistências e vítimas.

Se não é possível narrar tudo, ao menos as coordenadas essenciais para entender-se como coletivos que entram-sofrem essa história, que resistem a essa história.

Não ocultar vivências e verdades tão tensas

Sem dramas, mas fiéis à verdade. Não ocultá-la porque são jovens, adolescentes ou até crianças. Se aprendem tão cedo em seus coletivos a precariedade dos espaços, se aprendem a lutar por espaços de dignidade, desde cedo estão à espera de entender-se. Deixar a verdade para os poucos que chegarem ao Ensino Superior é negar-lhes o direito a verdades sobre experiências que já vivenciam desde crianças. Não é pedagógico nem justo ocultar essas verdades vividas com imaginários românticos, lúdicos da infância, da terra.

Os currículos de educação básica carecem das verdades mais densas, os pratos de conhecimentos que recebem desde o pré-escolar são demasiado leves. Aperitivos de verdade não garantem o direito ao conhecimento. Não temos direito a abandonar crianças e adolescentes, jovens e adultos na brutalidade de vivências espaciais que exigem densas explicações. Reclamam dos currículos o direito a essas explicações.

Por vezes projetos bem-intencionados em trazer as experiências dos educandos, em ouvir suas narrativas param aí sem ir fundo à procura de explicações sobre as causas, os múltiplos determinantes políticos, sociais, econômicos, históricos. Só ouvir sem análise e reflexão é como deixá-los do outro lado do abismo.

É necessário avançar, até porque carregam histórias tensas de resistência por sair do abismo por conquista de espaços, terras de dignidade e de justiça. Dar maior importância a essas experiências coletivas de recuperar o direito a espaços de vida digna e justa.

Trata-se de posturas profissionais guiadas por uma outra ética político-pedagógica. Valorar seus valores. Diante de educandos que desde crianças carregam histórias tão densas como docentes-educadores só nos resta honrar essas histórias. Mostrar suas verdades. Ainda que duras.

Estamos em tempos de conquistas, ocupações de espaços, seja de terras, territórios, lotes, ou seja, de espaços políticos, culturais: judiciário, escolas, universidades. Manifestações de um ir para lá dos territórios onde os coletivos segregados foram confinados. Essas histórias, vivências positivas de reconquista, produção de espaços de dignidade e de justiça merecem um lugar de destaque na função dos currículos de explicitar e aprofundar seus significados. De garantir o direito ao conhecimento.

A escola passagem de lugar

Quando prestamos atenção às tensas e densas vivências do espaço se impõe uma indagação que nos toca como profissionais: que significados adquirem as lutas pela escola nesse conjunto de lutas por espaços de um viver digno e justo?

O acesso à escola não pode ser reduzido a uma política de vagas, de ampliação de escolas por parte dos governos. Adquire um senso político mais radical se vemos esse ir de milhões de crianças e adolescentes populares à escola básica ou de jovens e adultos à EJA como uma tentativa de passagem do lado de lá, dos não lugares para o lado de cá os lugares sempre negados.

Por trás de cada criança ou adolescente que vai à escola estão saídas do campo de famílias para a cidade, para que os filhos estudem, "que sejam gente". Saídas, retiradas. "Retirantes por escola", por outros lugares, à procura de uma vida mais digna e justa. Por que não incorporar essas histórias no conhecimento legítimo dos currículos?

A escola-lugar de passagem de lugar social é uma das visões mais fortes na cultura popular. A luta por escola se insere nessa luta maior por lugares, por ocupações, por passagens de lugar social, étnico, racial. A ida à escola como acesso a outros lugares carrega uma mistura de temor e fascinação, de descoberta do que esse lugar esconde, de descobertas para uma vida nova.

Os currículos não dão conta dessa fascinação de aceder a outros lugares. Logo no pré-escolar os currículos lhes mostram que suas ofertas são mais prosaicas, dominar habilidades e competências para a sobrevivência ou o trabalho informal, incerto, para trabalhos precários e vidas precárias. Para continuar nos mesmos lugares sociais e espaciais.

A crise da escola passa pela decepção de seu receituário de promessas de um lugar novo, de passagem para uma vida nova. A decepção de que se alimenta: ser uma antecipação futurista de outra vida, de outro lugar tão distante perdeu credibilidade.

Quando a relação escola, vida, destino se quebra, a imagem popular da escola se desmancha. Os primeiros a serem afetados são os seus profissionais, uma sombra de desconfiança recai antes sobre eles do que sobre os técnicos e formuladores de políticas e de currículos. A crise da escola está atrelada à experiência melancólica de não ser o espaço esperado e prometido de dignidade. Colada à experiência de que a escola não consegue ser passagem do não lugar, da segregação e desigualdade para o outro lugar, o lado de cá da igualdade, equidade. Caminhamos para uma superação das esperanças por desencantos.

Nas famílias populares ainda restam esperanças na escola como lugar de passagem para outros lugares sociais, nos jovens e adolescentes populares predomina o desencanto. Quando este prevalece a escola, a docência e o currículo entram em crise. Uma crise de promessas de passagem de lugar social não cumpridas. Difícil aos gestores-avaliadores tecnocratas entenderem a profundidade da crise que professores e alunos vivenciam.

A escola e os currículos não se repensaram como um lugar de passagem dos coletivos sem lugar que foram chegando; ao contrário, fiéis a si mesmos, adotaram uma postura de defesa, aperfeiçoaram os filtros para controlar as passagens de ano, de nível, de lugar. O não passar de ano para milhões de crianças, adolescentes, jovens e adultos populares é *um não passar de lugar social*. É o desencanto com as esperanças postas no acesso à escola como possibilidade de acesso a outros lugares de dignidade, justiça e igualdade.

Que sentido tem a escola para os sem-lugar se não abre os espaços e os lugares vetados, proibidos em nossa história aos coletivos populares? A escola se revela logo nos primeiros anos como sendo um lugar ocupado, que tem donos, que pertence ao lado de cá, controlado pelos de cá, mais distante do que se prometia: ser um lugar de passagem para os coletivos mantidos distantes, segregados no lado de lá.

A imagem de passagem à terra prometida via escola se desmancha. Por aí as políticas de acesso perdem seus possíveis significados políticos mais radicais, ser acesso a outros lugares sociais, étnicos, raciais. A história destes sintomas exige ser analisada com atenção. Sintomas de estarmos passando de uma escola espelho para miragem. De passagem para retenção. Onde tantas famílias de imigrantes dos campos miravam um presente-futuro mais digno para os filhos agora vai se transformando em decepção.

O que fazer? Aprender com essa recente história, manter um olhar crítico perante um sistema escolar que resiste a repensar-se como é sonhado: outro lugar, para os coletivos sem-lugar, uma carta de navegação dos lugares de segregação para os lugares de libertação. Ideais que políticas de acesso a sistemas escolares que permanecem tão seletivos parecem ter enterrado.

A escola-carta de navegação, mas para onde os leva? Perguntas familiares, pendentes e incômodas, sobretudo para os navegantes sem destino. "Sem lenço e sem documento". Sem atestado, sem diploma para mudar de lugar social, racial.

Espaços reconfigurados, estudos redefinidos

Quando os espaços são reconfigurados os estudos do espaço são pressionados a se redefinirem. Estamos nesse tempo? Que sujeitos sociais reconfiguram os espaços? Como incorporar a repolitização das lutas pelo espaço nos conhecimentos curriculares? Como repolitizar nossa visão estreita da escola diante das esperanças nela depositadas pelos setores sem-lugar? Como repensar a função social da escola de ser um espaço de disputa por lugares, por passagem de lugares de indignidade a lugares de dignidade? De lugares de injustiças a lugares de justiça?

Estamos ainda presos a ideários de escola que vieram de outros contextos e pouco sabemos dos significados dados à escola por tantos sem lugar, recluídos em não lugares de dignidade. Pouco sabemos dos imaginários da escola dos milhões de retirantes por escola, por espaços de dignidade. São seus filhos(as) que chegam às escolas públicas, lugares de promessas tantas. São eles jovens-adultos que vêm da sobrevivência à EJA. A visão, os imaginários que carregam da escola, da EJA como passagem de lugares de indignidade para espaços de dignidade não disputam as concepções de escola, de teoria pedagógica, de didática e de docência?

Há estudos, pesquisas, educadores, docentes que se deixam interrogar pelas vivências do espaço que os educandos carregam e pelas esperanças que depositam no percurso de passagem da escola.

Os estudos do espaço, seja nas disciplinas ou em oficinas e projetos, têm sido fecundos em novas didáticas e linguagens que exploram posturas estéticas, linguagens visuais, simbólicas, que exploram a beleza de paisagens e o contraste de sua devastação. Educa-se o olhar, a sensibilidade, a percepção, abre-se e explora-se o debate ecológico, mas nem sempre se dá a centralidade que tem o tenso debate político das lutas pela terra, pelo espaço e pelo território, das lutas por escola. Didáticas para melhor entender as marcas do homem sobre o entorno natural, mas sem esquecer as relações sociais, políticas que esses processos carregaram em nossa história. Ainda didáticas que incorporaram como as novas relações de resistência redefinem espaços, os reconfiguram; novas geografias.

Há coletivos que em projetos e nas disciplinas destacam a geografia e as paisagens que são reconfiguradas nas lutas pela terra, nas ocupações de loteamentos, nas resistências dos povos indígenas e quilombolas ou dos sem-teto ou nas associações populares por transporte, escola, posto médico, água ou esgoto. As crianças e adolescentes, os jovens e adultos populares conhecem bem essas geografias e paisagens reconfiguradas por suas lutas. Muitos docentes também. Por que não partir, refletir, indagar essas geografias e espaços que lhes são familiares? Por que não repensar os estudos do espaço?

Daí se pode avançar para descobrir e estudar as relações sociais entre os personagens que vão reconfigurando essas paisagens e geografias. Essas inframoradias e espaços onde tantas crianças, jovens e adultos tentam um viver digno.

Vivências humanizadoras do espaço

Como educadores somos forçados a perguntar-nos pelos efeitos desumanizantes das vivências de espaços indignos em que tantas crianças e adolescentes sobrevivem.

Lembro um depoimento de uma líder favelada: "Vivemos em lugares apertados, mas apesar de vivermos tão próximos, ninguém quer saber por que alguém no barraco vizinho chora de noite. Terminamos acostumando-nos ao sofrimento".

Há espaços que têm uma força destrutiva tão na contramão das visões progressistas. Espaços onde sobram ações coletivas de superação. Mostrar as relações entre a diversidade de espaços e de reações de deformação-formação daria ao estudo do espaço umas virtualidades pedagógicas a serem exploradas nos projetos escolares. Sem esquecer dos espaços escolares: são dignos? Sua vivência humaniza ou desumaniza mestres e educandos? Alguém quer saber por que a criança-adolescente chora humilhada porque reprovada?

As visões épico-progressistas da produção do espaço contrastam com as vivências de tantos espaços ermos, silenciados, postos à margem, mas fruto dessa produção. Espaços de moradia ou de rua, ou de expulsão e de migração que são a referência mais forte das vivências desde as suas infâncias.

Somos obrigados a indagar-nos como educadores que identidades, memórias conformam essas geografias vividas? Crescem as sensibilidades docentes perante essas geografias porque as conhecem até por experiências espaciais, profissionais, nos diálogos com os educandos e nas longas idas e vindas às escolas populares. Conhecem-nas até por vivências espaciais próprias e de seus coletivos de origem.

As proximidades de experiências espaciais de mestres e educandos e até as vivências nem sempre dignas do espaço escolar podem acelerar as disputas por outros tratos do espaço nos currículos.

As lutas por espaços de mais digno e justo viver podem enriquecer o direito ao conhecimento devido, enriquecer nossa docência, contribuir para vivências mais humanizadoras do espaço, inclusive do espaço-escola.

Disputas pelo direito à cultura

Jamais se deu um documento cultural que não tenha sido ao mesmo tempo de barbárie.

Walter Benjamin

Voltemos à pergunta: há lugar nos currículos para os docentes e os educandos, para sua cultura e suas memórias? Importa seu direito a formar-se e a saber-se como sujeitos de cultura?

Destaco neste texto, em forma de síntese, algumas dimensões em que poderia ser pensada a relação entre memória-cultura docente e discente e currículos de formação de professores(as) e de educação básica.

Há como separar conhecimento e cultura?

Há consenso de que o professor deva ser um profissional do conhecimento e o aluno seu aprendiz. Não há tanto consenso de que deva ser um profissional da cultura e o aluno um aprendiz. Como há consenso de que o currículo, o tempo de escola garantam o direito ao conhecimento. Não é dada a mesma centralidade a sua função de garantir o direito à produção cultural. Os currículos têm sido pouco sensíveis ao reconhecimento dos educadores e dos educandos como sujeitos de cultura e de memória.

Estes consensos vêm marcando as políticas, as propostas e os currículos de formação de educadores, professores(as): capacitá-los para o domínio dos conhecimentos e das competências metodológicas para preparar a infância e a adolescência para inserção na ordem social pelo domínio de capacidades e de conhecimentos; uma função em que avancemos. Entretanto, os currículos de formação de pedagogia e de licenciatura não avançaram tanto em sua responsabilidade de prepará-los como profissionais do direito à cultura.

A ausência da cultura nos currículos nos leva a uma indagação: por que separar cultura e conhecimento? Todo processo de conhecimento esteve e está associado, instigado em processos culturais. A produção científica, tecnológica é um dos produtos da dita herança cultual. Como trabalhar, socializar o conhecimento acumulado dissociado da histórica articulação entre cultura e conhecimento?

Poderíamos ver nessa separação que os currículos consagram uma exalação do conhecimento e de seus processos de validação científica, objetiva contra certo desprezo à cultura reduzida às dimensões não sérias, não objetivas, mas relegadas ao campo do imaginário, da subjetividade, das representações coletivas, populares. A ausência da cultura no território nobre do conhecimento científico representa uma tentativa de manter ausente as marcas culturais, valorativas que estão presentes em toda produção do conhecimento e das ciências.

A separação hierárquica entre conhecimento, ciência e cultura tem reforçado a separação hierárquica entre os sujeitos produtores de conhecimento sério, científico e os sujeitos produtores de cultura; os setores populares produtores de cultura, não de conhecimentos científicos. Suas formas de pensar-se, de pensar o mundo não reconhecidas como conhecimento, apenas representações culturais imprecisas. Saberes e culturas populares não merecem ocupar o território do conhecimento sério.

Mais uma forma de segregação, de ocultamento dos setores populares. Ao tentar manter ausente a cultura nos currículos ou relegá-la a espaços periféricos como festas ou aos tempos da Educação Infantil, o sistema escolar público adere e colabora com os brutais processos históricos de manter ausentes os setores populares como produtores de conhecimentos, valores, culturas, modos de pensar o real e de pensar-se.

Essa separação hierárquica foi traduzida no modo escolar de ensino-aprendizagem, em currículos cientificistas, pragmatistas, positivistas tanto para a formação dos educandos como dos docentes-educadores. Como a cultura não se conformava a esse reducionismo cientificista, pragmatista, positivista, foi deixada de fora dos horizontes da formação tanto dos alunos quanto dos docentes. A cultura sempre resiste a enquadramentos disciplinares. É indisciplinada.

O tema nos sugere que as propostas de formação deverão levar em conta tanto a cultura ou herança cultural como "conteúdo" dos processos de ensino-aprendizagem, mas também levar em conta a cultura, a memória, as identidades dos sujeitos nos processos de sua formação. O tema ainda é mais focado: que peso deveria ter a memória e a cultura dos professores e dos educandos nos currículos e nos seus processos de formação? E na garantia de seu direito a saber-se?

Reaproximar o direito ao conhecimento e o direito à cultura

Estamos em tempos de reaproximar conhecimento e cultura no sistema escolar e especificamente nas reorientações curriculares. Vejamos alguns indicadores de que estamos questionando relações hierárquicas segregadoras da cultura.

O Conselho Nacional de Educação tem assumido um papel importante na reincorporação da cultura nas Diretrizes Curriculares da Educação do Campo, da Educação Indígena, da Educação Infantil, do Ensino Fundamental de 9 (nove) anos e nas Diretrizes Curriculares Nacionais Gerais para a Educação Básica. Em todos esses documentos se afirma o direito à educação como direito ao conhecimento e à produção cultural, na sua rica diversidade. Afirma-se o reconhecimento dos educadores e dos educandos como sujeitos produtores de culturas e sujeitos do direito à formação intelectual, cultural, ética, identitária.

Entretanto, não fica claro se a função de formar identidades sociais e culturais será da parte diversificada e a formação intelectual, científica será tarefa da base nacional comum. Uma certa dicotomia ainda nos persegue na organização do currículo em formação básica comum e parte diversificada, dicotomia que impõe limites às tentativas de reaproximar nos currículos o direito ao conhecimento e o direito à cultura.

Há um avanço importante em muitas propostas de redes e de escolas: reafirmar o direito à educação na perspectiva da LDB 9.394/96 que destaca a função da educação como garantia ao desenvolvimento pleno, à formação humana plena. As diretrizes curriculares em sua diversidade vêm reafirmando essa visão ampliada do direito à educação como direito à formação humana em todas as dimensões de humanização: intelectual, cultural, ética, social, política, cidadã, corpórea, identitária... Que currículo dará conta dessa rica pluralidade da conformação dos educadores e dos educandos? Especificamente como garantir seus direitos à formação como sujeitos culturais?

Pressões para superar a secundarização da cultura vêm dos movimentos sociais ao afirmar-se sujeitos de cultura, valores, identidades coletivas culturais. Sobretudo, de suas lutas pelo direito a suas identidades, culturas, valores, universos simbólicos, linguagens; direito ao reconhecimento, a sua produção cultural.

As diretrizes curriculares de cada um desses coletivos destacam que os currículos deverão incorporar essas lutas, dar centralidade a suas culturas e à formação de suas identidades culturais. Essa diversidade de movimentos sociais e culturais tem afirmado os direitos coletivos e a cultura como um dos direitos coletivos, politizado a cultura.

Como incorporar essa valorização-politização da cultura nos currículos e nas propostas de formação docente, pedagógica e de educação básica? Vejamos algumas exigências e algumas práticas que tantas propostas pedagógicas de redes, de escolas, de coletivos profissionais e de movimentos sociais vêm inventando para incorporar nos currículos a formação do sujeito cultural, de garantir o direito à cultura.

Invertendo a direção

Quando se afirma o direito de mestres, educadores e educandos à herança e à produção cultural, a tendência é seguir a lógica escolar na garantia ao direito ao conhecimento, às ciências, vê-los como conteúdos a serem ensinados e aprendidos. Nessa lógica a cultura entrará nos currículos como mais um conteúdo a ser aprendido, uma disciplina ou um tema transversal. A formação do sujeito cultural seguirá a mesma lógica: que conheça a cultura, até a diversidade cultural, o multiculturalismo, que se forme sujeito multicultural ou capaz de respeitar, dialogar com a diversidade cultural.

Há propostas que invertem a direção: não tanto que protótipo de sujeito cultural, multicultural formar, mas que *sujeitos culturais* são os professores e os educandos em sua diversidade. Os professores, as professoras levam ao seu trabalho suas identidades culturais formadas em seus percursos humanos sociais, de gênero, raciais, do campo... Carregam sua cultura docente construída no trabalho docente, nas lutas por seus direitos docentes, ou construídas em suas lutas por direitos como mulheres, negros/as, militantes educadores do campo, indígenas, quilombolas...

As crianças e adolescentes, os jovens e adultos chegam também às escolas com suas culturas infantojuvenis, geracionais, identitárias, de participação com seus coletivos em lutas por direitos etc. Reconhecer educadores-mestres-educandos como sujeitos de culturas nos obriga a inverter a direção tão forte na garantia do direito ao conhecimento que considera os alunos como sem-luz, ignorantes a ser iluminados pelas luzes dos conhecimentos.

Cada vez mais conhecemos que nos processos educativos entram em relação sujeitos humanos, educadores(as) e educandos(as) que sendo humanos carregam culturas, memórias, valores, identidades, universos simbólicos, imaginários para os cursos de formação e para os processos de ensinar-educar-aprender. Onde foram aprendidos? Como foram formadas as identidades culturais, os valores, o universo simbólico que mestres e alunos levam às salas de aula? As experiências da escola, o ser professor(a), aluno(a) pode ser trabalhado como conformante de culturas, valores, identidades?

Se partimos desse reconhecimento, teremos de aceitar que a cultura, a diversidade cultural chega às escolas nas vivências, valores, memórias, representações e identidades dos mestres e alunos, que esse será o "material" mais rico para trabalhar a descoberta dessa riqueza cultural e dessa pluralidade de identidades, valores, representações que vão nos conformando como sujeitos de cultura.

O trabalho na escola como vivência cultural

Uma forma de trabalhar tanto nos cursos de formação de pedagogia ou de licenciatura ou na educação básica poderá ser organizando oficinas, projetos de estudo em torno das experiências de trabalho, dos convívios, onde fomos formando nossos valores, representações sociais, identidades culturais. Podemos partir de uma vivência mais próxima, comum a mestres e alunos, a vivência da escola, da docência, da condição docente e discente. Trazer à memória as marcas dessas vivências tão marcantes e que se entrecruzam com as vivências na família, no bairro, nas ruas, nos coletivos geracionais e nas diversas formas de sobrevivência e trabalho.

O ponto de partida tem sido a existência de uma cultura docente e discente; logo, fazer de nossa cultura objeto de nossa reflexão. Trazer-nos à memória que somos sujeitos dessa cultura. Mas como ver, entender e aprofundar essa cultura docente e discente? Vejamos formas destacadas em tantas oficinas e eixos temáticos de estudo.

1º) Uma conformação pessoal

Nos programas de formação podemos observar uma tendência a destacar na memória-cultura dos professores o conjunto de valores, imaginários, princípios, concepções e trajetórias de vida pessoais. Estudos trazem esse "paradigma perdido" para equacionar a formação de um profissional fortemente impregnado de valores e de imaginários sobre si mesmo. Trazem as identidades, memórias culturais, pessoais que conformam sua subjetividade.

Nos cursos de formação continuada é frequente encontrar oficinas que exploram e privilegiam as autobiografias, as narrativas de vida, memórias da infância, adolescência, as vivências do tempo de escola, das condutas de seus mestres, as relações com o conhecimento, com o ensino-aprendizagem... que teriam configurado uma memória e uma cultura que passaram a marcar sua ação docente.

Articular memória e cultura de professores como uma conformação pessoal parece sugerir que a memória pessoal subjetiva da escola e da docência vivida como alunos(as) vai conformando a cultura docente. Neste suposto tem se vinculado também a memória dos percursos de outros professores(as), sobretudo dos seus percursos interiores, mentais, de ideais e de valores. Nessa ênfase nos itinerários pessoais há o suposto de que o encontro entre a memória da infância e da adolescência, dos tempos de escola e de alunos com as memórias de docentes e seus itinerários interiores alimentaria a cultura dos profissionais da docência que somos na atualidade na sala de aula.

Por estes itinerários interiores, subjetivos, poderíamos chegar a indagação que o tema sugere: como incorporar esta memória e cultura nos currículos e em propostas de formação antecedente e continuada de professores? Um recurso que se tem mostrado fecundo e que também pode ser fecundo na compreensão da conformação das identidades e subjetividades como alunos.

2º) Uma conformação da forma escolar

Entretanto, esses itinerários interiores da memória são inseparáveis das condições objetivas em que se dá a experiência docente e discente. A cultura, os valores, as identidades docentes são marcadas pelos valores e representações que são produzidos nos tempos e espaços de docência e de aprendizagem na sala de aula, na relação com os conteúdos das disciplinas, com os rituais escolares. Com a estrutura e cultura da escola. Com a cultura e o ordenamento dos currículos. Há uma base, um subsolo material onde essa cultura docente e discente se enraíza.

O sistema e a escola com sua organização, com seus rituais, com seus ideais e seus valores institucionalizados, com seus ordenamentos curriculares, de conhecimentos, tempos e espaços seriam a matriz conformadora dos valores e ideais, das identidades e culturas docentes e discentes. Nesta matriz ou nesta forma escolar o professor, e a professora se aprendem como docentes e os alunos e alunas se aprendem como aprendizes. Como explorar esse peso conformante da estrutura escolar sobre a cultura, valores, identidades? Será necessário privilegiar cursos, oficinas que destaquem o peso conformante da estrutura, do sistema e da forma escolar.

Dentro da organização escolar um aspecto seria determinante nesta conformação: a organização disciplinar do conhecimento que teria produzido identidades docentes disciplinares e disciplinadas. O professor e o aluno se definem como tais pela disciplina que ensinam e que têm que aprender a tal ponto que a memória de um e de outro passe pela memória das disciplinas, ou seja, uma memória e uma cultura disciplinares. O currículo terá uma função de molde de identidades e culturas de mestres e alunos formatadas, disciplinadas, rígidas.

A tal ponto esta dimensão é determinante que a formação docente é estruturada para conformar identidades e culturas disciplinares. As propostas, diretrizes e currículos de licenciatura e até de formação de professores nos anos iniciais de Ensino Fundamental têm como horizonte formar identidades e culturas disciplinares, ou por disciplina (licenciaturas) ou como vêm acentuando para o trato disciplinar das competências e habilidades segmentadas desde as primeiras séries: letramento, numeramento, noções de ciências.

3º) Superar visões idealizadas da cultura

Quando destacamos essa produção disciplinada das culturas docentes e escolares teremos de superar visões idealizadas da cultura. Somos obrigados a nos perguntar sobre as intenções que estão em jogo ao enfatizar a cultura docente como determinante do trabalho docente. Que culturas são cultivadas e cultuadas? Essas culturas disciplinadas não são uma forma de controle da docência? Não se contrapõem à crescente cultura da autonomia, criatividade profissional e política? Como lembramos com Walter Benjamin na epígrafe, toda ação, documento cultural estão transpassados pelas relações políticas, de dominação-subordinação até das identidades subjetivas.

Diríamos que essa tensão política já vem acontecendo. As propostas de formação não levam em conta tanto a memória e cultura, os valores e identidades pessoais, os itinerários interiores subjetivos de educadores e de educandos, mas priorizam a cultura escolar e disciplinar, os condicionantes estruturais e organizativos, as condições espaciais, temporais em que se produzem e reproduzem os valores, condutas, identidades e culturas docentes e discentes de cada área e disciplina dos recortes do conhecimento.

O professor e a professora são conformados à medida desta estrutura escolar disciplinar. A cultura dos professores é formada para se adequar a essa cultura e a esta forma escolar. A perspectiva que vê o(a) professor(a) como gente, com suas subjetividades e seus valores e com sua cultura e memória pessoal alerta das tensões que se dão nestes confrontos e nesta visão parcial da formação. Tensões entre identidade pessoal e disciplinar.

Poderíamos nos perguntar se os(as) professores(as) e os(as) alunos(as) têm sido passivos nessas tentativas de conformação na forma escolar, disciplinar. As reações de tantos coletivos docentes e discentes apontam que está em construção uma cultura de resistência não apenas individual, mas coletiva. Como explorar essas tensões nos tempos de formação?

4º) Uma conformação da memória e da cultura política

Poderíamos ir além e ver outras dimensões conformantes da memória e cultura dos mestres e alunos. Sua conformação não se reduz a itinerários interiores, subjetivos, nem a percursos no interior das salas de aula, das escolas e suas formas disciplinares de ensinar-aprender. A profissão e condição, a memória e cultura docentes e discentes trazem as marcas da cultura política, das representações sociais das funções da educação, sobretudo da infância-adolescência nos projetos de sociedade, de nação, de desenvolvimento, de progresso, de futuro.

A memória e cultura docentes trazem a marca da cultura que vinculou educação, docência com padrões de conhecimento, de civilização, de poder, de trabalho e, sobretudo, de classificação social. Por aí avançamos para uma visão mais politizada dos processos de conformação das identidades e culturas dos mestres e dos alunos. Estes desde o pré-escolar terão de aprender-se alunos ou destinatários desses vínculos políticos entre educação, civilização, esperança do futuro da nação se bem educados.

Estes vínculos históricos entre cultura e memória docentes às vezes são esquecidos, secundarizados ao lembrar o paradigma perdido, vidas e narrativas de professores, itinerários íntimos e subjetivos e até percursos, formas e culturas escolares.

Para equacionar todos estes processos em currículos e em propostas de formação será necessário não esquecer, antes destacar, as marcas dos ideários, dos valores, das representações sociais, políticas a que a educação, a escola e a docência foram articulados. Não esquecer as relações sociais, políticas em que o conhecimento, a cultura foram produzidos e escolarizados. Em que se tenta repolitizá-los.

As identidades, a cultura, os valores docentes e discentes não são conformados apenas dentro da docência, da área ou da disciplina, do curso de licenciatura ou de pedagogia, nem dentro apenas da sala de aula. Há um processo de conformação que vem de fora, do peso conformante que vem das representações sociais da infância-adolescência e da docência, da escola e da educação na ordem social.

5º) Uma conformação diversificada de identidades culturais

Podemos levantar a hipótese de que a conformação das identidades culturais vem, sobretudo, das relações políticas e da cultura política em que a sociedade dá uma função, um papel, um valor ou outro a escolarização e a seus profissionais. Até a um nível de escolarização e a outro. A cultura política dá valores diferentes à educação das elites ou do povo, à educação básica ou superior, às áreas de ciências exatas ou sociais... Essa diversidade e hierarquia de valores que impregnam as relações políticas marcam as culturas docentes e discentes com funções, valores, memórias, culturas diversas, hierarquizadas.

Essas representações sociais e políticas da educação e da docência não são estáticas.

Por exemplo, os ideais, os valores, as autoimagens docentes ainda estão conformadas nos vínculos legitimados pela cultura política dos tempos dourados que atrelou educação da infância-adolescência ao progresso, ao desenvolvimento, à libertação e à ascensão pessoal, coletiva e da nação.

Ainda recentemente vinculamos educação, docência, escolarização, níveis de conhecimento, com participação política, cidadania consciente, igualdade, inclusão social, superação da pobreza, da marginalidade, da segregação sócio-étnico-racial, de gênero e território. Continuamos vinculando escolarização com passagem da ignorância ao conhecimento, da irracionalidade à racionalidade, da menoridade à maturidade, do tradicionalismo à modernidade, da barbárie e primitivismo à civilização etc. Como também com a passagem da inconsciência à consciência crítica e até da opressão à libertação.

Nessa diversidade de representações para funções tão diferentes da educação e da escola, as representações de docente e de aluno são extremamente diversificadas. Em nossa conformação do sistema escolar tão diverso, tão desigual e com funções sociais e políticas tão diversas não conseguimos conformar uma identidade cultural única de mestres e de alunos. Nem de culturas de escola.

6°) Trabalhar a diversidade de culturas de professores e de alunos

Diante dessa realidade histórica o desafio é reconhecer e trabalhar essa diversidade de representações, de vivências do ser professor e aluno. Cultuar uma cultura docente única, um imaginário único de professor e de aluno em uma experiência de um sistema escolar tão diverso, tão extremo em funções sociais, políticas e culturais será ingenuidade. O aconselhável será aprofundar em dias de estudo essa diversidade de identidades de escolas, de mestres e alunos e avançar à procura dos traços identitários comuns à condição docente e de alunos e à função social da escola básica.

Nesta cultura política e nesses ideais de classificação sociorracial foi conformando-se a função pedagógica das escolas e de seus profissionais. Esta cultura e memória tem sido e continua sendo a matriz onde se conformam a cultura escolar e docente. Há uma história, memórias e cultura social e política específica de nossa história que marca as identidades e subjetividades docentes e discentes e que legitima as identidades e culturas disciplinares, reguladoras ou libertadoras.

Há oficinas e tempos de estudo em que nos defrontemos com esta pesada história e nos perguntemos como equacioná-la na conformação das memórias, identidades, ideais, valores e culturas tão diversas de escolas, de mestres e de alunos. Como equacionar esta complexa articulação nas políticas e currículos de formação? Como formar uma cultura docente crítica desta cultura política e do atrelamento do padrão de conhecimento, de civilização, a padrões de poder, de desenvolvimento, de progresso e a padrões de trabalho e de classificação sócio-étnico-racial, de gênero e território? Questões que deveriam entrar nos currículos de formação.

Será necessário não esquecer o que significou atrelar, por exemplo, os currículos a processos de libertação na pedagogia crítica, social e no movimento de educação popular, ou a sociologia crítica do currículo, sua relação com o poder. Marco histórico de conformação de outras culturas docentes.

Os currículos de formação nem sempre têm se defrontado criticamente com este atrelamento da educação e da docência a estes padrões políticos. A crítica pedagógica das últimas décadas deu destaque a este atrelamento histórico, porém nem sempre vinculou as críticas às relações entre cultura política e cultura escolar e docente. Deixando por conta de cada docente-educador(a) conformar suas identidades neste tenso emaranhado. O que assistimos é uma visão polarizada entre críticas radicais aos ideários políticos e construções solitárias de memórias, identidades e culturas docentes e de alunos despolitizadas e desprofissionalizadas.

A atual tensão docente que está de volta a itinerários íntimos e a docência disciplinada revela as consequências desta polarização da politização em nível macro e da despolitização na tensa tarefa de cada profissional conformar os referentes de sua memória, identidade e cultura.

Estamos avançando para entender que a conformação tão tensa da cultura política e docente seja considerada como central nas propostas e currículos de formação de professores e nos currículos de formação dos educandos.

Reconfigurações da cultura dos mestres e dos educandos

Aprendi meus direitos como mulher e como negra. Não posso ser a mesma professora.

Depoimento no Dia Internacional da Mulher

No texto "Disputas pelo direito à cultura" trouxemos uma diversidade de práticas que acontecem nas escolas para trabalhar juntos mestres e alunos o direito à cultura, a saber de suas culturas e em que diversidade de processos foram conformadas a cultura do ser docente e do ser aluno.

Neste texto, damos continuidade colocando-nos umas questões: Essas culturas docentes e de aluno são estáticas? Estão passando por processos de reconfiguração? Para onde avançam as identidades culturais do ser professor(a) e do ser aluno(a)?

Mestres e alunos agentes de novas culturas

Ao longo dos textos sobre currículo, território em disputa, mantivemo-nos atentos a uma constatação: Quem disputa esse território são os sujeitos da ação educativa. Eles, mestres e alunos, afirmam-se ativos, autores. Quais as consequências desse afirmar-se ativos e autores nos processos de configuração das suas identidades culturais? Questões postas nas escolas, nas tensas relações entre mestres e alunos e entre ambos e o que ensinar-aprender. Tensões no território dos currículos.

Assumir nas políticas e nos currículos de formação estas tensas reconfigurações da memória e da cultura escolar, docente e discente daria novas dimensões e densidades aos programas e currículos de formação e de educação básica. Superaríamos a crença ingênua de que são os novos programas, as normas e os currículos os únicos conformadores de práticas, ideários, valores e culturas. Os formandos e as formandas carregam identidades, itinerários pessoais, memórias escolares, valores e culturas disciplinadas com as quais foram formando sua cultura. Chegam carregando as marcas de ideais, culturas, representações sociais impregnadas da história, da memória e da cultura política. Como equacioná-las em programas de formação inicial e continuada e de educação básica?

Entretanto, seria necessário ir além e nos perguntar pelos processos mais recentes, das últimas décadas de reconfiguração dessas memórias e culturas. O mal-estar docente revela apenas tensões entre a cultura subjetiva, escolar e disciplinar? Inclusive entre essas culturas e a cultura, ideários sócio-político-culturais a que foi atrelada a educação, a escola e a docência?

As tensões mais de fundo apontam para a crise destas crenças, ideários e valores a que o ideal de aluno, da educação, da escola e da docência foram atrelados. Vão muito além de crises ou tensões com a identidade disciplinar da escola e da docência. Tratar-se-ia de tensões próprias de processos sociais, políticos e culturais *externos*, mas que afetam a memória e a cultura docente na sua configuração histórica.

Será necessário ir, ainda, mais além. Os docentes educadores(as) e os educandos(as) não têm ficado como passivos sofredores desses processos externos. Mas como sujeitos coletivos, no movimento docente e nos movimentos sociais e geracionais, ou como integrados em ações coletivas, tornaram-se agentes e autores de processos de construção de memórias e culturas e de processos de reconfiguração de outras possíveis identidades e culturas. Os docentes e os coletivos adolescentes e juvenis se afirmaram produtores de culturas. Sujeitos coletivos de outras culturas docentes e escolares. Sujeitos ativos, não passivos. Não se aceitando moldáveis, mas quebrando moldes culturais.

Quais seriam alguns desses processos? Nos limites de um texto orientador de possíveis desdobramentos, aponto alguns deles que são trabalhados nas escolas.

1º) A reconfiguração da cultura profissional coletiva

Na história das duas últimas décadas os professores(as) em suas resistências e organizações vêm conformando uma memória e uma cultura profissional coletiva. Vários estudos têm mostrado as consequências dessa nova cultura profissional na conformação de um outro perfil docente[33].

Entretanto, há questões pendentes que exigem aprofundamento: Até que ponto essa cultura profissional – trabalhadores em educação – conseguiu descolar-se da memória e da cultura disciplinar, da forma escolar de docência

---

33. Trabalho essa nova cultura docente no livro já citado: *Ofício de mestre*: imagens e autoimagens.

e, sobretudo, do perfil de docente idealizado pela cultura social e política. Observa-se uma tensão entre uma outra cultura profissional em conformação e as persistentes e pesadas estruturas organizativas do nosso sistema escolar. Sobretudo, a persistente, rígida, segmentada e hierarquizada organização do trabalho e dos conhecimentos.

A cultura profissional mais coletiva e a cultura escolar rígida, individualista e disciplinar, estão em uma tensão desprofissionalizante.

Destacamos que a docência passa por processos de perda de autorias. As avaliações externas limitam autorias, desprofissionalizam. Como equacionar a formação neste quadro de tensões entre profissionalização como coletivos e desprofissionalização? Como incorporar uma postura crítica a esta realidade nos currículos de formação? Como fortalecer pela formação os inseguros processos de profissionalização coletiva?

O modelo ainda vigente de formação individualizada por licenciaturas tão segmentadas não ajuda, ao contrário impede, tantas tentativas de profissionalização coletiva e de conformação de uma cultura profissional coletiva. De maneira tímida vão se afirmando propostas de formação por áreas de conhecimento o que poderá significar um avanço para conformar identidades coletivas por áreas.

2º) Uma cultura de direitos

Uma cultura de direitos vem se construindo como componente da memória e cultura dos mestres e alunos. Quase três décadas em que a categoria docente vem se afirmando como sujeitos coletivos de direitos. Uma mudança bastante radical que pressiona por outras concepções de trabalho e formação. Duas décadas de reconhecimento da infância-adolescência sujeitos de direitos. ECA, que pressiona por uma cultura de profissionais da garantia de direitos dos educandos.

Ter como referente de valor e de afirmação de identidades ser sujeitos de direitos redefine os marcos ético-políticos em que vínhamos equacionando o perfil de profissional a formar e os currículos para sua formação. Conformar identidades de sujeitos de direitos será mais exigente que capacitar identidades disciplinares. Por exemplo: a formação deverá ir além do domínio de competências para uma docência eficiente e terá de ser projetada para garantir o direito dos trabalhadores em educação a formação plena, como humanos.

Retomar ou não abandonar a proposta de formar todas as dimensões de um ser humano a que tem direito. Os cursos de licenciatura, de pedagogia ou de formação continuada são demasiado pragmáticos: formar um profissional competente no que e como ensinar é insuficiente. Como será insuficiente formar um adolescente ou jovem para ser competente nas avaliações. Será necessário incorporar nas propostas curriculares formar o sujeito ético, cultural, estético, identitário, de gênero, raça. Formar essas dimensões conformantes do ser humano que o profissional é e que o educando é. Dimensões que ainda são determinantes do ofício de educar seres humanos – educandos tanto da educação básica quanto da superior.

Quando a cultura escolar, disciplinar, pragmatista não incorpora a formação plena dos educandos, na totalidade de dimensões humanas não tem feito parte da formação do perfil docente ser formado nessa pluralidade de dimensões humanas a que tem direito e que tem dever de formar nos educandos.

A cultura pragmática, disciplinar predominante no nosso sistema escolar e a secundarização da função educadora – formação humana plena – empobreceu a cultura escolar e a cultura docente. Impôs um lamentável reducionismo aos currículos de formação inicial e continuada dos docentes e aos currículos de educação básica.

O direito à cultura foi desterrado da formação de docentes e educandos. Como recuperar o direito à cultura nos currículos?

3°) A ampliação do direito dos educandos à educação

Não apenas os professores se identificam como sujeitos de direitos. Lembramos que também as crianças e adolescentes, jovens e adultos se descobrem sujeitos de direitos, especificamente à educação, ao conhecimento, à cultura, à formação intelectual, ética, estética, identitária, cultural, corpórea, política. Neste quadro a cultura profissional é obrigada a repensar-se. Os currículos de formação e de educação básica são obrigados a repensar-se para dar conta do direito ampliado à educação.

Esta consciência social ampliada do direito à educação e à formação plena redefine as identidades docentes e alarga a função profissional para além da docência disciplinar, exigindo uma formação ampliada que capacite para a formação plena de um ser humano. Propostas de escolas e de redes que tentam responder a esta visão ampliada do direito à educação vem alargando os currículos de formação no trabalho.

Coletivos docentes por áreas ou por tempos de vida dos educandos ensaiam projetos de ampliação de sua formação. As políticas, diretrizes e normas têm sido lentas em propor currículos que formem profissionais para esta concepção ampliada de direito à educação.

Este alargamento termina exigindo novas situações de trabalho que exigem novos domínios, novos valores e nova cultura, o que tende a desestruturar saberes e autoimagens. Diante de novas situações de trabalho serão exigidas novas práticas e novas identidades a serem formadas. Formar culturas profissionais de sujeitos de direitos e formar culturas profissionais de garantia dos direitos dos educandos.

A volta às identidades e culturas individuais disciplinadas?

Os avanços na consciência da cultura profissional coletiva e nas identidades e culturas de direitos têm provocado reações conservadoras. *O apego às representações culturais* de sua disciplina pode ser uma reação. A volta às identidades disciplinares, salvar sua disciplina, sua identidade e sua cultura atrelada a seu conhecimento, suas práticas, seus métodos e rituais, seu prestígio tende a ser uma reação. "Sou professor de minha matéria, não me peçam mais trabalho."

A análise pode ser muito simples: se as identidades e a cultura docente foram construídas na afirmação do prestígio do saber e dos métodos de cada disciplina, alargar a concepção de educação exigirá novas situações de trabalho, novos saberes, novos tempos e competências, o que gera uma crise no processo identitário e nas representações culturais da docência.

Quando os processos de formação e de trabalho continuam segmentados e resistem a serem mudados para processos mais coletivos os avanços na conformação de uma cultura profissional coletiva entram em crise. Entram em crise os ideários do movimento docente por lutas e direitos coletivos. A reação conservadora tenta destruir o avanço de uma cultura profissional coletiva e reafirma o trabalho segmentado, a cultura individualista através de avaliações, bônus, ameaças individuais, a cada professor(a) pelos resultados das avaliações de *seus* alunos.

O *ethos* – cultura coletiva – perde força quando a gestão do trabalho docente obedece a lógicas de corrida, de premiar os bons corredores e penalizar aqueles supostamente lentos, sem competência e sem compromissos. Nessas lógicas gestoras do trabalho docente e discente vão sendo destruídos os avanços na conformação de outras culturas de mestres e de alunos.

Nesta análise a pressão sobre os cursos e currículos de formação irá no sentido de reafirmar identidades e culturas profissionais fechadas nos conteúdos de cada disciplina resistindo a projetos de formação que capacitem para dar conta de um projeto de formação humana mais plena dos educandos e dos educadores. Por onde avançar? É possível resistir a essa reação conservadora?

Reconfigurações no campo do conhecimento

Há coletivos docentes que avançam fazendo análises mais profundas e vendo a crise de identidades no interior das disciplinas e áreas do conhecimento, nas concepções de conhecimento e de ciência em que se inspiram. Não seriam os paradigmas de ciência e de conhecimento que estão em crise e colocam em crise as identidades e as culturas docentes a eles tão atreladas?

Nesta perspectiva o que está pondo em crise as identidades e culturas docentes não é a ampliação do direito à educação e sua complexidade, mas o que está em crise é o padrão de conhecimento e de ciência a que os currículos escolares estão atrelados. Padrão que configura as culturas e as identidades docentes com que nos formamos nos cursos de licenciatura e de pedagogia. Temos dado pouca atenção às tensões no próprio campo do conhecimento e como tencionam as culturas e identidades docentes.

Quando o padrão de ciência e de conhecimento entra em crise, o padrão de formação de profissionais do conhecimento também entra. Que projeto de formação reconfigurar? Quando sintonizados com a complexa dinâmica que está acontecendo nos campos do conhecimento, toda tentativa de refugiar-se na defesa da disciplina e de continuar formando identidades disciplinares só aumentará as tensões na docência e na formação, diante da crise no próprio campo do conhecimento.

Não estamos apenas na sociedade do conhecimento, mas de outro padrão de conhecimento. Nem estamos apenas na sociedade da informação, nem de maior acesso à informação, mas de outra informação.

Há uma revolução contemporânea no campo do saber que vem da complexidade da vida social e das novas indagações que chegam às diversas áreas do conhecimento. Toda tensão nesse campo tenciona os profissionais do conhecimento, seus saberes, valores, culturas e identidades profissionais.

Nesse quadro de reconfigurações do campo do que somos profissionais não cabe cada docente isolar-se no seu quintal quando todo o território está em redefinição. Somos forçados a reconfigurar nessas identidades profissionais como coletivo.

Cultura e precarização do viver de mestres e educandos

Lembrávamos que *a memória da infância* e os imaginários sociais da infância e da adolescência têm marcado as identidades da docência e da pedagogia. Nossas lembranças dos tempos da infância-adolescência estão associadas às lembranças dos tempos da escola. Revisitar as imagens da infância-adolescência nos leva a revisitar a escola, a professora e o professor, suas lições, seus métodos e didáticas, seus valores e suas artes de ensinar-educar. A forma escolar é aprendida nos longos e às vezes tensos processos de socialização na escola.

Frequentemente, o processo de internalização das memórias e culturas, dos valores e das artes docentes começa nas vivências dos tempos de infância e nos tempos da escola. Tentamos repetir o professor(a) que tivemos na infância-adolescência. Pesquisas e análises têm reforçado esta ideia. Entretanto, estes mecanismos de imitação dos mestres que tivemos podem ter funcionado enquanto as formas de viver a infância-adolescência eram bastante permanentes. Estamos em outros tempos.

As formas de viver a infância-adolescência e juventude se diversificaram e precarizaram a tal ponto que a memória de nossa infância não mais consiga entendê-las. Os imaginários sociais destes tempos são obrigados a redefinir-se quando as formas de vivê-los se precarizam tanto. A pedagogia, a escola, a memória e cultura docentes se alimentaram por séculos de imaginários e memórias da infância, adolescência e juventude românticas, idealizadas. *Imagens quebradas* pela precariedade das formas de viver estes tempos na atualidade. Com estas imagens quebradas chegam às escolas populares[34].

Quando as imagens e identidades da infância se quebram, nossas imagens e identidades culturais e profissionais também se quebram. Nossas memórias e culturas se desestabilizam. Somos obrigados a reconstruir identidades, saberes e práticas profissionais não mais para sermos o(a) professor(a) que tivemos, mas o profissional que exige as formas tão diversas e precarizadas do viver das crianças e adolescentes, jovens e adultos com que convivemos nas escolas.

Hoje não é mais possível equacionar currículos e propostas de formação que repitam saberes, valores, posturas para lidar com a infância, adolescência que se foi. Será preciso reformar cursos e currículos capazes de formar nas mais complexas artes de ensinar-educar infâncias-adolescências tão quebradas pela ordem social. A memória e a cultura docentes têm que ser repensadas quando não correspondem mais ao presente. Somos forçados a nos reconfigurar.

---

34. ARROYO, M.G. *Imagens quebradas*. Op. cit.

Refletir sobre a memória-cultura de professores, formação e currículo pode representar uma inversão das lógicas que estruturaram as políticas e cursos e os currículos de formação: pensar a formação como o molde conformador de identidades e culturas docentes está ultrapassado.

É urgente equacionar como essa precarização do viver dos educandos precariza nosso trabalho profissional, como afeta nossas identidades docentes-educadoras. Afeta-as redefinindo não apenas o como ensinar, o que ensinar, mas o como lidar com infâncias-adolescências tão quebradas em suas identidades, valores, leituras de si e de mundo. Até inseguras da sua condição de alunos: estudar para que, o quê? A precarização do viver das crianças e dos adolescentes dos jovens e adultos estudantes muda suas identidades, valores, representações de si como alunos, muda os valores dados ao conhecimento de nossas disciplinas. Consequentemente muda suas representações que têm de nós, seus mestres.

Mas há o outro lado que não pode ser esquecido: infâncias e adolescências tão precarizadas podem passar a dar outros valores a suas lutas por dignidade, por um viver mais justo. Por escola. Observamos um processo de reconfiguração do estudar, do direito ao conhecimento como reação dos setores populares a vidas tão precarizadas. Importa ter sensibilidade a essa reconfiguração positiva de uma nova cultura do direito à escola que vem dos setores populares e de seus filhos(as). O aumento do acesso à escola não revela apenas os esforços dos governos. Revela a reconfiguração de um novo valor dado ao direito à educação nos setores populares. Como essa nova cultura popular do direito à escola reconfigura a visão dos seus profissionais?

Estamos sugerindo que não podemos ver a precarização do viver dos alunos e dos mestres como um processo de reconfiguração negativa de suas identidades e culturas.

Esta lógica pode ser invertida partindo das memórias e culturas gestadas na condição, nas lutas e nas situações do atual trabalho docente. Partindo ainda das drásticas mudanças nas formas de viver e de ser das crianças, adolescentes, jovens e adultos. A partir destas mudanças nas formas de ser educadores(as), educandos(as) equacionar as políticas e os currículos dos cursos de formação de profissionais da educação.

As tensões que acontecem nas salas de aula e o profissionalismo com que os professores-educadores inventam novas situações de trabalho apontam que é urgente entender que outros valores, outra ética e outra cultura docente estão em processos de reconfiguração.

Cidadania condicionada? Conquistada

Nenhum ser humano é ilegal.
Marcha pela liberdade dos trabalhadores imigrantes

Um dos avanços mais significativos em nossa cultura político-pedagógica tem sido reconhecer e lutar pelos direitos da cidadania, vincular educação e cidadania, direito ao conhecimento e à cidadania. Uma indagação nos persegue nesses avanços: Educação para a cidadania ou educação direito de todo cidadão?

Veremos neste texto alguns traços da história dessa relação como foi tratada nos currículos e propostas pedagógicas e como vem sendo radicalizada na diversidade de lutas dos coletivos sociais pela cidadania plena.

A relação educação-cidadania repensada

Passaram-se mais de duas décadas em que os vínculos entre educação-conhecimento e cidadania inspiraram diretrizes e reorientações curriculares e deram novos significados à docência, ao que ensinar-aprender-avaliar. Duas décadas em que avançou a democratização do acesso à escola aos setores populares, aos não reconhecidos como cidadãos. Na medida em que foram chegando às escolas reafirmamos a relação entre educação-cidadania, inventamos corajosos conteúdos críticos para formar cidadãos participativos porque conscientes, críticos.

A relação educação-cidadania, direito ao conhecimento crítico e cidadania repolitizou os currículos, o material didático, a docência, as didáticas e a formação docente. O que não esperávamos é que a presença dos filhos(as) dos setores populares, dos trabalhadores dos campos e das periferias urbanas, dos negros, indígenas, quilombolas trouxessem indagações tão desestabilizadoras das crenças na relação educação-conhecimento-cidadania: as presenças dos coletivos pensados como ainda não cidadãos colocaram em questão nossas concepções de cidadania, mostraram a história do seu não reconhecimento como cidadãos. Obrigaram-nos a um repensar crítico, com radicalidade da própria relação entre educação-conhecimento-cidadania. Como incorporar esses questionamentos, esse repensar, essa relação nos currículos de formação docente e nos currículos de educação básica?

Essas relações tão presentes e inspiradoras das lutas político-cívico-pedagógicas em sua radicalidade progressista incorporavam uma visão enraizada em nossa formação social, política e pedagógica: nem todos os coletivos são por si próprios cidadãos. Há coletivos que nascem cidadãos por propriedade, raça, gênero, mas há outros coletivos que terão de ser reconhecidos cidadãos *se* passarem por condicionantes. Se educados e se tornarem ordeiros, cultos, civilizados, racionais, letrados, conscientes, críticos. Se contribuírem na produção da riqueza nacional pelo trabalho.

Milhões não são reconhecidos em nossa história como cidadãos, apenas são tratados como passíveis de chegar à cidadania se passarem por pré-requisitos. Um deles educação-escolarização, percurso curricular exitoso. Se não fizerem esse percurso serão tratados como subcidadãos. A cidadania condicionada nos acompanha no ideário republicado e até democrático e pedagógico-progressista. Aos coletivos pensados como subcidadãos que vão chegando às escolas devemos o mérito de nos obrigar a duvidar dessas concepções de cidadania condicionada. Eles nos mostram que nenhum ser humano é ilegal.

Cidadania condicionada à escolarização exitosa

Ao defender em nosso progressismo cívico-pedagógico educação para a cidadania, estávamos presos a essa nossa história perversa: aceitar que os Outros são subcidadãos e nos propor superar uma das condições da subcidadania. Libertemos esses coletivos da subcidadania pela educação.

Essa visão supõe que nas escolas públicas populares não chegam cidadãos exigindo o direito à educação, à produção cultural, intelectual, ética, política; chegam civilizáveis, conscientizáveis para passarem à condição de cidadãos. Mas será que o reconhecimento de uns coletivos como cidadãos e outros como subcidadãos passou em nossa história pela escolarização? Somos obrigados a questionar se nossa crença na educação e na passagem pela escola para a cidadania foi confirmada. Se em nossa história a escola foi a passagem para a cidadania[35], questões que merecem aprofundamento nos cursos e tempos de formação.

Um dos traços de nossa formação política pouco pesquisados nas relações educação-cidadania é a própria história do reconhecimento da condição de cidadãos a uns coletivos e sua negação e não reconhecimento aos Outros;

---

35. Cf. BUFFA, É.; ARROYO, M.G. & NOSELLA, P. *Educação e cidadania* – Quem educa o cidadão? 11. ed. São Paulo: Cortez, 2003.

processos de reconhecimento-negação da condição de cidadãos aos coletivos diferentes, sociais, étnicos, raciais, de gênero, do campo e periferias faz parte de nossa tensa formação social e política, e até pedagógica. É urgente pesquisar mais em que processos foram reconhecidos ou se autorreconheceram uns coletivos como cidadãos e não reconheceram, negaram a condição de cidadãos aos Outros, às mulheres, aos trabalhadores, aos indígenas, negros, pobres das periferias e dos campos – os subcidadãos.

O letramento, a escolarização, a cultura e a educação tiveram e ainda têm um peso limitado nos processos de autoafirmação como cidadãos de nossas elites. Não se autodefiniram cidadãos da República porque são escolarizados nem negaram a cidadania aos Outros por serem analfabetos, iletrados. A sua cidadania estava associada à cor, ao gênero, à propriedade da terra, dos bens, do poder.

A defesa progressista de educação para a cidadania vinha na contramão dessa história da conformação de uns coletivos como cidadãos porque são proprietários do poder, das terras, da riqueza e os Outros coletivos como subcidadãos porque são mulheres, negros, indígenas, pobres, assalariados, sem terra, sem-teto, sem renda. Entretanto, destacar a escolarização como condicionamento do reconhecimento da cidadania termina ocultando a história real do seu reconhecimento a uns e da negação aos Outros.

A escolarização teve menos peso do que imaginamos nesses processos históricos. Passaram-se quase três décadas defendendo educação para a cidadania, cresceu a escolarização dos pobres, negros, indígenas, do campo e das periferias e seu reconhecimento como cidadãos plenos, de direitos está longe. Mais escolarizados, porém subcidadãos. As regras de reconhecimento-negação do jogo cidadão são muito mais complexas, exigem análises mais complexas.

A cidadania condicionada à terra, raça, trabalho

A condição de cidadãos plenos ou de subcidadãos esteve em nossa história atrelada a uma lógica territorial e racial binária entre territórios cultos e incultos, de direitos ou sem direitos, de dentro ou de fora do pertencimento cidadão. Nessas lógicas ou nessa relação política foram classificados os coletivos sociais, étnicos, raciais, de gênero como cidadãos plenos ou como subcidadãos.

Há condicionantes que tiveram e têm maior peso histórico para o reconhecimento ou para a negação da condição de cidadãos: Até hoje a segregação racial e a posse ou negação do território, da terra, do espaço condicionam mais a cidadania do que a escolarização. Aí esteve e estão as fronteiras da cidadania-subcidadania. Aí estão os territórios mais tensos de lutas por reconhecimentos.

As mais eficazes e perversas pedagogias para conformar a subcidadania passam pela segregação racial, pela invasão dos territórios dos povos indígenas e quilombolas, pela destruição da agricultura familiar e expropriação da terra dos camponeses, pela reclusão dos pobres, no subemprego e em espaços urbanos precarizados, distantes, desvalorizados, sem infraestrutura, sem serviços ou espaços públicos: saúde, educação, transporte, cultura. Passa por relações de classe.

A segregação dos espaços e das instituições da justiça, do poder, do trabalho, da produção da riqueza tem agido e agem em nossa história como os processos brutais de manutenção dos coletivos populares como subcidadãos. O aumento da escolarização não tem conseguido se contrapor a esses processos reprodutores da subcidadania.

Sair dos cursos de formação com análises mais aprofundadas da história da segregação cidadã nos ajudaria a ter posturas mais críticas sobre peso real, histórico da escolarização como descondicionante da cidadania condicionada a outros processos mais brutais. Ter mais clareza desses processos ajudará a libertar-nos do peso de um discurso social, político que condiciona à escolarização de qualidade e à responsabilidade docente a solução de todos os males, do atraso econômico, da pobreza, da infância-adolescência em risco, da subcidadania.

Visões ingênuas que terminam sobrecarregando a responsabilidade profissional dos docentes, dos educandos e das escolas, que terminam se traduzindo em cobranças de trabalho, de soluções, que são econômicas, de projeto de sociedade, de padrão de poder, de trabalho, de concentração da terra, da renda... Assumir que pela escolarização reverteremos esses processos estruturantes da segregação cidadã de milhões de brasileiros é ingenuidade política e profissional. É encobrir os processos, padrões reais políticos, econômicos que reproduzem a subcidadania dos coletivos pobres, negros, indígenas, dos campos ao longo de nossa história. Assumir a parte que nos toca é profissionalismo ético, porém sem desresponsabilizar os agentes históricos que produzem a subcidadania. Ao menos que nos currículos de formação e de educação básica seja central conhecer esses processos.

Os profissionais da educação básica têm direito aos saberes dessa história tão complexa quando são cobrados de garantir o direito à cidadania condicionada à escolarização. Que lugar têm ocupado esses saberes nos currículos de pedagogia e de licenciatura?

O direito a saber-se produzidos subcidadãos

Uma das funções das ciências sociais e da pedagogia é mostrar os processos reais de produção da subcidadania. Reduzir os coletivos Outros à condição de sem-lugares, sem-territórios, sem-terras, sem espaços políticos, sociais, educativos, jurídicos, de trabalho tem sido a "pedagogia" mais brutal da conformação da sua subcidadania. Uma condição de expatriados dentro da pátria, de cativos dentro do território nacional, de não membros dentro da comunidade econômica e política, cultural, jurídica e também educativa.

Essa condição de subcidadania, de cidadania cativa encontra-se entranhada em nossa formação política, racista, segregadora. Cativeiro da terra e da raça que termina entranhado na autoidentidade de nossa formação política e, sobretudo, legitimado nas estruturas e nos modos de pensar os Outros, na cultura político-pedagógica segregadora, racista. Ainda a manutenção de milhões na condição de subcidadania está traspassada por preconceitos racistas e sexistas.

A persistência desses processos tão segregadores põe limites ao nosso progresso político-pedagógico progressista que oferece a educação, a conscientização e a moralização para descondicionar a condição de subcidadania.

Depois de nossa bem-intencionada proclamação "educação para cidadania" fomos aprendendo que a escolarização pode ser um fator de descondicionamento da cidadania condicionada apenas se as políticas educacionais estiverem articuladas a políticas de superação dos condicionamentos mais radicais mantenedores dos coletivos populares na condição histórica de subcidadãos. Políticas de escolarização atreladas a tirá-los do cativeiro da condição de sem-lugar, sem-espaço, sem-terra, sem vez no Estado, no poder, no judiciário. No território nacional. Políticas de escolarização articuladas a políticas de igualdade étnico-racial, de gênero, de campo.

Uma rica contribuição do conhecimento escolar para descondicionar a cidadania passa porque ao menos ao chegarem às escolas lhes seja dado o direito a conhecer esses brutais processos de reduzi-los à condição de subcidadãos. Nega-lhes esse direito a conhecer sua subcidadania e prometer-lhes a cidadania pela escolarização é um engano. Uma forma não apenas de ocultar, mas de legitimar os reais processos históricos de produzi-los como subcidadãos. Se ao menos os conhecimentos curriculares ajudassem a entender melhor por que e como são feitos e mantidos subcidadãos saíram das escolas com reserva para se contrapor a esses processos. Saber-se para fortalecer-se nas lutas por serem reconhecidos cidadãos.

Esta tem sido uma das contribuições da pedagogia crítica e da sociologia crítica dos currículos: politizar a relação entre conhecimento-poder-cidadania. Relações que têm uma história bem particular em nossos padrões racistas de poder, de apropriação do espaço e de segregação dos coletivos mantidos como subcidadãos. Relações que tentam ocultar ingênuas proclamações de fazer todos cidadãos pela "qualidade" da escola.

Voltamos à pergunta: por que prometer cidadania pela educação e negar-lhes o direito elementar a um currículo que os ajude a entender-se como subcidadãos?

Uma questão urgente para os currículos: como tratam, se tratam, as questões pendentes na conformação histórica dos coletivos Outros como subcidadãos: raça, terra, território, espaço. Somente entendendo essa persistente história os saberes do currículo poderão contribuir para saber-se subcidadãos e sair fortalecidos em suas lutas por cidadania.

Fronteiras da cidadania

Estamos em outro momento. Os coletivos tidos como subcidadãos se afirmam cidadãos presentes na arena política. Mostram os processos que os negam como cidadãos. Sobretudo, mostram as fronteiras de afirmação de seu pertencimento e o peso da escola nessas fronteiras. A subcidadania, atrelada à fome, ao medo, à reclusão em não lugares reproduz e articula esses milhões de subcidadãos, mas também os une para destravar essa condição de sem-território, sem-terra, sem-espaço, sem-escola, sem-universidade, sem-posto de saúde, sem-justiça, sem-cidadania. As vivências da subcidadania têm alimentado em nossa história lutas pela cidadania descondicionada.

Lembremos que as resistências à expropriação de territórios, terras, espaços e lugares, de culturas, símbolos, identidades acompanha nossa tensa história da colonização até hoje. Se por essas negações passa a reprodução das subcidadanias, por suas resistências passa seu descondicionamento.

Tem sentido proclamar educação para a cidadania e reprimir suas lutas por descondicionar sua cidadania condicionada? Nestas décadas fomos aprendendo os limites de nossos discursos proclamantes da educação para a cidadania dos coletivos reprimidos em suas lutas pelos direitos cidadãos.

Por aí esses coletivos subcidadãos, porque são expropriados, apontam por onde descondicionar a cidadania: pelo direito à terra, espaço, territórios de vida, cultura, identidade, justiça, trabalho, ao pertencimento a esta terra e a seus espaços, instituições de direito, de cidadania. A escola como fronteira de cidadania não tanto porque introduz no mundo letrado, na língua culta nem na cultura nobre herdada, nem nas normas e valores acumulados, mas a escola como espaço, como terra negada a ser ocupada por outros saberes e outras verdades sobre sua segregação como cidadãos.

A escola lhes foi negada como mais um de tantos espaços, lutam pela escola como lutam por tantos outros espaços. "Meus filhos já *estão* na escola". "Já posso *levar* minha filha à escola, ao posto de saúde, ao hospital". "Pobre ainda não tem *acesso* à justiça, ao trabalho, à escola, à terra, a uma casa [...]." A cidadania, o pertencimento como o ter acesso a espaços. Entre eles a escola. Escola é mais do que escola nas lutas pela cidadania. Os setores populares se aprenderam mais cidadãos, lutando pelo direito à escola do que através dos saberes escolares que tantas vezes os segregam e reproduzem sua condição de subcidadãos.

Exigir o acesso à escolarização como condição para serem reconhecidos cidadãos e serem submetidos milhões a reprovações, segregações humilhantes expõe a fragilidade de tantos discursos que prometem cidadania pela educação. O mal-estar dos docentes mais comprometidos encontra aí uma de suas causas. A escola até como condição para a cidadania não é para todos. Nem tantos esforços por ir à escola têm conseguido para milhões de defasados, reprovados, retidos, multirrepetentes que sua subcidadania seja descondicionada. Mas a cultura popular continua teimando a lutar pelo espaço social da escola como luta por tantos espaços sociais negados. Por quê?

Cidadania, disputa por lugares

Essa vinculação do acesso ou não à terra, escola, hospital, aos espaços, instituições faz parte da autoconsciência popular dos brutais processos de sua conformação histórica como subcidadãos. Consequentemente, faz parte das alternativas mais eficazes para a passagem à cidadania.

A suas identidades cidadãs ou ainda não cidadãs estão atreladas a recordações de lutas pelo território, pela terra, pelas ocupações nos campos e nas periferias, pela luta pelo posto, transporte, escola. Está atrelada a marchas, migrações dos não lugares, saídas da roça para ter direito a esses "serviços-lugares" negados no campo, ou atrelada à teimosia de ficar no campo ocupando terras, assentamentos, acampamentos e exigindo saúde, escola no campo, escola indígena e quilombola nos territórios. A mais radical valorização da escola vem dos sem-lugares, sem espaços de pertencimento.

Não levam no seu horizonte educação para a cidadania ilustrada, nem crítica, mas para espaços de cidadania no campo, nos quilombos, nos territórios, nas favelas e periferias. Escola, currículos, territórios de disputa entre tantos territórios de disputa da cidadania, do pertencimento.

Reconhecer os estreitos e históricos vínculos entre terra-espaços-cidadania e entre escola-espaço-cidadania ajudaria a reequacionar as relações entre educação e cidadania. Quando menos ajudaria a repensar a escola e os currículos como mais um dos territórios de negação da cidadania, da condição de membros segregados – desterritorializados – subcidadãos. Consequentemente, ver a escola, os currículos como espaços, territórios de disputa e reconhecimento dessa cidadania. Entender suas lutas por escola, currículos, como lutas por territórios de reconhecimento. Para os setores populares o reconhecimento é a expressão da cidadania.

Cidadania como pertencimento a um território político, cultural, identitário. Pertencimento à diversidade de espaços, inclusive a escola e os currículos. Reconhecimento de sua existência frente à inexistência a que foram condenados. Inexistência no sistema educacional, 500 anos para entrar, ter acesso. Seu acesso ainda restrito na universidade pública. É o preço caro da condição de subcidadãos. A luta por cotas é luta por lugares, por reconhecimento – cidadão. A disputa nos currículos porque entre sua história, memória, seus valores, saberes é luta por ser reconhecidos.

Os significados radicais das lutas pelo território escola

Falta pesquisar por que os coletivos populares lutam tanto pela escola para seus filhos. Poderíamos levantar uma hipótese por que a escola, o conhecimento é um entre tantos territórios negados a sua condição de subcidadãos? Nas reuniões das famílias nas escolas públicas aparecem os significados de suas lutas por escola no bairro, no campo, na vila ou favela como lutas pelo acesso a um território mágico, distante, negado e reservado a poucos, àqueles autodefinidos como cidadãos plenos porque são brancos, têm posses, terras, poder.

Nesses mesmos significados se colocam as lutas por escolas perto da casa, do lugar para segurança dos filhos. Escola do campo no campo, escola indígena, quilombola em seus respectivos territórios. Contrapõem-se à política de fechar escolas, de transporte dos filhos para a cidade, para longe de seu lugar, desterritorializando seu direito à escola, desvalorizando seu lugar de vida, de produção, de moradia. Escola no acampamento ou no assentamento na luta pela terra, ou escola no terreno urbano ocupado, ou no território do quilombo ameaçado pelo agronegócio...

Escola lugar que dá sentido a tantas lutas por lugares de produção e de vida digna e justa. Só entenderemos esse peso simbólico e material que o povo dá à escola como território se entendermos sua segregação histórica como sem-territórios, sem-lugares, subcidadãos e suas reações, lutas por lugares.

A escola não é mais um entre os lugares de luta, de ocupação, mas carrega a força simbólica de direito aos outros lugares em disputa por cidadania, justiça e dignidade. Escola território é mais do que escola. É passagem para outros lugares sociais. É garantia de posse, de direito à terra, ao loteamento ocupados. A escola e a capela atribuem legitimidade a processos de tantas lutas por ocupações, assentamentos no campo e nas periferias urbanas. A cultura política popular capta esse peso simbólico da escola como legitimadora de lutas por lugares.

Ainda não acertamos a entender o valor que as justificativas de políticas educativas e curriculares dão à escola e os valores que os coletivos populares dão à escola[36]. Valor colado ao pertencimento, à cidadania colados aos processos de segregação territorial e de lutas por territórios. Prometer aos povos do campo cidadania pela escolarização fechando suas escolas ou prometer cidadania pela educação dos coletivos favelados, das vilas, não construindo escolas nos seus lugares de vida, são promessas vãs que reproduzem a desterritorialização a que foram condenados como subcidadãos em nossa história política. A subcidadania está colada à reclusão em subterritórios, em não lugares do pertencimento.

Os coletivos populares ressignificam e radicalizam os vínculos entre educação-escola-cidadania-pertencimento. Mostram que os vínculos passam pelos processos de produção material, espacial do viver digno, justo, humano, seguro. Que a escola é vista como um dos poucos lugares de garantia desses direitos, ao menos para os filhos que vivem na insegurança dos outros espaços tão indignos de viver.

Quanto mais se veem ameaçados no direito a terra, teto, mais sentido tem a escola como que preservando esses direitos ameaçados. Quanto mais se precarizam seus espaços de moradia, maior o sentido da escola como espaço de dignidade. Quanto maior o clima de insegurança e de violência, maior o significado da escola como lugar de proteção. Quanto mais restrito o acesso ao trabalho, maior a pressão por entrar no espaço da universidade, da educação média, profissionalizante. A luta por cotas de acesso ao território tão fechado das universidades, até públicas, é luta pelo acesso aos lugares de trabalho.

---

36. Cf. o capítulo "Sujeitos do direito aos espaços do viver digno e justo", neste livro.

Não é apenas por quebrar o padrão segregador-racista de conhecimento, mas também de trabalho. Em nossa história o acesso ou a negação de acesso a um dos territórios, espaços sociais está atrelado ao acesso ou negação a outros espaços. Toda luta por escola, universidade ultrapassa a luta específica por esses espaços de cidadania e de reconhecimento.

Nesse sentido mais radical, a escola não é demandada pelos coletivos sub-cidadãos porque se saibam sem direito à cidadania, porque sem letramento, sem cultura, sem conhecimento ou sem consciência crítica, mas porque se sa-bem expatriados, segregados da diversidade de espaços da produção-reprodu-ção básica de um viver justo, igual, digno de seres humanos. Se a subcidadania se caracterizou em nossa história pela negação de acesso a esses espaços, pela expropriação desses territórios, a luta pela escola é uma luta pela cidadania enquanto luta pelo reconhecimento de direito ao pertencimento pleno a todos os espaços de vida, de justiça, de direitos.

Nesses significados tão radicais o acesso à escola, à universidade adquire um sentido político-cidadão especial dada a centralidade simbólica do sistema escolar como lugar de passagem, de acesso a outros lugares sociais, políticos, econômicos, de trabalho, de justiça, de dignidade. O pertencimento ao sistema escolar é visto como o símbolo do pertencimento a outros lugares de direitos, de justiça e equidade.

Lutas articuladas por territórios de cidadania

Entretanto, essa visão nos coletivos populares não é linear como nossos discursos enfatizam. Em suas lutas a relação educação-escola-pertencimento-cidadania-acesso a outros lugares se inverte ou se complexifica. As lutas por esses lugares, terra, teto, território, trabalho se tornam prioritárias, para o per-tencimento, para a vida digna e justa. As lutas pela escola, pelo conhecimento, pela universidade não vêm nem antes nem depois, mas fazem parte das mes-mas lutas pelos mesmos direitos.

Nessa articulação de lutas pelos direitos mais básicos do justo viver, a escola encontra os vínculos mais radicais com o pertencimento-cidadão. Nes-sas lutas se aprendem os direitos pela cidadania plena e a estreita articulação entre essa diversidade de direitos. Nessas articulações, nossos *slogans* pro-gressistas, "educação *para* a cidadania", perdem sentido. São ultrapassados pelos "inconscientes", "acríticos" que nos propúnhamos conscientizar para a cidadania e para um dia ter direito a ter direitos se conscientes.

Em múltiplas fronteiras se afirmam conscientes, radicais, cidadãos sujeitos de direitos. Os "subcidadãos" invertem o como os pensamos e os prometemos a cidadania pela educação crítica. Levam mais fundo nossas superficiais radicalidades.

Esses outros vínculos entre educação-escola-cidadania trazem consequências seriíssimas para os desenhos curriculares que são pensados como saberes, competências para a cidadania, para o pertencimento e para a descondicionalização da cidadania condicionada. Uma visão hoje em crise, contestada pelos próprios coletivos pensados como subcidadãos. Uma disputa posta no território dos currículos e de suas diretrizes. O que significa esse novo quadro para o repensar dos currículos, do material didático, da docência e das diretrizes e políticas?

Diante desses significados tão radicais dados pelos coletivos pensados como subcidadãos aos vínculos entre lutas por territórios, espaços, escola, cidadania, pertencimento, algumas práticas escolares, curriculares e didáticas terão de ser repensadas com radicalidade para repolitizar os vínculos entre educação-cidadania.

Primeiro, deixar de pensá-los como subcidadãos porque são atrasados, pré-modernos, pré-políticos, inconscientes, iletrados, não escolarizados. Consequentemente, deixar de autorreconhecê-los como cidadãos plenos porque superamos esses atrasos.

Segundo, deixar de idealizar a escolarização, o domínio de competências escolares, a passagem por percursos curriculares exitosos como a garantia certa de saírem da condição de subcidadania. Hoje sabemos que os processos da produção de uns coletivos como cidadãos plenos e de outros com subcidadãos são muito mais complexos em nossa história. Não temos direito a vender a escolarização como um santo remédio capaz de reverter processos e padrões estruturais que perduram e se aprofundam.

Terceiro, somos pressionados a reconhecer que a escola tem um sentido especial no conjunto de lutas por pertencimento cidadão, por presença na pluralidade de territórios e de lutas por espaços de vida, de identidade, de justiça, de igualdade. Essa centralidade dá um lugar especial às lutas pela escola atreladas ao conjunto de lutas por lugares, por reconhecimento.

O acesso à escola, como o acesso a teto, lotes, terra, território, posto, hospital, judiciário dão novo sentido político às lutas pela cidadania. Dão novos significados políticos às lutas por alocação dos equipamentos escolares no seu lugar de moradia, por sua dignidade. Pelo não tirar os educandos do seu lugar cultural, do campo, do quilombo, da favela, da vila, da comunidade indígena para outros lugares. Lutas por não deslocar a infância, adolescência de suas raízes. Essas políticas de alocação das escolas se tornam centrais nas lutas por pertencimentos espaciais e cidadania. As políticas de alocação espacial das escolas se constituem em políticas nucleares de cidadania.

Quarto, nessa vinculação tão estreita entre cidadania e direito aos espaços, o acesso-permanência na escola, na universidade adquire extrema relevância política. De um lado condicionar o acesso a critérios de mérito-êxito ou demérito-fracasso em rituais de entrada, de pertencimento a esses espaços, é a forma mais anticidadã de prometer cidadania pela escolarização. Afirmar critérios de direitos e não de mérito dá sentido às lutas por cotas e pelo acesso a cursos de formação dos jovens-militantes do campo, quilombolas, indígenas. Dá sentido à Secad e a cursos que tantas universidades já implementam de Pedagogia da Terra, Formação de Professores do Campo, Indígenas, Quilombolas. Como dá sentido político a tantas políticas de ações afirmativas e de cotas de acesso às universidades e ao trabalho. De outro lado, adquirem nova relevância política as lutas por superar todos os rituais de permanência condicionada ao mérito, ao êxito ou fracasso, à aprovação-reprovação em rituais seletivos que se julgam com direito a condicionar a permanência e o direito a percursos dignos não truncados.

Se o ter acesso a esses lugares e neles permanecer é tão determinante do pertencimento a espaços de cidadania, condicioná-los a mérito, a seletividade, a êxito ou fracasso destrói os significados político-cidadãos de suas lutas pelo pertencimento. A reprovação no acesso ou na permanência é um atestado que o sistema escolar dá às crianças e adolescentes, jovens e adultos populares de que não são dignos de aceder e de permanecer não apenas nos espaços do sistema escolar, mas nos espaços do trabalho, da moradia e vida digna, da terra, da justiça, do poder.

Na medida em que a escola, a universidade se autodefinem como o território primeiro da cidadania plena e como a antessala para ter direito aos outros territórios de um digno, justo e humano viver, reprovar, restringir, condicionar o acesso e a permanência à escola-universidade por critérios de mérito é negar o direito à cidadania. É reproduzir os velhos mecanismos de produzir sua condição de subcidadãos. As lutas contra os mecanismos de segregação-reprovação são lutas por cidadania plena.

Quinto: Os coletivos tratados como subcidadãos nos apontam que não estamos em tempos de desistir de tantos progressismos cívico-pedagógicos, antes pelo contrário. Estamos em tempos de radicalizar os vínculos entre lutas pela escola atreladas a tantas lutas dos setores populares, dos trabalhadores do campo e das periferias urbanas por territórios de vida, de direitos, de justiça e de cidadania; pelo direito a uma cidadania na igualdade e equidade. No direito à igualdade e no direito às diferenças.

Sexto: O direito à igualdade cidadã é inseparável do reconhecimento do direito às diferenças étnico-raciais. Os espaços de cidadania estiveram sempre atrelados em nossa formação social, política, cultural e pedagógica à segregação étnico-racial. Os coletivos jogados nos não lugares, no lado de fora, pensados como inexistentes na comunidade política, foram e continuam sendo os povos indígenas e quilombolas, camponeses, favelados, negros, pardos. Mantidos na subcidadania, que nem sequer a entrada na escola consegue superar.

A diversidade étnico-racial continua demarcando os direitos mais básicos da cidadania: teto, terra, território, trabalho, renda, saúde, escolarização, acesso, permanência desde a Educação Infantil às universidades.

Se a segregação cidadã é racializada, as lutas por cidadania têm como atores centrais os movimentos sociais, de maneira enfática os movimentos indígena, negro, quilombola, das comunidades agrícolas negras. As lutas por cidadania encontram hoje uma reposição promissora ao ser vinculadas às lutas dos movimentos étnico-raciais. Lutas cada vez mais articuladas entre a diversidade de movimentos sociais.

Os vínculos entre educação-cidadania foram radicalizados pelos movimentos sociais que, ao politizar os direitos à terra, teto, trabalho, soberania alimentar, memória, identidade, saúde, educação..., repolitizam a cidadania e a educação, repolitizam a cidadania conquistada superando as subcidadanias condicionadas.

É promissor ver tantas redes e escolas e tantos coletivos de docentes-educadores traduzindo em práticas pedagógicas essa repolitização da cidadania e da educação. Mais um campo de disputa no território do currículo reconfigurado nas práticas de profissionais do conhecimento, do direito à educação.

Conecte-se conosco:

 facebook.com/editoravozes

 @editoravozes

 @editora_vozes

 youtube.com/editoravozes

 +55 24 2233-9033

www.vozes.com.br

Conheça nossas lojas:

www.livrariavozes.com.br

Belo Horizonte – Brasília – Campinas – Cuiabá – Curitiba
Fortaleza – Juiz de Fora – Petrópolis – Recife – São Paulo

EDITORA VOZES LTDA.
Rua Frei Luís, 100 – Centro – Cep 25689-900 – Petrópolis, RJ
Tel.: (24) 2233-9000 – E-mail: vendas@vozes.com.br